イン・ザ・ミドル

ナンシー・アトウェルの教室

In the Middle
A Lifetime of Learning About
Writing, Reading, and Adolescents

ナンシー・アトウェル 著

小坂敦子・澤田英輔・吉田新一郎 編訳

三省堂

IN THE MIDDLE
A Lifetime of Learning About Writing, Reading, and Adolescents

Copyright English version © 2015 by Nancie Atwell.
Translation © 2018 by Atsuko Kosaka, Eisuke Sawada, Shinichiro Yoshida.
All rights reserved.

Japanese translation rights arranged with
Heinemann, A division of Greenwood Publishing Group, Inc.
Through Japan UNI Agency, Inc., Tokyo

Excerpt from "An Horatian Notion" in *Split Horizon* by Thomas Lux. Copyright ©1994 by Thomas Lux.
Published by Houghton Mifflin Harcourt. Reprinted by permission of the publisher.

"Ten Conditions for Engaged School Reading" from *The Reading Zone* by Nancie Atwell. Copyright ©
2007 by Nancie Atwell. Published by Scholastic, Inc. Reprinted by permission of the publisher.

"How to Read History and Science for Understanding and Retention" adapted from *Comprehension and
Collaboration: Inquiry Circles in Action* by Stephanie Harvey and Harvey Daniels. Copyright © 2009 by
Stephanie Harvey and Harvey Daniels. Published by Heinemann, Portsmouth, NH. Reprinted with
permission from the publisher.

【注記】
- 文中の書名・作品名について、邦訳のあるものは邦題を記し、ないものは原題を記してかっこ内に原題の直訳を記しました。
- 文中の引用について、邦訳を使用した場合はその旨、章末の訳注に記しました。とくにことわりのないものは、本書の訳者による翻訳です。
- 章末の注はすべて、本書の訳者による訳注です。

目次

少し長めの訳者前書き ……………………………………………… 008

第1章　教えることを学ぶ　015

教師としての私の物語 ……………………………………… 018

ジェフとの出会い／ジェフと書くこと／教師も学ばなくてはならない／アトキンソン学校／私の教室で起こったこと／ライティング・ワークショップへ

バランスを見つける ………………………………………… 031

初版の頃／「譲り渡す」ということ

リーディングはどうなっているの? …………………… 038

文学に満ち溢れた場所／二人の先生／自分で読むということ／選択が生み出すこと／リーディング・ワークショップへ／「当たり前」と「論理」

【コラム】
アトウェルの学校はどんな学校? …………………………… 050

第2章　ワークショップの準備　055

時間を確保する ……………………………………………… 057

教室 071

ピア・カンファレンスの場所とやり方／図書コーナー／用紙とファイル／「今日の予定表」／「チェック・イン表」／「執筆記録用紙」／「読書記録用紙」／「ライティング・ワークショップで期待すること」／「ライティング・ワークショップのルール」／「校正項目リスト」／「校正チェック用紙」／「ピア・カンファレンス用紙」／「リーディング・ワークショップで期待すること」／「リーディング・ワークショップのルール」／「ジャンル一覧リスト」／「本の貸出カード」／「ファイル」

【コラム】
悩ましい授業時間確保と人数の問題 060
詩をひらくように読む 067

第3章 ワークショップ開始 111

毎日読む「今日の詩」／お互いに打ち解けるためのアクティビティ／家庭学習（宿題）と授業とのつながり

ライティング・ワークショップ開始 125

まずは、生徒をしっかり知ることから／書く題材探し／詩の宿題から書くことを学び始める／3日目からは、サイクルを回し始める／最初の数日のカンファレンスの実例

リーディング・ワークショップ開始 142

読む力は、読むことを通してしか培えない／教師と生徒によるブックトークの力／生徒たちが本に浸れるようにする

第4章 書き手を育てるミニ・レッスン 153

ワークショップで書く手順 158

書き手が使う技についてのミニ・レッスン／教師が書くプロセスを見せる／教師が自分の書いた詩を使って教える／それで?の法則／頭と心の法則／一粒の小石の法則／メモ書きの法則／下書きは行間を広くとる／題名の工夫

書き言葉の慣習 195

【コラム】
書き言葉の慣習の大切さ 197

第5章 読み手を育てるミニ・レッスン 203

ワークショップで読む手順 205

実際に読むことについてのミニ・レッスン 208

心理言語学から読むことを見ると?／二つの読み方

文学についてのミニ・レッスン 221

批評家として詩を読む／ウィリアム・カーロス・ウィリアムズ／ウィリアムズをメンターにした生徒の作品／文学が教えてくれる価値／市民の育成に欠かせない新聞記事／ジャンルとしてのテスト対策／長期休暇中の読書

第6章 一人ひとりの書き手を教える 241

書き手を育てるカンファランス 242

カンファランスでの譲り渡し／コメントは執筆中に／カンファランスは生徒のところで

書くときに遭遇する課題とその対処法 251

情報が不十分である／書き手の姿が見えない／余分な修飾語が多すぎる／題材が大きすぎる／終わり方がうまくいかない／書き出しがうまくいかない／読者に映像が見えてこない／情報が整理されていない／書く題材が見つからない／言葉づかいがうまくいかない

第7章 一人ひとりの読み手を教える 277

リーディング・チェックイン 278

文学について対話するレター・エッセイ 290

【コラム】
チェック・イン＝カンファランス? 279
レター・エッセイの役割 292

第8章 価値を認める・評価する 313

自己評価 ……………………………………………………… 316

教師による評価 ……………………………………………… 330
次の目標を定める／段階別の成績を出す場合

巻末資料

1 アトウェルが示す多くの出版方法 ……………………………… 345
2 アトウェルのカリキュラムのサイクル ………………………… 348
3 ライティング／リーディング・ワークショップ資料（日本語） ………… 350

文献一覧 ……………………………………………………… 358

図版一覧 ……………………………………………………… 364

少し長めの訳者前書き

とても個人的な物語

　ナンシー・アトウェルの *In the Middle* に出合ったのは、国語科の教員である私（訳者の一人、澤田）の、20代の最後の年でした。共訳者である吉田新一郎から「ライティング・ワークショップ」という書くことの教育方法があることを聞き、取り組み始めた時期のことです。

　当時の私は、どういう授業なら生徒の国語力がつくのか模索中でした。まずは先輩教員を見習って、教材研究のために、文学研究の論文や、幅広いジャンルの本を日々読みました。こうすれば確かに生徒が感心する解釈は語れるし、教養講座めいた話もできます。でも、それでも生徒全員の興味を掻き立てることはできません。国語教師がもつ専門性とは何だろう？　と自問する日々でした。テストについても、授業でやったことを再確認するだけの定期試験でいいのか、いや、そもそも文章を書く力や小説を読む力をテストで測れるのか？　という疑問をもっていました。加えて、当時は「これからの教師の役割は、教えるティーチャーではなく、生徒の学びを促進するファシリテーターだ」と喧伝されていた頃。色々な形態のグループ学習も試しましたが、そこでも疑問は生じました。本当に学力はついているだろうか、教師は何をすべきなのか、教えないことはよいことなのか……？

　そういうさまざまな疑問が、当時の私の中で渦巻いていたのです。

　その頃に共訳者の吉田に紹介されたのが、「ライティング・ワークショップ」「リーディング・ワークショップ」（本書では「ライティング／リーディング・ワークショップ」と総称します）という読み書きの教え方であり、その実践書の傑作というナンシー・アトウェルの *In the Middle* 第2版でした。生徒が自分で読みたいこと、書きたいことを選んで、大量の読み書きを通じて自立した読み手・書き手になっていくというこの実践に、私は心を惹かれました。いざ500ページを超える原書が届くと、大きなため息をついたものの、こんなに評判の本なら何かあるに違いないと思い直し、ライティング・ワークショップの研修会で知り合った仲間たちとのメール読書会の形で、2008年の2月から、おずおずと読み始めたのです。

　目が醒める思いでした。冒頭から描かれるアトウェルの教師としてのストーリーや、彼女の識見と実践の凄みに誘われて、私は毎日1ページずつ、ペー

ジをめくりました。例えばアトウェルは、「教師が選んだ文学教材について一斉授業形式で生徒に解釈を語る」という、日本でもアメリカでも伝統的なスタイルの授業で、教師が結果として何を教えてしまっているのかを、次のように皮肉っていました。[*1]

「教師が読むことについて伝えている21のこと」

1 読むことは難しくて真面目な作業だ。
2 文学は、なおさら難しくて真面目で退屈なものだ。
3 読むというパフォーマンスは、たった一人の観客に向かってなされる。それは教師だ。
4 文章の解釈には正解がある。教師の解釈だ。
5 理解や解釈の「間違い」は許容されない。
6 生徒たちは、自分で読むべき本を決めることができるほどには、賢くもないし、信頼もできない。
7 読むことには暗記が必要だし、情報や用語や伝統的な型や理論への熟達も必要だ。
8 読解の締めくくりにはテストが来る（そして、書くことは多くの場合、読解のテストとして使われる。読書レポート、批評文、論説文、選択式テストなど）。

　こんな指摘が21も続きます。苦笑しながらも、私は冷や汗をかいていました。自分が授業でやってきたことはいったい何？　そして、これからすべきことは？　アトウェルほどの教師が追究するライティング・ワークショップには、きっとそのヒントがある、それを知りたいという抗いがたい誘惑に、私はかられていったのです。
　私がこの本に強く惹きつけられた理由は、アトウェルの偉大さだけでなく、彼女の教師としての歩みにもありました。興味深いことに、1998年に刊行された *In the Middle* 第2版の中で、アトウェルはときおり初版[2]（1987年刊）の頃の彼女に批判的に言及しています。いわく、昔の自分は、教師はファシリテーターであるべきだと思っていた。初版の頃に信じていた「ライティング・ワークショップでしてはいけないこと」にとらわれすぎていた時期もあった。でも、自分とは誰なのか？　文学を愛する国語教師だ。だから、今の自分は、文学についての自分の経験を、若い読み手や書き手に「譲り渡す」ことにためらいがない、と。

少し長めの訳者前書き　009

「これからの教師は、ティーチャーではなくファシリテーターだ」という主張に、完全な同意も反発もできない私は、アトウェルのような偉大な先達が、私と同じ迷いを抱え、「ティーチャー」と「ファシリテーター」の間を行ったり来たりし、自分の役割を模索する事実に、ひそかに励まされる思いでした。

In the Middle 第2版を1日1ページずつ読みながら、ライティング・ワークショップの授業をする。やがてメール読書会は自然消滅し、私も何度か中断を挟みながらも、In the Middle 第2版をやっと読み終えたのは、読み始めて2年後の2010年2月6日。こんなに厚い英語の本を読んだのは、もちろん、初めての経験でした。

とはいえ、当時の私がライティング・ワークショップを十分に理解できていたとは思えません。まだリーディング・ワークショップをやっていませんでしたし（どちらかだけでもかなりの冒険でした）、「よい作品ではなく、よい書き手を育てる」というライティング・ワークショップの基本理念も、書き手が安心できる環境づくりの大事さも、教師自身が書くことの大事さも、よくわかっていなかったのです。

しかも、3年の月日が経って、私は一度この実践から離れました。とにかく、手探りで進む不安、これで受験勉強は本当に大丈夫かという不安、英文を読む負担、日々の授業準備の負担に疲れてしまったのです。そして私はまた一斉授業に戻りました。年の功なのか、前よりも単元全体を見通した組み立てもできるようになり、生徒の反応も悪くない。一斉授業ではどの担当クラスでも同じ教材を1回用意すればいいので、仕事量も明らかに減りました。やっぱり40人学級を複数もつなら、一斉授業が現実的。そう思うようにもなりました。

しかし、それでは私が以前に抱いていた疑問の数々は解決しません。これで本当に生徒の力をつけているのか、国語教師の専門性とは何なのか、テストはこれでいいのか……。その問いに再び向き合った時、私の手は、自然とまた、ライティング・ワークショップや、日本語や英語の作文教育の本に伸びていきました。

こうして、前とは少し違った角度でライティング・ワークショップの勉強をはじめた頃、ナンシー・アトウェルが In the Middle 第3版を刊行します。第2版からおよそ15年たってさらに80パーセントも書き直された第3版。尊敬に値する異国の先達が、40年の教師人生を学び続け、自分の「ベスト」を追求し続けてきたことの重さが、600ページを超える本の厚みとともに、両手に伝わってきました。分厚いページをめくり、前の版と頭の中で比べながら（それでも今度は数カ月で読破できました）、自分の心の中に、いつかアトウェルの学校を訪問したい、

そして、彼女の著作や業績を日本の教師仲間にも紹介したい、というひそかな思いが、くっきりとした形を取るのを感じていました。

　私がその思いの一つ目を叶えたのは、2016年の4月のこと。インターンシップ生として、アトウェルの学校を4日間訪問することができました。すでにアトウェル自身は定年で第一線を退いていましたが、彼女の学校の先生たちの授業を見学し、議論し、アトウェルとも直接話ができたのは、決して消えない炎を自分のうちに灯したような経験でした。

　そして、私の思いの二つ目は、いま、あなたの手元にあります。この本です。アメリカの優れた教師ナンシー・アトウェルの主著であり、彼女の最後の「ベスト」である *In the Middle* 第3版の日本語訳を、読者の皆さんにお届けできることを、とても嬉しく思っています。

　彼女の取り組みがすべて正しいことも、そのまま日本の教室に取り入れられることも、おそらくないでしょう。彼女が *In the Middle* の版を重ねるごとに、詩を重視するようになったことや、生徒が書いた一つひとつの作品には決して点数をつけないことも、日本の国語の授業の実態からは遠いかもしれません。

　でも、ナンシー・アトウェルが優れた教師であること、彼女を鏡として私たち日本の教師が多くを学べることを、私は確信しています。自立した書き手と読み手を育てるライティング／リーディング・ワークショップという教え方。ティーチャーとしての教師とファシリテーターとしての教師のバランスの模索。教師自身が読み続け、書き続けることの大切さ。この本で語られるこれらの点は、きっと、あなたが教師として日々の取り組みを振り返る際の助けとなるでしょう。

　In the Middle は、私の教師人生の羅針盤です。あなたにとってもそうであるように、祈っています。

　本書をよりよいものとするため、教育関係者の皆さんに下書き段階の原稿をお読みいただきました。飯村寧史さん、岩瀬直樹さん、大木理恵子さん、佐藤可奈子さん、森大徳さん、山田雄司さん、吉沢郁生さん、古澤孝子さん、ありがとうございました。また、司馬舞さんにはアトウェルの教室の素敵なイラストを描いてもらいました。最後に、企画段階から的確なご助言と温かい励ましをくださった三省堂の樋口真理さんには、とりわけ篤くお礼を申し上げます。

訳者を代表して

澤田英輔

ナンシー・アトウェルと*In the Middle*について

　ナンシー・アトウェルは、アメリカの国語教育の実践者です。1970年代に教師として働き始めた彼女は、2010年代半ばに第一線を退くまでの約40年間、ライティング／リーディング・ワークショップという教育方法を軸にしながらも、常に学び続け、そして変化し続けた教師でした。

　アメリカ東部のメイン州にある小さな町の公立中学校の国語教師として、読むことと書くことの教育・研究に取り組んでいた彼女は、1980年代、ライティング・ワークショップという書くことの教え方に出合います。最初は反発や戸惑いを感じながらも、アトウェルは徐々に、この教え方が生徒を自立した書き手に導く手応えを感じるようになります。そして彼女が教えた8年生[*2]の生徒たちも、メイン州の学力調査のライティング部門で2位の好成績を取るようにもなりました。アトウェルはやがてこの方法を読むことの教育にも応用して、リーディング・ワークショップにも取り組むようになります。そして、子どもたちが大量の読み書きを通じて主体的な読み手・書き手に育っていく様子を*In the Middle*初版として、1987年に刊行したのです。

　30代半ばの中学校国語教師が刊行したこの本は、当時のベストセラーとなりました。瞬く間に幅広い層の教師に読まれ、アトウェルのもとには千通を超す手紙が寄せられた、といいます。

　私たちが驚嘆するのは、その続きの話です。1990年、彼女は公立中学校の教師を辞め、*In the Middle*初版の印税を元手に、メイン州のエッジコームに、小さな非営利の学校「教師と生徒のための学習センター」（Center for Teaching and Learning）を設立します。そして、幼稚園から8年生までの年齢の子どもたちに、ライティング／リーディング・ワークショップの実践をさらに重ね、理想の教育を追究したのでした。

　1998年、アトウェルは、自分の学校での実践をもとに、*In the Middle*第2版を刊行します。初版から70パーセント以上を書き換えた第2版で、彼女は初版の頃の自分についても率直に批判すべきところを批判し、新たなライティング／リーディング・ワークショップの展開を示したのでした。

　その後、彼女はさらに実践を重ね、2015年、彼女の教師生活40年の集大成とも言える*In the Middle*第3版を出版しました。驚くことに、ここでも、第2版から実に80パーセントが書き換えられています。

　一つの教育のあり方（ライティング／リーディング・ワークショップ）を追究する一人

の教師が、自分の教師人生の柱となる著作を、改訂のたびに大きく書き換えること。そして、それにもかかわらず、In the Middleという同じ名前で呼び続けていること。この二つは、二つとも私たちに強い印象を残します。変化し続ける教師。そうでありながら、自分の軸を保ち続けている教師。

彼女はIn the Middleというタイトルにどんな意味をこめたのでしょう。中学生（ミドル・スクールの生徒）を教えるということなのか、黒板の前ではなく教室の真ん中にいるということなのか、自分の授業が常に「途上」にあるということなのか……。約30年にわたるIn the Middleの歴史は、そのような国語教師の姿や理念を、私たちに見せてくれます。

2015年、ナンシー・アトウェルは、読むこと・書くことの教育や教師教育への貢献によって、「世界一の教師」を選ぶグローバル・ティーチャー賞の初代受賞者に輝きました。当時すでに現場の第一線を退いていたアトウェルですが、この受賞によって、改めてその40年間の歩みが、世界的に評価されたのでした。

本書について

本書『イン・ザ・ミドル　ナンシー・アトウェルの教室』は、In the Middle 第3版の日本語訳です。原著は英語で600ページを超えてしまうため、文章のジャンル別の読み書きの学び方について扱う後半部分を省略し、前半部分を中心とする抄訳としました。また、原著者のアトウェルに了解を得て、原著だけではわかりにくい箇所を補い、アメリカと日本の事情の違いに鑑みた改変も行っています。例えば、教室の写真を増やしたり、日本や日本語に合わない事例は削除したり、要約したり、提示の仕方を変えたり、日本でも使えるものに差し替えたりしました。さらに、原著には生徒の作品も数多く掲載されていますが、翻訳ではその一部を厳選して掲載するにとどめました。とはいえ、アトウェルの実践では、彼女自身が読み手・書き手であり、自分の知識と経験を生徒に伝える「譲り渡し」が特徴の一つとなっています（本書35ページ参照）。したがって、生徒の作品白体が、彼女の実践を物語っています。どのようにアトウェルの知識や経験が生徒に譲り渡されているか、生徒の作品を通じてお読みください。

また、同書の初版・第2版ともに読み継がれ、アトウェルの実践の変化やライティング／リーディング・ワークショップについて一定の理解があるアメリカの読者と、そうでない日本の読者の違いにも配慮し、訳者による注や参考文献の紹介、コラムも多めにつけ、巻末には日本の教室で使えそうな参考資料も掲載しています。

少し長めの訳者前書き 013

ライティング／リーディング・ワークショップについて

　ライティング／リーディング・ワークショップとは、英語圏を中心に普及している、書くこと、読むことの教え方です。ライティング・ワークショップは、もともと、1980年代初頭からアメリカで普及しました。教師が生徒に書く課題を与えて、その結果を添削する伝統的な教え方とは異なり、本物の作家や詩人やジャーナリストのように、生徒が自分で書くことを決めて書き、教師はそのプロセスを、全員に向けたミニ・レッスンの時間や、カンファランスという1対1の個別指導を通じて支援するのです。ナンシー・アトウェルも、まず、ライティング・ワークショップの若き実践家として名を知られるようになりました。

　リーディング・ワークショップは、ライティング・ワークショップのやり方を読みの教育にも持ち込んだもので、アトウェルがパイオニアの一人とされています。日本では、教師が選んだ教材を生徒が何時間かけて読むのが標準的な読むこと（読解）の授業ですが、リーディング・ワークショップでは、基本的に全員一斉での精読はなく、生徒はたくさんの本を、自分で選んで読んでいきます。教師はミニ・レッスンやカンファランスを通じて、その読書活動を支援するのです。

　ナンシー・アトウェルはライティング・ワークショップとリーディング・ワークショップを同じ時間割の中で続けてやっているので、「ライティング／リーディング・ワークショップ」と呼んでいます。

　この本で扱っているのは、あくまでアトウェルのライティング／リーディング・ワークショップです。ライティング・ワークショップとリーディング・ワークショップについてもう少し一般的な情報や、日本の教室で実践する時の資料を知りたい方は、巻末の参考資料をお読みください。

----

*1 ── In the Middle第2版の28〜29ページで紹介されています。

*2 ── 日本の学年としては中学校2年生に相当します。アメリカでは小学校1年から数えて、高校卒業時の学年が12年生となっています。高校は9〜12年生と決まっていますが、ミドル・スクール（中学校）は州や地区によって、7〜8年、6〜8年、さらには小学校と一貫しているなど、きわめて多様です。そのため、本書では、学年が出てくる場合、日本の小、中、高に該当する学年に変換せずに、原文のまま、1〜12年生を使っています。なお、アトウェルの学校でも8年生で卒業となります。

第 1 章

教えることを学ぶ

生徒とともに学び続ける著者

私たちが教える論理が、
子どもたちが学ぶ論理と同じとは限らない。

—— グレンダ・ビセックス

40年間の国語[*1]教師としての人生を振り返って、私はこの仕事がとても素晴らしい仕事の一つだと確信しています。もちろん、時間と労力はかかります。けれど、充実していて、やりがいがあって、何より刺激的です。毎朝教室に入る時、私は確信しています。きっと今日も、若い書き手や読み手[*2]たちの言うこと、することに目を見張るだろう。ずっと昔に私が英文学を専攻しようと心に決めるきっかけになった、文学好きな仲間たちと一緒に過ごすあの雰囲気を、今日もこの教室で味わうだろう。読み書きについて生徒に役立つことを教えよう。そして、最初に私が教師になりたいと思うきっかけになった、7・8年生という年代と一緒にいることの楽しさを、今日も存分に楽しむだろう、と。

　そんなふうに自信をもてるのは、私がライティング／リーディング・ワークショップの教師として国語を教えているからです。この授業では、生徒が自分で書く題材や読む本を選びます。自分で選んだものだからこそ、夢中になって取り組むし、夢中になるからこそ、時間もかけ集中もします。彼らはそうやって成長し、粘り強い優れた読み手や書き手になっていきます。

　生徒たちは毎年14のジャンルから平均40冊の本を読みますし、13のジャンルから平均21編の作品を書き上げます。地域や全国レベルの作文コンクールで表彰される生徒もいれば、出版する生徒もいます。賞金や原稿料を得る生徒もいます。でも、何よりも大切なのは、彼らが読むこと書くことの価値を知って、読み書きのある生活を始めたことでしょう。

　このワークショップで唯一の大人の読み手・書き手として、私は教師としての夢が満たされているのを感じています。教室では、生徒の読み書きの可能性をひろげることをやって見せ、実際に役立つことを教え、生徒が没頭できる環境を整え、優れた文章を読んで書くというやりがいのある学びをサポートします。ワークショップで学ぶことが本物の「国語をする[*3]」という経験であるからこそ、私も生徒も学ぶことに駆り立てられるのです。多様な能力の生徒一人ひとりが励まされ、学びに引き込まれ、成長していきます。読み手、書き手としての生徒一人ひとりの成長にまさる喜びはありません。それが私の教師としての40年間の原動力です。

　本書 In the Middle の第3版は、私からあなたへの招待状です。ベテランの方にも若手の方にも、読むことと書くことの真髄を理解し、生徒の読み書きを生涯にわたって豊かにするために、教師ができることをお伝えしたいと思って書きました。旧版の In the Middle と同じように、この第3版でも、現

時点での私のベストの実践を描きました。すべての生徒が理解しながら楽しんで文章を読み、自分でもよい文を書きたいという強い思いをもって実際に書けるようになるために、私が現在、どのようにライティング／リーディング・ワークショップを行なっているのかをお示ししています。具体的な内容は、生徒に期待すること、私が実演すること、見本を示すこと、選択の大切さ、利用可能なリソース、ワークショップでの約束、ルーティン（日常的にいつもしていること）、助言、留意点、考え方や計画、観察の仕方や話し方など、多岐に渡ります。

　でも、それだけではありません。*In the Middle* は、私の教師としてのライフ・ストーリーでもあります。

　教師になった頃、私はワークショップ形式で教えてはいませんでした。教師生活の中での様々な経験が合わさって、私を変えてくれたのです。以前は教卓の向こう側から一方的に教えていたのが、今では、生徒一人ひとりの間に入るようになりました。また、以前は決まりきったカリキュラムで授業をし、変わりばえのしない課題を毎年決まった時期に出し、生徒全員に同じように学ぶことを求めていたのが、今では、一人ひとりの生徒がやろうとしていることや強みや課題を明らかにして、それに対応する教え方を展開しています。私が見つけた方法は、自分の教室での経験から培ってきたものですが、同時に書き手、読み手、研究者、そして親として学んできたことでもありました。

　私に大きな影響を与えた教師は、グレンダ・ビセックスです。ビセックスの才気あふれる著書 *GNYS AT WRK*[*4]（ことばを学ぶ天才）[2] は、彼女の子どもポールの幼少期のことばの学習、特に、就学前に彼が独自に考えだした綴りに注目しています。この本が出版されるまでは「書くためには、まず読めないといけない」という考え方が一般的でした。しかし、ポールは、読めるようになる前に、ありとあらゆるメッセージを書き散らしていたのです。ビセックスの観察は、子どもが実際に学ぶ方法と教師が教える方法との間にはギャップがあることを伝えてくれます。そして、その観察から生まれた「私たちが教える論理が、子どもたちが学ぶ論理と同じとは限らない」という彼女の言葉は、私の座右の銘となりました（この章の扉にも引用しています）。この言葉を目にするたびに、私は立ち戻ります。生徒を観察すること、お決まりの教え方に疑問を抱くこと、そして、教室で何が起きているのか理解しようとすることに。

第 1 章　教えることを学ぶ　017

教師としての私の物語は、私という教師と生徒とのギャップがこの上もなく大きかったところから始まります。物語の始まりは、8年生のジェフという男子生徒。彼のおかげで、私は自分の教師としての論理がただの思い込みにすぎないことを思い知らされました。そして、自分の一方的な思い込みにしがみつくのをやめて、教室の中で生徒から学び始めたのです。

教 師 と し て の 私 の 物 語

　1975年、私はメイン州に引っ越し、ブースベイ・ハーバーにある学校の国語の教師になりました。当時の私は、自分が育ったニューヨーク州の都市バッファロー近郊で、7年生を教え始めてまだ2年目が終わったばかり。転勤を決めたのは、それが他のどこでもなく、メイン州だったからです。

　その夏のこと、私は夫のトビーと1号線を北に向かって旅し、メイン州のブースベイ・ハーバーの村に向かって約20キロの半島を南下していたところでした。休暇を過ごそうと、小さな美しい場所を探していたはずだったのに、期せずして、その後の我が家となる、小さな美しい場所を見つけてしまったのです。この半島に点在する町々の年間を通しての人口は4千人強。入江、砕ける白波、海水の沼沢地、干潟、と至る所に水があり、そして、何もかもが、そびえたつ松、モミ、カバノキに囲まれています。

　休暇の最終日、最後にもう一度、ブースベイ・ハーバーのすぐ南にあるサウスポート島をドライブしました。トビーが島の西端にあるヘンドリックス・ヘッド海岸に車を止めて、私たちは道路地図、灯台、海岸から見える島々を眺め、お互いに顔を見合わせました。「もし——あくまでも、もし、の話だけど、ここに住もうと思ったら、どんな仕事がある?」と思わず口にしました。トビーの返事は「教師の仕事ならあるよね」でした。

　私は教師で、教師を募集している学校があり、採用されました。新年度が始まる直前の週末に、当時乗っていたプリムス社の古い車の排気管を新しくし、トラックを借り、家具を積み込み、愛犬とともに、ブースベイ・ハーバーに戻ることができたのです。

　自分の教える教室に初めて入ったのは、授業の前日のことです。7・8年生用の棟は2階建てで、ひとつの階に二つの教室しかない、煉瓦造りの倉庫のような建物でした。隣接する6年生までの棟は典型的な横板づくりで、こちらの棟とは、段差と校庭、そして伝統という壁でも仕切られていました。

私が教える教室は薄暗い階段を上がったところにあり、リノリウムの床は塗装が半分ぐらい剥げていて、裸電球が半分タイルのとれた天井からぶらさがっており、壁は色あせた緑色でした。壁のうちの一面がベニヤ板で、それが隣の教室との仕切りでした。つまり普通の大きさの教室をベニヤ板で二つに仕切っていたのです。ベニヤ板の向こうは、理科と社会を担当している教師、テリーの教室でした。翌朝、生徒たちが登校すると、どちらの教室で話していることも、もう片方の教室に筒抜けで、よく聞こえました。

「カリキュラムです」、校長にそう言って渡されたものを開くと、私が担当する毎日6時間の授業の時間割が書いてあるだけでした。校長はすぐに、小走りでアスファルトを横切り、7・8年生用の棟より居心地の良く安全な6年生までの棟に戻ってしまいました。私は教室をまじまじと眺めました。

棚は埃まみれで本が1冊もありません。ガタのきているファイルキャビネットには紙すら置かれていません。私が使う予定のベニヤ板仕切りの手前側の教室に、27個の机が詰め込まれていました。翌日、私が初めて教えることになった8年生の27名が座席につきました。その中にジェフがいたのです。すぐ目につきました。

ジェフとの出会い

ジェフはもうすぐ16歳になるところで、その体格のよさが、まず目を引きました。両親は仕事の関係で引っ越すことが多く、ここ何年もの間、ジェフも一緒に移動を繰り返していました。教室にいるほかの生徒とは育った場所も異なり、学校を休むことも多かったので、一人孤立していて、習熟度においては目立って遅れていました。その後、長年にわたり多くの生徒を教えましたが、ジェフほど多くの課題を抱えた生徒とは出会っていません。

読む指導に関しての取りまとめ役をしていた教師が選んだ下の学年レベルの読み物教材を、ジェフはほとんど読むことができませんでした。mとn、bとdというように、似ている文字の認識にも苦労していました。自分と自分の兄弟姉妹の名前は書くことができましたが、それ以外に書ける単語はせいぜい20か30というところでした。ジェフをこれまでに教えてきた教師6名と話してみましたが、同じような話を6回聞くことになっただけでした。6名とも、「限られた時間しか学校に来ないジェフに、彼のレベルに相応しいと思える課題を与えた」「進級できない年もあった」「体格がよいので進級させた年もあっ

第1章 教えることを学ぶ 019

た」というようなことを話したのです。ジェフの母親によると、ジェフには学習障害があり、手の打ちようがないということでした。

　メイン州での最初の学期、私はそれまで教えていたバッファロー郊外の教室、同僚、生徒の思い出はすべて横において、メイン州での生活を生徒たちから学び始めました。生徒の親の多くは、造船業、漁業、ロブスター関連の仕事、観光シーズン限定の観光業と、海に関わる厳しい仕事で生計を立てていました。私は教室の壁にポスターを貼り、教材を揃える予算を校長に求め、自分のお金で生徒が書いたものを保管するファイルを購入するかたわら、ジェフにどう対応すればいいのかを考えていました。

　ジェフは休み時間には教室に残り、テリーか私のうち、校庭指導係にあたらなかった方と話をするのが日課でした。私はジェフが好きでした。家の都合で引っ越しが多い彼は、船や航海、アメリカ南西部といった、私の知らないことを話してくれました。私はその話を思い浮かべながら自宅の本棚を漁り、『ダブ号の冒険』『コン・ティキ号探検記』『荒海からの生還』『ドン・ファンの教え』などをジェフ専用の読む教材にしました。とにかく本を読むことを体験してほしかったので、そのためには、ジェフ専用に選んだ本を大量に読むことが一番よいと考えたのです。

　この学期と次の学期、他の生徒たちには一律に教科書を読ませる一方、ジェフには違うものを与えました。彼のために選んだ本。たっぷりの読書時間。休み時間の私との会話。そして、私は息を呑みました。ジェフが、自分の力で読めるようになる過程を目の当たりにしたからです。彼は、最初は口に出しながら指で単語を追っていたのですが、スラスラ読めるようになると、声に出して読むことも指で追うこともなくなりました。この観察は、教室の中で私が初めて行った「研究」体験であり、大いにやりがいも感じました。

ジェフと書くこと

　ところが、書くことになると、ジェフの様子には暗雲がたちこめたままでした。
　メイン州に転勤する際、私は、ニューヨーク州で同僚と一緒に開発した書く指導用のカリキュラムを持ってきていました。これはジェイムズ・モフェットの「談話の階層」という概念を援用して、一連のジャンルの書き方を体系的に学ぶことで生徒が書けるようになるという理論に基づいたものです。このカリキュラムでは、生徒は劇のセリフから物語や説明文へと、段階を経て練習し

ます。私はこの方法について同僚と論文を書き、教育研究関係の雑誌に掲載されたこともありました。これは私の初めての論文出版で、当時の私はこのカリキュラムに心酔していました。

このカリキュラムに基づいて、私は毎週書く課題を生徒たちに出しました。書く前後にアクティビティもついている課題で、1年間の流れはこのような感じです。新年度の初めは、生徒は月曜日にいくつかのシナリオをロールプレイし、そこから一つを選んで一人芝居を書きます。学期が進むにつれ、作品集から物語を読むことが宿題になり、生徒はそれに反応する形で短い場面を書いて提出します。学年の最後には、また別の作品集を読み、それについてのレポートを書くのです。

一方、教師としての私のルーティンはこうでした。毎週水曜日には生徒の下書きを持ち帰り、細かくコメントを入れて、修正するように指導する。金曜日に完成作品を持ち帰る。土曜日は、持ち帰った作品の置いてある部屋の前を通りすぎる度に暗い気持ちになり、日曜日には重い腰を上げて、再度コメントをいれ、同じ間違いをまた直す。それから、来週に向けて新しい課題を印刷する。

この流れを毎週繰り返しているうちに、生徒は三つのグループに分かれていきます。5、6名の生徒は私の課題を自分のものにして、素晴らしい成果を出します。10名強程度の生徒は、課題をなんとかこなします。そして残りの生徒には失望続きです。それでも、私はこのやり方にこだわっていました。

この教え方には、当時の私の考えが色濃く表れています。生徒が書くテーマは私が決めていましたが、それは、彼らが文章での自己表現に臆病で、課題の指定なしに書くなんて無理だと思いこんでいたからです。彼らは教師の指示があって初めてまともな文を書けるとも思っていました。書くことについて生徒が知っていることは、教師である私には到底およばないとも決めつけていました。私は、教卓の向こう側から動かずに、書くことを教えるふりをし続けていたのです。少なくない生徒が、書くことをきちんと学んでいたとは言えなかったにもかかわらず。

ジェフに出会ったのはそんな時のことです。私が出した課題の一つに、鎖の図を使った課題がありました。これは、自分の体験談を書くアクティビティで、生徒たちはペアになって自分たちの経験を伝え合い、鎖の輪一つが自分の過去の経験一つをあらわすように、鎖の図を描きます。そして、そこから何か一つの話題を選んで書く、というものです。ところが、8年生の生徒

第 1 章　教えることを学ぶ　021

たちが言われた手順通りにやっている間、ジェフは一人小さい声でぶつぶつ言ったり、鼻歌を歌ったりしながら、海岸に張られたテントで膝をついている少年の絵を描いているだけでした。

　授業が終わると、ジェフはこの絵を折りたたんで自宅に持って帰りました。次の日には、メキシコの海岸で亡くなった幼い弟についての話を書いた下書き1ページをもってきました。私は、質問をいたるところに書きこんで返却し、ジェフに書き足すように言いました。しかし、ジェフにとっての書き直しは、同じ話を一語一語、時間をかけて写しなおすことでした。

　まったくこんな調子でした。教室では、無風になって足止めをくらった船の絵を描き、自宅では『ダブ号の冒険』のような、短い話を書く。あるいは、教室で砂漠の絵を描き、夜に自宅でサボテンや『ドン・ファンの教え』に出てくるような呪術師について書いてくる。「絵を描くのをやめて、ちゃんと書きなさい」という私の声が、教室の仕切りのベニヤ板を超えて、隣の教室に響いていました。

　なぜジェフはこうなのだろう？　私はいくつもの仮説を考え、試していきました。仮説が崩れた時は、次の仮説を考えました。例えば、下書きでは綴りの間違いが驚くほど少ないので尋ねてみると、「困るとお姉さんが助けてくれる」との答えが返ってきました。この時は、他の生徒の前で私に助けを求めるのが恥ずかしいから、教室では文字を書かずに絵を描くのだと思いました。それで、綴りは後で一緒に確認する時に直せるから、間違いは心配しなくてよいとジェフに伝えました。わかったと言ったジェフは、でも次の時間もずっと絵を描いていました。これ以外にも、「ジェフは教室が騒がしくて気が散っているのだ」とか、「ジェフは書くのがとても遅いのをクラスメイトに見られたくないのだ」とか、「絵を描く美術の時間がないことが不満なのだ」とか、いろいろな仮説を立てました。

　ところが、私の仮説とそれについての対策はどんどん増えていくのに、ジェフは相変わらず教室では絵を描いて、夜に自宅で文章を書いてくるやり方を続けるままです。どうしてそうなのか、その理由を私は一度も彼に尋ねませんでした。というのも、自前のカリキュラムをやり遂げることだけ考えていた私は、書き手としてのジェフや、彼なりの書くプロセスに目を向けることができなかったのです。

　1年の半ばが過ぎた頃、彼のやり方を認めない私の様々な指導に、ついにジェフが我慢できなくなりました。ある朝の休み時間に、突然、すごい勢

いで、「これが僕のやり方なんだ。僕がやることをやればそれでいいだろう。ほっといてくれ」とはねつけたのです。あまりの勢いに私はたじろぎ、最終的には、必要な数の作品を仕上げることを条件に、彼に自己流のやり方で書くことを認めたのです。

　その年度の終わりには、ジェフのファイルに入っている作品の数は、他の少なめの生徒に見劣りしない程度には増えていました。年度後半は、空き時間があれば絵を描いていたものの、授業中に絵を描くことは影をひそめ、文字を書くようになりました。ジェフに何か変化が起こったのかもしれませんし、絵を描くことをまったく認めようとしない私にうんざりしたのかもしれません。どんな理由があるにせよ、私はここでもそれをジェフに尋ねませんでした。私は新しい週が始まるたび、かたずをのんでジェフの反応を見ながら、書く前のアクティビティになんとか参加してくれることを願っていました。

　やがてジェフは卒業して高校に進み、新しい生徒たちが入学してきました。私は新学期のファイルを取り出し、新しいプリントを印刷し、そして同じカリキュラムに沿って新年度を始めました。

　2年後、ある出来事があって、私はジェフが堪え忍んでくれたことに感謝することになります。友人がニューヨーク州立大学バッファロー校で開催された研究会での論文をまとめて送ってくれ、その中にドナルド・グレイヴス[*5]が書いた、子ども、書くプロセス、教師の役割についての論文がありました。後にニュー・ハンプシャー州にあるアトキンソン学校における画期的な研究を発表することになるグレイヴスですが、当時は、7歳の子どもたちを観察していました。その中の一人、ジョンは書くのが遅く、書きながら独り言をつぶやき、1単語ずつ、たどたどしく見直しをしていました。何よりも私の目にとまったのは、ジョンが文を書くまえに絵を描いて書く準備をする、ということです。このように、書き始めたばかりの子どもたちがやっていることに教師が注意を払い、それを活かして教えることを、グレイヴスは提唱していました。

　その後数日間、グレイヴスが書いていたことが頭から離れませんでした。7歳のジョンが、16歳のジェフとそっくり重なったのです。私の自前のカリキュラムの押し付けがジェフの成長を阻んでいたのに、それをかたくなに認めなかった自分に身がすくみました。ジェフの場合も独り言を言って絵を描くのですから、私のやり方がうまくいっていないことは明らかでした。それでは、これまで教えてきた何百人もの生徒はどうでしょうか。確かに私は、彼らを教

第 1 章　教えることを学ぶ　　023

卓の後ろという自分の居場所から教えてきました。けれど、毎週月曜日にカリキュラム通りに与えた課題をどの程度こなせているのかということ以外、彼らについて何も知らずにきていたのです。

　ジェフの時は、まだ良かったのかもしれません。彼は自分の方法をやり通すことを、私に粘り強く認めさせたのですから。とはいえ私はジェフのやり方を受け止めて話し合う機会を逃してしまいました。もし当時、私がグレイヴスの論文を読んでいたとしても、どうすればジェフをサポートできたのでしょうか？　彼にどう言えばよかったのか、私には見当もつきませんでした。

教師も学ばなくてはならない

　私が、教室にいる学習者は生徒だけではないということを理解したのは、この時です。教師も教室で学ばなくてはならない。資格や免許、善意、よくできたカリキュラム、学習指導要領を順守するだけでは十分ではない。それは、グレイヴスが論文[9]の結論で次のように述べている通りです。

> 生徒についての文献を読み、書く指導関連の研究やテキストに目を通し、生徒を教える。そのような教師が、実は生徒の学ぶプロセスや書くことについて何も理解しないままだというのも十分にありえる話である。教師が自分の思い込みから自由になり、書くプロセスのあらゆる段階をしっかり見つめて、それに関わるための環境を実際に授業に組み込むことが大事なのだ。さもなければ、私たちは同じ失敗を何度も繰り返すだけである。

　私は自分が同じ失敗を繰り返す教師になるのも、生徒たちがその犠牲者になるのも嫌でした。

　ジェフが卒業して2年後、ブースベイに新しくできた公立のブースベイ学校[*6]に転勤しました。私が教える7・8年生の真新しい教室は、絨毯がひかれ、本棚には本があふれ、壁にはポスターが貼られていました。明るい蛍光灯に暖房も完備、そして望み通りに机を配置できる十分な空間がありました。明晰で理解のある校長にも恵まれ、7・8年生で書くことを教える教師も、私だけではなく合計3名の布陣でした。それでも、私は落ち着かない思いでした。生徒がうまく書けるようになるプロセスについてどう学べばいいのだろう？生徒の書くプロセスをどう観察し、どうそれを活かせばいいのだろう？　メイ

ン州の半島の端にある田舎で、どうやってそれを学べばいいのだろう？

　翌年の夏、私はブースベイ・ハーバーを7週間離れ、ブレッド・ローフ大学院で学ぶことにしました。当時、ここで書くことについてのプログラムが始まって2年目で、地方の学校で教える教師に授業料免除の制度があったので、それに応募して合格したのです。出願の時の小論文では、ジェフと私との関わりについて書きました。

　この大学院を選んだのは、カタログを見る限り、ブースベイ・ハーバーでは入手できない専門的な知識や情報を得られると思ったからです。しかし、開始早々に指導教員が私に言ったのは、「自分で自分の情報源になれ」ということでした。まずは「自分が書き手となり、自分が書いているプロセスを吟味しろ」、というのです。当時、教えてくれたディキシー・ゴスワミ先生は、大学院生たちに、「自分がどうやって書いているのかを言語化し、そこでの発見を7・8年生や9年生以上への書く指導に活かせるように考えなさい」、と指導しました。

　この夏は、まさに矛盾に直面する夏でした。どのように、いつ、何を、誰のために書くのか——書き手として、私がいかに多くの選択をしているかがわかったのに、生徒には選択をさせていないのですから。とはいえ、依然として生徒と教師には大きな差があるとも思っていました。大人の書き手として、私は何を書くのかもわかっているし、そのためのスキルももっている。だから生徒は経験豊かな大人からの明確な指示が必要だ。そのような教師としての自分の信念を手放すことはありませんでした。

　ブレッド・ローフ大学院での研修が終わり、学校が始まると、私は自分のカリキュラムに戻りました。でも、少し変更を加えてみました。ジャーナルに自由に書く時間を毎日取り、毎週出す課題の選択肢も増やしました。私も生徒と一緒に書き、ジャーナルと毎週の課題を自分でもやってみて、課題に書いたことを生徒にも伝えました。

　いざやってみると、これはパッとしない体験でした。例えば、詩の課題は形が決まっていました。シナリオを埋める課題も、与えられたシナリオ自体に興味がもてないので、自分で考える独白や会話も、おつきあいで書くようなレベルでした。朝食のあとに書いて、推敲することもなく、それでおしまい。レポート課題は、お決まりの構成ばかり。最悪なのは、ジャーナルに毎日書く授業始めの10分間です。自分でやってみると、書くことがなくて時間をもて余すか、逆に10分では時間が足りなくて、いずれにせよ達成感のない中

第1章　教えることを学ぶ　025

途半端な時間でした。

　この間、授業中に生徒が書いている時間に、私も書きました。教室の中で研究プロジェクトを行うためでした。ブレッド・ローフ大学院の授業の一環として、「生徒が教師のことを書き手だと認めた時、生徒の書く文章にどんな効果があるか研究する」とゴスワミ先生に伝えていたからです。しかし、実のところ、私が教室でやっていたのは実際に書くことではなく、書いているように見せるためのパフォーマンスでした。私が実際に書くのは詩や手紙がほとんどでしたが、書く場所は自宅でした。つまり私がやっていたのは研究とも呼べない代物で、ただ、ちょっと試してみた、というだけだったのです。

　半年もたたないうちに、私はこの研究プロジェクトを諦めてしまい、見るのも恥ずかしい自分のファイルを引出しの奥にしまいこみ、なんとか言い訳をひねり出そうとしていました。もっと生徒が手を動かす作業の多い創造的なアクティビティが必要だったのかもしれない。6年生までの教育にまずは目を向けるべきだったのかもしれない。どうして、6年生までの先生たちは、私の課題にうまく取り組めるような、もっとしっかり育った生徒を送ってくれないのか、など。

　1980年の冬には、6年生までの教育をなんとかしたいと考えて、おこがましくも、幼稚園から8年生までの書く指導についてのカリキュラム委員会のメンバーに手を挙げました。委員長からは、みんなで検討できる問いを設定しようと提案があり、これが結果的に次につながりました。当時、いろいろな問いを検討した結果、私たちの小さな委員会の探究課題として、次の問いを設定しました。「人間は書き言葉をどのように学ぶのか？」

　今思うと、笑い出したくなるほど大きな問いです。しかし、この委員会にはよかったのです。この問いのおかげで、検討したこともない、面白い分野について考えることができました。お決まりの、宿題の検討、教育理念やカリキュラムの議論、すでにある到達目標の当てはめ、学年別達成目標の作成など、従来よく行われることでは、この問いの答えが見つかりません。そこで私たちの問いを追求するための情報源を探すことになります。ジェフのことを思い出した私は、当時、ニュー・ハンプシャー大学で教えていたドナルド・グレイヴスに助言を求めました。グレイヴスは、スーザン・ソウアを派遣してくれました。

アトキンソン学校

　その頃のグレイヴスは、ソウアやカルキンズとともに、ニュー・ハンプシャー州の田舎にある公立のアトキンソン学校で長期滞在型の研究プロジェクトに取り組んでおり、その2年目の終わりに近づいていたところでした。国立教育研究所の研究費を得て、16名の1年生と3年生の生徒、彼らの教師たちを、2年間調査していたのです。どのように子どもが書けるようになっていくのか、そして教師がどのようにサポートをすればよいのかを知るために、教室で生徒たちが書いているその場で、観察し続けたのです。

　ソウアは、私たちのブースベイ学校に、ニュー・ハンプシャー大学で「セット」と呼ばれていた資料を持ってきてくれました。この「セット」には、当時進行中の研究成果の数々が含まれていました。教師であり研究者であるソウアは、威厳、深い知識、そして忍耐心にあふれていました。

　しかし、ソウアの話は、私が簡単に受け入れられる内容ではありませんでした。彼女の話では、研究に参加したアトキンソン学校の生徒たちは、実際の作家たちが使う多くの選択肢を試しながら学んでいました。そして、毎日決まった書く時間。教師やクラスメイトとのカンファレンス。[*8]自分で決められる執筆ペース。出版の機会、つまり、読者に作品を読んでもらうこと。何より、アトキンソン学校の生徒たちは、何について書くのかを自分で決めるのだそうです。

　生徒たちが自分で題材をさがし、目を見張るような幅広いジャンルの作品を書く。自分が書きたいことを書いているので、下書きを何度も書いて、校正もしっかりやって、書き手として成長する。教師は教卓の後ろから出てきて、生徒の間を巡回し、生徒の言葉に耳を傾け、生徒から学び、そして一緒に書く……。

　まるでアトキンソン学校のことを理想郷のように語るので、ソウアがこの教え方の効果を説明している間、私は当惑しながら、その欠点をあげつらうようなコメントをメモして、隣に座っていた教師に見せたりしました。委員会が閉会したあとも、私は部屋に残り、ソウアにくってかかりました。

　「私がいま与えている課題を個別化すれば、十分ではないですか。例えば、思い切り楽しいシナリオを四つ渡してそこから好きなものを選ばせ、ロールプレイをしたあとに、自分で選んで劇のセリフを書く、みたいな感じです」。

　「よく考えていますね」とソウアは丁寧に応対しつつ、「でも、それはやらさ

れるドリルに過ぎないのですが」と答えました。

「ちょっと待ってください。じゃあ、書く前のアクティビティで生徒たちにこんなふうに言ったらどうでしょう……」。

それも押し付けているドリルでした。私がやってきた活動はすべてドリルだったのです。

このように、私の学びは紆余曲折の連続です。最初、私は抵抗し、翌週には、グレイヴスたちの研究成果は私の現場では役にたたないと、周囲に息巻いていました。ニュー・ハンプシャーから来た研究者は、現場を何もわかってない人たち。あんな人たちが推奨する無秩序な状態なんて、7・8年生の国語教師の経験があれば賛成できるはずがないのです。

しかし、学校で少し時間があると、また自宅で夜になると、置いていってくれた「セット」を何度も何度も読みかえしました。そこに書かれている教室の様子には、どうしても否定しきれない説得力があり、私は反発しながらも、そこにある事実が見えるようになっていったのです。

とはいえ、生徒たちにどうやって責任を手渡せばいいのか、見当がつきませんでした。というより、自分が教室をコントロールするのをやめたくなかったのです。私は教卓から教えるのが好きでした。色々工夫をして面白い授業をつくるのも好きでした。期限を決めて自分の想定通りに生徒が書くプロセスを周到につくり上げるのも、ちょっとした権威者のようで、悪い気はしませんでした。何よりも、私は国語の教師。教えるのが私の仕事。その責任を生徒に委ねてしまったら、私にはいったい何が残るのか?

その週末、もらった資料を読み直したり、カリカリしたり、自分が誰なのかを考えたりして、時間の過ぎるのが長く感じられました。そして、生徒と話してみようと決意しました。3月のある月曜日、その週のいつもの課題プリントを渡す代わりに、教室のドアを閉めて、ニュー・ハンプシャーにある学校について生徒に話しました。その学校では生徒は自分で何を書くのかを選び、自分のペースで作品に取り組み、様々な読者に作品を読んでもらうことができ、作品を書いている間にクラスメイトや教師からのフィードバックもある。そんな説明をしたあとに聞いてみました。「できると思う?　やってみたい?」

答えは「イエス」でした。自信なさそうなイエスも、やる気満々のイエスもありましたが、クラス全員が「やってみる」と言ったのです。

私 の 教 室 で 起 こ っ た こ と

　その結果は、私も生徒も驚くことばかりでした。まず、生徒たちが書きたい題材をそれぞれにもっていたこと。もっと驚くのは、私がお仕着せの課題を新年度の最初から与え続けていたのに、彼らが面白くて価値のある題材をもち続けていたこと。そして、教室で書くことにも価値があるとわかったこと。書くことを通してできることがたくさんありました。自分にとって大切なことを探究して見つけ出すこと。問いを投げかけること。問題を解決すること。体験の意味を見出すこと。感情を表現すること。そして読者に感動を与え、楽しませ、説得すること。こんなことができたのです。これは本の中の理想郷の話ではありません。本当のことです。そして私の教室で起こっているのです。とてつもない喜びでした。

　ブルークは、赤ちゃんのアザラシが殺戮されることについて短編を書きました。ダグはカモ猟について書き、グレッグの作品は、深海での釣りについての回想録でした。シャニイはお兄さんが交通事故で亡くなった日の夜を描き、エヴィは私立学校への問い合わせの手紙を書きました。アニーはスティーヴン・キングのパロディを。2人いるサラのうち一人は自宅の私道でオンボロ車の運転を学んだ時のことを書き、もう一人のサラはハーレムを訪れたことで、地方での暮らしに満足していた自分が揺さぶられた時のことを書きました。核兵器による後遺症をテーマにエベンが取り組んだ短編は、何度も下書きを重ねるうちに、徴兵制の再制定に反対するための『ポートランド・プレス・ヘラルド』（地元紙）あての投稿記事になりました。メリッサが書いた動物保護に関する法律設定協会宛ての手紙は、議会の小委員会の議論で根拠として使われ、ローレンが書いた地元のYMCA宛ての手紙は、同じ年代の生徒が体育館を使える時間の延長につながりました。エリンは小説家のルイス・ラマーの描く西部劇の信憑性に興味をもって手紙を書いたところ、ラマー本人から、歴史的検証に使っている情報源について回答をもらいました。テッドは、自分の人生に時間が与えた影響を、怒りを込めて書き、キムは母親の人生が自分にどのように素晴らしい影響を与えてくれたかについて、愛情あふれる文を、ジョーイは書き手としての自分を見つめた作品を仕上げました。メイン州の酪農関係の企業が「メイン州小説コンテスト」を企画した時には、参加を決めた8年生たちが、メイン州についてのユーモアあふれる語りを収めたアルバム[*9]を聞き、メイン方言や話の構成についてメモを取り、そ

して、たくさんの下書きを書きました。その結果、ロイが優勝して250ドルの奨学金を得たのです。また、上位入賞者にクラスメイトのうち5名が入りました。

　クラスの中によく書ける生徒がポツポツといる、という状況が一変しました。全員の生徒がクラスメイトや私とのカンファレンスで助言を求め、集中して長い時間、創作に取り組むことができるようになったのです。人によく伝わる上手な文を書く能力というのは生まれつきの才能ではないことも実感しました。書きたいこと、書く目的に一心にむかっているので、いきおい一生懸命になる。一生懸命になるからこそインパクトのある作品が生まれる。こうして、書くことが、カリキュラムのなかで本来あるべき場所に収まりました。お仕着せのドリルではない。やらされることでもない。教師の指示の焼き直しでもない。自分を表現すること。それが書くことなのでした。

　とはいえ、自分で書く題材を選ぶ目新しさが色あせたあとは、必ずしも順調に進みません。1か月もたつと、何を書いたらいいのか指示してほしい、何でもいい、言われた通りに書くから、という生徒が出てきました。私はここであきらめることなく、生徒に次のように問い続けました。「大切に思っていることは？　こだわりは？　大好きなことは？　今のあなたをつくりあげたのはどんな経験が大きい？　あなたの知っていることは？　あなたが知っていて他の子が知らないことってある？」

　教えることは簡単ではありません。書けなくなる生徒がでてきますし、生徒の下書きについて彼らとどう話せばいいのかもよくわかりません。成績を出し、記録をつけ、授業の運営をするといった、大きな管理上の問題もありました。しかし、こうした問題があっても、私は毎朝教室に行くのが待ち遠しくなりました。次に生徒が何をするのかを見るのが楽しみだったからです。

　書き手として新しい題材、文体、ジャンルにチャレンジする生徒たち。責任感をもって取り組む生徒たち。彼らは、時には1回きりの下書きだけで仕上げ、別の時には、何回も何回も下書きを書き直してよりよく伝えようとします。つまらないミスで読者の気を散らさないように、真剣に文章を整えて校正をします。教室の中だけでなく、授業外の時間でも書いたり計画を立てたりもします。つまり、私は自分の国語教室がライティング・ワークショップに変わるのを目の当たりにしたのです。

ライティング・ワークショップへ

　ライティング・ワークショップは、実際に書いている真っ最中の生徒たちを個々に観察し、サポートし、しかも教室内で私も学ぶことを可能にする教え方です。私が最初に学んだのは、生徒に自由を与えることは、規律や厳しさを損なうものではないということでした。それどころか、生徒は自分たちの学習に責任をもち、それを実行するようになるのです。私も、書き手として一人ひとり異なる目標をもつ生徒に役立つことを教える仕組みをどう作ればいいのか、責任をもって学び、そして教えるようになったのです。ライティング・ワークショップでは、すべての生徒が、何を書くのかを自分で決めて、次に何をするのかも決定できるのです。

　生徒たちはそれぞれが、自ら考えて書くことに夢中です。その間を歩きながら、私は彼らがもっているアイディアや選択肢について、生徒たちと語り合いました。こうした語らいの中から拾い集めた大切なことを、クラス全体に伝えます。生徒同士が、書き手としてお互いに話せるようになるためです。生徒たちは毎日書くことになっていますが、それはお仕着せのドリルではありません。

　私はメアリー・エレン・ジャコビーとルーシー・カルキンズから、ミニ・レッス[*10]ンがもつ力について学びました。題材を発展させること、書き手が使う技、[*12][*11]ジャンルの特徴、書き言葉の慣習などについて、毎回のワークショップの初[*13]めに、ミニ・レッスンとして、短く説明をしたり、やって見せたりしました。書くのに必要な文具や資料がすぐに使えるように教室を整え、出版の機会も得られるようにしました。また、教室のレイアウトも、書くことに自立的に取り組み、真剣に考えることができるように変えました。それから、生徒について学ぶためのメモも取り始めたのです。

バランスを見つける

　1987年に出版された *In the Middle* の初版[10]を見ると、当時の私が、ライティング・ワークショップをどう理解し、教師の役割をどう捉えていたのかがよくわかります。私はその後も教室で学び続け、わかったことについて語り、文章にもしました。また、書くことの教え方について文献からも学びました。特に、ドナルド・グレイヴス と、彼のニュー・ハンプシャー大学の同僚であるドナルド・

第 1 章　教えることを学ぶ　031

マレー[*14]の著作をよく読んだものです。

　そして1990年、私はIn the Middle初版の印税を資金の一部にして、生徒だけでなく教師も学べる学校「教師と生徒のための学習センター」(Center for Teaching and Learning) を設立しました。これは、メイン州のエッジコームにある、幼稚園から8年生までの、非営利の学校です。この学校は、すべての教科にわたって、真の意味での力がつき、充実し、学ぶ喜びにあふれた教え方を開発すること、それを広めることを使命としています。その目的を果たすべく、メイン州の多様な生徒たちを教えるだけでなく、全国から来る教師たちにも影響を与えています。彼ら教師は1週間のインターン生として本校を訪れ、私たちのワークショップの授業に参加して、気づいたことを書き留めていくのです。

　Systems to Transform Your Classroom and School (教室と学校を変革するシステム)[11]で、私は本校の特徴的な教え方、工夫、築いてきた伝統について書きましたが、これらのシステムによって、生徒全員が学ぶことに夢中になって成長できるのです。

　最初は幼稚園から3年生までを対象とした本校は、既成の建築デザインに私の希望を随所に取り入れた小さな校舎でスタートしましたが、その後、3年生の生徒たちの成長と一緒に対象学年と教室を追加していきました。1994年に7年生まで受け入れるようになった時、私は7年生に、そしてその翌年からは7・8年生に書くことを教える教師に戻ったのでした (他には読むことと歴史も教えました)。

　書くこととは、意味を見出し、それを良い形に練り上げるプロセスである。そうわかった時に、私は教えることもまたプロセスなのだと気づきました。経験上、今のやり方を変えたほうが生徒の成長にプラスになると気づいた時には、それを改めて修正するだけの勇気と謙虚さをもてるようにもなりました。教師という職業はまさにライフワークなのだ、と実感もしました。同時に、私の教え方は、教師として、また一人の人間としての私を映しだす鏡なのだということも。

　1980年代の頃を振り返ってみると、当時の私は「ライティング・ワークショップでは、書き手たち一人ひとりが平等である」という考え方に心酔していたように思います。無理もありません。当時はまだ20代でしたし、私自身が、絶対の権威者としての教師という役割から、書くプロセスを支えるコーチやファシリテーターという役割へ、変容を遂げている真っ最中だったのですから。

画期的に変容した時期であり、教師が課題も期限も決めるという従来型の教え方から離れるためには、思い切ったジャンプが必要だったのでしょう。

　生徒たちが自分で題材、ジャンル、読者を選んでいる時も、彼らが集中して書き続けている時も、私は彼らを観察し、耳を傾けました。当時の私は、見せかけの書くパフォーマンスをやめて、落ち着き、注意を払い、静かに生徒を観察することを学んでいた時期でした。

　この1980年代は、多くの国語教師にとって高揚感に満ちた時期でもありました。ドナルド・グレイヴスやドナルド・マレーのおかげで、多くの教師が、こう教えるべきだと言われていたそれまでのやり方を捨てて、生徒自身が自分の伝えたいことを表現できる道を拓いていたからです。いったん確定した教え方というのは、本当はもっと効果的な方法があるのに、それを考えずに、これがいわゆる正しい方法だと思い込んでしまうようなものにすぎない。グレイヴスはそう指摘していました。[*15]

　ところが、私の中に別の変化も生じました。教師として大きく変わる時期には、ありがちのことかもしれません。自分が変わるなかで、新たに学んだ教え方こそが正しいと思い込んでしまったのです。それはたとえ生徒中心のものであっても、従来、こう教えるべきだと言われていたやり方と同じような危険があります。それは、書き手としての生徒の可能性や、教師としての私の可能性を狭めてしまうという危険でした。

初 版 の 頃

　In the Middle の初版には、当時の私が心酔していた、こう教えるべきだというやり方が随所に、「してはいけないこと」という形で見受けられます。生徒の書いているものを決してほめないこと——ほめてしまうと、生徒は教師に認めてもらうことに目が行き、自分自身の文章の良し悪しの基準を確立できなくなるから。生徒の下書きを決して読まないこと——代わりに生徒に読み上げさせれば、生徒の声を聞くことができるし、生徒のミスに気が散ることもないから。次はこうすればいいと、書き手に決して助言しないこと——助言してしまうと、問題解決は教師がしてくれると思って教師に頼ってしまうから。他には、下書き中に綴りや句読法に注意を向けさせるのは厳禁、というのもありました。書き手としては一度に一つのことしか考えられないので、まずは内容に集中すべきという理由からでした。また、今となってはその理

由すら思い出せないのですが、ミニ・レッスンは決して7分を超えてはならないとも思っていました。

いろいろな「してはいけない」項目の中でも、教師は決して生徒の主体者意識を侵してはいけない、というのが曲者でした。下書きに書きこんでもいけないし、次にすることを教えても、何かをするように要求してもだめ。そこで、私は、カンファランスでは、私があらかじめ考えている改善案を生徒が推測できるように誘導し、生徒が自分でそれを思いついたように思わせる、というやり方さえ身につけました。

たとえそれが善意から来たものであっても、こう教えるべきだというやり方には大きな問題があります。それは、当事者の自発性を損ねてしまうという問題です。私も、「してはいけない」という思い込みで自分を縛ってしまったせいで、教師としての自分の役割や、生徒の書き手としての成長を狭めてしまいました。この思い込みのためにできなかったことがいくつもあります。大人から子どもへの率直な会話。実際に大人がやってみせること。書くことについての私の知識や、その生徒との今までの関わりや、そしてそれぞれの書き手の必要や意図に基づいて、生徒をしっかり教えることが、私にはできていなかったのでした。

効果的に教えるためには教師も親にならないといけないとは、私は決して思っていません。しかし、自分が親になってみると、教室でも、子どものことを誰よりも深く考える親のようにふるまう必要にも気がつきました。実際に子どもが生まれて育てることで私自身も変わりましたし、大切に育てようという大人と、学びたいと思っている子どもとの関係に、目を向けられるようになりました。

実際のところ、娘のアンとの日々が、私の目を開いてくれたのです。彼女との生活の中で大人の私が果たす役割について考えた時、書くことを教える教師も、指導するのと同時に、生徒の意図を尊重することもできるのだとわかって、「してはいけないこと」を見直せたのでした。

アンが5歳の頃のことを思い出します。靴ひもを自分で結びたい、と言いだしたのです。それを聞いた私は、誘導したり推測させたりはしませんでした。ただ、どうやるのかを実演したのです。まず「靴ひもを結ぶ話」を即興でつくり、靴ひもを結んで見せました。アンは私をじっと見て、耳を傾けています。それからアンの指をとって結ぶ位置におき、「靴ひもを結ぶ話」を一緒に唱えながら、自分でできるようになるまで繰り返しました。できた時には、大げ

さに賞賛の嵐を浴びせたものです。もっと後になって、彼女が食卓の準備ができるぐらいになった時にも、まずやってみせて、何度か一緒にやってみて、抜け落ちがあれば助けました。その後、アンは自分でできるようになり、ランチョンマットを選び、ナイフやフォークを正しく並べ、ナプキンをお洒落に折ったので、夫のトビーと私で褒めちぎりました。

ジェローム・ブルーナーは、大人が介入し、やってみせ、徐々に援助を減らしていくことを、学びを「譲り渡す」[*16]段階なのだと言っています。大人が子どもに自分のもっているものを譲り渡す時、上手にできる大人とまだおぼつかない子どもとの関わりの中で、子どもは理解を深め、効果的な方法を得ていきます。そしてそれが子どものなかに定着していくのです。[*17]

「譲り渡す」ということ

私はこの「譲り渡す」という言葉が気に入っています。大人と子どもの豊かな関わりの中に、柔軟性と目的があることを感じるからです。これは、決して手放すだけの放任ではありません。大人も積極的に関わり、必要な指示も出しています。また、子どもは受動的に受けとるだけ、ということでもありません。子どもも積極的に目的をもって関わっています。大人も子どもも、目の前にある課題に同じような距離感で関わっているのです。どちらも、靴ひもを結ぶことや食卓の準備について、哲学的な意味づけなどは行いません。とうもろこしの丸かじり法や、歯磨き、筆算での割算を教える時だって同様です。大人も子どもも、課題に集中しています。アンを教えた時には、アンは私をじっと見ていました。私もアンをよく観察して、教え、彼女がやってみるようにし、話もし、必要だと思えば手も貸しました。やがて、アンが私を必要としなくなるまで。

教室でこれと同じことが起きる時、教師は大人の役割を受け持ちます。何かを上手にできて、よく知っている大人。教師はその立場で、子どもが新しい課題に取り組むのを、取り組みやすく、効率的で、意義深いものにするのです。子どもが自分ひとりでできるようになることが目標ですから、その段階になったと思えば、大人は手を引きます。ここには「こうすべき教え方」も「してはいけないこと」もありません。あるのは、達成したいという子どもの思いと、大人の関わり。ここにあるのは、生きた人間同士の繋がりを感じる関係であり、私がライティング・ワークショップを始めた頃の「ファシリテーターはこ

うあるべきだ」という、法則にのっとった関わり方とはまったくの別物です。

　このような譲り渡しがうまくいくかどうかは、大人のもつ知識にかかっています。例えば、アンをサポートする方法を私は精選していますが、その土台になっているのは、教えたいスキルについての知識、アンくらいの年頃の子どもについての知識、そしてアン自身についての知識です。私は長年靴ひもを自分で結んでいるから、やり方は十分にわかっている。5歳くらいの年齢の子なら自分で靴ひもを結べるはずだ。そして、アンはベルクロ社のマジックテープの靴を卒業して、靴ひものある靴を履きたいと願っていた……。それらを考えた結果、靴ひもを結ぶ順番はアンにはまだ難しいと思って、靴ひもを結ぶステップについての話を即興で作ったのでした。

　ここから、生徒を教える際に活かせることは何でしょうか？　ライティング・ワークショップで譲り渡すとはどういうことでしょうか？　それは、アンに靴ひもの結び方を教える時と同じように、私の書くことについての知識を教室にもち込むことなのでした。私はまず、良い文章について色々なジャンルから自分が学んだことから始めました。例えば、書き手としての自分の成功体験や失敗体験。優れたものもそうでないものも含めて読んできた、他の書き手の作品。そして他の書き手や教師からの助言などから学んだこと。また、7・8年生がどういう年代かという、発達段階についての知識も使います。そして、自分が教える一人ひとりの生徒の課題、強み、書きたいこと、興味、書くプロセスを理解するために、学期の最初から全力を尽くすのです。

　譲り渡しは、ライティング・ワークショップにおける現在の私のあり方の基本姿勢を表した言葉です。ワークショップでの私は、経験豊かな書き手・読み手です。どうすればいいかを生徒に示し、役立つ助言を与え、自分がしっかり理解した上で生徒に伝えています。生徒が上手に問題解決をしたり、光る文を書いたりすれば、賞賛もします。

　このような変化は、私の役割が、教壇に立っている教室内の唯一の権威者に戻ったということではありません。そうではなくて、教えることに躊躇しなくなったということです。例えば、生徒が問題解決をする時。新しいことに挑戦している時。素晴らしい文を書こうとしている時。そしてやがては自立して私の助けを必要としなくなる時。そういう場面に役立ちそうであれば、自分の考え、指示、選択肢を示すことを、私はためらわなくなりました。

　今の私が心がけているのは、生徒に接する時のバランスです。聞き手である私と語り手である私のバランス。観察する私と働きかける私のバランス。

協力する人、批評する人、そして、いつも生徒を応援する人としてのバランス。それが固定化せず、最適なものになるように、日々模索しています。生徒はそんな私から学ぶわけですが、時にはカンファランスの後にお礼をいうくらい生徒が喜んでくれることもあり、それにとても勇気づけられています。

　私は生徒のかたわらに座り、彼らが自分の文章の課題を見つけるのを手助けします。その解決方法を示してみせることもあれば、読み手としてわかりにくかった点を指摘し、文章をより磨き上げるために書き手が使う技や校正の方法を教えることもあります。そういう時、私はまさに自分の知識や経験を生徒に譲り渡し、それを委ねているのです。

　このように譲り渡している機会は他にもあります。例えば、私自身の詩、物語、論説文の下書きをみせて、ぶつかった問題や試してみた解決方法を説明する時。ミニ・レッスンで、関連する文例を見せている時。生徒がわかる用語やたとえをつくりあげ、難しいことにも取り組みやすいようにする時。様々な種類の文体に注意を払えるようにジャンルの特徴を教えている時もそうです。

　ライティング・ワークショップの両輪は、教師の知識と、生徒の自己決定です。私は、自分が教える書き手たちの選択、意図、必要を尊重しながら、同時に彼らに対応し、導き、成長する方法を示しています。日々探究しているのは、このちょうどよいバランスです。

　新年度に初めて教室で生徒に出会う時、私は生徒から見てこんな人でありたいと思っています。書くことを真剣に、情熱をもって捉えている人。うまく書こうと努力を惜しまない人。書くことには人生を変える力があるとわかっている人。若い書き手たちに書き手が使える技を教えられる人。文学を愛する人。そして、生徒を支えようとする人。

　そうありたいと願う私が接した生徒の一人に、テスがいます。ライティング・ワークショップで私が彼女に自分の知識を譲り渡したやり取りについて、テスは、彼女の視点から詩に書いてくれました。彼女は、私からの譲り渡しを通じて読み手・書き手として変化した生徒でした。

「先生」
1
前の方のロッキング・チェアに身を沈めて、
彼女は、好きな作品を少し私たちに見せる。

第１章　教えることを学ぶ　037

コリンズ、サリンジャー、ディキンソン、カミングズ、
デッセン、ドレイパー、オブライエン、シェイクスピア…
そうして私たちを招く。私たちも好きになるようにと。

2
私の肩越しに覗き込んで
彼女は、動詞や形容詞を少し手直しする。
転びそうになっていた私の詩が、
突然、おぼつかない足取りで立ち上がる。

3
ページの間を行きかう、私の一番新しい旅について
彼女は、ささやき声で私とカンファランスをする。
新しい世界への、私の思い入れを分かち合う。それから、
彼女はいつも知っているのだ、私が夢中になる次の本を。

4
クラス全員の前に立って、
彼女は、自分自身で考えるよう私たちに求める。
この世界についての、自分の考えをもちなさいと。
たとえそれが、彼女の考えとは違っていても。

5
私は彼女を見る。優しく私たちを導く先生の姿。
そして多分、本当に多分だけど、
ちらりと見たように思う、自分がそうなりたい姿を。

（テス・ヒンクマン）

リーディングはどうなっているの？

　ライティング・ワークショップで息を呑むような主体性を発揮したブースベイ学校の生徒たちには、リーディングの授業もありました。でも、リーディング

の時間になると、私は教室の前に立って一方的に教えていました。書くほうでは生徒が自分たちで動く授業になったのに、リーディングの時間は依然として、私が生徒たちを動かす時間でした。私は、あらかじめ選んでおいた作品集や物語を生徒に渡し、新しい表現を黒板に書き、作品の背景となる情報を与え、読むページを決め、これが正しいという解釈を押し付け、生徒が予習や宿題を確実に行うようにと確認のテストもしました。

　1980年代の半ばに、友人のトム・ニューカークがニュー・ハンプシャー大学から私の授業を参観するためにやってきました。一日の終わりに彼が言ったのは、こんなことです。「ライティング・ワークショップの時間と、他の時間の間に大きな壁がある。生徒が自分で選択をし、責任をもち、学習者なりの意味や目的を見出せるのは、ライティングの時間だけになっているね」。

　大ショックでした。以前に私の書くことの教え方に問題があったことを認めたのも痛みを伴うことでしたが、リーディングの授業に問題があるだなんて、私の教育すべてを否定されたようなものです。なにしろ、私の専門は文学なのです。文学に魅了されたからこそ、国語を専攻しようと決め、文学を教えるために国語の教師になりました。文学作品を選び、それを教えることは、私の教師としてのアイデンティティの中心にあり、充実感のある部分でした。

　ニューカークのこの指摘は、私の新しい一連のチャレンジの第一歩となるものでした。その後、私は文学を教える教師としての自分の役割について、私的な経験と教師としての経験から、向き合うことになります。そしてそれが、今度は、読み手のためのワークショップを創り出すことへとつながっていったのです。授業の中で黙読の時間を取ると、生徒がよりスラスラ読めるようになり、理解力も高まるという研究結果を知っていたことも、私の後押しとなりました。

　こうして、生徒には1週間に1日、生徒が自由に本を選んで読む時間を取り始めました。当時はよく、「今日は読む日なの?」「今日は読める日だよね」と、生徒たちに言われたものです。少なくとも私にとっては、毎日が「読む日」のはずだったのに——。自分で選んだ本を読みたいという生徒たちの声を耳にするたびに、私は後ろめたい気持ちを抱きました。とはいえ、私が大好きな本、読む価値の高い作品集、長年かけてつくってきたレッスンプランが十分すぎるほどあり、とても、7・8年生の未熟な好みで選んだ本で、時間を無駄にする余裕などありません。ですから4日間は私が選んだ本で教え、生徒が本を選んで読むのは週に1日という形を崩しませんでした。

第1章　教えることを学ぶ　039

そんなふうに過ごしていた頃、ある週末に、ブレッド・ローフ大学院時代の友人たちが、メイン州の我が家に来てくれました。そのうちの一人は子どもが書くことについての先駆的理論家・研究者であるナンシー・マーティンでした。夕食の時のこと、ナンシーが、英国文学贔屓の私の夫がはまっていた、マイナーな作家の本を読んでいて、気に入っていることがわかりました。すると、食器が下げられ、後片付けも終わり、みんなが海岸に散歩に出かけたあとも、夫とナンシーは、ダイニング・テーブルに残り、キャンドルライトの下、英国の作家アンソニー・パウエルの登場人物について語り続けていました。この2人の会話をいくら聞いても、私がアンソニー・パウエルを好きになることはありませんでしたが、ダイニング・テーブルで続くこの会話がもっている力に、目からうろこが落ちる思いでした。

文 学 に 満 ち 溢 れ た 場 所

　その空間には、文学が満ち溢れていました。文学に満ち溢れた場では、私たちはひたすら語り続けます。そこでは教師からの課題も、レッスンプランも、教師用マニュアルも、付箋も、ディスカッションのための質問も、何もいらないのです。必要なのは、語り合う文学好きの人が、自分以外にもう一人いること、それだけ。この会話は、強制されたものでも、表面的なものでもありません。議論、エピソード、観察、冗談、情報交換、好きな箇所とそうでない箇所とその理由……生き生きとした話題で満ちていました。このダイニング・テーブルでの会話は、会話をしている人と一緒に、文学の世界の中に入り込む空間と時間になっていました。

　この経験から私は考えました。このダイニング・テーブルのような場所を教室に持ち込み、すべての生徒たちが椅子をもってきて居場所を見つけるには、どうすればよいのだろう？　まず、私自身がどうやってこういう空間に自分の居場所をみつけたのかを考えました。そこで思い出したのは、副業で百科事典のセールスをしていたある友人との会話です。「『今まで自宅に本がなかった』という顧客の話を聞いて驚いた」と言う彼に、私は「その感じはよくわかるわ。私の家にあった本も百科事典だけだったから。両親にとっては大金を払っての出費で、1冊ずつ配達されるたびに、私と兄は、まるで物語を読むように、最初のページから最後のページまで読んだもの」と返しました。それを聞いて、友人はびっくりしたのです。「君の両親は国語の先

生か何かだと思っていたよ」と。

　実際の私の父は郵便配達をしており、母はウェイトレスでした。兄と妹と私は図書館のカードこそ持っていましたが、熱心な読み手というわけではありませんでした。そんな私の転機は5年生の時。リューマチ熱のためにその年の大半をベッドで過ごしたのです。この時期の救世主は、本、図書館、母でした。母は地元の図書館の本棚を漁り、私が気に入りそうな本を探してくれました。最初はただの退屈しのぎで読み始めました。1961年のことで、パソコンや電話はもちろんのこと、自分の部屋にテレビのある子どもはいない時代でしたから。でもそのうちに、ベバリイ・クリアリーの書いた本の登場人物である、一人っ子エレンやヘンリー、ビーザスやラモーナ[*18]、そして伝記に登場するヒーローやヒロインに夢中になりました。女優ロッタ・クラブツリー、歌手ジェニー・リンド、射撃名手アニー・オークレイ、看護師クララ・バートン、陸軍士官フランシス・マリオンたちが、療養中に部屋に一緒にいてくれたのです。

　ある日、母が『秘密の花園』[12]を図書館から借りて帰ってきてくれました。その表紙のカビ臭い匂いに、私は鼻をしかめて、積み上げた本の一番下に置きました。ですが、読む本の手持ちがなくなり、どうしようもなくて『秘密の花園』のページを開くと、私はそのまま一気に最後まで読み続けてしまいました。私について書かれた本ではないのに、まるで私が本の中にいるようでした。私は登場人物のメアリーであり、コリンでもありました。今まで読んだ中で最高の本だったので、母に何度も何度もお礼を言って、「こんな本をまた借りてきて」とせがんだことを覚えています。困った母はできる限りの努力をしてくれましたが、『秘密の花園』のような本は、後にも先にもこれきりでした。結局、この冬から春にかけて、母は『秘密の花園』を私のために4回も貸出延長をしてくれたのです。

　この病床にあった時期に、私を大切にしてくれる大人が選んだ本を読んだことが、私の人生の大きな転機となりました。本への情熱を培い、本に流れる感情を感じつつも、かなりのスピードで読めるようになったのです。小説家のグレアム・グリーンがこんなことを書いています。「子ども時代に、扉が開き、未来が入ってくるような瞬間が必ずある」。私にとって、まさにそういう瞬間でした。

二 人 の 先 生

　リューマチ熱から回復したあとも、読むことがずっと好きだったのは、二人の先生のおかげです。一人は6年生の時のジャック・エドワード先生。読み聞かせは小さな子どものためと考えて読み聞かせをしない教師が多いなか、エドワード先生は読み聞かせをしてくれ、それから本の登場人物や作者についてみんなで話しました。先生は本が大好きで、この先生のおかげでE.B.ホワイトの作品に出合い、初めて、他の人と一緒に読むのが楽しいと感じることができました。エドワード先生が、E.B. ホワイトの『シャーロットのおくりもの[13]』を読み聞かせ、子ブタのウィルバーが悲しむ時には、聞いているクラスのみんなも悲しくなり、休み時間に校庭に出れば仲たがいしていることも忘れました。この時の経験を思い出しながら、教師である今の私は考えました。自分が教える教室で一つの文学作品について、みんなで一緒に笑ったり泣いたりすることがあっただろうか？　そんなことは一度もありませんでした。

　二人目の先生はトビーです。彼は、私が大学2年生の時に受講した「世界文学の概観」という講義を教えていました。そうです。私はそのトビー・マクロード先生と結婚したのです。文学についての会話はトビーの生活の一部。それまで、そして現在でも、トビーほど文学に詳しく、文学から深い満足を得ている人を、私は知りません。私の文学への情熱の一部は、彼のようになりたいという、トビーへの敬愛の念からきています。私の生徒たちは、読み手としての私を知っていて、そんなふうになりたいと思っているだろうか？文学が大好きになって、文学が生活の一部になるようにしてくれた先生として、私のことを覚えていてくれる生徒はいるだろうか？　私は自分にそう問わざるをえませんでした。

　加えて、ブレッド・ローフ大学院のディキシー・ゴスワミ先生の指導も思い出されます。ゴスワミ先生は私に、自分の書くプロセスを観察して、そこから教えることに活かせることを見つけるように、と教えてくれました。そこで、私自身の読み手としての読むプロセスを、実際に自分が教室で教えていることと比較してみると、そこには大きな隔たりがありました。

　私はほとんどの場合、何を読むかを自分で決めています。例えば書類を仕上げるためにその説明文を読まなければいけないとか、夕食のレシピを確認しなければいけないというように、読むものについての選択ができない時も、少なくともどうやって読むのかは、自分で決めています。しかし、生徒

たちは、自分が読むことについて自分たちで決めるということはありません。私が決めたものを、私が決めたペースで、一度に一定量を読まされていました。本全体を一つのまとまりとして読むのではなく、一度に1章とか、決まったページ数で、です。

　また、私はたくさん読みますし、例えば寝る前、早朝、週末など、決まった時間に読む習慣ももっています。でも、私の生徒たちは、週に一度の授業中に一人で読む時間以外は、自分で読むことはほとんどありません。私は、彼らの教師であるにもかかわらず、生徒たちが読む習慣を培えるように、励ますことも助けることもしてこなかったのです。

自 分 で 読 む と い う こ と

　とりわけ、あのダイニング・テーブルがないのは致命的でした。文学のある生活から自然と生まれる、本、作家、文体について家族や友人と語り合うあの会話が、教室にはまったくありませんでした。本についての話で意気投合して盛り上がる経験が、生徒たちには皆無だったのです。私が選んだ文学作品の、私が考えた解釈を、ただ受動的に受け取るだけ。週に4日は、私が国語教師好みの文学作品を押しつけ、金曜日の50分間だけ、生徒たちは読み手になっていたのでした。

　他の日も金曜日のように読みたいという生徒の求めに応じて、私はライティング・ワークショップの時間だけをまるで別世界のように分けていた壁を、おそるおそる崩し始めました。学年の初めには週に2日、自分で選んで読む時間をとりました。2学期になると週に3日。次の学期にはまた1日増やし、ついには、文学についての私のカリキュラムは机の引き出しの奥にしまいこまれました。生徒たちは毎日、読み手になり、私は本当に読むとはどういうことか、文学作品に向き合うとはどういうことかを学び始めたのです。

　私にとって、最良の教師は生徒たちでした。生徒たちは、私の生徒時代にはまだなかったヤングアダルト文学という領域を教えてくれました。昔は、この年代向けの作品は少なく、あっても、せいぜい「手遅れになるまえに謎が解決されるのか」という少年・少女探偵が活躍するミステリー作品か、「卒業ダンスパーティーに一緒に行く人ができるのか」という青春もの[*19]程度しかなかったからです。

　しかし、現代作家は、大人向けだけでなく若者向けにも、読み応えのあ

る素晴らしい作品を書いているのだということを、生徒は教えてくれました。今日の若い読み手たちは、本を手にとって読む機会に恵まれれば、ページをめくる手が止まらなくなるストーリーに出合えます。そして、そのストーリーの中の、あらゆる時代、場所、環境で成長していく生き生きした少年少女とともに、彼らの人生を体験できるのです。そうした本には、巧みに構成された言葉があり、刺激的な登場人物の設定があります。また、自分たちの生活に共鳴する、文学の源泉とも言えるテーマもあるのです。自分とは誰か、良心、仲間からのプレッシャー、社会的な分断、偏見、初恋、政治的な闘争、孤独、友情、家族、変化……。

　生徒たちが教えてくれたことは他にもありました。それは、小説だけでなく、回想録、報道、ユーモア、短編、作品集、詩集など、思わずページをめくり続けるような本で、教室の図書コーナーをいっぱいにすることです。教師が機会さえ与えれば、ヤングアダルト向けから大人向けに橋渡しする本にも夢中になることを、生徒たちは教えてくれました。週に3日リーディング・ワークショップの日を設けた年度は、一人平均で24冊の本が読まれ、翌年、週に4日にしたところ、平均冊数は35冊となりました。いつも教室の図書コーナーは本不足でした。

　生徒たちが選んでいる本が、あの日のダイニング・テーブルのような、本についての豊かな会話の肥沃な土壌となっていることも学びました。テーマ、ジャンル、文の調子、登場人物の設定と変化……こういう文学の伝統的特質に、生徒たちと共にこんなに深く入り込めるとは、私は思ってもみませんでした。また、読みのプロセス、本や著者の多様なつながり、作家が書くときに行う選択、文体、技、言葉づかいについての分析といった、教師用指導書でもカバーされていない領域にも入りました。読み手である生徒同士の会話は、レッスンプランにあらかじめ準備されていた質問や、読書レポートに書かれる答えとは、まったく違っています。とてもいい意味で、具体的で、個人的で、しかも分析的で本質を突いたものばかりでした。

　誰もが、すべての生徒が、いいストーリーが好きなのです。この本質的な真実に辿り着くのに、恥ずかしながらこんなにも長い時間がかかってしまったと、私は認めざるを得ません。ストーリーそのものの魅力は、国語教師にとってはスーパーヒーローに匹敵する力をもっています。

　学校での書く授業と同じように、読む授業でも、生徒たちはそのチャンスさえ提供されたら、しっかり成果を出せるのです。それも、私が生徒から教

わったことです。理解しつつ楽しんで読むことには、性別も、社会的な地位も、家庭環境も、これまでの経験も関係ありません。選択、特に優れた作品を選ぶことができ、読むための時間が確保され、文学と生徒一人ひとりをよく知っている教師がいれば、実現可能です。選択は贅沢ではありません。選択こそが読み書きの力と文学を味わう源泉なのです。

「文学とは私的なものではなく、他の人と共通の場にあるものだ……自由に、恐れることなく踏み入って、私たち自身の道をみつけよう」[14]。ヴァージニア・ウルフがこう言うように、私は扉を大きく開き、一人ひとりがお気に入りの本、作家、登場人物を見つけられるようにしたのでした。

選 択 が 生 み 出 す こ と

国語教師としての私の仕事のうちでも、生徒たちが自分で本を選ぶよう誘いかけることは、今でも一番議論を呼ぶところです。しかし、読むことも書くことも、自分で選択できるからこそ、生徒は学びに夢中になれる、私はそう信じています。ですから、国語教師としての私の責任は、すべての生徒が文学に夢中になれるように招き、育て、その状態を維持することに向けられます。そのために、面白くて読む価値があると生徒たちが思える本を見つけ、教室の図書コーナーをいっぱいにします。生徒たちは、自分で読む本を選ぶからこそ、むさぼるように読む、優れた読み手になっていくのです。

リーディング・ワークショップは、生徒がひたすら読み、私は腰かけて時計を見ているような自習時間ではありません。国語の教師は、読み手であり、批評家であり、ガイドでもあります。毎日、読み手たちと、他の読み手の邪魔にならないように小さな声で会話をします。「今読んでいる本について教えて。主人公は？　何が話の中で問題になっているの？　作家の書き方で気づいたことはある？　この本に満足？」また、私自身も、情熱をもって本の紹介をします。教室の中でよく行うブックトークでは、生徒か私がクラスみんなに向かって、「次に読むのにお薦めの本はこれです。登場人物は誰々で、こんなことについての本。私と同じくらいあなたもこの本を気に入ると思います。その理由は…」などと語ります[*20]。リーディング・ワークショップでは、こんなふうに環境を注意深く整えて、生徒がストーリー、登場人物、テーマ、文体などに入り込むことをサポートしています。次に読むのに適した本が常に目の前にあるようにしているのです。

第 1 章　教えることを学ぶ　045

ハイディという生徒を例にお話しましょう。彼女は、7年生の時に本校にやってきました。本を選ぶことも読むことも、あまり経験がありませんでした。私から見ると甘すぎるお菓子のような、決してお薦め本とは言えない、ステファニー・メイヤーの『愛した人はヴァンパイア』[15]で始まる「トワイライト」シリーズにどっぷり漬かっていました。私は読ませておきました。このような話は、あくまで目的に向かうための手段であり、目的そのものにはならないものの、読む経験が未熟な読者には、長編をなんとかして読むよい練習になるからです。私は年間を通してブックトークをし、ハイディや他の生徒たちを励まし、時にはチャレンジも与えました。1年の終わりに、ハイディは40冊の本を読み終え、その中から自分のお気に入りとして挙げたのは、バーバラ・キングソルヴァーの『ポイズンウッド・バイブル』[16]とベティ・スミスの『ブルックリン横町』[17]でした。そして、この時ハイディが気づいたのは、「『トワイライト』シリーズに戻って読み直してみようとしたけど、楽しめなかった。読み直してみると、書き方が下手で驚いた。そんなに、いい作家だとは思えない」ということでした。

　ハイディのようなケースは、決して偶然ではありません。選択の力、文学についての目的のはっきりした教育、教室の図書コーナーに入れるために私が購入した、生徒たちに雄弁に語ってくれる本。それらの結果として起きたことです。この過程で、ハイディは文学作品とポピュラー小説との違いも学びました。多くの大人たちがこの違いを認識していないことは、日曜日の『ニューヨーク・タイムズ』紙の売れている本のリストをみても明らかなのです。

　継続的にたくさん本を読むことで、すらすらと根気強く読めるようになります。語彙も増え、自信がうまれ、理解力もつきます。本の好み、大切なものとそうでないものを見極める力、ジャンルと作者についての知識も磨かれます。教育学者E.D.ハーシュが主張する教養[*21]でさえも、本を読む習慣や、注意深く選書された図書コーナーが教室にあることのおかげなのです。メイン州の田舎の小さな学校を卒業する時には、私の生徒たちは、文学の優れた読み手となっていますが、それだけではありません。これから自分たちが出ていく世界について、何百冊もの本を読む中で出合った考え、言葉、歴史、時事問題、人間の経験、場所について知っている人として、世界に出ていくのです。

　『天才！成功する人々の法則』[18]の著者マルコム・グラッドウェルは、専門知識を得るためには一万時間、しっかり練習をする必要があると述べています。

本校の生徒たちはその練習ができています。ハイディが7年生の1年間に、私の生徒たちは、平均して53冊の本を読みました。

　生徒の多くは、自分で本を手にとる時に、『高慢と偏見』[19]『グローバリズム出づる処の殺人者より』[20]『アラバマ物語』[21]『ポイズンウッド・バイブル』[22]『蠅の王』[23]『すばらしい新世界』[24]『西部戦線異状なし』[25]『ハックルベリー・フィンの冒険』[26]『イリアス』[27]『ザ・ロード』[28]『緋文字』[29]『キャッチ＝22』[30]『パイの物語』[31]などを楽しめる段階になっています。よく読まれる作家としても、マイケル・シェイボン、カート・ヴォネガット・ジュニア[*22]などの読み応えのある作家たちが挙げられます。

　文学を愛する読み手を育てるのは、素晴らしい本がすぐ入手できること、選択できること、本についての会話、そして実際に読むことです。普段から読んでいない生徒に、ディケンズ、トウェイン、ホーソーンなどの著名作家の小説の宿題を出しても、そこからは何も生まれません。

　教室の図書コーナーには古典的な名作だけを置いておけば十分で、生徒に選ばせると自由時間に読めばいいようなくだらない本を読んでしまうことになる。そう言って、リーディング・ワークショップを批判する人もいます。しかし、実態をみれば、この批判は明らかに的はずれです。アメリカの青少年は自由時間に本を読みません。国立芸術基金の報告によると、11歳から14歳の子どものうち、たった27％しか、学校外で読書をしないのです。「13歳前後で、全国的に、悲惨なまでに読書量が落ち込み、それが生徒の生涯にわたって続く」とも報告されています。[*23]

　よく知られているように、個人の読書活動は小学校の後に少なくなります。テストのリーディングの点数も急降下します。2007年の調査によると、70％もの8年生が、十分に読めるといえるレベルに達していません。PISA、SATをはじめとして、例はいくらでもあげられます。主要テストのリーディングの結果から、最も読めているという生徒たちは、習慣的に読み、自分で選書して読める読み手だということがわかります。それは米国の教育省の研究資金による研究[*24]でも実証されています。

　古典的名作をクラス全体に課すことで文学のもつ魔法の力が効く、そう考える国語の教師もいます。でも、それだと1年で6冊カバーできれば上出来というところでしょう。もちろん、それすら生徒たちが言われたとおりに読んだらの話。この年代になれば、本を自分で読む代わりに、解説本やウィキペディア、人の話を聞く、必要なところだけ飛ばし読みするといった抜け道をたくさん知っていることは、私にだってわかります。自分でもやっていたことですから。

第1章　教えることを学ぶ　047

リーディング・ワークショップへ

　こんな状態から抜け出す選択肢として、本校でのリーディング・ワークショップの教え方があります。生徒たちは、自分で読む本を選び、教室で毎日20分、自宅でも週に7日、毎日最低30分間読みます。大好きな本を読むということが最も大切な宿題であり、教室でも優先的に行われます。本校には、識字障害の生徒から、洗練された文芸批評をできるような生徒までいます。みんなに共通しているのは、「リーディング・ゾーン」（101ページ、210ページ参照）と呼ぶ「本の世界に浸っている状態」に入るとはどういうことかを知っていること、そしてリーディング・ゾーンに入ることが好きだ、ということです。教え方には流行り廃りがありますが、人が必要とすること、望むことは変わりません。私の生徒は、一人残らず、大人の読み手が本に求めているのと同じ感覚や充足感、意味を求めています。読む価値があり、興味深く、生徒に合った本には、生徒を惹きつける力があるのです。

　ただ楽しいだけの読書とリーディング・ワークショップを分けているもの、それは結局のところ、私から生徒への「譲り渡し」だと言えるでしょう。もちろん、いい本、自由な選択、読む練習と読む時間は不可欠ですし、読むのがとまらないほど魅力的な本と大量の読書経験が核にあるのですが、それが核になるかどうかは、私の授業の組み立て次第だからです。そして、ライティング・ワークショップの時と同じく、リーディング・ワークショップの教師が知っておくべき大切な三つの要素が、本、教えている年代の読み手の特徴、そして一人ひとりの個別の生徒たちなのです。

　ヤングアダルト向け小説を熱っぽく生徒に語っている時、私は、自分の経験と知識を生徒に譲り渡して、委ねています。どの本をどのタイミングで薦めればいいのかを知るために、ヤングアダルト小説をたくさん読んでいる時も、同じことが起きています。ヤングアダルトから大人向けの本、古典的名作や作家への橋渡しになる本を紹介している時、やはり私は、自分の経験を生徒に手渡し、その使い方を彼らに委ねようとしています。すでにその段階に来ている生徒もいれば、その段階にたどりつくのは少し先になりそうな生徒もいます。

　「譲り渡し」は他にもあります。自分に合う本や合わない本を決める私なりの基準を説明して、生徒にも自分なりの基準をつくってはっきりさせなさいと言う時。どんな時にどうやって小説を読み飛ばしするのかを語る時。面白く

ない本はいったん本棚に戻すように背中を押す時。この本を読もうかどうか迷っている読み手に、どうやってそれを検討するのかを示す時。いつだって私は、自分の知識と経験を生徒に手渡し、それを彼らに委ねようとしています。生徒たちに「読みたい本リスト」を作るよう言う時には、彼らが自分の考えをもった自立した読み手になれるようにと助け、読み終えた本や読むのをやめた本を記録する用紙を渡す時には、自分の読み手としての傾向を考えてそれを発展できるよう考えています。

　私は詩を一つか二つ読むところから毎日の授業をスタートしていますが、その時間でも、この譲り渡しは起きています。どうやって詩を「ひらく」（67ページ参照）ように読むのかを見せる時。また、詩人が使っている技を見つけて言語化することを教える時。それから、夢中になれて、学ぶ要素が多く、生涯にわたって刺激を与えてくれる可能性のある詩人を紹介する時も同じです。シェイクスピアから、ウォルト・ホイットマン、多くの現代詩人たちと、多岐にわたる詩人たちを紹介します[25]。

　示唆に富んだ文芸批評の例を生徒に見せて、分析して、その特徴を引き出して語り、自分の読んだ本にそれを応用して考え、クラスメイトと私あてに「レター・エッセイ」（290ページ参照）として書くように言う時も、やはり同じです。「レター・エッセイ」は、書き手が使う技、登場人物、テーマなどについての自分の観察を、手紙のやりとりの形でお互いに批評をするものです。これを書くことで、高校以降に的確な分析を書くときに必要なスキルを培っています。

　さらには、学校外で読む時にはどこでいい本を見つけるのかも、生徒に譲り渡す大切な知識です。例えば、学年の最後には、書店、図書館、雑誌、ウェブサイト、文学賞、本校のウェブサイトなどについて話し、長期休暇の間に読む本を生徒が教室の図書コーナーから持って帰るようにしています。

「当たり前」と「論理」

　もうずっと前、私がライティング／リーディング・ワークショップについて口頭や文章で紹介し始めた時のこと。時々、他の教師から「あなたのやり方は、当たり前といえばとても当たり前なので、どうして自分で思いつかなかったのかと思うほどですよ」と言われました。当時はちょっとむっとしたものでした。だって、私がしていること、生徒がしていることは「当たり前のこと」ではありませんし、ましてや直感や偶然に左右されるものでもありません。読み書き

について、読み書きの教え方について、この年齢の子どもたちについて、そして毎年教室に入ってくる一人ひとりの書き手・読み手について、そのすべてを知り、統合させて初めて、ワークショップは成り立っているのですから。

　このワークショップについては、「当たり前」よりも適切な言い方があります。それはグレンダ・ビセックスの言う「論理」です。私の教える論理は、知識に基づいています。ワークショップはその知識から構成され、またその知識を再構築していきます。ワークショップで教える教師は、情報を集め、情報を提供しますが、学習の場を観察もしますし、学習者としてそこに参加もします。生徒たちが学ぶ論理を知ろうと日々奮闘していますし、それをサポートもします。

　In the Middle 第3版（本書）には、過去30年間に私が学んできたすべてを書きました。ライティング／リーディング・ワークショップだけが、論理にかなった仕方で国語を教える方法なのだ。私はそう信じています。

アトウェルの学校はどんな学校？

　ナンシー・アトウェルが1990年に設立した「教師と生徒のための学習センター」(Center for Teaching and Learning)は、アメリカ北東部のメイン州にある、自然に囲まれた小さな学校です。全校生徒は、幼稚園から中学校最終学年に相当する8年生（日本でいう中学2年生）まで、合計80名ほど。15 〜 20名程度の2学年合同クラスが、一つの教室で一緒に学んでいます。

　訳者の一人、澤田は、2016年4月に4日間、この学校を訪れました。どの学年でもライティング／リーディング・ワークショップで国語を教えており、私が主に見学した5・6年生と7・8年生の2クラスでは、静かな環境の中、生徒たちが黙々と個々の読み書きに没頭していたのが印象的でした。一方で、朝に行われる全校生徒の集会では、週末の様子や身近に発見した春の兆しを交流したり、誕生日のお祝いをしたり、その日が誕生日の作家について低学年の子たちが発表したり、先生のギターに合わせて歌を歌ったりと、非常にアットホーム。他にも、生徒が先生のことをファースト・ネームで呼んだり、至るところに生徒の美術作品が飾られていたりと、校内には家族のような温かい雰囲気がありました。

　私が見学したのは国語の授業だけでしたが、この学校では、算数・数学や歴史など、他の教科でも同じワークショップ形式で授業を組み立てており、ど

の教科でも、学期末に試験をするのではなく、ポートフォリオで評価をしています。

アトウェルは、自分の学校について *Systems to Transform Your Classroom and School*（教室と学校を変革するシステム[32]）という本を書いていますので、英語に抵抗のない方はぜひお読みください。

小さな学校ですが、美術を学ぶためのアトリエ、体を動かせるような大きめの部屋や小さな体育館、理科や算数・数学を学ぶための部屋、そして年齢に応じた教室の図書コーナーが、クラス別に整備されています。ホームルームに各教科の教員が来て教えることの多い日本の中学校とは異なり、それぞれの学びに適した場所が整備され、そこに生徒が移動する形で授業が行われています。私が訪問した週の7・8年生の時間割を、アトウェルの許可を得て、以下に掲載します。

2015〜2016年インターン受入週　時間割　7,8年生

	月曜日	火曜日	水曜日	木曜日	金曜日
8:30-8:45	全校生徒の集会: 最近の出来事、連絡事項、歌を歌う				
8:45-10:15	週末の報告 ライティング	ライティング リーディング	ライティング リーディング	書き取り学習 ライティング リーディング	理科
10:15-10:35	休憩とおやつの時間　（1階にて）				
10:35-12:05	リーディング 10:35-11:20	歴史	リーディング 10:35-11:20	歴史	美術
	体育 11:20-12:05		演劇 11:20-12:05		
12:05-1:00	昼休み				
1:00-2:45	歴史 1:00-1:45	歴史 1:00-1:45	数学	数学	数学
	数学 1:45-2:45	数学 1:45-2:45			

（澤田）

*1—— アトウェルは、学生時代に英文学を専攻し、アメリカにおいて主に英語が母語の子どもたちに「英語」の読み書きを中心に教えてきました。原文では自分の職業として「英語の教師」と書かれていますが、日本の学校の科目では「英語」は外国語科目ですので、本書では「国語の教師」という日本語にしています。

*2—— アトウェルをはじめ、ライティング／リーディング・ワークショップの実践者たちは、生徒たちを「書き手、読み手」と呼ぶことがよくあります。この言葉には、実生活で本当に「書くこと・読むこと」を使う、楽しむ、自立的に行う人というニュアンスが込められています。したがって、「書くこと」は「教室の中だけで完結する作文」、「読むこと」は「教師から与えられた読み物の読解と解釈」ではありません。「書くこと」も「読むこと」も、時間的にも空間的にも教室の外に開かれたものと捉えられています。

*3—— 「英語（アメリカでの国語）をする(doing English)」という発想および実践はとても大事で、多くの教師と子どもたちに受け入れられています。それは、単に読み書きを学ぶことをはるかに超えたアプローチです。そして、すでに他の教科にも応用されており、「数学をする」「科学をする」「歴史をする」という言い方を使う本が出ています。例えば、「doing math」「doing science」「doing history」で検索してみると、たくさんの本や情報が得られます。

*4—— 英語圏の子どもは、英語の音を聞いて自分なりの英語の単語の綴りをつくり出す時期があります。英語の原題GNYS AT WRKは、Genius at Workを、自分なりの英語の綴りで表現していることを象徴的に表しています。

*5—— ドナルド・グレイヴス(Donald H. Graves)は書くことを教える分野では有名な教育者で、本書でも度々登場します。書くことに関する著書も多数あります。中でもWriting: Teachers and Children at Work（書くこと～学習中の教師と子ども）(Heinemann)は1983年に出版後、2003年に20周年記念版が出版されました。

*6—— 校名はBoothbay Region Elementary Schoolで、幼稚園から8年生までの生徒が対象の公立学校です。本書ではブースベイ学校としています。

*7—— ヴァーモント州にあり、夏休みの期間中、英語教育（アメリカでの国語教育）についての教師向けプログラムを提供しています。

*8—— カンファランスは、生徒とのやりとりを通して一人ひとりをサポートする方法です。個人に対するカンファランスだけでなく、数名の生徒を集めての小グループに対してのカンファランス、またクラスメイトによるピア・カンファランスもあります。カンファランス(conference)という語は、辞書では、会議、検討、相談などの日本語訳が出てきますが、ワークショップでのカンファランスの意味としては的確に一語で表現されていませんので、本書ではカタカナのカンファランスを使用します。

*9—— メイン州をテーマにしたユーモアで有名なマーシャル・ダッジ(Marshall Dodge)にはBert and I on Stage: Marshall Dodge Live（ステージの上のバートと私、マーシャル・ダッジのライブ）などのアルバムがあります。またロバート・ブライアン(Robert Bryan)と共著でBert and I: and Other Stories from Down East（バートと私～メイン州からの物語）(Down East Books, 2015)も出版しています。

*10—— メアリー・エレン・ジャコビー(Mary Ellen Giacobbe)はTalking, Drawing, Writing: Lessons for Our Youngest Writers（話す、絵を描く、書く～幼い書き手へのレッスン）(Stenhouse, 2007)という、幼い子どもに書くことを教える本の著者の一人です。ルーシー・カルキンズ(Lucy Calkins)はコロンビア大学ティーチャーズ・カレッジの読み書きプロジェクトを率いており、日本語で読めるものとしては『リーディング・ワークショップ～「読む」ことが好きになる教え方・学び方』（吉田新一郎、小坂敦子訳、新評論、2010年）があります。

*11—— ミニ・レッスンは多くの場合、授業の最初にクラス全員に対して、短く教える時間です。ライティングについてのミニ・レッスンは本書第4章に、リーディングについては第5章に、それぞれ具体的に詳しく説明されています。

*12—— 書き手が使う技(craft)は、書き手が使う様々な技巧や工夫を含みます。ラルフ・フレッチャー、ジョアン・ポータルピ著の『ライティング・ワークショップ』(361ページの文献4章1参照)では「作家の技」と訳されています。この書き手が使う技や教え方については本書163～194ページを参照してください。

052

*13——書き言葉の慣習（conventions）については本書195〜198ページで説明されています。句読法や文法、用法、文章作法など、言葉を書くときに守るべき約束事を広く含みます。

*14——ドナルド・マレー（Donald M. Murray）はピューリッツアー賞を受賞したジャーナリストであり、自らの書くプロセスをもとに、書くことを教える教師としても活躍しました。本書でも度々登場します。*A Writer Teaches Writing*（書き手が書くことを教える）（Wadsworth, 2003）他の多くの著作があります。日本語で読めるものとしては、日々書き下ろしたコラムをまとめた本『人生、これからがときめきの日々』（村上博基訳、集英社、2002年）があります。

*15——Thomas NewkirtとPenny Kittle著の*Children Want to Write*（こどもたちは書きたい）（Heinemann, 2013）の中で指摘されています。

*16——ジェローム・ブルーナー著の『可能世界の心理』（田中一彦訳、みすず書房、1998年）の第2部「5.ヴィゴツキーのインスピレーション」で説明されています。

*17——「譲り渡す」とニュアンスは若干違いますが、できるだけ自然な、子どもが学びやすい形で責任の移行が行われる教え方として、「自然学習モデル」と「責任の移行モデル」が、吉田新一郎著の『増補版「読む力」はこうしてつける』（新評論、2017年）の80〜84ページで紹介されています。なお、後者を読むことのみに限定せず、すべての教科領域での教え方・学び方に広げて紹介している本として、ダグラス・フィッシャー、ナンシー・フレイ著の『「学びの責任」は誰にあるのか〜「責任の移行モデル」で授業が変わる』（吉田新一郎訳、新評論、2017年）があります。

*18——ベバリイ・クリアリーはアメリカで子どもに人気の作家のひとりで、『一人っ子エレンと親友』（松岡享子訳、学研プラス、1977年）、『ビーザスといたずらラモーナ（改訂新版）』（松岡享子訳、学習研究社、2009年）、『がんばれヘンリーくん（改訂新版）』（松岡享子訳、学習研究社、2007年）など、多くの邦訳があります。

*19——アトウェルは、ヤングアダルト作品が充実していなかった自分と同年代の人が思い出す本として、女性探偵ナンシー・ドルーが活躍するキャロリン・キーン著の『古時計の秘密』（渡辺庸子訳、東京創元社、2007年）などのシリーズ、少年ミステリーでは、フランクリン・W.ディクソン著の『ハーディー誘拐事件』（ジャン・マケーレブ、双木一志訳、読売新聞社、1976年）などの「ハーディー・ボーイズ」シリーズ、その他、青春ものとしてBeverly Cleary著*Jean and Johnny*（ジーンとジョニー）（HarperCollins、[1959] 2007）、モーリーン・デイリ著の『17才の夏』（中村能三訳、秋元書房、1956年）を例として挙げています。

*20——生徒にぴったり合った本を選ぶことについては、Teri Lesesne著の*Making the Match: The Right Book for the Right Reader at the Time, Grades 4-12*（本との出会い〜その時々にぴったり合った本をぴったり合った読み手へ、4年生から12年生）（Stenhouse, 2003）で書かれていることが活用されています。

*21——E.D.ハーシュの主張は、日本の系統学習のアプローチに近い考え方です。ハーシュの著書のうち日本語で読めるものとしては、『教養が、国をつくる〜アメリカ立て直し教育論、アメリカの基礎教養5000語付き』（中村保男訳、ティビーエス・ブリタニカ、1989年）があります。

*22——その他、邦訳の出ている作家として、ラッセル・バンクス、デイブ・エガーズ、トバイアス・ウルフ、マーガレット・アトウッドの名前が挙げられています。

*23——研究成果は、National Endowment for the Artsの"To Read or Not To Read: A Question of National Consequence"（Research Report #47）（2007）という報告にまとめられています。https://www.arts.gov/sites/default/files/ToRead.pdf

*24——研究成果は、Bernice Cullinan著の"Independent Reading and School Achievement "（Westat,Inc.,and US Department of Education, 1998-2000）という報告にまとめられています。

*25——アトウェルが紹介する詩人は、エミリー・ディキンソンやロバート・フロストのような有名な詩人から、現代の若者に人気のある詩人まで多岐に渡りますが、邦訳がでていない詩人も多く含まれています。詩集の邦訳がでている詩人としてはE. E.カミングズ、ウィリアム・スタフォード、アレン・ギンズバーグ、ウィリアム・カーロス・ウィリアムズ、ビリー・コリンズ、ロバート・フロスト、ラングストン・ヒューズが挙げられています。

第 2 章

ワークショップの準備

OHPで書きこんだものをスクリーンに映す

あなたが何かをするのは、
それが好きだから。
その何かを好きなのは、そうさせてしまうくらい
それを好きだった誰かがいるから。
その好きなことによって、あなたの心は、
テントの杭のように地球の核へと打ち込まれている。
だからこそあなたの心は、
電離層を通って燃えさかる光の上に。
だからこそあなたは、
あなたのなすべきことに向かう。

―― トーマス・ラックス

1982年春のある日、私が教えていたブースベイ学校に、ニュー・ハンプシャー州から、ドナルド・グレイヴスとメアリー・エレン・ジャコビーがやってきました。ジャコビーは、アトキンソン学校で1年生を教え、書くことの教え方を改革しようと奮闘する教師たちの励みとなっていた人です。生徒の間でも有名なこの二人が実際に学校にやってくるなんて一大事でした。

　グレイヴスとジャコビーが到着したのは、ちょうどバートが校舎の入り口を通りかかった時のこと。バートは、階段を2段跳びで駆けあがり、廊下を走り抜け、並んでいる各教室に向かって叫んだものです。「世界一有名な先生たち、到着！」その姿ときたら、独立戦争で伝令として活躍したポール・リヴィアさながらでした。

　ライティング・ワークショップの教室にグレイヴスがやってくると、誰ひとりとして、ピア・カンファランス（79ページ参照）のコーナーに行こうとしません。生徒たちは根でも生えたように机でひたすら書き続け、教室は異様な静けさに包まれました。みんな、時折ちらっと眼を動かして、グレイヴスが教室のどこで誰と話しているのかを確認しています。彼が自分の机のところで立ち止まり、あの「君の書いていることを話してくれる？」という魔法の言葉でカンファランスを始めてくれることを、誰もが心待ちにしていたのです。バートも夢がかなった一人でした。グレイヴスがバートの机の横で膝をつくと、彼は、自分のサイエンス・フィクションとスティーヴン・キングへの情熱について、しばしおしゃべりをしました。

　よい1日でした。その日の終わり、教室の出入り口でレインコートを着たグレイヴスは、とても嬉しそうに微笑んでいました。「嬉しそうですね、どうしてですか？」と、私は声をかけました。その返答は「君のおかげだよ。素晴らしい教師に必要な条件を、君はちゃんとわかっているからね」でした。

　うわっ！　書くことの分野で世界一の先生からお墨付きをもらえた。そう思った瞬間、どんな褒め言葉が来るのか、次々に浮かんで頭の中を駆け巡りました。カンファランスで冴えた洞察を見せたこと？　生徒にぴったり合ったミニ・レッスン？　それとも読み・書きへの私の情熱？

　「それは何でしょうか？」と私。

　その返答は「君の授業は、最高に手順が整っているんだ」でした。

　おそらく私の顔が曇ったのでしょう。グレイヴスは真顔になりました。「いいかい、手順が整っていない限り、この教え方で書くことを教えるのは無理なんだよ。これは生徒が自由に学ぶ授業ではないからね。それは君もよく知っ

ての通り。君やジャコビー先生のような教師たちは最高の先生だよ。君もジャコビー先生も、いつも統制のとれた教室運営をしているよね。今もそうだ。でも、それは以前とは違う統制だね」。

たしかに、ワークショップの教室は、今までとは違います。従来型の国語の授業では、中心に教師がいて、課題がありました。誰でもよく知っている、とても手順の整った構造です。一方、ワークショップの教師は、クラス全体に教えることと、25人やそれ以上の生徒それぞれが学ぶこと、この両方をサポートできるように、学ぶ場と教え方を構築しなければいけません。ここでの「手順を整える」とは、生徒が書き手と読み手として成長するために、一人ひとり、それぞれのニーズを明らかにし、それを満たせる機会を十分に提供することです。その場とは、生徒が授業の中でやることをわかっており、安心して挑戦できる場を意味します。

新年度を迎えるだいぶ前から、生徒たちが大量の読み書きに駆り立てられるようにと、私は教室を整えます。そのためにすることはまず、生徒に何を、どうやって、いつ、達成してほしいのかという私の期待を見定めること。また、年度開始の前の月に、私自身と教室の環境整備をしておけば、生徒たちが教室に来た時に、必要なものすべてを簡単に見つけられます。例えば、一人で読んだり書いたりする時間、必要なツール、文具や用紙、資料や参考図書、生徒用ファイルと授業で使うプリント、大量のいい本、本当の読み手・書き手が読み書きをするのにふさわしい空間。それだけではありません。生徒が自分で作業の進め方を考える、自分がやっていることを自分で観察する、効果的な書き方や自分が夢中になって読める読み方を試行錯誤する。そうしたことを実現するワークショップの仕組みづくりも併せて準備する必要があるでしょう。以下、具体的に説明していきます。

時 間 を 確 保 する

アマンダの横に私は椅子を置いて座り、彼女の作品の書き出しを読みました。それは、両親と妹と一緒にニール・ダイアモンドのコンサートに行ったことの回想録でした。始まりはこうです。

「いよいよだ。お隣のクックさんの双眼鏡を使いたい？ キャップが三つあるから失くさないように。借り物だから大切にしてくれよ。トイレなら

休憩時間よりも今だ。迷うこともないし、長い行列もない。終わったら、ホッケー選手たちの出入り口に使われている場所で、みんな集合だ」。

　アマンダのお父さんの声が聞こえるような書き出し。頷きながら、読み続けました。彼女はなんと2ページにわたって、詳細な描写と一語一語を書き起こしたような会話を書いていました。しかも家族だけでなく、その周囲に座った人のおしゃべりまで含んで。私は思わず笑い、首を横に振って「いったいどうしてこんなに詳しく覚えているの？」

　「そんなの、到底無理」がその返答でした。それから、小さなリングノートを取り出して中をパラパラ見せてくれました。「書きたくなるに決まっていたから、これをコンサートに持っていって、その夜のことをいちいちメモしていたんです」。

　また、ロビーは、学校のことはすっかり忘れてテレビを見ている時に、まさに青天の霹靂で、書いていた短編の終わり方のアイディアが突然浮かび、忘れないうちに手元の紙に大急ぎで書きつけました。翌日のライティング・ワークショップで、彼は紙袋に書いた「完璧な終わり方」を見せてくれました。

　アンは、その日のワークショップでそれぞれの生徒が何をするつもりなのか確認している際、取り組み中の書評をいったんやめて新しい詩の下書きを書いていると言いました。「いつそれを始めたの？」と尋ねると、「今朝、ロッカーの近くに立っていた時」とのことです。続けて「朝、学校にくる途中の原っぱで氷の結晶を見て、詩のアイディアが浮かんだの。それを忘れるまえになんとかしたくて」と説明してくれました。

　アマンダ、ロビー、アンの話からわかるように、毎日授業として書く時間があれば、生徒は書いていない時も自分の作品のことを考えるようになります。書き手には、予想も計画もできる定期的な書く時間が必要です。教師が書く時間を確保すれば、つまり、国語の授業中に実際に書く時間を優先的に確保すれば、生徒たちは授業時間以外も書き手として考える習慣を身につけるでしょう。ドナルド・グレイヴスも自身の研究に基づいて、1週間に3回は書く授業を行う必要があると言っています。時間を確保してはじめて、生徒たちが意味のある題材を見つけ、計画し、考え、計画したことや考えたことを実行し、作品を生み出し、成長することができるのだと。

　たしかに、1週間に3回は書く授業がないと、書くことに主体的に取り組むことはもちろん、上手に書けるようにもならないでしょう。どんな年代の書き

手でも、ある程度の量がなければ質の向上は望めません。下書きを何度も書き、それを見直して再考する十分な時間がない限り、人に伝わり、意味があり、かつ書き言葉の慣習（195ページ参照）に従った文を書けるようには、まずなりません。

　同じことは大人にも言えます。少なくとも私には。私は30年間、書くことに真剣に取り組んできたのに、今でも最初の方の下書きはひどいものです。大げさだったり、くどくどしていたり、そうかと思うと調子よく次から次へと書きまくったり、また曖昧すぎる時もあります。しかし、時間さえ確保できれば、以下に示すことをしながら、書き手として出合う色々な問題を解決し、一貫性のある文章を生み出せる可能性があるのです。考えること。メモ書き（185ページ参照）を使って構想すること。行間を広くとって書いた下書きを見直すこと。書いたものを何度も読み直すこと。常に考え直し、新しい選択肢をメモ書きを使って生み出すこと。加筆し、いったん中断し、練り直し、いらないものを削ったりしながら、さらに磨きをかけること。

　こんなに手間がかかるのは、私だけではありません。アーネスト・ヘミングウェイは『武器よさらば』[1]の終わりを39回書き直したとのことです。ヘミングウェイは書き手にとって一番大切な問題、つまり「語るべき言葉を収めるべきところに置く」[2]ために必要な時間をかけたのです。また、カート・ヴォネガットは、書くことについて、時間は誰にも平等にあると考えました。そして、順調に進まない時間に取り組み続ける意志のある人なら、誰でも成功できると書いています。

> われわれ小説家が持っている力は辛抱である。どんなでくのぼうでも、同じ考えを繰り返し繰り返し書き、そのたびにちょっぴりずつ改善していけば、だいぶ賢く見えてくるということを、われわれは発見した。それは自転車の空気入れで飛行船をふくらませるようなものだ。だれにでもできる。ただ時間がかかるだけである。[3]

　書くこととは匠の技です。そしてどんな技でもそうですが、上手にできるようになるには時間がかかります。それにもかかわらず、下書きなどしなくてもいきなり書ける、生徒は教師の決めた時間内に課題を書くものだ、締め切りはクラス全体で決まっているのだなど、国語の教師は様々な幻想を抱いています。

たとえ毎日書いたとしても、書くことの成長は遅々とした歩みです。言葉の慣習や概念を学んだり復習したり、成功したり失敗したり、そしてひたすら練習、練習、練習あるのみという点では、他のどの教科よりも数学を学ぶことに近いでしょう。だからこそ、国語の教師にできることがあります。生徒たちが定期的かつ頻繁に書く時間があるということは、教師にとっては、書き方を教える機会がそれだけあるということだからです。

私の生徒たちは、1週間に4日のライティング／リーディング・ワークショップがあります。私は毎回ミニ・レッスンでクラス全体に読み書きについて教え、書く時間に教室を歩き、生徒全員と少なくとも2日に1回は話をします。生徒は一つの作品を仕上げると、できる限りの修正をして、最終確認のために私に提出します。翌日、私はその書き手たちと個々に話をし、標準的なアメリカ英語の書き言葉の慣習から見てうまくできていなかった項目を、一つか二つ、それぞれの作品から選んで教えるのです。

通常、生徒は1年間で20以上の作品を書きあげます。ということは、私には、書き手が習得すべき書き言葉の用法を、個々の生徒の作品のなかで、一人につき20回以上、個別に直接教える機会があるのです。国語を教えるという点で、これよりも効果的、生産的、かつ理に適っている方法は思いつきません。学ぶ側から見ても同じでしょう。

悩ましい授業時間確保と人数の問題

日本の一般的な中学・高校は、アトウェルの学校とは大きく環境が異なります。まず、「最低でも週3回のワークショップ」を行うのは現実的に無理でしょう。訳者（澤田）の場合は、時期を区切って、週2回、ライティング・ワークショップとリーディング・ワークショップのそれぞれに使っています。もちろんアトウェルの授業には遠く及びませんが、週2回の授業をきっかけに授業時間外にも読み書きをする生徒も多く出てくるので、一定の手応えを得ることはできます。

もう一つの大きな悩みが、教える生徒数の多さでしょう。私は40人学級を1学年あたり4クラス教えていますが、160人の生徒相手にカンファランスをするのは至難のわざ。試行錯誤して、現在は次のような方法でやっています。

まず、毎回のワークショップ終了時、生徒にその日の記録を書いて提出してもらい、私はそれを読んで生徒の状況を把握します。順調そうな生徒や、すぐに解決できる課題を抱えている生徒にはコメントをつけ、紙上での簡易カンファ

ランスとします。困っていそうな生徒、最近話をしていない生徒などは、次の授業で優先的にカンファランスする対象として、手元の一覧表（私はGoogleのスプレッドシートを使っています）にメモしておきます。こうして、次の授業でカンファランスをする生徒の多くを、事前に決めておくのです。

　カンファランスは、「書く時間」や「読む時間」の30分間に、毎回10～15人くらいの生徒と行います。ワークショップ中だけでなく、授業前や授業後の時間も積極的に生徒に話しかけて、なんとか15人を超えています。週2回の授業なので、2週間（3回～4回の授業）で生徒全員と話をするペースです。誰とどんな話をしたかは、手元の一覧表にメモして、カンファランスをし忘れている生徒がいないか、確認できるようにします。

　こんなふうにして、なんとか生徒数の問題に対処しています。40人学級の生徒に対応するのは大変ですし、満足なカンファランスとも言えないでしょう。でも、生徒の記録を見て、必要なときに必要な手助けができたときには、カンファランスを通じて教えることの醍醐味を感じます。

　日本の教室では、カンファランスの努力と同時に、生徒同士のピア・カンファランスの可能性を探るのも、現実的なやり方でしょう。私の場合は、途中で「編集会議」という生徒同士のグループ・カンファランスの機会を設けて、生徒同士がお互いに助言しあえる雰囲気づくりを試みています。これは、生徒の読み手・書き手としての成長にも効果的だと考えています。アトウェルのピア・カンファランスについては、99ページを参照してください。なお、日本の中高で実践する際の課題と対処法については、『増補版 作家の時間』（350ページの巻末資料3）を参照してください。

（澤田）

　定期的に書く時間があるおかげで、生徒たちは様々な経験ができます。紙の上で考える。書き手が使う技や書くプロセスを試す。新しいジャンルにもチャレンジする。ぶつかった問題に悪戦苦闘し、解決する。自分が書いている文について、必要に応じてアドバイスをもらう。ミニ・レッスンで学んだことを応用する。こうして、彼らは書き手としても、人としても成長するのです。

　書くことは若者たちに、自分のこれまでの生活を捉え、考えるためのキャンバスを与えます。そこは、子ども時代をもう一度生きる場所、以前の自分たちと比較して現在の自分を知る場所、そこで気づいた変化を振り返る場所です。毎年、私の教える7・8年生は、詩、回想録、エッセイを書き、信じていること、大切にしていること、望んでいること、後悔していること、覚えていることを探

第2章　ワークショップの準備　　061

究していきます。自分を振り返って書くことは、人として生きる上でも、実はとても役に立つ。これが若者たちが書く理由の一つです。

　7年生のホープは、回想録を書きました。そのなかで、ティーン・エイジャーの始まりの、自分の行動に責任をもつ13歳という年齢について、時間の経過、過ぎゆく子ども時代、これから訪れる変化に思いを馳せました。

「最後のクッキー」

　スーパーマーケットの明るい光に照らされたデリカテッセンで、私は「12歳以下のお客様のみ一つずつお取りください」と書かれたプラスチックの箱を開いた。それから、完璧に丸いクッキーを一つ取った。お店の人がまだ12歳なのか聞いてきた。責めるような言葉だったが、笑顔だったので、からかっているんだとわかった。私はにこっとして、「うん、ぎりぎりね」。それから母を探しに精肉コーナーに急いだ。

　この特別なお菓子を食べながら、このスーパーがまだ別の名前で、私の手がまだプラスチック容器にとどかなかった頃のことを思い出した。当時の私は、青果コーナーを駆け抜けて、丸々した指でクッキーに手を伸ばしていた。夕食前のお菓子をつかもうと懸命に頑張って、ついに大成功、戦利品を勝ち取ると、クッキーのかけらだらけのシャツで、母のところに走っていった。

　今とあの頃はどのくらい違うのか、私は考えてしまう。あの無料のクッキーは私を駆り立てるほど魅力的で、とても甘く、そしてそれを手に入れるまでの時間は、永遠と思えるくらいに長かった。

　今の私には、クッキーがあんなにも大切だった日々、幸せがあんなに簡単に手に入った日々がうらやましい。思い出すのは、ポートランドにある子ども博物館のことだ。7歳の私は、そこでガラス張りのアリの巣の模型の中をはって進んだことがあった。アリや、あちこちにあるアリの巣のすごさに驚き、尊敬の気持ちでじっと見つめた。彼らはどうやってこんなにたくさんのトンネルを作るのだろう。なんて素晴らしいチームなんだろう。すっかり興奮して、博物館の明るい部屋を次から次へと進んでいく。何時間もたって帰る時間になった頃には、すっかりこの場所に夢中になっていた。また来たいと思った。入り口の女の人に聞いてみる。「何歳までここに来られるの?」

「ええと…13歳までですね」彼女は物知り顔で答えた。それから、父が私の手をとって、私たちは町の曇った空の下を帰っていった。あの頃の私にとって、13歳はとても遠い先。それでも、子ども博物館のドアが私への扉を閉ざしてしまう日が来ると思うと、身震いしてしまった。

クッキーをほとんど食べ終えた時、甘美な記憶がもうひとつよみがえった。ハロウィンで近所をまわってお菓子を集めた後の夜のことだ。私は、当時まだ健在だった祖父の家で、祖父、父、いとこのアニーと一緒に暖炉を囲んでいた。アニーと私は、もらったお菓子を、分厚くて赤いじゅうたんの上に種類別に丁寧に選り分けて山にした。光が揺れて、私のカウボーイならぬカウガールの衣装にあしらった飾りがきらめく。私はアニーが集めたお菓子の山を見ながら、来年は彼女よりたくさんのお菓子を集める！と心に誓った。

その時、視界の片隅で、1本の手が伸びてチョコレートバーを掠め取った。見回した。「おじいちゃん！」私は叫んだ。「返して！」飛び起きて、チョコレートバーのオレンジ色の包装に手を伸ばした。祖父はにやりと笑って届かないようにした。今度は父が別のお菓子をくすねたので、金切り声をあげた。「お父さん！」

「おや、こんなもの欲しかったのかい？」父と祖父は笑った。「すまない、気づかなかったよ」。

「ホープ、少ないものをどうやって分け合うか、学ばないとね」。アニーが意地悪く笑った。「なんでも独り占めするのは、もうやめないと」。彼らは、みんなで笑いながらお菓子の袋を開けた。

やりこめられて、私はじゅうたんの上でぷんぷん怒っていた。「いいよ、一つだけね！」そう言ってハーシーのチョコレート菓子を手に取った。そして、みんなでチョコレートをがつがつ食べているうちに、なんだか一人で微笑んでしまった。もう、祖父はいない。祖父の家も空っぽだ。あの瞬間は、記憶の中にしかない。この前のハロウィンでは、シェービング・クリームを木や窓に吹き付けるよくあるいたずらに、私も参加した。

私は指についたクッキーのくずをなめて、とった。スーパーの、パンとシリアルのある棚の通路を見かけると、母がいた。母は顔をあげて「ハニーナッツ・チェリオでいい？」

「もちろん」。私は答えた。クッキーの後味がまだ残っている。私の13歳の誕生日まで、あと数週間しかない。子ども博物館にも行けなくなる。

第 2 章　ワークショップの準備　063

そして、デリカテッセンを通るたびに無料の甘いクッキーを味わうことも
できなくなる。ハロウィンのお菓子集めももう卒業だ。

　でも、私が失うのは、小さなクッキーとか、派手なプラスチックの箱とか、
無料のお菓子とか、そういう小さな贅沢ではなかった。私は小さな子ど
もがもつ特権を失い、何かを得るのだ。もう私は、無垢で、すぐに何に
でも喜ぶ好奇心いっぱいの子どもではない。私は13歳になる。それは、
大人になる境界点だ。はるか先と思っていたことが、今はもう目の前にあ
る。未来は、一定の速さの電車のように、私の元へやってくる。ひたすらに、
速く。もっとそのスピードが速まればいいのに、とよく思う。でも時々、あ
のデリカテッセンにいた時のように、ストップ！　と電車の車掌に叫ぶの
だ。それは、無料クッキーへの切符が期限切れになるのが嫌だからなの
か、あるいは出発の準備ができた確信がないからかもしれない。

　母と私は、レジに向かった。そして、スーパーマーケットの眩しい照明
の中から、小さな町の曇った空の下へと出て行った。何もかも、私がも
うすぐ置いて出ていくものたちだった。

（ホープ・ローガン）

私は教えて40年になりますが、生徒たちの学校外での生活はいろいろな
ことで一杯です。スポーツ、音楽、ダンスのレッスン、ベビーシッターのアル
バイトや他の初めてのアルバイト、宿題、ポップ・カルチャーへのこだわり、そ
して友人たちと過ごす楽しい時間。21世紀に入ると、自分の部屋が娯楽施
設のような生徒もでてきました。インターネットへの高速アクセス、パソコンと
テレビ、ゲームや映画のDVDの数々を完備し、iPod、iPad、iPhoneも持っ
ています。

　つまり、今日の若者たちにとっては、時間をつくり出すことがさらに難しく
なっているのです。生徒が本を読むのに費やした時間こそが、学校での学
びの中で最重要であり、将来の成績を最も予測できる判断材料だというの
に。全米学力調査によると、アメリカでの上位5％の生徒は、下位5％の生
徒と比較すると、144倍読んでいるということです。

　私自身はテクノロジーが苦手で、今でさえすべて手書きするぐらいなので、
「インターネットか本か」という議論には加わらないようにしてきました。とい
うのは、この議論は大切な点を見誤っているからです。どちらかを取捨選択
するという問題ではありません。適切な励ましがあれば、生徒たちはiPhone

でのメッセージのやり取りと本を読んで大好きになることを両立できます。ゴランは詩人のウィリアム・スタフォードにはまった7年生ですが、スタフォードの詩と同じ題名で、若者としての自分のアイデンティティを伝える詩を書きました。デジタルとアナログの世界を渡り歩いて楽しみ、自分が夢中になっていることに取り囲まれながらも、本校で幼稚園時代からすべての教師が繰り返し教えてきたことが、ゴランの生活の一部になっています。それは寝る前に読むことです。

「僕の日記にあること」

転倒するダートバイク
ジャガイモの収穫、手を下ろして
引き渡して、手を開く。
スポーツなら、
芝で湿ったスパイク
泥んこデコレーションのシャツ
物干し竿の海パン
そして、歯型だらけのボール。
ホームビデオと
カードゲームなら、
遊戯王、ポケモン、マジックカード。
粘着テープ、両面テープ、電線用テープ、セロテープ。
――みんなテープ。
ゲームソフト
iPod
ガジェットなんでも
そして、ベッド＋本＝リーディング・ゾーン。
絆創膏と
傷跡
物語を語るための。

（ゴラン・ジョンソン）

電子書籍を持っている生徒は、それを学校に持ってきて、リーディング・ワークショップ中に読んでいました。しかし、今のところ、その全員が紙の本に戻っています。彼らによれば、電子書籍だとどこまで読んだかという感覚を失ってしまうそうです。手に本をもち、どのぐらい読んだのか、あとどのぐらい読むのかという意識をもちにくくなるだけでなく、わかりにくくなった時に確認しようとパラパラっとめくって戻るのも、お気に入りの箇所をもう一度読むのも難しくなるということでした。中でも大きいのは、電子書籍が孤立感を生み出すこと。紙の本を手にとることで、アイデンティティや仲間意識が育ちます。それは、本の表紙や題名が、身に着けているバッジのような役割を果たし、今読んでいる本や作家を通してお互いにつながりを見出すからです。

　インターネット文化がなくなることはありません。国語の教師はそれを受け入れ、同時に生徒たちが本を読むようにする必要があります。自分で読む本を選ぶよう誘いかけ、学校でひたすら読む時間を確保し、必ず自宅に本を持って帰って続きを読むようにします。読むことが片隅に追いやられているのは、学校がそれを許してしまっているからです。生徒が頻繁にたくさん読むことを、教師が期待していなかったり、サポートもしていなかったり。でも、たとえ生徒たちの自宅が21世紀仕様であっても、そこを教室の図書コーナーから借りてきた本で満たすこともできるのです。

　私の授業計画は、毎日、学校で読み書きをする十分な時間を確保しています。月曜日から木曜日までは、85分を一つのまとまりの時間として、7・8年生の合併クラスで教えます。若者が集中できる時間はそれほど長くありません。この85分を、生徒が書き手や読み手として夢中で取り組めるように何ができるのか、何をしたいのかを主体的に予想したり計画したりできるように、毎回のワークショップをほぼ決まった流れで行っています。

私のライティング／リーディング・ワークショップの
スケジュール（85分）

- 「今日の詩」を読み、その詩を「ひらくように読む」。10 〜 15 分。
- 書くこと、もしくは読むことのミニ・レッスン。生徒や私の書いたプリントが配布され、それを「ワークショップ・ノート」にセロテープで貼っておく。5 〜 20 分。
- 一人ひとりの書き手の今日の予定の確認。2 〜 3 分。

- 書く時間。私はこの時間中に、できる限り多くの書き手とカンファランスをする。25 〜 30 分。
- 私か生徒によるブックトーク。新しい本、お薦めの本、あるいは書くことに関して今学んでいるジャンルからの本。10 〜 15 分。
- 読む時間、この間は、私は一人ひとりの読み手の状態を確認するチェック・イン（278ページ参照）の時間。20 分。

詩 を ひ ら く よ う に 読 む

アトウェルの著書 *Naming the World*[2]（世界を名づける）に *A Poem a Day*（1日に詩をひとつ）という30ページのガイドブックがついています。このガイドブックの中の「詩の読み方」というセクション（17 〜 19 ページ）で、詩を「ひらく」（unpack）という読みのプロセスは、自分自身が文章や詩などを書く時のプロセスと似ていると、アトウェルは説明しています。

　書くプロセスの最初は、表現したいことが形になっていないものの、下書きを読み直し、書き直すプロセスを通して、形になっていきます。同様に、詩を最初に読む時は、理解が不十分な箇所も多くあります。しかし、何度か意識的に読むと、詩がもっている意味や伝えようとする感情が形になってきます。必要なのは、何度も読むこと、そしてしるしをつける鉛筆、それに、調べる必要がある時に使うよい辞書だ、とアトウェルは記しています。

　A Poem a Day（1日に詩をひとつ）の中の「詩の読み方」セクションでは、アトウェルは、ある詩を初めて読む場合、自分自身がどのように読むのかを、詩の実例を示して具体的に説明しています。最初はゆっくり黙読します。読みにくい箇所や難解な言葉があっても、まずは詩の世界にゆったりと浸ります。（詩によっては最初の連で自分に合わないことがわかるものもあり、その詩を読み続けるのをやめる場合もあります。）読み続ける場合、2回目に読む時には鉛筆を片手に、黙読し、印象に残った箇所や理解できたと思う箇所にしるしをつけていきます。わからないところには波線を引き、調べる必要がある箇所は丸で囲み、調べます。そして、さらに再読します。下線を引いたところから浮かぶイメージ、言葉づかいなども味わっていきます。こうして読み直していく間に、最初は理解できないと思っていた波線を引いた箇所もわかってくるようになります。詩の読み手として、その意味や伝わってくる感情を感じとっていくのです。

　毎回のワークショップの最初に読む「今日の詩」（本書112ページ参照）は、

アトウェルが詩を音読することで始まります。最初に、アトウェルは、詩がもっている意味や感情を、できる限り伝えられるように音読することで、生徒たちを詩の世界に招きます。そして上のような読み方を土台にして、教えていくのです。

(小坂)

　火曜日と木曜日は、授業の最初の5分間、生徒はそれぞれ自分専用の書き取り練習用紙に載っている単語から、単語の学習。全員へのお決まりの宿題は、平日は毎日最低30分本を読むこと、週末は1時間書くこと。木曜日から翌週の月曜日という時間はあまりに長く、この期間に書き手としての勢いが失われてしまうので、それを避けるためです。

　仮に私が教えている学校の時間割が、85分という単位でなく、よくある50分授業だとしても、私はその時間のほとんどを、実際に読むことと書くことに使うでしょう。生徒が書き手や読み手として、継続的に繰り返して学べるように、時間割をかっちりと決めます。決まった曜日に書き、きまった曜日に読む、というように。そしてその際には、書く時間を取ることにより力を注ぐでしょう。というのも、今までの経験から、書くことのほうが、教師からの個別化された援助、教師がやって見せること、書き手への定期的なサポートが、いっそう必要だからです。おそらく次のような授業時間になるでしょう。

毎日50分の授業時間だとしたら

ライティング・ワークショップ

● 決まった曜日で週に3日か4日を確保する（月・火・水、あるいは火・水・木・金など）

● ライティング・ワークショップの日のうち2日は、授業の最初の5分を使って、自分専用の書き取り練習用紙に載っている単語の綴りを学ぶ学習をする。

● 書くことについて、毎回ミニ・レッスンを行い、そのあとは書く時間で、教師はその間に個別カンファランスを行う。

● 宿題は週末に1時間書くこと。

リーディング・ワークショップ

- 週の残りの1日もしくは2日（木曜日と金曜日、あるいは毎月曜日など）
- リーディング・ワークショップの始まりには「今日の詩」を読み、その詩をひらく。それから読むことについてのミニ・レッスンもしくはブックトークを行い、読む時間となる。この時間に読み手との個別カンファランスをする。
- 宿題は週に7日、毎日30分、あるいは少なくとも20ページ読むこと。

　もし私が50分授業の学校で教えるとしたら、もっと長めの時間で教えることが可能かどうか、成否はともあれ少なくとも交渉はしてみます。現状の時間割からまとまった時間をつくり出せないか、同じ生徒を教える同僚とも話してみます。例えば、算数と国語の時間を交換し、どちらも2時間続けて教える時間を週に2回とるようにしてみないか、というふうに。

　学校によっては、読まねばならない本が決まっている場合もあるでしょう。その場合私であれば、生徒が本に入りこめて目的意識をもって読めるように、ブックトークをします。それから本を渡し、2週間程度の時間を使い各自で読み進めるようにと伝えます。必要に応じて、内容確認だけの小テストを期限の日に行い、生徒が必ず読み終わるようにします。そのあとに、その作品全体を眺めて著者が意図していたことについて、2、3日、話し合いをします。

　このようにすれば、生徒たちが自分で読み書きする時間を、授業中に確保できます。また章ごとの宿題や話し合いを避けられるので、その作品全体から得られることや著者の描こうとしていることを損なうこともありません。想像してみてください。映画を見ている時に、15分おきに、何やら偉い人が登場して、映画館の電気をつけ、小テストをし、それから観客に向かって映画のこれまでのところについて話し合うように言ったら、観客は映画を堪能できるでしょうか。本を読んでいる時に章ごとに区切ることは、それと同じです。

　新年度が始まる前月、私は自分の教師用ノートの、他の人なら「国語」という文字を書くところに、ライティング／リーディング・ワークショップと記入します。ワークショップは、国語の授業への付け足しではありません。ワークショップそのものが国語の授業なのです。私はそこで、理にかなっていて実際に効果もあることすべてを教えます。生徒が書いている作品まるごとを使っ

第2章　ワークショップの準備　069

たり、クラス全体に関連性の高い情報を提供したり、詩や、彼らが学んでいるジャンルを代表する短文を使ってクラス全員で話したり、個々の読み手が選んだ本全体を取り上げたり……。

　このような教室には次のようなものはありません。商業ベースのプログラムや教科書、暗記用語彙リスト、文法の授業、読書感想文、スピーチあるいは口頭報告、読み書きに関連づけて何かを制作するアートプロジェクト、1ページを2列にして左側に文を抜き出して右側に自分の感想を書くノート、そして、ノートを集めてノートに記入したことを採点すること。1〜2週間だけ、テストをジャンルとして数えることを除いて、州や全国の共通学力テストを目指したレッスンやカリキュラムもありません。その代りにあるのは、書くことや読むことに夢中になること、実際に役立つミニ・レッスン、詩をしっかり読むこと、多様なジャンルの学習、本についての手紙形式で論じるレター・エッセイ（290ページ参照）、校正の方法、個別化された校正のカンファランス。これらは、全米共通学力基準（CCSS）を補ってあまりあるものです。

　私の知る限りでは、私が教室の中でやらなくなった学習は、書くこと、読むこと、話すことの上達とは何の関連もありません。例えば、1世紀を超える研究成果から、文法学習は生徒の能力育成にはマイナスであることがわかっています。実際に書いたり話したり読んだりする時間を奪ってしまうからです。カーネギー教育振興財団による報告書[3]は、書くことにおける達成度と教え方の効果に関する多くの研究成果を分析し、会話を細切れにして教えたり、疑問文や感嘆文などの分類を教えたりするのは逆効果だということを示しました。その報告書は、次のように結論づけています。「これらの結果から考えると、若い世代に書くことを教える際に伝統的な文法指導を熱心に行う教師がいることには、深刻な疑問を抱かざるをえない」と。

　私は大学時代、専攻の文学のすべての科目で「優」をとっていました。もちろん文法的に正しい文を書き、話していました。しかし国語の教師になると決めた時、文の構成に関わる用語を使って生徒に文法を教えるために、文法の講義が必修となったのです。その時に知った文法の教え方の訳のわからなさはショックでした。英語が母語の生徒に、私たちの頭の中でどのように文法が系統立てられているのかを説明するのですから。

　今から考えると、ぞっとします。形容詞句、助動詞、叙述名詞、相互代名詞、重複文という用語が、それを理解できない生徒に与えたマイナスの影響はど

れほどのものだったか。それだけでなく、どれだけ多くの時間を無駄にしたか。彼らに本当に必要だったのは、綴り、句読法、言葉づかいなど、実際にどのように書き言葉が使われているのかという知識や情報だったのに。そういう知識があって初めて正確に書くこともできますし、きまりの悪い思いをすることもないのです。もちろん私だって、書き手が実際に使う、名詞、動詞、形容詞、副詞といった用語は、彼らに必要な文脈で使います。ですが、文法を教えることはありません。

　どのようにやるにせよ、授業中に自分で読み書きする時間は、優秀な成績の最上級生にあたえるご褒美でもなければ、ケーキのデコレーションでもありません。それはケーキ本体そのものです。時間を確保して生徒が選択できるようにすれば、私たち教師が生徒の書き手や読み手としての成長を最優先に考えていることが、彼らにもはっきりと伝わるでしょう。

　混沌とした思春期のただなかにいる生徒たちには、ワークショップの中で自分の時間が必要です。落ち着くために、伝えたいことに焦点をあてるために、書く練習をして文章をつくりあげるために、本を大好きになるために、読む習慣を身につけて上手な読み手になるために、優れた文章を知ってその特徴を言葉にするために。そして、健全に、人としてまるごと成長するために。時間を確保するとは、そういう必要を満たす時間をつくり出すことでもあるのです。

教 室

　本校の美術の教師であり、児童書の挿絵画家でもあるメアリー・ベス・オーエン先生が、夏休み中に美術の教室をいったん片付け、再度、新学期に備えて準備をするのを見ていると、思慮深く配慮に溢れた配置に感心します。カップに入った鉛筆類は色合いと濃さで整理し、紙類は厚みと目的別に分け、絵筆は大きさと種類別に集めています。生徒が芸術家として学べるように、必要なものすべてが簡単に見つかるようになっています。オーエン先生の配置の仕方や見せ方は、創造的かつ生産的に学べる準備となっています。それを見ていると、私も教室を整えたくなります。

　新年度になって生徒が教室に入ってくる時に、彼らが思わず学びたくなるような環境を整えておきたいものです。長年、若い書き手たちを教えてきたことに加え、書き手としての自分の経験から、書き手に役立つ文房具や用品、

第 2 章　ワークショップの準備　071

資料、手順とはどのようなものかがわかるようになりました。そこで新しい学年が始まる前の月には、私も教室の整備をします。教室をきれいにして、必要なものの収集、整理、作成、印刷をし、授業開始早々に生徒たちが書き手、読み手としてふるまえるような準備をします。

　新年度の準備は、新年度の始まる2か月前に、毎年、学校から保護者に手紙を出して、必要備品の用意をお願いするところから始まります。消しゴムのついたHBの鉛筆3ダース、生徒が校正をする時に使う赤ペン3本、紙クリップ一箱、本についてのレター・エッセイを書く「批評家ノート」1冊、「ワークショップ・ノート」として使う100ページ以上のリングノート1冊。これらの購入をすべての家庭に依頼します。

　ワークショップ・ノートの中は五つのセクションに分かれ、年間を通して、セクションごとに次のような情報を記録していきます。①書く題材のアイディアを書く「題材リスト」（130ページ参照）、②「読みたい本リスト」（147ページ参照）、③ミニ・レッスンで提示された情報と、一緒に考え出した情報などを書く「授業ノート・セクション」、④話し合いのなかで出てきた読み書きに関する用語を記しておく「用語セクション」、⑤各ジャンルでの読みものについての「ジャンル分析セクション」（ジャンル学習の際に使います）。

　私の授業では、作家ノートを使っていません。自分が書きたいと強く思うトピックをしっかり掴み、完成まで一気に集中して取り組んでいる時には、生徒は書くプロセスを、心ゆくまで体験するものだからです。いろいろなジャンルで、何度も何度もこのような生徒の姿を見ていますが、こういう時の生徒の目的意識はとても高く、作家ノートをわざわざ別に使うことで、それを削がないようにと考えています。

　教師である私は、こうした目的意識をもった書き手たちに、日々のカンファランスを通じて直接サポートしています。また、読者が読んだ時に直されていないといけない校正上の問題についても、一人ひとりの書き手と年間最低20回のカンファランスをしています。書くことを教える教師の私にとって大切なのは、最終的に出版できる作品を書き上げるまでのプロセスを、生徒たちが継続して経験できるようにすることなのです。

　新年度の最初の日、生徒から鉛筆、赤ペン、クリップを集め、キャビネットの引出しに入れて、クラス全員用に保管します。年度の終わりまで、教室の文具コーナーには、少なくとも2ダースの削った鉛筆、ペン立て1個分のたくさんの赤ペン、クリップでいっぱいのお皿がいつもあるようにしておきま

す。また、罫線入りの紙、電動式鉛筆削り、ホッチキス、はさみ、テープカッターつきの大きなセロテープも備えておきます。それから、たくさんの小型のセロテープも必需品。生徒がワークショップ・ノートに加える情報の多くは私が作ったプリントなので、それを貼る時に使うのです。プリントは、生徒のワークショップ・ノートに上手く収まるよう、カッターであらかじめ端を切っておきます。

[図版2-1] 教室の文具コーナー

それ以外にも、文具コーナーにあると便利なものがあります。細めのマーカー、柄の入った用紙、改まった手紙を書く便箋、のり、付箋、色やサイズの異なるインデックス・カード、それから、屋外やフィールドワークで使える1クラス分のクリップボード。

教室の文具コーナーには、クラスごとにラベル分けされたプラスチックのトレーもあり、私が最終チェックをする段階の作品は、ここに提出されます。他にも、生徒が自分で書き言葉の慣習をチェックするための校正用のプリントや、毎週の宿題、書き取り練習用紙、ピア・カンファランス用紙が置いてあります。

書くため、読むため、書き取り学習のため、および他教科のためのファイルは学校で購入し、教師がひとめでわかるように色分けします。こうしておくと、最初の週にミニ・レッスンで集まった時に、全員が「青色の執筆中ファイル」や「黄色の宿題ファイル」や「青緑の詩のファイル」を持っているかどうかをさっと確認できて、教師にも生徒にも便利なのです。

教室のファイルキャビネットの引出しには、すべての生徒の完成作品ファイルを入れる場所もあります。読書ファイルを入れる引出しもあり、中には生徒が読み終えた本や途中で読むのをやめた本の記録があります。(なお、引出しがなければ、ファイルを立てて保管するケースでも代用できます。)

自宅に持って帰らないで、教室に置いておくファイルは、完成作品ファイルと読書ファイルの二つだけです。この二つ以外のファイル、ワークショップ・ノート、一人読みの本は、毎日、自分で持ってくるように指示しています。高校に入ると自分で責任をもつ部分も増えてくるので、そのよい練習にもなるでしょう。これ以外に、本棚には、定評のある参考資料や、書き手の使う技、出

版、書き言葉の用法や慣習、そして文学について参考になる本も置いておきます。[*6]

　私は、本校で最終学年となる8年生の卒業アルバムと本校の文芸誌『ドングリ』も集めて棚に置いています。その他、ジャンルについて学んだあとにクラスで読むために、生徒の詩、回想録、書評、短編、論説文などを私がコピーしたものを集めた棚もあります。生徒が応募できる雑誌や出版物の情報を集めたファイルもあります。コンクールのお知らせの掲示板もあり、過去の入賞者の作品や、出版が決まった作品も併せて掲示しています。345ページの巻末資料1にどんな出版機会があるかをまとめた一覧表を載せましたのでご参照ください。

　最近では、パソコンとプリンターのある教室が増えてきました。最初はわずかばかり導入し、すべての生徒が週に一度は使えるようにスケジュールを組みました。補助金や学校の予算を使ったり、古いとはいえ文書作成には十分なパソコンを譲り受けたりして、その後10年くらいかけて、すべて同じ機種ではないもののきちんと使えるパソコンが集まり、生徒が年間を通して使えるようになりました。

[図版2-2] 壁に掲示されている引用句

　それほど人数は多くありませんが、下書きすべてをパソコンで行う生徒もいます。詩の下書きは手書きで、散文はパソコンで、という生徒もいます。下書きも含めてすべて手書き、という生徒もいます。必要なのは、それぞれが試してみて、生産性の高さと書き手の技を使う観点から、自分にとってのベストを見つけることです。とはいえ、完成原稿については手軽に出版気分を味わうために、全員がパソコンに打ち込みます。アメリカの高校では手書きの提出物はほとんど受けつけてもらえないので、これは卒業後の学びの準備にもなるでしょう。

　しかし、下書きを再検討する段階では、全員が手書きを活用しています。というのも、画面上で下書きを読み、よりよい文章や流れを考えるのは、若い書き手たちにとってはかなり困難だということに気づいたからです。画面上の文章をスクロールして見ていると、うまく書けたように思えてしまうのでしょ

う。そこで、画面で見る代わりに、行間を広くとって印刷し、パソコンからいったん離れてペンを持ち、作品全体を眺めて下書きを見直すように教えています。そのあとで、またパソコンに戻り、変更を入力します。

　とはいえ、パソコンを使うことで、作品の分量も数も増え、色々な試みがたくさんできるようになりました。保存し、再編集し、加筆し、削除し、様式を変え、修正もする……というように、すべての生徒がパソコンの恩恵を受けています。とりわけ学習障害のある生徒にとってメリットははかりしれません。書き言葉の慣習にのっとり、文字の判読もしやすい作品が書けるので、教室の外の読者にも読んでもらえ、影響も与えられるからです。

　教師の必需品としては、3種類の椅子がワークショップで活躍中です。一つ目は木製の足台。ミニ・レッスン中に生徒たちが半円になってクッションに座る時に、私が座るものです。生徒と同じ目の高さになりますが、床に座るわけではありません（私の場合、座り込んでしまうと、もう立ち上がるのがやっかいなのです）。それぞれの読み手とのカンファランスを行う時にも、この足台を持っていきます。リーディング・ゾーンに入っている生徒たちに近づいていく時に、私が立ち止まって座る場所にもなります。二つ目の椅子は中古の家具店で見つけたロッキング・チェア。ブックトーク、読み聞かせ、またミニ・レッスンで何かを提示する時に座ります。そして三つ目の椅子は、軽量の小さな折り畳み椅子。書く時間に持って行き、パソコンの置いてある机やテーブルで、彼らが執筆中の作品について話をする時に使います。

　本校には、21世紀のテクノロジーの申し子のような若い同僚もいて、ミニ・レッスンで液晶プロジェクターを使うこともあります。ですが、私が使う視聴覚教材は、いまだに旧式のオーバーヘッド・プロジェクターと、低めの木製のイーゼルです。

　このイーゼルは、2.5センチ×7.5センチの余った角材と合板を使った手製のものです。70センチ弱×80センチ強の罫線つきの一束の紙を載せて、ちょうど黒板のように使えますが、書いたものを保存できるのが大きな違い。そのおかげで、生徒と私は、過去の紙をめくっ

［図版2-3］左からイーゼル、ロッキング・チェア、OHP

第 2 章　ワークショップの準備　075

て、参考資料を見つけたり、改訂したりもできるのです。詩や引用文をこの紙の上に書き写したり、ミニ・レッスンやクラスみんなでの話し合いで必要なことを前もって書いておいたり、生徒から情報を集めて記録したり、指示や宿題を書きつけたりします。一束すべてのページを使い終わると、イーゼルからはずして、新しい用紙を取り付けます。使い終わった束は、必要な時に参照できるよう教室の隅に保管しておき、1年の終わりには、すべてのページを見て、残しておきたいアイディアや実際の例を示せるページを保管する、というわけです。

　私はイーゼルを使うのが大好きです。書きつけたものが実物として残るのも利点ですが、イーゼルを使うと生徒との距離が近くなるのです。ミニ・レッスンは、イーゼルを前に、生徒と教師が一緒にいる場。そんな気にさせてくれます。

　手元で書いているものをスクリーンに映し出す時、私はオーバーヘッド・プロジェクター（OHP）を使っています。[*7] ええ、アナログなのはわかっています。教師仲間にも笑われるくらいですから。でも、私はパソコンの画面に頼りきったプレゼンテーションが、うまく作動せずに台無しになったのを数多く見てきました。アナログのオーバーヘッド・プロジェクターなら、そんな心配はありませんからね。

　ライティング・ワークショップでは、翌年の授業でも使えるように、ミニ・レッスン、例示したこと、生徒の書いた上手な文章を残して、整理しやすくする必要があります。私はコピー機の近くの箱のなかに、教材のほとんどを保管しています。中に入っているのは、教室の壁を飾り、私自身の学びのためにも集めてきた引用文を入れたファイルと5冊のバインダー[*8]です。その内容は次の通り。

　①書き言葉の慣習と書き取りの学習について、②題材のふくらませ方や、書き手が使う技について、③多様なジャンルの特徴とそのミニ・レッスンについて、④多様なジャンルにわたるよい文章の例。例えば、回想録、超短編小説、論説文、人物プロフィール、主張文、ユーモアとパロディ、お礼状、お悔やみ状、誰かにプレゼントするために書いた文、そして文学についてのレター・エッセイなど。特にレター・エッセイは、文学作品を読みながら、大切なところを見極め、学ぶためのもので、第7章で詳しく説明しています。そして⑤5冊目のバインダーは教室で紹介できそうなよい詩を入れています。このバインダーの中には仕切りを設けて「詩ができること」「あなたの生活」

「事物に考えを語らせる」などの見出しをつけています。感銘をうけ、生徒も気に入るだろうと思う詩に出合うと、穴をあけてバインダーの該当する仕切りのところに入れていくのです。

　この箱は、私の教師としての最大の宝物といえるでしょう。ミニ・レッスンに必要なものを手元におけるし、新たなレッスンのヒントも得られます。私は7年生と8年生の合併クラスを教えているので、2年間、同じ生徒を教えます。2年目の生徒が同じレッスンを2回受けることにならないように、新しいミニ・レッスンを考えないといけないのです。

　金曜日の午後、私は翌週の詩を選んで人数分を印刷します。月曜日と火曜日のミニ・レッスンを計画し、生徒に紹介する引用句を用意し、スクリーン投影用の紙の準備もします。ワークショップ・ノートに生徒がセロテープで貼るプリントの準備もします。でも、水曜日以降のミニ・レッスンの詳細を、その前の週に準備することはほとんどありません。例えば、あるジャンルについて学んでいる時であれば、水曜日以降の進め方や方向のイメージをはっきりもっているとはいっても、まずは最初の2日間の進捗状況を見る必要があるからです。

　生徒に紹介したい引用句は、カリグラフィー・ペンでポスター用紙に手書きし、教室のあらゆるところに貼っています。特に使っているのは、私のロッキング・チェアの後ろの壁。教える時に参照しやすい場所なのです。新学年の初日に教室のドアをあけた生徒たちが、インスピレーションに包まれる教室にしたいのです。生徒たちが書き手、読み手、本質が見極められる批評家たちの偉大さを目の当たりにして、やる気を出してくれるような環境に。

[図版2-4] 図書コーナー、コンピュータ、小テーブル

　私の教室には、教師用の机はありません。その代わりに、教室の前方の中央には、オーバーヘッド・プロジェクター、足台、ロッキング・チェアがあります。ミニ・レッスン用のスペースとして、生徒たちが集まれるようにカーペットかマットが敷かれ、その上に大きなクッションが置いてあります。ちょうど試合の前にコーチとチームのメンバーが円陣を組むように、生徒たちと私はこ

第 2 章　ワークショップの準備

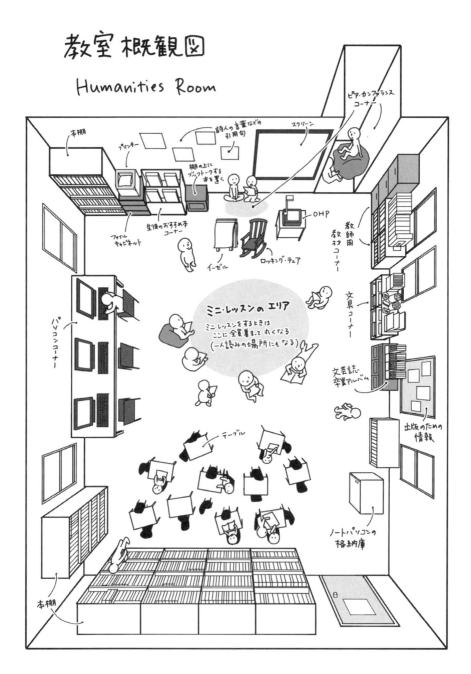

[図版2-5]教室概観図

こに集まって、授業を始めるのです。

　低めの2段の棚には文具類や参考資料が入っています。3面の壁の一部にはパソコンが並んでいます。そして、ミニ・レッスン用のスペースの先には、小さなテーブルがたくさん置いてあります。テーブルの間には適度な間隔があるので、私はその間を通って生徒のところへ無理なく行けますし、生徒同士が無駄話をしたり気が散ったりすることもありません。

ピ ア ・ カ ン フ ァ ラ ン ス の 場 所 と や り 方

　自分の作品について生徒がクラスメイトの意見を聞きたい時、テーブルやパソコンのある場所では話をしないことになっています。一生懸命考えて書くには集中することが必要で、そのためには静けさが不可欠だからです。ワークショップの教師として私の頭を悩ませてきたのは、この問題でした。書き手に静かな環境を与えることとクラスメイトからのフィードバックをもらうことを、どう両立させたら良いのでしょう。最初はどちらも自分の机でやっていたのですが、1時間の間に5、6回も立ち上がっては「騒がしすぎるよ、静かにして」と言うはめになりました。

　この問題は、執筆中の作品について話し合う場所をつくることで解決しました。クラスメイトからのフィードバックがほしい生徒は、自分の下書きとピア・カンファランス用紙を挟んだクリップボードを持って、つきあってくれるクラスメイトと一緒に、ピア・カンファランス・コーナーに移動します。何年もの間、テーブルの下、教室の隅やクローゼット、ロッカーとコートをかける隙間などを取り分けて、ピア・カンファランス・コーナーにしてきました。いずれも、書く時間中に、私が生徒の間を歩いていても目が行き届く場所で、声の大きさや内容にも注意を払える場所です。

　年度始めのミニ・レッスンで、ピア・カンファランス用紙の使い方（99ページ参照）を説明します。その際、生徒からボランティアを募って、ピア・カンファランスの助けになる会話とならない会話の例を、私とのロールプレイで実演します。

　ピア・カンファランスでのフィードバックは、内容と文体のみを対象とします。用法や単語の綴りといった書き言葉の慣習は扱いません。というのも、この年代の生徒にクラスメイトの文を校正させても、問題だらけだということがわかったからです。校正の過程でさらなるミスと間違った綴りが、書きこ

第 2 章　ワークショップの準備　079

[図版2-6] ピア・カンファランスの場所として使われるクローゼット

まれていくだけ。そうなると、教師は、間違って校正をした生徒のために、もともとの執筆者の生徒に対するのと同じぐらいの時間が必要となってしまいます。7・8年生以下の学年では、教師以外が書き言葉の慣習を校正できるとは思えません。

図書コーナー

　カリキュラムのもう半分であるリーディング・ワークショップのための教室環境として、明らかに必須のものは本です。ブースベイ学校で教えていた時には、アメリカ図書館協会の推薦に基づいて生徒一人あたり20冊を集めることから始めました。その多くは学校の図書館からまとめて大量に借りてきたもので、生徒一人ひとりに貸し出しました。自分のお金でも本を買い、また、高価な教材セットが欲しいわけでもないので、校長先生にかけあって教室の図書コーナーへの本の予算もとりました。教室に生徒の読む本があることは他のことには替えられないので、昔も今も、自分のお金で教室用の本を購入しています。冬休みの前には保護者に手紙を送り、もし、教師に何か贈り物を考えているのであれば、地元の書店の図書カードより嬉しいものは、私にとっても生徒にとっても存在しない、と記します。もし、私が公立学校で教えることがあれば、クラウド・ファンディングなどで寄付を募り、教室の図書コーナーをつくって維持できるようにすると思い

[図版2-7] 教室の図書コーナー

ます。[*9]

　本はカテゴリーごとに、著者の名字別でアルファベット順に並べます。各棚には、生徒が本を手に取りたくなるカテゴリー名を貼っておきます。例えば、回想録、伝記、ジャーナリズム、ユーモア、サイエンス・フィクションにファンタジー、ディストピア小説、パラノーマル・ロマンス（ヴァンパイアなどの超常現象の要素をもつ恋愛小説）、スリラーとホラー、古典、スポーツ小説、歴史小説、戦争と反戦、詩で紡ぐ物語、長編コミック、大人レベルやそこに向かう橋渡しの本、短編のアンソロジーや短編集、シェイクスピア、テーマ別の詩のアンソロジー、詩集、論説文のアンソロジー、演劇台本。そして一番たくさんあるのが、ヤングアダルト向きの現代リアリズム小説です。

　次のような本は、教室の図書コーナーには入れません。スポーツ統計、ギネス世界記録、子どもだましのお決まりの筋立てのシリーズ、アメリカン・コミック、種々の修理マニュアル類、ゲームのガイドブック、有名人の伝記、テレビ番組や映画のノベライズ、です。教室にあるすべての本は、言葉が紡ぎだす力のおかげで、生徒がリーディング・ゾーンに入り、その中に留まれるような本にしたいからです。

　本を買う時には、書評を読んだり、教師仲間のお薦めを聞いたり、書店に行ったりします。月に1、2回はヤングアダルト文学の品ぞろえのよい地元の書店にも行きます。そこでいろいろ手に取り、今までの生徒に人気のあった作家、ジャンル、テーマから見込みのありそうな本を選びます。それから、一人ひとりの生徒を思い浮かべ、彼らの好みも考えます。本棚の近くに座り、最初の章だけ飛ばし読みすることも。もし熱を込めてブックトークできる本に3、4冊でも出合えればラッキーです。ヤングアダルト文学については色々と目を通します。多くの雑誌、ブログやウェブサイトの書評。また、信頼できる賞、そしてどのように引用されて紹介されているのか。

　それ以外に、読者の先生方にお薦めしたいのは、本校のウェブサイトでの「生徒のお薦め本リスト」と書評ブログ「これは絶対読まなくちゃ！」のページです。[*10]「生徒のお薦め本リスト」は、幼稚園から8年生までの生徒によるもの。「自分そっくりだけど読むのが好きでない生徒に、本好きになるためにお薦めできる本は何？」という質問に答えて本を選びます。

　各学期の終わり、教師は受け持ちの生徒に、自分の読んだ本の記録を振り返って上の質問の答えになる新しい本があるかどうかを尋ねます。児童書やヤングアダルトの本は続々と出版されていますから、このリストに登場する

第2章　ワークショップの準備　081

本は、かなりの頻度で更新されます。また学年別のリストを性別の好みでも分けています。7・8年生になると、男子と女子ではかなり好みが分かれ、どちらもがお気に入りにあげる本の割合は20パーセント程度です。

　本校のウェブサイト「生徒のお薦め本リスト」を参考にしようとする先生方は、7・8年生では読めないような大人びた書名も挙がっていることに驚くかもしれません。これこそ、日々のワークショップで毎日読むことで実現可能になる、素晴らしいことの一つです。生徒はどんどん読めるようになり、読書傾向も洗練されていくのです。もっとも、成長とともにヤングアダルトものから卒業する生徒もいれば、5・6年生になっても、子ども向けの本がお気に入りの生徒もいます。そうかと思うと3・4年生で、一歩上の本を夢中で読む生徒もいて、いろいろです。ですから本校生徒のお薦め本を確認し、興味や習熟度については、必要なら自分の教えている生徒に合うように調整してください。リーディング・ワークショップを開始した頃には、私は、7・8年生が、最新の素晴らしいヤングアダルト作家たちの本だけでなく、シェイクスピア、ホメロス、ドストエフスキー、オースティン、オーウェル、トウェインも選び、読み、大好きになるなんて、想像もしていませんでした。

　本校のウェブサイトには「これは絶対読まなくちゃ！」もあります。こちらは5年生から8年生までの生徒による書評を載せたブログ。毎年すべての生徒が一つ以上の書評を載せています。自分の教室の図書コーナーに、「当たり」の本を入れたいと思って探している先生たちにとって、必見のサイトです。

　私は山のようなヤングアダルト文学を読み続け、楽しんでいます。でも、教室の図書コーナーに加えるすべての本を読むのは、時間的に無理。ですから、図書コーナーの新着本はできる限り多く、できる限り早く読みます。時間のとれる週末の朝には、少なくとも2冊、飛ばし読みをしているほど。

　正直なところ、その中にはとても読む気になれない本もあります。サイエンス・フィクションで読めるのは、カート・ヴォネガット・ジュニアまで。主人公が一連の冒険を続けていくファンタジー、パラノーマル・ロマンス、政治、軍事、外交などの陰謀を扱うテクノ・スリラーも私はダメ。しかし、教室には私が読む気になれないジャンルが好き、あるいはおそらく気に入るだろうという生徒もいて、そういう生徒にアドバイスをすることも私の責任です。そこで教室の中で、そういうジャンルが得意な生徒に注目して、クラスメイトや私にそのジャンルでのお薦めを教えてくれるよう頼んでいます。

　コールは7年生から本校に来ました。彼はクリストファー・パオリーニ[*11]をそろ

そろ卒業できそうな感じでした。ファンタジーが苦手な私が、そんなコールにナンシー・ファーマー[*12]、フィリップ・プルマン[*13]、デイヴィッド・エディングス[*14]、パトリック・ネス[*15]などについて話す用意ができていたのは、以前に教えたファンタジー好きの生徒たちのおかげでした。この本が気に入るかもしれないと思う生徒に新しく入った本を渡し、その本に目を通してくれないか尋ねる、ということを、私はよくやっています。そしてもし、それが本当に素晴らしい本であれば、クラスメイトへのブックトークでとりあげてもらうよう、お願いするのです。

　現実的に考えると、ミニ・レッスンを考え、「今日の詩」を準備し、生徒の作品の校正をし、レター・エッセイに返事を書き、クラスの雑誌を出版し、評価を書き、その上ですべての本を読むなんて、到底不可能。でも、読めない本についても十分に知っておくことで、題名を紹介したり、本や作家に詳しい人と話したりできます。ですから、私は「教室の図書コーナーの本すべてをよく知っておくこと」を目標にしています。

　新学期が始まって2週目になると、地元の本屋の閉店時に買ったくたびれた展示ケースが、教室の主役になります。クラスの「お薦め本コーナー」になるからです。表紙が見える状態で75冊の本を飾ることができます。最初の日は1冊も入っていませんし、もちろん入れておくべきでもありません。生徒たちが年間を通して、クラスメイトに薦めたい大好きな本を飾り、配置を変え、本を取り換えていきます。生徒と私による何百ものブックトークも参考にしながら、各クラスの生徒たちはたくさんのお薦め本コーナーの本を読んでいくのです。

用紙とファイル

　新学期の始まる前の月、かなりの時間をかけて、生徒の読み書きに関するファイルや用紙の準備をします。学期前に時間をかければ、後の時間を無駄に使わずにすむからです。必要な用紙や予定される活動の準備が新学期の当初に整っていれば、授業開始後は、生徒の様子、書いているものや読んでいるもの、そして授業計画に力を集中できますからね。

　生徒がしていることやその進捗状況も簡単かつ確実に把握したいですし、また、生徒も保護者も私も、学期末に「こんなはずではなかった」と思いたくもありません。そのためにも、学期が始まる前にこれまでの用紙類を見直し、必要であれば新しいものをつくります。何が起ころうとも、私が生徒の学び

を把握し続け、かつ、生徒が書き手、読み手としてすることを自分で管理し記録できるようになるには、どうすればよいのかを考えるのです。

　何年もの間、私はくたびれたインデックス・カードで「ワークショップの開始までに準備するものリスト」というチェックリストを作っていました。本書出版のために入力してもらったので、見やすいリストになりました（図版2-8）。見ていただくと、かなりの量ですが、必要なものばかり。ワークショップのためにつくりあげたこのやり方のおかげで、ワークショップでの学びが、生徒が展開に戸惑うことのない、生産的な場になります。

[図版2-8]ワークショップの開始までに準備するものリスト

準備するものリスト

生徒一人に一つずつ必要なもの
（そうでないものは「各グループに1枚」などとメモしてある）。

【お互いに打ち解けるためのアクティビティ】
- 最初の日の教室探検ゲームで使う用紙、各グループに1枚。
- 教室探検ゲームで探すもののリスト、各グループに1枚（119ページ参照）。
- 正解が未記入の教室の地図、クリップボードにはさんでおく、各グループに1枚。
- 交流活動＊:「ビーチボール・クエスチョン」（120ページ参照）、「クラスメイト・ビンゴ」「友だちの宝探し」あるいは「こんな人を探してみよう」（＊活動に応じて準備する）。

【ライティング・ワークショップ】
- 今日の予定表、クラスの人数とワークショップの回数に応じて準備（87ページ参照）。
- 新年度の書くことアンケート（122ページ参照）。
- 最新の題材リスト、スクリーンに映せるように準備しておく。
- 生徒のパソコンのパスワード（私は詩人の名前を使用）。
- 生徒が書くプロセスを学ぶために私が書いた詩と、その詩のすべての下書きやメモ書き（170ページ参照）。
- 「それで?の法則」の説明（175ページ参照）。
- 執筆記録用紙、一人につき2枚（91ページ参照）。
- ライティング・ワークショップで期待すること（穴をあけておく）（93ページ参照）。
- ライティング・ワークショップのルール（穴をあけておく）（96ページ参照）。
- 校正項目リスト（穴をあけておく）、一人につき2枚。
- 校正チェック用紙、授業期間中、生徒が書き終わった作品1編につき1枚必要なので、それに足りる枚数。
- 校正チェック用紙の記入の仕方を説明するための例、過去の生徒のものを使う。
- ピア・カンファランス用紙、かなりの枚数（100ページ参照）。
- 罫線の入った用紙1束、執筆中ファイルの中に入れておく。

- 書き取り練習用紙（穴をあけておく）、一人につき2枚 。
- 書き取り練習のやり方。
- 書き取りテストのやり方。
- 週ごとの書き取り学習用紙、一人につき毎週1枚。
- インターネットからダウンロードした、綴りの間違いやすい単語リスト。

【リーディング・ワークショップ】
- チェック・イン表、クラスの人数とワークショップの回数に応じて準備（90ページ参照）。
- 新年度の読むことアンケート（123ページ参照）。
- 私が新たにブックトークをして、教室の図書コーナーに入れる本数冊。
- 読書記録用紙、一人につき4枚（92ページ参照）。
- リーディング・ワークショップで期待すること（103ページ参照）。
- リーディング・ワークショップのルール（104ページ参照）。
- 生徒たち作成のジャンル一覧リスト（105ページ参照）。
- 本の貸出カード、10センチ×15センチのカードを一人につき4枚、4枚まとめてホッチキスでとめておく。
- 優れたレター・エッセイで批評家がいつも行うことは何か（308ページ参照）。
- 批評家が他にもコメントできることは何か（309ページ参照）。
- 今日の詩、最初の1週間分。

【その他】
- 生徒用ファイル、一人につき七つ（執筆中、完成作品、読書、書き取り学習、宿題、詩、散文の七種類のファイル）（106ページ参照）。
- 宿題用紙、一人につき毎週1枚。
- 壁に貼っておくための、詩やアイディンティティについての引用文。

　ワークショップで教えるすべての教師、とりわけクラス人数の多い教師にとっては、どうやって生徒が自分の記録を管理するのかをしっかり考えることは不可欠です。授業開始直後にそのやり方を教え、その後も繰り返して教えます。生徒が自分で読む本を選び、自分で書くアイディアを膨らませていく中で、教師は、すべての生徒がまったく異なることをしているように感じる時もあるのです。その時にもし教師が一人で生徒の記録や用紙を辿っていくとしたら、悪夢のようなもの。ですから、本校では、幼稚園児担当の教師でさえも、園児がアルファベットの音に気づき、自分なりの綴りで書き始めるとすぐに、記録管理の責任を生徒に手渡すようにしていきます。

　とはいえ、生徒の学びの最終責任は私にありますから、私ももちろん記録を取ります。この30年間、自分が集める情報を厳選するために、私は自分

に問い続けています。何があっても知らなければいけないことは何だろう、と。

　一人ひとりの生徒が何を書き、何を読んでいるのか。本を読み終わりつつあるのか。宿題をしたか。作品は終わりそうな段階か…そうしたことを、私は毎日把握する必要があります。生徒が必要としている助けや、背中を押せるポイントも知らなくてはいけません。読み書きのどちらのワークショップでも、シンプルな記録用紙（「今日の予定表」と「チェック・イン表」）があれば、それにはほとんど事足ります。

　ファイル、ノート、付箋、シール、バインダー……。いろいろな記録の取り方を試してみて、ようやく、クラスごとに二つのクリップボードに用紙を挟むやり方に落ち着きました。一つはライティング・ワークショップの今日の予定表（図版2-9）であり、もう一つはリーディング・ワークショップのチェック・イン表（図版2-10）です。

「 今 日 の 予 定 表 」

　まず、ライティング・ワークショップの今日の予定表には、生徒のその日のワークショップの計画を書きます。毎日ミニ・レッスンに続けて出席を取る時に、彼らにその日の計画を言ってもらうのです。この時にはできる限り素早く、題材、ジャンル、生徒がやろうとしていることをメモします。

　口頭でやりとりする理由は三つ。まず、生徒に自分の執筆計画に責任をもち、約束してもらいたいのです。もし違うことをしていたり、遊んでいたりして、計画からずれていると、「今日は○○をするって言っていたよね、落ち着いて、言ったことをちゃんと最後までやって」と言えますから。

　2点目は、クラスメイトが何を書いているのか、互いに知ってほしい。予定確認のための返答は、新しい題材やジャンルのヒントを得る重要な場です。ハイディが、自分のネコが青カケスを殺したことについて詩を書くと言ったあとは、ペットの獰猛さについての詩がクラス中に広まりました。モーラのアルファベット入門書からも、多くの生徒が刺激を受けました。

　最後に、クラス全体での口頭確認は、書くプロセスに関する語彙を生徒に教えて補強する、またとない機会になっています。書き手が「今日は詩をもう一度書き直すんだ」とか「昨晩書いた詩を、パソコンを使って書くつもり」と言う時に、私がそれを言い換えて、覚えてほしい語彙を使えるからです。「下書き第2稿に入るのね」や「第2稿を入力するのね」というふうに。

図版2-9は新学期最初の月の今日の予定表です。見ると様々なことがわかります。誰が新しい詩を書き始めたか、詩の読み直しや書き直しをしているのは誰か、手書きやパソコンで第2稿・第3稿に取り組んでいるのは？他にも、題名のブレインストーミングをする書き手、校正中の書き手、私の最終チェック後に校正についてのカンファランスをする予定の書き手、最終

[図版2-9]今日の予定表

ナタリー	砂浜の詩―書き直し	砂浜　③	2日／私の部屋①
ソフィア	メイプルシロップ　―書き直し	パソコン　②	2日／フィールド・ホッケー①
トリスタン	パソコン①古いレゴ	書き直し②	書き直し③
アビー	パソコン②おばあちゃんとくしゃみ	パソコン続き②続き　書き直し	続き／2日／メモ部屋の詩
テス	書き直し①　小さなこと	書き直し②	2日／題材リスト
パトリック	気球―やめる／題材リスト	パソコン②―初めての毛針釣り	終了②
マックス	書店①―続き	書き直し②	パソコン②＊
グレイドン	パソコン②―波	書き直し②	メモ―終わり方と題名／Tシャツ

表の中の、②は下書きの第2稿、③は下書きの第3稿、「パソコン」はパソコンへの原稿の入力、「メモ」はメモ書きをやってみること、「2日」は2日間あけて新しい目で見直すことを示す。縦1行が1日分。

第2章　ワークショップの準備　087

稿を入力する書き手……。あるプロジェクトに急に取り組みたくなったため、一つのプロジェクトをいったん中断する生徒もいれば、書き続ける値打ちがない題材をやめる生徒もいます。このどれもが、ワークショップで認められている学びのあり方です。

書く時間中、私は今日の予定表をはさんだクリップボードを持って、教室の中を歩きます。年度の初めには、書き手と話をするたびにチェックを入れます。これは、学期初めの大切な数週間は、少なくとも2日に1回はすべての生徒と話をしたいから。全員によいスタートを切ってほしいですからね。今日の予定表には、苦労していたり、行き詰まっていたり、今の題材に打ち込めていないように見えたりする生徒のことも書き留めます。彼らのところには、翌日、まず話をしにいかないといけません。

「題名をできるだけ挙げてみて」とか、「終わり方をメモ書き（185ページ参照）を使って考えてみて」などと後押しした生徒を記録することもあります。これは、あとでやってみた結果を聞くため。生徒が時間をかけすぎていてペースアップが必要だと思った時には、一緒に期限を設定し、今日の予定表に日付を書き、それが守れるかを確認することもあります。また、私が自宅で生徒の作品の最終校正をした時、翌日の欄に「校カン」と書くこともあります。これは、翌日書き手に返却して校正のカンファレンスをして、私が見つけたミスから一つか二つを選んで教えるため。さらに、活動のパターンや執筆ペースを知るという目で、数日や数週間単位のワークショップを振り返る時もあります。

「書く時間」に生徒の間を歩き回る時には、ペンと付箋を持っています。彼らの抱える問題の解決方法を書いてみせたり、生徒が会話の内容を忘れないようメモを渡したりするためです。また、この今日の予定表はクリップボードに残し、日付順に重ねていきます。学期末に行う各生徒への評価では、授業への取り組みの傾向についてコメントを書くのですが、今日の予定表もその参考資料の一つになります。

「チェック・イン表」

　リーディング・ワークショップの記録を取るには、クラスの半数の読書状況を1枚にまとめて、一番上に生徒名を書いたチェック・イン表をつくります。図版2-10は、5人の読み手の記録です。ロッキング・チェアで確認をする代わりに、読む時間中に読み手の間を回り、読書中の書名と開いているページ番号を記入します。確認するポイントは、毎日30分の自宅で読む宿題ができているか、少なくとも昨日読んだ箇所より20ページは進んでいるか。それぞれが今何を読んでいるのか、口頭ではいちいち確認しません。手にした本の表紙や、授業の開始前後の会話から、誰が何を読んでいるのかはお互いによく知っていますから。

　メモするのは書名とページ番号だけではありません。本を途中でやめてばかりの読み手について、今の本をいったんやめたほうがよさそうな読み手について、作家やジャンルの傾向、嗜好の変化、再読の本、読み手としてのアイデンティティを培う情熱について……いろいろなことを書き留めるのです。白紙のチェック・イン表を余分にはさんでおくと、このような、気づいたことを書きとめるのに便利です。具体的な確認の様子は、第7章の初めで詳しく述べます（278ページ参照）。

　私がこの記録をつけるのは、いつも生徒が読んでいる最中。もし生徒がリーディング・ゾーンに入って本を楽しんでいれば、肩越しに本を見て、ページ番号を記入するだけのこともあります。生徒に、これまでのところどうなのかを訊ねたり、熱い思いに耳を傾けたり、こちらからも情熱を伝えたり、問題解決をしたりもします。生徒もよくわかっているのです。自分たちのところに私が話をしに来ることを。私が、彼らの本の選択や本への反応に興味があることを。そして、国語教師が出す最も大切な宿題、自分で読むという宿題を彼らがちゃんとしているか、私が確認していることを。

　私は、読み書きについて様々な記録方法をやってみました。それでよくわかったのは、教師がある一つのやり方を選ぶのは、とても個人的な決断なのだということでした。私たちは、まずは自分に次のように質問しなくてはいけません。目の前の生徒に教師として向きあう上で、有益なことは何か？　実施が可能で便利なことは？　生徒と顔を合わせて話す時間を奪い取らないためには？　書き手、読み手として生徒を知る助けになり、生徒や保護者に対して責任をもって結果を出せることは何？　つまり、私が本当に知るべきことは一体何なのか？

第2章　ワークショップの準備　089

［図版2-10］チェック・イン表

エイヴリー	サマンサ	エロイーズ	ブライアン	ガブリエル
アメリカン・ゴッズ(7)[1]	Beauty Queens (美女コンテスト優勝者たち)[8](10)	ハックルベリ・フィンの冒険[18](233)	七王国の玉座[26](85)	Between(間に)[31](1)
〃(73)	〃(77)	〃(270)	〃(205)	〃(65)
七王国の玉座[2](1)	レベッカ[9](9)	〃(294)	〃(410)	〃(224)
〃(55)	〃(41)	ヘルプ[19](1)	王狼たちの戦旗[27](1)	恋人はマフィア[32](50)
〃(176)	〃(208)	〃(197)	〃(158)	〃(254)
〃(320)	The Reapers Are the Angles(死の天使)[10](1)	アラスカを追いかけて[20](12)	〃(279)	14歳。焼身自殺日記[33](1)
蝿の王[3](1)	〃(196)	〃(75)	〃(476)	〃(148)
〃(139)	Marching Powder(行進するドラッグ)[11](6)	〃(171)	〃(550)	BT 〃(206)
11/22/63[4](1)	〃(197)	…Octavian Nothing(オクタヴィアン・ナッシングの生涯)[21](1)	BT 〃(596)	パイの物語[34](12)
〃(211)	ものすごくうるさくて…[12](1)	〃(142)	剣嵐の大地[28](91)	The Year of Secret Assignments(秘密課題の年)[36](1)
〃(362)	〃(167)	〃(310)	〃(222)	〃(130)
BT 〃(697)	わたしを離さないで[13](22)	No Moon(月がない)[22](1)	〃(338)	ものすごくうるさくて…[36] 〃(11)
Where Things Come Back(物事が戻る所)[5](1)	〃(211)	〃(57)	〃(746)	〃(150)
〃(195)	本当の戦争の話をしよう[14](1) やめ	〃(92)	〃(836)	〃(222)
ラス・ヴェガスをぶっつぶせ	夜のサーカス[15](73)	The Dust of 100 Dogs(100匹の犬の呪い)[23](99)	欠席	The Watch That Ends the Night(時計が終えた夜)[37](23)
〃(129)	〃(301)	欠席	乱鴉の饗宴[29](410)	ジェンナ〜奇跡を生きる少女[38](1)
〃(250)	侍女の物語[16](1)	スラップスティック[24] やめ	〃(654)	〃(190)
王狼たちの戦旗[7](1)	やめ↑ ぼくとあいつと瀕死の彼女[17]	…Vera Dietz(ヴェラ・ディーツ…)[25](20)	11/22/63[30]	Godless(神無しで)[39](41)
エイブ	NA	キャサリン	NA	ノエル

( )はページ番号、やめ はその本を読むのをやめたことを示す。最下段の名前はレター・エッセイの宛先になる生徒名(301ページ参照)。NAと書かれている場合は、レター・エッセイの宛先はナンシー(先生)となる。ブックトークをした場合はBTと記載。横に一列が1日分。クラスのうち5名の記入例。上記の本の参照情報は巻末文献一覧に記載。この表では、邦訳がでている本は邦訳の書名のみ記載しています。

「執筆記録用紙」

　未記入の執筆記録用紙2枚を、生徒全員の完成作品ファイルにホッチキスで留めておきます。この完成作品ファイルは、年間を通して生徒が自宅に持ち帰らずに教室内に保管しておくもの。生徒には、完成するまでに書いたものすべてを、最も新しい完成作品を一番上にしてクリップで止め、ファイルに入れるように教えています。そして、この執筆記録用紙に、題名、ジャンル、完成の月日を記録します。この用紙を見れば、執筆ペースや、新しく試してみたこと、執筆のパターンが、生徒にも私にも一目瞭然です。なお、学年の最初に、執筆記録用紙を自分で完成作品ファイルにホッチキスで留めるように言ってみたものの、かえって手間がかかってしまい、私が前もってホッチキスで留めておく方がはるかによいとわかりました。12、13歳の生徒が何かをホッチキスで留めようとするのを見ているのは、私の教師経験のなかでもがっくりくる時間の一つですから。

[図版2-11] 執筆記録用紙

以下の完成作品の著者名　ザンダー　　　　　　　　　　期間　2012年〜2013年

作品数	題　名	ジャンル	完成日
1	「ビター・スイート」	詩	9/16
2	「家」	詩	10/2
3	「10月」	俳句集	10/4
4	「ザンダー」	自叙伝詩	10/15
5	「私がどこから来たのか」	詩	10/19
6	「子どもが恐れること」	共同制作の詩	10/20
7	「毎日」	文を書いてプレゼント	11/4
8	「暗闇」	回想録	12/4
9	「標準化」	パロディ	12/4

「読書記録用紙」

　同じ理由で、読書記録用紙も生徒全員の読書ファイルにホッチキスであらかじめ留めておきます。読み終えるか途中でやめるまでは書名を記入しないこと、また冊数欄には読み終わった本の冊数のみ記入するように伝えます。

ここでも、中心に据えているのは本質的なことです。読了した冊数、書名、ジャンル、著者名、読了または読むのをやめた日、そしてその本の評価。生徒も私も、ピザに映画、さらに靴に至るまで、あらゆるものを10段階で評価しますが、読んだものも同じです。それに加えて「最高！」という最上級のランクも設定しました。第3章で詳しく説明しますが、クラス内で本について話す時、この評価システムはみんなにとってすぐに価値のわかる指標となっています（143ページ参照）。

[図版2-12] 読書記録の例

読書記録　　ガブリエル　　　1学期

冊数	書　名	ジャンル	著者名	読了日	やめた日	評価
1	Season of Ice（氷の季節）[1]	ミステリー	ダイアン・レイ・ベック	9/14		9
2	The Great Wide Sea（壮大な広い海）[2]	冒険／サバイバル	M. H. ハーロング	9/14		10
3	The Summer I Turned Pretty（私がきれいになった夏）[3]	現代リアリズム小説	ジェニー ハン	9/19		10
4	わたしを離さないで[4]	ディストピアSF	K. イシグロ	9/25		9
5	ブレイキング・ナイト〜ホームレスだった私がハーバードに入るまで[5]	回想録	リズ・マレー	9/27		9
6	Tips on Having a Gay（Ex）Boyfriend（ゲイの〈元〉カレと付き合うヒント）[6]	現代リアリズム小説	C. ジョーンズ	9/28		10
7	ガラスの城の子どもたち[7]	回想録	J. ウォールズ	10/3		最高！
	ttyl（また後でね）[8]	日記形式	L. マイラクル		10/5	5
8	Upstate（州の北部）[9]	現代リアリズム小説	K. ブキャナン	10/10		最高！

上記の本の参照情報は巻末文献一覧に記載。この表では、邦訳が出ている本は邦訳の書名のみ記載しています。

「ライティング・ワークショップで期待すること」

　1980年3月の朝、初めてライティング・ワークショップを行った日には、ワークショップに、私自身に、そして生徒に何を期待できるのか、まったくの未知数でした。ですからワークショップをしながら基本的な原則をつくっていきました。その半年後には、「ワークショップで期待すること」という短いリストができました。自分で取り組む題材を決めて発展させること、毎日のワーク

［図版2-13］ライティング・ワークショップで期待すること

ライティング・ワークショップで期待すること

- 自分がどんな人であるのか、あったのか、あるいは、どんな人になりたいのか。それに関わるような、価値のある題材を選ぼう。
- ワークショップ・ノートに、書いてみたい題材のリストをつくり、その項目を書き足していこう。考えていること、内容、目的、ジャンル、試してみたい詩の形式なども書いてみよう。
- 下書きをみて、うまくいっていることやもっと工夫が必要なことを自分で見定めよう。一歩さがって、大切なことを見極める文学批評家の目と耳を使いながら、自分で読み直してみよう。
- クラスメイトの下書きを読むときは、もっとよい作品になる手助けができるように注意を払い、質問し、コメントをしよう。
- ワークショップ・ノートに、ミニ・レッスンで学んだことを書きとめよう。授業の順にノートに記入し、記入したときにはいつも、その内容を、ノートの目次に加えていこう。
- 毎週、少なくとも3〜5ページの下書きを書こう。優れた書き手は、量をしっかり書くという土台があって、そこから質の高い文を書くものだ。
- 週末には少なくとも1時間、執筆しよう。
- 7年生、8年生は、年間約20作品を仕上げよう。少なくとも以下のジャンルはカバーしよう。
    詩（3〜5篇）、回想録、超短編、書評（2つ）、論説文、主張文
- 教室外、学校外での出版に挑戦しよう。
- 綴り、句読法、大文字、段落についても注意を払おう。間違っていたり、予想できないような書き方をしたりすると、読者の目や頭が混乱してしまう。出版されている本のように、書き言葉の慣習を守った文が書けるように努力しよう。
- 行き詰まってしまったときやどうしてよいのかわからないときは、参考資料を活用しよう。ワークショップ・ノートに書かれた情報、自分の題材リストも有用だ。また、ミニ・レッスンで学んだり、カンファレンスで紹介されたり、詩や散文で目にしたやり方や技巧をいろいろ試してみよう。
- 自分個人のファイルだけでなく、みんなで使う文具、参考資料、備品などを大切に使おう。パソコンを使う際の約束を守ろう。
- 毎学期、書き手としての自分にとって重要で意味のある目標をたてよう。
- 毎回のライティング・ワークショップで、よりうまく書くことを強く意識しよう。優れた作品になるように努力し、教えられたことを使おう。
- 書き手として、しっかり取り組もう。書けることはたくさんある。それは、幸せな時間を再現すること、悲しい時間と和解すること、ある題材について知っていることを発見し、さらに学ぶこと、情報を伝えること、情報を求めること、パロディ化すること、請願すること、遊ぶこと、探究すること、楽しませること、論じること、謝ること、助言すること、分析すること、思いやりを示すこと、批評すること、インタビューすること、観察すること、想像すること、思い出すこと、振り返ること、祝うこと、愛情を表現すること、感謝を示すこと、そしてお金を稼ぐこと。

第2章　ワークショップの準備　093

ショップに執筆中ファイルを持ってくること、他の人のフィードバックをもらうまえに、自分の書いたものを批評家のような目で読み直すこと、たくさん書くこと、書くプロセスを試してみること。

　それ以来、ずっとライティング・ワークショップで教えてきて、7年生、8年生に期待できることについて、より多くのことを学びました。現在では期待することのリストも、1ページにおさめるのに苦労するほど長くなりました（前ページ図版2-13参照）。たくさんのことを要求している、というわけです。

　実は「隠れリスト」もあります。書かれてはいないけれど、生徒がすぐに察することのできるリスト。そこにあるのは、生徒が私の期待に応え、読み書きに夢中になり、作品を生み出し、成長するために、彼らが私に期待できることです。

　例えば、私はこんなふうに生徒に語りかけます。「自分がどんな人であるのか、あったのか、あるいは、どんな人になりたいのか。それに関わるような、価値のある題材を選びなさい」と。こう語る時の私は、様々なジャンルで生徒にとって価値あるトピックを生み出させるように、私がミニ・レッスンでしっかり教えていくということを、彼らに約束しているのです。また、毎週3〜5ページの下書きを書きなさいと生徒に言う時には、私は、教室をそれに見合う場にする責任を引き受けてもいます。それは、生徒たちの書く量と質を高めて書き手の技が発揮されるために必要な、じっくりと落ち着いて考えられる場にする責任です。行き詰まった時に生徒が使える効果的な方法を教えることにも手を伸ばさないといけません。

　すべての7・8年生に、少なくとも詩を3〜5篇、回想録、超短編、書評、論説文を一つずつ、そして「人物プロフィール」[17]か「主張文」[18]というジャンルのどちらかから一つの作品を書きあげてほしいと思っています。いずれも、深く学んできたジャンルです。期待しすぎだとは思いません。優れた文章とは何か、それをどうやって教えればよいのか、こうしたことを学べば学ぶほど、生徒に期待できることも多くなります。私の期待は高くて具体的。でもそれは、書くことと7・8年生についての私の知識、そして書き手としての生徒たちの成功から得た自信に、裏打ちされてもいるのです。

「ライティング・ワークショップのルール」

　最初の頃、ライティング・ワークショップのルールは四つだけでした。これはアトキンソン学校で1年生を教えたメアリー・エレン・ジャコビーより学んだことに基づいたもの。その四つとは、①書いたものは捨てないですべて保存する、②日付・見出し・名前を書く、③紙は片面だけ使う、④いつも1行空けて書く、です。30年にわたって教える間に、よい文章を書くための条件について多くを学びました。パソコンも含めた環境の進化への対応もあって、私のリストも増えてきました。しかし、ジャコビー先生のルールのうち二つ、紙は片面のみ使うことと、1行空けて書くことは、今でも最重要事項です。

　書くこととは、紙の上で考え、さらに考え直すこと。もし手書きで下書きをする時に1行ずつ空けて書かなければ、あるいはパソコンで作成したものを印刷する時に行間を広くとる設定にしなければ、読み直して考え直し、下書きを再考することはできません。考えを変えたり、発展させたりする物理的スペースが、紙の上にないからです。

　プロの作家たちが書くときに、出版までは行を空けて書いていることを、生徒は知らなくてはなりません。「紙の無駄だ、木の乱伐だ」と、生徒はこのルールについては猛烈に反発しますが、私の答えはこうです。「今年、どうやって書き直すのかを学ぶことができるのであれば、神様も木を数本伐採すると思うよ。それほど大事なことだからね」。

　「ワークショップで期待すること」と「ワークショップのルール」の紙は、穴をあけておきます。これでライティング・ワークショップの最初の日、生徒が執筆中ファイルにファイルの金具で綴じる準備完了。急がせなければ、生徒でも十分にできるのです。

[図版2-14]ライティング・ワークショップのルール

ライティング・ワークショップのルール

- ある作品について書いたものすべてを残しておく。それらは作品が完成するまでの歴史であり、書き手としての自分の歴史でもある。パソコンを使う場合は、複数の下書きがそれぞれ何であるかをわかるようにしてパソコン上に保存するか、あるいは、印刷したものに見出しをつけておく。作品が完成したら、完成作品ファイルに入れる。

- すべてに、日付、見出し、自分の名前を記入し、自分のしていることを記録しておく。例えば「メモ書き、下書き第1稿、題名のブレインストーミング」など。パソコンの場合は、下書きは、「下1」、「下2」というようにすぐわかるようにする。印刷する前には、自分の名前と日付を入力する。

- 紙は片面のみ使用する。手書きの場合は常に1行空けて書く。パソコンで印刷する時も、行間を広くとる設定にする。1行空けると、ページ上で考えたり、考え直したりするスペースができるので、読み直して書き直すのが、より効率的でより簡単になる。プロの作家も、出版されるまでは、1行、あるいは2行ずつ空けて書く。パソコンでは、下書きは行を空けずに書くことで、画面上でより多くの行を読みたい時もある。しかし読み直して書き直しをするために印刷する時には、行間を広くとる設定にして印刷する。

- パソコンで書く場合は、2日に1回、行間を広くとった設定にして下書きを印刷し、パソコンのスクリーンから離れて、鉛筆を持って、印刷した下書きを読む。その後に、パソコンに戻って変更を入力する。パソコンの画面の範囲で考えるのではなく、テキスト全体で考える。若い書き手がパソコンで下書きをするのは可能だし効率的だが、読み直して書き直す作業をするのは難しいということを、頭にいれておく。

- 散文は文や段落を意識して、詩は行や連を意識して、下書きを書く。滅茶苦茶に書いたものを無理に形にはめるのではなく、連や段落を意識して書くことで、形を整える。これは、プロの作家がしていることだ。

- 執筆中は、句読法や綴りをできるだけ正しく書く。これもプロの作家が心がけていることだ。

- パソコンで書く時は、ミスの確認をする段階で綴りの確認をする。入力ミスではない綴りの間違いがあれば、自分専用の書き取り練習用紙に、その単語を追加する。

- 書くことは紙の上で考えることなので、他の書き手の気が散ることはしない。自分の言葉を見つけようとしている書き手に、自分の話し声で言葉を押し付けることはしない。

- 私と話すときは、できるだけ小さい声でささやく。

- ある特定の問題に特定のクラスメイトの助言が役立つ場合のみ、ピア・カンファランスを行う。ピア・カンファランスを頼む時は、ピア・カンファランス用紙を記入し、ピア・カンファランス・コーナーに一緒に移動する。ピア・カンファランスを頼まれた時は、自分の考えをピア・カンファランス用紙に記入し、カンファランスの内容やこれからすることを、書き手が覚えておけるようにする。

- 書いたものを2日間寝かせてから読み直すと、新鮮な目で下書きを見直せるので、完成に近い作品をいったん横におき、新しいプロジェクトに着手する。2日たって、2日分頭がよくなってから、新しい視点で下書きを読み直し、書き直す。

- 書き言葉の慣習をチェックする時は、目的をもって行う。校正チェック用紙に、今回集中的にチェックする項目を書きこむ。自分で見つけたミスが私にわかるように赤ペンで校正する。その後すべての下書きと校正ずみの作品を決まったトレイに入れる。
- 私が最終チェックをしたあとは、私が直したすべてのミスを修正して最終版をつくる。自分と私が指示した校正ができたかどうかを確認したあと、それを私の椅子に置き、私がさらに最後にもう一度、確認できるようにする。
- 校正チェック用紙の教師のコメント欄には、学ぶべき書き言葉の慣習とその例を私が書き込んでいる。それを、自分専用の校正項目リストに正確に追加する。自分で書き言葉の慣習をチェックする時には、自分の校正項目リストの項目を見て、今年度中にそこに書かれた項目を習得する。
- ある作品を書き終わったら、最終稿に、メモ書き、下書き、ピア・カンファランス用紙、校正チェック用紙など、すべてをクリップで留めて、最終稿を一番上にして完成原稿ファイルに入れる。また、ファイルの中の執筆記録用紙に完成作品の題などを記録する。こうしていくことで、書き手としてのデータを集め、パターンを探し、自分で自分の成果に満足できるようになっていく。
- できるだけ上手に、たくさん書く。一生懸命努力し、優れた文章をつくり出す。

「校正項目リスト」

　生徒の原稿の最終チェックをしたあとで、その生徒と校正についてのカンファランスをします。その時に私が教えた書き言葉の慣習についての項目を、生徒は自分の校正項目リストに書き足します。校正項目リストは穴をあけ、一人につき2枚。これは執筆中ファイルに金具で綴じる3種類の用紙のうちのひとつです。この用紙を一番上に綴じておき、自分で書き言葉の慣習をチェックする時や、私が新しい項目を教える際に、簡単に見られるようにします。

「校正チェック用紙」

　書き言葉の慣習を確認するプロセスは、生徒にとって、他と区別された特別のステップを設けて行うべきことです。私の教室では、生徒がどこを修正できたかがわかるように赤ペンを使います。赤ペンを片手に、句読法、用法、フォーマット、文体、単語の書き間違いなどのすべてのミスを直すのです。これらの観点からのチェックに特化し、意識的に取り組むために、校正チェック用紙を使います。生徒は自分の校正項目リストを見ながら、この校正チェック用紙に、チェックすべき書き言葉の慣習をリストアップするのです。

具体的に手順を見ていきましょう。

1. 下書きを読み直し、書き直して、さらに磨きをかけるという作業が終わって、生徒の作品は読者の目を意識した仕上げの段階に入りました。ここで書き手は、未記入の校正チェック用紙を文具コーナーから取ります。そして、自分の校正項目リストからその作品についてチェックすべき項目を、校正チェック用紙に記入します。

2. 赤ペンを手に、チェックすべき項目や、それ以外のミスを確認していきます。それが終わると、校正チェック用紙を、チェックし終わった作品の上にクリップで留め、提出場所のトレーに入れる、という手順です。

3. 1日の終わり、私はこのトレーの中身を自宅に持ち帰り、最終チェックをします。この時は黒ペンで、生徒が気づかなかったすべてのミスを修正します。その際、もし綴りのミスを見つければ、校正チェック用紙の「綴り」欄にその単語を記入しておきます。それから、翌日の校正についてのカンファレンスで教える項目を、一つか二つだけ選びます。そして、その項目を忘れないように、校正チェック用紙の「先生からのコメント欄」に記入しておくのです。

4. 翌日のカンファレンスでは、生徒の書いた作品に沿ったかたちで、新しい書き言葉の慣習やテクニックがどのように役立つのかを教えます。生徒はこの項目を、自分の校正項目リストに加え、次回以降の作品を書く時に確認できるようにします。

5. 最後に生徒は、私が黒で直した点と自分が赤で直した点の両方を修正して、（願わくば）ミスがまったくない最終版を作成します。

　書き言葉の慣習を意識的に教えることで、生徒は私から1対1で、書き言葉の標準的な使い方や、上手な書き手が使うやり方を学べます。生徒が自分で書き言葉の慣習についての校正をするたびに、私がその前に教えたことが補強され、生徒が自分で責任をもってできる部分も増えていきます。こうして、読者にとって読みやすく、楽しめる内容の作品が生まれていくのです。

「ピア・カンファランス用紙」

「みんながワークショップでできる、楽しいことが他にもあるよ」。最初にそう言ってピア・カンファランスを導入したところ、私は自分の蒔いた種を刈り取ることになりました。ピア・カンファランスの中身の80パーセントが楽しいおしゃべりで、作品に関わることは残りの20パーセントだけだったのです。私は一歩引いて考えなくてはなりませんでした。書いている途中の作品について生徒同士で話すことに、実際にどんなプラスがあるのか？ そして、どうすれば生徒がそれに気づけるのか？

　書き手にとって明らかなプラスは、より多くの読者の目と耳にふれる機会があること。教室に教師が何人もいるわけではありません。25人以上の生徒がいる教室では、取り組み中の作品について、教室にいるたった一人の大人、つまり教師からのフィードバックだけでは不十分なのです。となると、中身の問題、わかりやすさ、内容のまとめ方、言葉づかい、比喩、あるいはテーマの育て方について、クラスメイトにどう助けを求め、どう応えていくのか、生徒に示さなくてはなりません。

　加えて、生徒たちは特定の話題については教師よりもよく知っているので、彼らの知識を借りたい時もあります。カイルがスケートボードの事故についての短編を書いている時には、スケートボードが得意なマイケルがスケートボード用語を助けていました。自分の詩が五感に訴える動詞を使えていないことに気付いたモーガンは、クラスで表現名人だと思われていたキャロリンに助けを求めました。

　ピア・カンファランスは行うに値するものです。役立つピア・カンファランスができるように、毎年、新年度には、長めのミニ・レッスンで、ピア・カンファランスの目的を確認し、ピア・カンファランスをする場合の役割や責任をはっきりさせます。ピア・カンファランス用紙を見ながら手順も確認します。ピア・カンファランスをしたい時には、教室の文具コーナーに行き、ピア・カンファランス用紙がはさんであるクリップボードを取り、上の部分に記入します。それからピア・カンファランスをしてほしいクラスメイトに声をかけ、一緒にピア・カンファランスのコーナーに行きます。ちなみに、私の教室の現在のピア・カンファランスのコーナーは、大きなクッションを放課後収納するクローゼットの中、あるいは私のロッキング・チェアの後ろ、そのどちらかです（78ページ参照）。

[図版2-15]ピア・カンファランス用紙記入例

ピア・カンファランス用紙

氏名　**モーガン**　　　　　　　　　　　　　　　　　　　　　　　　10月　2日

ピア・カンファランスのパートナー　　　**キャロリン**　　　　　題材／ジャンル　**自由詩**

書き手が行うこと

　執筆中、作品について助けが必要なときには、今抱えている問題に対して、クラスの中の誰が最も助けになるかをまず考える。

　例えば、今、助けがほしいのは次のうちのどれについてなのかを考える。題名、書き出し、結末、会話、考えや感情の描写、登場人物の描写、情景の描写、「それで?の法則」（テーマ）、論理、構成、流れ、書かれている情報、具体的なポイント、動詞、語り手の選択や時制、言葉づかい、五感に訴える描写、あるいは改行、連、凝縮、反復、隠喩、直喩、擬人法などの詩人の使う技について。

　次に、書き手、読み手、クラスメイトとして知っていることをふまえて、誰がその問題のエキスパートなのかを考える。そのクラスメイトは　**いい動詞をたくさん知っている**　ので、ピア・カンファランスで　**五感に訴える動詞の選択**　についての助言を依頼する。

ピア・カンファランスのパートナーが行うこと

　ピア・カンファランスのパートナーは、書き手が執筆中の作品について考え、自分で選択できるように助ける。そのために次のことを行う。

- 書き手がどのような助けを必要としているのかをきちんと把握するために、はっきりさせるための質問をする。
- 下書きを読むか、あるいは書き手に読み上げてもらい、必要としている助けを提供する。
- もし、わかりにくい箇所、理解できない箇所、もっと知りたい箇所、作品の世界に入りにくい、あるはその世界にとどまりにくい箇所があれば、書き手に質問する。
- 書き手が参照できるように、以下の下線に思ったことや質問を記入する。
- 書き手が次にすることを尋ねる。
- この用紙を書き手に返却する。

　歩く　➡　またぐ

　不安そうに立っている　➡　茫然となる

　考える　➡　熟考する

　座る　➡　たたずむ

　ある　➡　ならべる

　見る　➡　注視する

　見る　➡　目にとまる?

　座る　➡　うずくまる

書き手の記入欄

　忘れないように、次にすることを以下にメモする。

　動詞を推敲する

「リーディング・ワークショップで期待すること」

　「リーディング・ワークショップで期待すること」という用紙（103ページの図版2-16参照）は、生徒が、読書に夢中になり、大切なことを見極めながら、習慣的に読む読み手になるための時間と空間について説明しています。このガイドラインで、本に浸ること、気が散らないようにすること、イライラを減らすこと、リーディング・ゾーンに入りやすくすることを、可能にしているのです。

　ライティング・ワークショップで文字に書かれていない隠れたリスト（94ページ参照）があるように、リーディング・ワークショップの教師の役割についても、隠れたリストがあります。もっとも、今回、生徒たちが目に見える形にしてくれました。[*19]彼らは、クラスメイトや下の学年の生徒たちからデータを集めました。リーディング・ゾーンに入りやすくなる条件について自由記述で答えてもらったのです。そしてリーディング・ワークショップの先生に期待することについて、まっとうなリストをつくり上げました。

本に夢中になる「リーディング・ゾーン」に入る条件

1. たくさんのブックトーク。クラスメイトに対して、素晴らしい本について、熱い思いを短く語ること。加えて、お薦めのヤングアダルト文学作家、フィクションの要素、詩のひらきかた、有能な読み手が行うこと、合わない本をやめるタイミング、児童文学の賞の受賞者などの文学的なトピックについての、ミニ・レッスンがあること。

2. 教室の図書コーナーに多様な本が大量にあって、いつも新しい本が追加されていること。

3. 毎日、静かに教室で読む時間があること。

4. 本、ジャンル、作家を自由に選べること。

5. 教室にお薦め本コーナーがあって、個々の読み手のお気に入りや、他の生徒に薦めたい本が並んでいること。そして、クラスメイトや教師から個人的に大好きな本を薦めてもらうこと。

6. 「読む時間」の最中に、快適さが保証されていること。大きなクッションがあり、床に寝そべること、椅子に足をあげること、テーブルに頭をつけることも許容されること。

7. 教師やクラスメイトと、本や作家についての文学的なやり取りがあ

第 2 章　ワークショップの準備　　101

ること。

8. 教師が生徒の間を歩きながら行う毎日のチェック・イン（278ページ参照）で、生徒が読んでいる本について会話をすること。

9. 生徒がそれぞれのワークショップ・ノートに書き足していく、自分がこれから読みたい本のリストがあること。

10. 1週間に7日、毎日最低30分は本を読む宿題があること。

「リーディング・ワークショップのルール」

「リーディング・ワークショップのルール」と「リーディング・ワークショップで期待すること」は、いつも教室に保管してある読書ファイル（106ページ参照）のポケットの中に入れておきます。ルールの土台になっているのは、いつも本を読んでいる読み手について私が学んだことです。私が生徒だった時に教えられたことの中には、この内容と矛盾するものもありました。いわく、読み返すのはずるい。飛ばし読みしたり、拾い読みしたり、後ろの方を先に読むのもありえない。読んでいる本を途中であきらめるのは性格上の問題が原因だ、などなど。これらは不正確な情報ですし、かえって有害な助言でもあります。

小説家のロバートソン・デイヴィスは、読むことは「個人的な芸術」と位置づけています。そして個人的な芸術家としての読み手の目標は、「楽しみのために読み、無為のために読まないこと。娯楽のために読み、時間つぶしのためには読まないこと。本の中に人生の喜びと広がりを探し、見出すこと[20]」なのだと。

まるで求人広告の条件のようです。「国語の教師募集、本の中に人生の喜びと広がりを探し、見出す人」。私が設定したリーディング・ワークショップのルールも、「優れた読み手とは、楽しめて、大切だと感じる本を大量に見つけて読む、個人的な芸術家なのだ」というあり方に沿ったものです。

[図版2-16] リーディング・ワークショップで期待すること

リーディング・ワークショップで期待すること

- できる限り大量に、できる限り楽しんで読もう。楽しく本を読むこと。マルカム・グラッドウェルが、上手になるには1万時間の練習が必要だ、と言っていることを心にとめよう。
- 週に7日間、年間を通して、自宅で最低30分間読もう。
- 今の自分にとって、過去の自分にとって、これからなりたい自分にとって、大切な本、作家、内容、ジャンル、テーマを見つけよう。
- 新たな本、作家、内容、ジャンル、テーマを読もう。自分の文学体験、知識、鑑賞範囲を広げよう。
- ブックトークやそれ以外で知ったお薦め本を参考にしながら、ワークショップ・ノートの「読みたい本リスト」に、読んでみたい書名や作家名を書き加えよう。
- 本は書き手の考えと選択が表れたもの。本の世界にどっぷり浸ったあとは一歩下がって、書き手がどのように書いているのかに注意を払い、自分の考えを書こう。
- 文学について書くときには、知っている文学用語や授業で習った用語を使おう。
- 最近読み終わった本から1冊を選び、気づいたこと、鑑賞したことについて、3週間に一度、レター・エッセイを書こう。その際、その本を批評家として眺め、その本が自分の感情や思考にどのように影響を与えたか、そのために作家がどのようなことをしたのか、何がうまく書いていて、どの点がそうでなかったのかを考えよう。本から自分の生活に取り込める思考、テーマについても考えよう。
- 様々な読み方があることを意識しよう。読み手は読み物の種類に応じて、読み方を変える。小説、詩、歴史の本、グラフのデータ、新聞の社説、数学の文章問題、新しい自転車の組み立てマニュアルなど、すべて読み方が異なるのだ。
- ある本を選び、読み続けるのか読むのをやめるのかについて、自分なりの基準をつくり、それをはっきり言語化しよう。
- 毎学期、読み手として自分にとって重要で意味のある目標をたてよう。
- 毎回のリーディング・ワークショップに、「本の世界に入る」意識をもって臨もう。ワークショップの時間をしっかり活かして、心ゆくまで読むことで、満足を得て、さらに前に進もう。リーディング・ゾーンに入り、想像力を働かせ、圧倒されるぐらい上手に書かれた詩や文章を見つけ、それに出合わなければ知ることがなかったような経験を味わおう。幸せな気持ちになったり、自分を感じたり、他の書き手がどのように、そしてどうして執筆したのかを考えたり、知識やひらめきを得たり、驚いたり、逃避したり、考えたり、旅に出たり、熟考したり、共感したり、笑ったり、泣いたり、愛したりして、成長していこう。

[図版2-17]リーディング・ワークショップのルール

リーディング・ワークショップのルール

1. 必ず本を読むこと。雑誌や新聞だけでは、読む練習としては量が不十分で、どんどん読めるようにもならないし、自分がどんな読み手であるかを見つけることもできない。
2. 楽しめない本を読み続けないこと。素晴らしい本は山のようにあるから、楽しめない本で時間を無駄にしないこと。ただし、好きになれない本について批評するレター・エッセイを書くために読み続けるときは、例外である。また、自分に合わない本をやめるための基準をつくること。例えば、自分が引きこまれる本かどうかを決めるのに、最大で何ページ読むのかなど。
3. 手に取った本が楽しめないときは他の本を探す。「みんなのお薦めコーナー」の本を確認したり、自分のワークショップ・ノートの「読みたい本のリスト」を見たり、本棚で本を手にとったり、私かクラスメイトにお薦め本を尋ねたりする。
4. 大好きな本は読み返してもよい。これは優れた読み手もやっていることだ。
5. 飽きてきたら拾い読みや飛ばし読みをしてもよい。優れた読み手はこれもやっている。
6. 読書記録用紙に、読み終わった本と途中で読むのをやめた本すべて、書名、ジャンル、著者名、日付、そして評価を10段階で記入する。左側の冊数欄に冊数を記入し、読み終わった本の冊数がすぐにわかるようにする。自分の読みのデータを観察して、パターンを探す。心ゆくまでやりとげ、発見しよう。
7. 読むことは考えることだと、心に留めておく。リーディング・ゾーンからクラスメイトを引き離すようなことはしない。本の世界に入りこもうとしているクラスメイトの頭に、自分の話し声を吹き込まない。私と話す時にはささやき声で。
8. 本を大切にする。借りるときは貸出カードに書きこみ、返却するときは私に見せること。私が書名に線を引き、イニシャルを記入する。それから、もとあった本棚に返却する。それぞれの本棚は、セクションごとに著者名でアルファベット順になっている。その本がお気に入りであれば、クラスのお薦め本コーナーに置く。貸出カードを決められた箱に戻すこと。
9. 読む時間中はすべての時間ずっと読む。
10. できる限りうまく、たくさん、楽しんで読む。

「 ジ ャ ン ル 一 覧 リ ス ト 」

　読書記録用紙の中には、読み終えた本のジャンルを記入する欄があります。ここから、例えば、ユートピアの正反対の世界であるディストピアを描いたフィクションや現代のリアリズム小説が好きな読み手なんだとわかったり、15種類にわたるジャンルの本を読んだことに気づいたりと、自分の読む傾向を知り、達成感を味わえるようにサポートすることを目標としています。読んでいる本のジャンルを知るために、生徒たちがジャンル一覧リスト[*21]をつくって

くれました。今も生徒と私たちで毎年アップデートしているこのリストを、生徒は読書ファイルのポケットの中に入れておいて、すぐに参照できるようにしています。

[図版2-18] 生徒たちが考えたジャンル一覧リスト

生徒たちが考えたジャンル一覧リスト（アイウエオ順）

アクション、アメリカン・コミック、エッセイ集、怪奇小説、回想録、科学、家族もの、演劇の台本、現代リアリズム小説、古典、サイエンス・フィクション、事件ミステリー、詩集、自叙伝、書簡体小説、叙事詩、ジャーナリズム、自由詩形式の回想録や小説、シリーズもの、心理ミステリー、人類滅亡後小説、神話、スパイもの、スポーツもの、スリラー、西部劇、ゾンビもの、短編集、超短編集、ディストピア小説、テクノ・スリラー、哲学、伝記、伝説、日記、ニュー・ジャーナリズム、パラノーマル・ロマンス（超常現象の要素をもつ恋愛小説）、パロディ、反戦もの、ファンタジー、冒険、法律もの、ホラー、マジック・リアリズム小説（リアリズム小説の中にファンタジーの要素が織り込まれている小説）、ユーモア、ユーモア小説、歴史、歴史小説、ロマンス、論説文

「本の貸出カード」

何年もの間に、多くの本が紛失しました。返却しないほど本が気に入ったことを嬉しく思う反面、紛失した本を補充する費用や他の読み手たちが読めなくなることには、大きな苛立ちも感じました。それで、本の貸出方法を色々ためしてみました。手間がかかりすぎる複雑なものから、そうではないものの本の紛失が止まらないものまで。

一番うまくいったのは、最もシンプルな方法でした。10センチ×15センチのインデックス・カード4枚をホッチキスで留め、一番上のカードに生徒の名前を、はっきりわかる、異なる色で記入します。このカードを蓋のない靴箱に入れておきます。靴箱はクラスに一つ準備し、そこには鉛筆も数本。本を借りたい時には、自分のクラス用の靴箱から自分のカードの束を取り出し、書名を書きます。必要な情報はそれだけ。本を返却する際には、カードの束と本を私に見せます。私は書名に線を引いて、その横にイニシャルをサインするだけ。これは、リーディング・ワークショップのチェック・イン（278ページ参照）の間にすることが多いです。その後、読み手は本を棚に戻すか、クラスのお薦め本コーナーに置きます。この方法で返却されない本はごくわずか。少なくとも、3分の1以上の本がなくなるということは起こりません。

第2章　ワークショップの準備　105

「ファイル」

ファイルとバインダーのどちらを選ぶのかは、教師の好み次第だといえるでしょう。どちらにも利点と欠点があります。私の生徒の場合、バインダーを使うと、紙にあけた穴がちぎれた時の補修にやたら時間がかかっていました。どちらを使うにせよ、執筆中ファイル、完成作品ファイル、読書ファイルの三つのファイルは、私の場合必要です。まずこの三つのファイルを説明します。

執筆中ファイルは、紙をはさむポケットに加え、紙を留める金具もついています。生徒は毎日このファイルを持ってワークショップにやってきますし、毎週、書く宿題が出る時には自宅に持って帰ります。ファイルには執筆中の作品と用紙が入っていて、2枚の自分専用「校正項目リスト」（97ページ参照）、「ライティング・ワークショップで期待すること」「ライティング・ワークショップのルール」が金具で留めてあります。

完成作品ファイルもポケットがあり、年間を通して教室に保管します。2枚の執筆記録用紙をファイルの内側にホッチキスで留めておきます。すべての完成作品と一緒に、下書き、メモ、計画、ピア・カンファランス記録用紙、校正チェック用紙を、完成版の下にクリップで留めておき、書いた順にファイルします。完成作品は学校に置いておきます。生徒と教師が成長を観察し、目標を定め、また、学期末の評価をする時の、欠かせない材料となります。

読書ファイルにも、紙をはさむポケットがあります。ここには読み手としての生徒に関する重要な情報があるため、年間を通して教室に置いています。それぞれのファイルに、4枚の読書記録用紙がホッチキスで留めてあり、ワークショップ開始の週に、「リーディング・ワークショップで期待すること」「リーディング・ワークショップのルール」「ジャンル一覧リスト」をポケットにいれています。

今では、生徒たちに合計七つのファイルを渡しています。上の三つに加えて、書き取り学習ファイル、宿題ファイル、詩のファイル、散文ファイルです。（この四つのファイルの具体的な使い方は図版2-19を参照してください。）七つのファイルは、すべて学校で注文し購入します。ファイルの種類や色も学校で決めておけますし、何よりも、授業の開始日にすべての生徒の手元にファイルがあり、すぐに使えるようにできます。

[図版2-19] その他の四つのファイルの使い方

その他の四つのファイルの使い方

書き取り学習ファイルにも、ポケットと紙を留める金具があります。私が担当するクラスだけでなく、生徒はすべてのクラスにこのファイルを持って移動し、全教科で、間違った書き方や書き方に自信がない単語がでてきたときに追加していきます。生徒は自分専用の書き取り練習用紙2枚を金具でファイルに綴じておきます。書き取り練習の方法や、書き取りテストの方法を説明した用紙はポケットに入れておきます。毎週の書き取り練習用紙も、6枚入れておき、インターネットから私が毎年ダウンロードする、間違いやすい単語のリストも入れておきます。

宿題ファイルには、中に紙をはさむポケットがあります。学校と自宅を行き来するファイルで、毎週の宿題用紙、特別な課題、あるいは学校から保護者への手紙なども入れます。本校ではこのファイルはずっと黄色にしています。保護者が生徒の宿題を確認したい時、すぐにファイルを見つけられます。

詩のファイルにも、中に紙をはさむポケットがあります。生徒はこのファイルを毎日持ってきて、授業の最初に「今日の詩」を読んだあとに、そこで使った詩を入れていきます。すぐにいっぱいになるので、学期ごとに中身をロッカーにある別のファイルに移動し、いったん空にしなくてはいけません。生徒には、詩をファイルに保存して、学期の最後に詩のベスト3を選び、なぜその3つがよい詩なのかを説明してもらいます。自分なりの詩の良し悪しの基準をはっきり言語化し、大切なものを見極めるための語彙の知識も使うためです。また、詩をファイルに保存しておけば、例えばE. E. カミングズの詩のスタイルを参考にして書こうと思った時に参照することもできます。

散文ファイルにもポケットがあります。最初のジャンルである詩を学び始めて1か月強が過ぎて、次に学ぶジャンルの回想録に移った時、このファイルが威力を発揮します。というのも、その後に様々なジャンルを学ぶ過程で生徒に渡す優れた作品のコピーが、回想録、短編、パロディ、書評、論説文、人物プロフィール、主張文、脚本、お礼状など多岐にわたるので、生徒はコピーをこのファイルに入れて、書く時の参考にするのです。

　以上の用紙やファイルがなぜ必要なのか、その理由を見失ってはいけません。これらすべてに導かれて、生徒は読み手や書き手として行動できるようになります。彼らが新しいことに踏み出す時に、それを支える知性と行動の習慣を培うのを、この用紙やファイルは助けてくれます。たしかに多くの準備、多くの紙が必要です。ビジネスの世界ではテクノロジーを使って紙を減らす会社が増えているのはよいことだと思いつつも、ライティング・ワークショップに関しては、それはよい選択肢ではありません。

　私は、生徒たちが授業の最初から、豊かで本当の経験ができるように計画しています。それは、書き手として、次のことをできるようになってほしい

からです。自分自身と周囲の世界について学ぶ、練習の大切さを理解する、量をこなすことでよいものを生み出す、書き手の技のレパートリーを増やす、作品を書き上げる、仕上げ作業に入ることのできる作品を持ってきて、私から書き言葉の慣習の校正を学ぶ、作品を完成する達成感を味わう、他の書き手に配慮をする、教室の文具や備品を大切にする、書くたびに優れた文章を書こうとする、そして、書くことで何が得られるのかを見出すことです。

そして、読み手としては、次のことをできるようになってほしいと思っています。自分自身と周囲の世界について学ぶ、なぜ大量に読まないといけないかを理解する、読み手としての好みと基準を発展させる、詩や本を読み、批評家として振り返る、他の読み手にも配慮をする、教室の図書コーナーを大切にする、読むたびに本に夢中になる、優れた文に浸る経験をする、そして、読むことで何が得られるのかを見出すことです。

新年度が始まる1か月前になると、まるで時計じかけのように、経験豊かな教師が教室に戻る時におなじみの、途方もない夢や悪夢を見始めます。その意味するところははっきりしています。仕事を再開し、ワークショップの準備を始める時期になったということ。私がワークショップを好きなのは、私にそうさせてしまうくらい、それを好きな誰かがいるから。生徒がいるからなのです。

---

*1——— *Writing: Teachers and Children at Work*（書くこと〜学習中の教師と子ども）（52ページの注5参照）と *A Fresh Look at Writing*（書くことを新たな目で見る）（Heinemann, 1994）の2冊が参照されています。

*2——— George Plimpton編の*Writers at Work: The Paris Review Interviews*, second series（執筆中の作家たち〜パリ・レヴュー・インタヴュー、セカンド・シリーズ）（Viking Press, 1963）の中で述べられています。

*3——— カート・ヴォネガット著の『パームサンデー〜自伝的コラージュ』（飛田茂雄訳、早川書房、2009年）の194〜195ページより引用しています。

*4—— 原書の後半では、詩、回想録、短編、書評、論説文、ユーモア、人物プロフィールなど、授業で扱う主なジャンルについて、ジャンルごとに説明されていますが、膨大な分量のため本書(日本語版)では含まれていません。

*5—— アメリカでは、小学校段階のライティング・ワークショップで、アイディアを考えて下書きを書くために「作家ノート(ライターズ・ノートブック)」を使う実践が多く、「作家ノート」の効果的な使い方に特化した本も出版されています。一言でライティング／リーディング・ワークショップと言っても、取り組み方は、対象に応じて多様です。

*6—— 日本の教室の本棚に置いておくのによい書籍としては、350ページの巻末資料3を参照してください。

*7—— アトウェルは投影機としてOHPを愛用してきましたが、彼女が第一線を退いた2018年現在の学校では、液晶プロジェクターが使用されているそうです。

*8—— この5冊のバインダーの土台になっているのは、アトウェルの2冊の著書Naming the World(世界を名づける)(359ページの文献2章2参照)とLessons That Change Writers(書き手を変えるレッスン)(Heinemann, 2002)です。この2冊を出版後に、新たな詩やミニ・レッスンなどを加えていき、バインダーがいっぱいになったので、5冊に分けたとのことです。

*9—— プロジェクト・ワークショップ編の『読書家の時間～自立した読み手を育てる教え方・学び方〔実践編〕』(新評論、2014年)の34～38ページには、日本の教室でどのように本を集め、教室の図書コーナーをつくっていくのかについて具体的な方法が説明されています。

*10—— 学校のウェブサイトはhttp://c-t-l.org/です。
書評はhttp://c-t-l.org/you-gotta-read-this/、また幼稚園から8年生までのお薦め本はhttp://c-t-l.org/kids-recommend/で見ることができます。

*11—— 『エラゴン～遺志を継ぐ者』(大嶌双恵訳、静山社、2011年)で始まるドラゴンライダー・シリーズで知られています。

*12—— 邦訳されているものとして『沙漠の王国とクローンの少年』(小竹由加里訳、DHC、2005年)があります。

*13—— 『黄金の羅針盤』(大久保寛訳、新潮社、2003年)など、多数の邦訳がでています。

*14—— 『予言の守護者』(宇佐川晶子訳、早川書房、2005年)で始まるベルガリアード物語シリーズなど、邦訳が多数出ています。

*15—— 『心のナイフ』(金原瑞人、樋渡正人訳、東京創元社、2012年)で始まる混沌の叫びシリーズなどの邦訳があります。

*16—— 校正する際、一度にたくさんの項目を教えすぎると身につかないので、教える項目を限定することは、ライティング・ワークショップの実践者の間ではよく行われています。『ライティング・ワークショップ』(361ページの文献4章1参照)の第9章「校正と言語事項のスキルの学習」でも、数を限定しながら、子どもたちが自分で校正をできるようになっていく具体的な方法が述べられています。

*17—— 人物プロフィール(profile)は、ある人物について調べ、その報告を書くというジャンルです。

*18—— 主張文(advocacy journalism)は、直訳すると「主張のある記事」となりますが、本書では主張文と訳しています。

*19—— 詳しくはアトウェルの書いたThe Reading Zone(リーディング・ゾーン)第1版(Scholastic, 2007)、およびアトウェルがAnn Atwell Merkelと書いたThe Reading Zone(リーディング・ゾーン)第2版(362ページの文献7章1参照)の中で述べられています。

*20—— "Battle Cry for Book Lovers"という題名で、1959年にThe Saturday Evening Postに掲載されたものが、Robertson Davies著のA Voice from the Attic(屋根裏からの声)(Knopf, 1960)の中に加筆され収められています。

*21—— 日本の場合、国語の学習指導要領では、「小説」「詩歌」「随筆」という大まかな区分が用いられ、学校図書館での本の分類も、日本十進分類法に従うことが標準的です。ここで、アトウェルの学校が小説の内容に応じた細かなジャンルを提示しているのは、生徒の選書を助け、読みの幅を広げることを意図していると思われます。そのことは教室の図書コーナーの本の並べ方にも反映されています。教室の図書コーナーでは、生徒が選書しやすいように本を並べ、各棚には、生徒が本を手に取りたくなるようなカテゴリー名を貼っていることが81ページで書かれています。

第2章　ワークショップの準備　109

第3章

ワークショップ開始

ロッキング・チェアで「今日の詩」を読む著者

子どもたちは、
彼らをとりまく知的世界に向かって成長する。

—— L. S. ヴィゴツキー

年度の最初の週で、その後の雰囲気が決まります。生徒たちが書き手や読み手として、そして私が彼らの教師として、やる気に満ち、自分にワクワクして第1週を終えることができれば、半分ぐらいは終わったようなものです。

　最初の数日間の授業は、とりわけ緻密に計画します。多くのことが起こりますが、それも当然。この時期、生徒たちはお互いを知り、書き手、読み手のコミュニティ（共同体）になり始めるのです。教室を探検し、どこに何があるのかを学び、教室にある文具、参考資料、自分の世界を広げてくれそうなものにも目がいきます。また、ワークショップで毎日決まって行うことと、読んだり書いたりする手順の大部分を扱いますし、私の役割も話します。私は教師であり、書き手であり、本の読み手であり、文学に反応する人であり、詩が大好きで詩を「ひらく」（67ページ参照）人でもあると。この週、私は新しく出会う生徒たちの学校外での生活について、そして、彼らが自分たちを読み手、書き手としてどう見ているのかということについても学び始めます。ワークショップで期待することやそこでのルールも伝えます。生徒は自分の名前をファイルに書きこみ、必要な用紙をファイルに入れ、そして、彼らが一人残らず、書くことと読むことはこんなにすごいことだという充足感をもち、学校での学びは本物だという思いで週末を迎えるようにするのです。

　本校では初日は短縮授業。この日は毎日ワークショップで行うことを紹介し、生徒がお互いに話せるようにし、教室内にあるものに手を触れ、書き手、読み手としての自分のこれまでの歩みがわかるような「書くことアンケート」「読むことアンケート」を配布して自宅で完成させるように言います。毎日最初に行うのは「今日の詩」。毎回のワークショップはここからスタートするのです。

毎 日 読 む「 今 日 の 詩 」[*1]

　リーディング・ワークショップでは、それぞれが自分の選んだ本を読みます。ですから、この「今日の詩」の時間は、同じものを一緒に読む共通の経験になっています。詩を一緒に読んで話し合うのに必要な時間は、毎回10分ぐらいです。

　詩は短くまとまっているので、生徒がクラスメイトと一緒に文学に出合う経験を楽しむのにぴったりです。また、この短さゆえに、自立的な読み手・書き手になるための必要な練習時間を奪ってしまうことなく、鑑賞力のある批評家としての目と耳、良し悪しの基準、そして、優れた文章の特徴について

話せるような語彙も身につけられます。

　詩はその短さゆえにカリキュラムに大きく貢献してくれるのですが、その効果は詩そのものだけにとどまりません。散文の様々なジャンルで書き手が使える技を、私が生徒に教える機会にもなっているからです。言葉の使い方、つまり正確で鮮やかな言葉を選ぶことを教えるという点から言えば、詩より優れたジャンルはありません。段落の分け方は詩では教えられませんが、それ以外の、素晴らしい文章について私が実演して教えたいすべてのことが、「今日の詩」から始まります。

　それは、こんなことです。自分にとって大切な題材を見つけること、自分の内側から生じる声に耳を傾けることの大切さ、よく練られた考え、抽象的ではなくて手に取れる事物を表す名詞、五感に訴える動詞、より効果的な単語を探すために類語辞典を使うこと、なぜ、そしてどうやって読み直して書き直すのか、一つの単語にこだわって作品に磨きをかける方法、繰り返しがどのようにリズムをつくるのか、タイトルがその作品世界に与える効果、なぜ読者ははっきりとした具体的なものを好むのか、結論の部分をどうやって本文の他の箇所と共鳴させるのか、書き手がどうやってテーマを展開させ、それに肉付けしていくのか、句点や読点その他の方法がどのような効果をもたらしてくれるのか。詩を一緒に読むことから学べる、言葉づかい、具体性、イメージ、意図が伝わるように書く、意味、自分らしく自分しか書けないことを書く、読者、構成の仕方、結論、句読法の活用の仕方。詩を教える効果は、生徒が書くあらゆるジャンルの文に見出すことができます。

　書き手が使うさまざまな技について教えるには詩が最適ですが、詩の強みはそれだけではありません。詩は、あらゆるところにあります。生徒にとって魅力的で大切な題材すべてについて、詩を見つけることや書くことができます。例えば、大人になること、スポーツ全般、子ども時代、兄弟姉妹、ジェンダー、人種、歴史、漫画のヒーロー、友情、食べ物、戦争、平和、おもちゃ、自然、神、親、チョコレート、アイデンティティ、犬、パソコン・ゲーム、学校、偏見、そして詩についての詩など、なんでもあり。

　7・8年生が気に入って話したくなる詩を見つけるために、私はオンラインの詩のサイトをチェックしています。また、個人詩集やアンソロジー詩集、教室の図書コーナーに置くために購読している詩の雑誌も読み、使えそうなものに付箋を貼っていきます。選ぶ基準は、私が好きで情熱をもって生徒に紹介できるもの、記憶に残って生徒も強い印象を受けるもの、7・8年生が

第3章　ワークショップ開始　113

気に入るか、少なくとも興味をもって引き込まれるもの、詩に何ができるかを示してくれ、生徒が自分で書く詩の題材にしたり、詩にできることを理解したりするのを助けてくれるもの。1冊すべてに目を通しても、私の基準を満たす詩が1篇しか見つからないことだってあります。生徒がこれまでに書いた詩も保存して使います。勇敢な詩、ユーモラスな詩、五感に訴える詩、初めてのチャレンジをした詩、実験的に工夫してみたこと、入賞作品、大切な人のためのプレゼントとして書いた詩、うまくはいかなかったけれど意欲的な試みだった詩も。「今日の詩」に登場する詩人の多くは、今教えている、あるいは過去に教えた生徒たちです。

　私は自分の人生に詩を取り込んでいて、私にとって、詩はそれだけの価値があるもの。私は、そのことを生徒たちに知ってもらいます。最初の短縮授業の日に、詩のコピーを渡し、音読し、自分にとって価値のある詩について、心をこめて語ります。それから詩のファイルと黒ペンを渡し、生徒はファイルに自分の名前を書き、学年最初の詩を綴じこみます。翌日から毎朝、「今日の詩」を一緒に読むのです。最初の頃に読む詩の多くは、「詩ができること」や「アイデンティティ」といったテーマを扱った詩から選んでいます。

　文学についてまだ自信をもって語れない生徒にとって、「今日の詩」は文学的な会話への入り口となります。毎朝、詩を紹介し、詩のコピーを配布し、私が音読する時に目で追うように言います。私が読む時には、できる限りニュアンスが伝わるように、前もって読む練習をします。それは生徒が私の声に乗って詩の世界に入り、その意味するところを私の声から聞きとり、どうやって経験豊かな読み手が詩を理解しているのかを、彼らが観察できるようにしたいからです。

　そのあとで、生徒たちに、それぞれで詩の世界に戻り、読み返し、しるしをつけるように言います。詩にもよりますが、連の分け方や比喩、動詞に注意するように言うこともあります。自分が書いてみたいと思うような行、まだ理解できない行、わかった行、驚いた行、最重要だと思った行、他の行と共鳴していると思った行、詩が転換していると思った行に線を引くように言うこともあります。いつも言っているのは、うまいと思ったところにはしるしをつけるように、ということです。

　私も詩にしるしをつけます。そのあとの話し合いでは、希望する生徒が、しるしをつけた箇所を読み上げて話をします。こうやってみんなで一緒に詩をひらくことで、自分で詩の鑑賞を語る経験に乏しい生徒たちだって、その

ための鍵になる語彙をもっている生徒や私から、詩の特徴——言葉づかい、イメージ、形式、テーマ、文の調子、転換点、比喩表現、リズム、そして音——を学ぶことができるのです。

　ですから、詩の鑑賞に慣れていない生徒も、この話し合いに十分参加できます。すでに自分で詩にしるしをつけているので、それを見ながら安心して、感銘をうけた言葉や理解できた行について話せます。誰もが何かしら「今日の詩」について語ることは可能です。やがてはみんな話すようになりますし、時には発言したい生徒の間の競争になることもあります。ジョセフィーンの次の詩は、そんな話し合いの一場面を切り取って描いています。なお、教室内では生徒は私のことをナンシーと、ファースト・ネームで呼んでいますので、以下の詩でも私は「ナンシー」として登場しています。[*5]

「たとえ最初にうまくいかなくても」

ありふれた朝が来た。
知らなきゃいけないのだとしたら、月曜日
アンラッキーな曜日。
でも、読む詩が配られて、ナンシーの声が
静かな教室に響きわたる。
繰り返されるＳ音に気づいて
あなたは微笑む。
心を落ち着かせる音の響きが
行から行へと流れてゆく。
彼女は詩を読み終えた。
息をのむ一瞬のあと
みんながため息を漏らし
あなたはゆったり座って
間の抜けた笑みを浮かべる。
ナンシーが課題を伝える。
「話し合いたい行や言葉に
しるしをつけてください」。

目の前にある美しい一つの詩

その秘密を見極め、見つけようと
ページの上にペンを走らせる時
あなたの胸は高鳴る。
でも、見つけた。この詩は
一つの単語、一つの行、一つの箇所が
他よりも強くきらめいている。それがなかったら
詩が死んでしまうほどの輝き。
この詩は、あなたのために
想像され、書かれ、印刷されたもの。
あなただけのために。

それなのに、

この驚く発見に自分を忘れてしまって
手をあげるには半秒遅かった。
クラスメイトが手を挙げていた。気軽に、あいまいな感じで。
彼はもちろん指名されて、
この傑作について、考えたことを話すように求められた。
ほんの少しの時間
彼は考えをまとめ、最後には話した。

そして、

なんてこと、あなたも言おうとしてたのに。
まったく、おんなじ、ことをね。
彼は詩を読みあげている。いくつかの行。
よくばりにも1連まるごと。
この詩は、言うはずだったことを盗まれて、打ち砕かれた。
あなたは打ちのめされる。
あなたの人生は無茶苦茶。二度と
満足なんて味わえないように。
もう二度と
まったく。

116

そして今、

あなたは気づいた。遅すぎたけれど
自分が呼ばれたことに。
あなたの手は定まることなく
空中で揺れていて、あなたは
唖然としたまま返答を、
いくつかの平凡な動詞を口にした。
口をあけたまま座る時
涙が目をちくりと刺すのを感じる。
混乱した頭の中を
鎮めようとしながら。
それから先生がクラス全員に
プリントを裏返して次の詩を読むように言う。
テーマは同じ
あなたは裏返して、手探りしながら読んでいく。
ふーん、これは……よい詩、すごいよ。
実際……。

月曜日の朝
午前9時、あなたは
読んだばかりの詩に反応するように
求められる。あなたの手は
ロケットのように空中へ。

そう、
今回はあなたのもの。

（ジョセフィーン・コットン）

お互いに打ち解けるためのアクティビティ

　ベテランの教師なら、新年度の最初に緊張をときほぐす活動について、いくつもアイディアをもっているでしょう。私の十八番は、「教室探検ゲーム」と「ビーチボール・クエスチョン」です。

　「教室探検ゲーム」では、クラスを前もって4、5人のグループに分けておきます。昨年度から在籍していた生徒と新しく入学した生徒が混じるよう、また、8年生がグループを引っ張れるようにとも考えて、あらかじめグループのメンバーを決めておきます。教師が決めたグループで活動するのは、年間を通してこの時だけです。というのも、小グループで活動する時には、お互い心地よく感じる人同士の方が、活動に集中して生産的だとわかったからです。とはいえ、時には、グループに男女両方が含まれるようにとか、7年生と8年生が混ざるようにとか指示を出すこともあります。また、グループにうまく入れない生徒がいる時は、必ず助けを出します。

　生徒が教室に入るとまず目にするのが、ミニ・レッスンで集まる場所。ここには、生徒が来るまえにあらかじめ大きなクッションを置いておきます。「教室探検ゲームでの探すもののリストを見てください。手にとってみて、教室の地図に、リストに書かれている番号を記入していきます」と指示を出します。各チームはクリップボードにはさんだ教室の地図と探すもののリストを持って、ゲーム開始。私は生徒の間を歩き、教室の中がどんなふうにデザインされ、配置が決められているのか、読書ファイルや完成作品ファイルがどこに保存されているのか、参考資料、そして何よりも本がどのように配架されているのかがわかるように、ヒントを出しながら、サポートします。すべてのチームがこのゲームの勝者となり、全員が賞品のお菓子を手にします。

[図版3-1]教室探検ゲームで探すもの（場所）

教室探検ゲームで探すもの（場所）

1. 本を読み終わって、その書名を記録するときに開く引出し。
2. 素晴らしいスポーツものの小説が並んでいる書棚。
3. E. E. カミングズとラングストン・ヒューズの詩集がある場所。
4. 魔女裁判、独立戦争、南北戦争、ホロコースト、公民権運動の時代における、子どもの人生を描いた小説。
5. 書き終わった作品を、赤ペンで自ら校正したあとに入れるトレイ。ここに入れておくと、先生が自宅に持って帰って、さらに黒で校正してくれる。
6. 先生にさっと目を通してもらうために作品を置く場所。
7. 先生たちの教材が入っているので、生徒は触ってはいけない棚。
8. ブックトークで力を入れて語りたいので、ブックトークをしたいことを先生に知らせるために、ブックトークしたい本を置いておく場所。
9. 作品が完成したときに、完成作品の題名とジャンルを記入し、それまでの下書きやメモと一緒にファイルに綴じる場所。
10. 休憩時間にジャグリングやカード形式のクイズをしたい人が行く場所。
11. 「4つ切り取って、次の人にすぐに回しなさい」という指示が出たときに使うものが、5つ置いてある棚。
12. ファイルが破損したときに、新しいファイルが入っている引出し。
13. 「生きるべきか死ぬべきか」と悩んだヒーローが出てくる本のある本棚。
14. 実話に基づいた名作がならんでいる本棚。
15. 読む世界の中心となる場所で、この教室でのお薦め本が、学期が進むにつれて置かれていく場所。
16. 本を借りるときに記入するカード。返却するときには先生がチェック。これから年度が終わるまですべての本の貸出手続きに必要。
17. 自由詩形式で語られる物語をさがす場所。
18. さえない動詞を、もっといい動詞に変更するための選択肢をさがすために開く資料。
19. 校正をするときに使うための用品。校正のときしか使えない。
20. 悲観的な未来が描かれる小説が並んでいる本棚。
21. 大人むけ、あるいはヤングアダルトから一歩先の本がどんなものかを見たいときに向かう本棚。
22. 新しい書き取り学習用紙と宿題用紙がある場所。
23. デビット・セダリスやテッド L. ナンシーが書いた、ユーモアたっぷりの本が読める本棚。
24. ソネットを書いていて、ある単語と韻を踏む単語を考えたい時に開く資料。
25. パラ・ノーマルなロマンスを読みたい時に行く本棚。
26. 反戦もの、戦争ものがある本棚。
27. 存在しうる限りの最上級のペン、つまり書き手の理想の文具がある場所。

[図版3-2] ビーチボール・クエスチョン　質問例

ビーチボール・クエスチョン　質問例

やり方：　ビーチボールを受け取ったときに、右手の親指に最も近いところに書かれた質
　　　　　問に答える。

- どんなふうにして自分の名前が決まったのか
- 一番好きなアイスクリームのフレーバーは？
- 最近見た、いい映画は？
- 右利き？　左利き？
- するのが好きなスポーツ、観るのが好きなスポーツは？
- 子どもの頃と、今のお気に入りのテレビ番組は？
- ペットの性格は？
- 今のお気に入りの曲は？
- コーヒー派、紅茶派、ココア派、それともチャイ派？
- ダーク・チョコレート、ミルク・チョコレート、それともホワイト・チョコレート？
- 最近読んだ本は？　それはお薦めできそう？
- お気に入りのディズニーの映画は？
- お気に入りのジャンク・フードは？
- 好きな野菜と嫌いな野菜は？
- ピザのトッピングは何がいい？
- 小さいときのお気に入りのおもちゃは？
- 幽霊がいると信じている？
- 昨年観たうちで、最悪の映画は？
- 小さいときのお気に入りのクレヨンの色は？　現在は？
- ムカッとすることは？
- 理想の車は？
- 最悪の怪我は？
- 今までに出会った中で一番の有名人は？
- コカ・コーラ派？　ペプシ・コーラ派？
- 小さい頃、想像上の友達がいた？
- 憧れの人は？
- イヌ派それともネコ派？
- タイムマシーンに乗るとすると、過去に行きたい、それとも未来へ？
- この町での、お気に入りレストランと料理は？
- 食べると、ほっとできるものは？
- 理想の仕事は？

二つ目の活動は「ビーチボール・クエスチョン」です。できる限り大きいビーチボールを準備し、個人的な話題でも安心して簡単に応えられる質問をびっしりと書きこんでおきます。この質問で生徒同士が話したり笑ったりする時間をつくるというわけ。生徒が探検ゲームから戻ってくると、次のように指示を出します。「今からボールをお互いにパスしましょう。みんなにボールが回るようにしてね。ボールを受け取ったら、右手の親指に1番近いところに書いてある質問に答えます」。これでお互いについて面白おかしく知り合うことができ、私も新しく教える生徒たちのことを学び始めます。

　そのあとは、年度最初の宿題の説明です。宿題は「読むことアンケート」と「書くことアンケート」に答えること。アンケートの質問項目は、読み手・書き手としての生徒を知るためにつくりました。生徒が自分自身をどう見ているのか、これまでの歴史、好み、過程、強み、取り組み方、かつ基本的な書き言葉の慣習や用法についてどの程度の知識をもっているのか……。アンケートを配布する時に、こう言います。「今日は、私のこと、詩のこと、私が自分の人生の一部にしてきた詩について知ることから、一緒に学ぶことが始まりました。読み手、書き手として、教室に何があるのかも学びました。『ビーチボール・クエスチョン』で、お互いについての個人的なことも、いろいろと知りましたね。今夜、自宅でする宿題は、私があなたたちを、読み手、書き手として知るのを助けてくれるものです。あなたが好きなこと、必要なこと、いつもすること、知っていることを教えてください。たくさんあればあるほど、いいです。それをもとに、今年、あなたたちが、読み手、書き手として満足できるように、成功できるように教えていきます」。

　ここで、生徒は黄色の宿題ファイルと毎週の宿題用紙を手にします。黄色のファイルに「宿題ファイル」と記し、名前を書きこみ、月曜日の日付を宿題用紙の一番上に書きます。それから私がイーゼルに書いて示す宿題「『書くことアンケート』と『読むことアンケート』をできる限りしっかり書いてくる」を「明日が期限の宿題」欄に書きこみます。それから2枚のアンケートと宿題用紙を宿題ファイルのポケットに入れるのです。

第3章　ワークショップ開始　　121

[図版3-3] 書くことアンケート

書くことアンケート

名前 _____　　　日付 _____

1. あなたは「書き手／書く人」ですか?　_____
上の質問に「はい」と答えた人は次の2番の①に、「いいえ」と答えた人は2番の②に進んでください。

2.
① あなたはどうやって書くことを学びましたか?
② あなた以外の人は、どうやって書くことを学んだと思いますか?

3. 上手に書くためにすべきこと、知っておくべきことは何だと思いますか?　優れた書き手ができること、習慣、技術、プロセス、知識、方法など、考えられる限りたくさん書いてください。

4. お気に入りのジャンルは?　どんな種類の文が好きですか?　またその理由は?

5. 他の人からどのようなフィードバックがあれば、書き手として成長できますか?

6. あなたにとって、書くことをより取り組みやすくしてくれることは?

7. 書くことを難しくすることは何ですか?

8. 書き手としての自分の強みを3つ挙げると?
・
・
・

9. 書き手として進歩したいことは?　目標を3つ考えてみると?
・
・
・

10. これまでの人生で、書き手としてのベストの経験は?

11. 書くことと、書き手としての自分について、全体的にはどういうふうに感じていますか?

12. 書き手が「書き言葉の慣習」にのっとって書くのは、読者に理解しやすいようにするためです。書き手が以下の書き言葉の慣習を使うのは、どういう理由からなのか、これまでに学んだことから考えてください。[6]

句点	読点
まるかっこ	かぎかっこ
二重かぎ	段落

［図版3-4］読むことアンケート

読むことアンケート

名前 ＿＿＿＿＿＿＿＿＿＿＿＿＿　日付 ＿＿＿＿＿＿＿＿＿＿＿＿＿

1. できる限りの推測をして以下を書いてみると……
   ・自分が持っている本の冊数は？ ＿＿＿＿　・自宅にある本の冊数は？ ＿＿＿＿
   ・昨年1年間で読んだ冊数は？ ＿＿＿＿＿　・その中で、自分で選んで読んだ冊数は？
   　　　　　　　　　　　　　　　　　　　　　　　　　　　　　　　　＿＿＿＿＿＿＿

   ・新学期が始まる前の長期休暇で読んだ冊数は？ ＿＿＿＿＿＿
   ・同じ年代のアメリカ人の子どもと比較すると、あなたはたくさん読んでいる？　平均的？
   　あるいは平均以下？ ＿＿＿＿＿

2. 過去2、3年で読んだ本の中から、自分のベスト3の書名を挙げると？

3. 自分にとっての理想の本の中では、主人公はどんな人？

4. お気に入りのジャンルは？　どんな種類の本が好きですか？

5. 最近のお気に入り作家は？　何人でも、好きなだけ書いてください。

6. お気に入りの詩人は？

7. 読むのに好きな時間帯と場所は？

8. ある本を読むのか読まないのかを決める方法をいくつか挙げておくと？

9. とても気に入って、読み返した本はありますか？　もしあればその書名は？

10. これから読みたいと思っている本や作家がありますか？　あれば教えてください。

11. あなたにとって読むことを取り組みやすくしてくれることは？

12. 読むことを難しくすることは何ですか？

13. 本の読み手としての自分の強みを3つ挙げると？
・
・
・

14. 読み手として進歩したいことは？　目標を3つ考えてみると？
・
・
・

15. 1〜10の10段階で、自由時間に行うこととして読書を評価すると、どの段階になりますか？（1が「とても嫌い」、10は「とても楽しい」）

16. 本と、読み手としての自分について、全体的にはどういうふうに感じていますか？

第3章　ワークショップ開始　123

家庭学習（宿題）と授業とのつながり

　宿題用紙は、本校で7・8年生を教える同僚と私とで、生徒が自宅で宿題をするようにと考えました。幼稚園から8年生まで、本校の宿題の方針ははっきりしたものです。「ただ生徒を忙しくさせるだけで意味のない宿題は出さない。次の日に活かされない宿題は出さない」。7・8年生の宿題用紙には、毎晩少なくとも1時間分の宿題があらかじめ書きこまれています。それは30分間の数学と30分間の読書。例えば今回の「書くことアンケート」や「読むことアンケート」のような特別な宿題は、生徒が空いているスペースに自分で書きこみます。

　学年が始まって最初の2週間、算数・数学の教師、理科の教師、そして私は、手紙と個別の連絡を通して、保護者にこんなお願いをしています。「黄色の宿題ファイルと宿題用紙を見て、お子さんが宿題をするように促してください。翌日の授業は宿題を土台とするので、それに参加できるように宿題を確実に行うようにお願いします。また、お子さんでも保護者の方でも、もし宿題について何か質問があれば、お気軽に電話かメールで連絡してください」。

　生徒は、一つの教科につき1回だけ宿題を「パスすること」、つまり未完成だったりやらないでいたりすることができます。2回目以降は、保護者に手紙を送り、どの科目のどの宿題ができていないかを知らせ、保護者の協力を求めます。この手紙を同じ教科で3回送ったあとには、保護者と生徒と担当教師の三者面談を行い、生徒が教室での学習に十分な準備を整えて登校するためには、家庭で何が必要かを話し合います。私の出す宿題は、宿題でやってきたことをもとにして少人数で話し合うものが多いので、もし準備ができていなければ、そこには参加できず、その学びの楽しみを味わえません。しかも、昼休みは私と過ごしてその宿題を完成しなければいけないのです。

　宿題を必ずするように指導する代わりに、その価値のある宿題だけを出すようにしています。毎晩、30分読むというのは、そのよい例でしょう。毎日読み続けることは不可欠です。この宿題をやってこない場合、なんでやってこないのかを生徒・保護者と話し合います。自宅で読む時間や場所がないのか？　本を持って帰るのを忘れるのか？　保護者が、子どもが大量の本を読むことが子どもの将来にとって大切なことを理解していないのか？　理由を考

えたあとで、いつ、どこでなら、毎日読めるのかということについて、相談します。すべての生徒が毎晩読んでくれるといいな、というような希望的観測で満足するのではなく、必ず読むように、私は自分のできる限りのことをします。

　この時間の最後、私は、翌日の授業に詩のファイルと宿題ファイルを持ってくるように念を押します。またワークショップ・ノートとして使う100ページのリングノートも持ってくるように言います。そして、生徒たちが持ってきた鉛筆、赤ペン、クリップを集め、教室の文具コーナーで必要に応じて使えるようにしておきます。その後、長期休暇中に本を借りていった8年生が本を返却するのに立ち会ったり、ワークショップ経験者たちが、教室の図書コーナーからお気に入りの本のブックトークをしたりすることを考えはじめます。

　初日の午後には、7・8年生を教える他の教師と一緒に、45分間かけて、諸連絡をします。具体的には、月曜日から金曜日の時間割、宿題の方針、守るべき行動の指針、他の人への配慮、お昼休みの過ごし方、休み時間の過ごし方、パソコン使用の規則です。

ライティング・ワークショップ開始

まずは、生徒をしっかり知ることから

　2日目。ワークショップ・ノート、詩のファイル、宿題ファイル、書くことアンケート、読むことアンケートを持って、生徒たちがミニ・レッスンの場所に集まります。アンケートは私が回収します。

　その夜、自宅でそれぞれの生徒についての記録メモを作成し、書き手、読み手としての習慣や好み、その他特筆しておくべきことを簡単に書きこんでいきます。まずは書くことアンケート（122ページ参照）から始めます。記録するのは次のようなこと。この生徒は自分自身を書き手として見ているのか否か？　書き手が使える技についての知識は深いのか、まあまあか、浅いのか？　お気に入りのジャンルは？　書き手としてどんなサポートを得たいと思っているのか？　綴りの正しさや字のきれいさ以上のことも自己評価できるか否か？書き手として、肯定的なよい経験をもっているのか否か？　書くこと全般についての意識は、肯定的、否定的、それともどちらでもない？　「書くことアンケート」の最後に質問している六つの書き言葉の慣習[*6]のなかで、しっかりわかっているものはどれか？　まだしっかりとわかっていないものは？

読むことアンケート（123ページ参照）からは次のようなことを記録していきます。自宅に本があるか？（十分にある、普通、あまりない）、昨年1年間に自分で選んで読んだ本の量（多い、普通、少ない、なし）、ジャンルの幅（広い、普通、狭い）、作家や詩人についての知識（深い、普通、浅い。ここでの浅いというのは、J. K. ローリングとシェル・シルヴァスタインぐらいしか知らない程度）、読書習慣（すでに確立している、普通、かなり限定的）、読み手としてどんなサポートを得たいと思っているのか、書かれているものを解読するという表面的なことを超えて、読むことを自己評価できるか否か？　読むこと全般についての意識（数字で評価し、かつ肯定的、普通、否定的）について明らかにします。

　生徒のアンケートの回答と私がメモしたその概要が、これから1年間の生徒の書き手、読み手としての自己評価、私の評価、私が教える計画の土台となります。まず気になるのは、自宅に本がない、あるいは自宅で読まない生徒、お気に入りの本がない生徒、読むことは退屈だと考える生徒、自分を書き手だとは思えない生徒、書くプロセスについて最低限の知識しかない生徒、書き手としての自分の強みを挙げられない生徒。彼らには、素晴らしいストーリーと登場人物の本をその手に渡し、書き手として書きたいことをみつけて自分らしく書くように励まし、生徒が最初に何かに挑戦すれば賞賛の嵐を浴びせます。

　学年の終わり、私はもう一度、書くことと読むことのアンケートをとります。生徒に、学年の始まりと終わりのアンケートの結果を比較し、年間の自己評価を書き上げる際に、自分で気づいた変化があれば、それも含めるように伝えます。

書 く 題 材 探 し

　「今日の詩」についての最初の話し合いのあとに、ミニ・レッスンの時と同じ形になって、私は、ワークショップ・ノートに名前を記入するように言います。初日にワークショップ・ノートを持ってこない生徒のために、数冊のワークショップ・ノートの予備を準備しておき、必要な生徒には渡します。それから、書く題材を見つけるというミニ・レッスンを行います。

　年間を通して、書き手として伝えたいことを見出し、集め続け、それに基づいて書けるように、様々な方法を生徒に教えていきますし、教室が創作のアイディアに満ちた場になるようにしています。詩、回想録、短編小説、論

説文、パロディ、人物プロフィール、書評、主張文を私が読み聞かせる時も ありますし、一緒に読む時もあります。私はその日の生徒の予定の確認を口 頭で行うので、他の生徒たちがどのような題材に取り組んでいるのかをお互 いに知ることができます。生徒の作品を集めた文集をみんなで読む時間も 予定に入れます。

　作品の出版の仕方については、説明し、選択肢も示します（345ページの 巻末資料1参照）。例えば学校の文芸雑誌、全国や地域のコンテスト、中高 生の書き手を対象としたウェブサイトや雑誌。地元新聞については、編集者 への手紙の書き方のガイドラインを示します。加えて、書評を送れる場所、 そして、何かを書いてそれを大切な人への贈り物にするという素晴らしさに ついても話します。題材を発展させていくことについてミニ・レッスンも行いま す。これらを通して、異なったジャンルで追求したい題材を生み出し、それ を記録していくことへと、誘い続けます。そして、それぞれの段階で、いつ も生徒に「あなたもこれが使えるよ」とメッセージを送るのです。

　新年度を始める時に、私は、書き手として自分がどんなことに興味をもっ ているのかを示し、そして、生徒が自分の題材を見つけ、それを言語化し、 自分のものだと言えるように誘いかけます。書き手として、それぞれが取り組 める可能性のある題材のリストを活用するのです。

　私は、学年が始まる前の月に自分の題材リストを見直し、更新しておきます。 それを生徒の前で説明する時には、書くことを通してできることや書く題材に ついて生徒がヒントを得られるように、具体的で、個人的で、気取らないも の、生徒の書きたい気持ちにつながるものを提示しています。題材リストを 大きなスクリーンに映して、最初のミニ・レッスンを始めます。

　ワークショップ・ノートの最初の3ページですが、ここには何も書かな いように。この3ページは、この100ページのワークショップ・ノートの 目次のページになります。ワークショップ・ノートは、書くアイディアを 集めたり、読みたい本のリストを作ったり、ミニ・レッスンで教わったこ とを書きとめたり、渡されたプリントをセロテープで貼ったり、文学用語 リストをつくったりします。それから、学年の後半になりますが、いろい ろなジャンルについて学ぶ時に、それぞれのジャンルの文について自分 がどう考えたかを書いたりします。

　今日はまず4ページ目を開きましょう。右上に「1」というページ番号

第3章　ワークショップ開始　127

を入れてください。ノートは、片面だけ使用し、裏は使いません。私が手元の紙に「題材リスト」と書き、それが見えるようにスクリーンに映しますので、4ページ目の一番上にその通りに「題材リスト」と書いてください。今日、あなたたちに知ってほしいことは、私はたくさん書く人で、いろいろな理由で書くということです。自分が書いてみたいアイディアを記しておくのが、自分が書きたい題材のリストです。

　私の題材リストは、書きたい話題や文、それに合ったジャンルなどを含んでいます。ここに書かれたことから、私がどんな人かがわかりますね。そこから見える私は、市民、女性、教師、学習者、母、妻、娘、庭仕事が好きな人、犬を飼っている人、食物が好きな人、運動するのが嫌いな人です。

　この題材リストは、新しい作品に取り組むまえに、戻ってくる場所。書くためのアイディアをためておく銀行のようなものです。これを見ていると、書き手としてやってみたいことも思い出します。新しいアイディアが浮かぶと、メモしないと忘れてしまうので、ここに書きこみます。こういうリストがあることで整理もつきますし、より生産的になり、満足も得られます。書き手として私が知っていること、大切に思っていることを記す、自分のためのメモとも言えます。

　では、今から10分間、私の題材リストから話しますね。聞きながら「あ、これは、いつか自分も書いてみたい」と思ったら、ノートにメモしてください。私の話が終わったあとに10分間、時間を取りますから、その時に自分の題材を書き足しましょう。また、クラスメイトと話して、さらにアイディアを得ることもできます。それは、横取りではありません。着想をもらうのです。目標は、今日、帰るまでにできるだけ多くのアイディアを集めること。私が話している間に、題材の芽を思いついたら、それを失わないように、聞きながら、メモしてくださいね。では、始めます。

　では、私の題材リストについて話しましょう。最初は、目にすると買わずにはいられないチョコレートの話から。甘いものですけど、私は、体にいいと思っています。アーモンド・チョコレートであれば、アーモンドはタンパク質だから、体にいいですよね。パブロ・ネルーダという詩人が、ありふれた日常のものについての詩を書いているから、私もアーモンド・チョコレートについての詩が書けないかなと思っています。もしくは、アーモンド・チョコレートへの自分のこだわりについて、ユーモラス

な文でもいいかもしれません。あなたたちには、目にすると買ってしまう甘いものってありますか？　あるいはお母さんにいつも買ってとせがむものは？　あればメモしておきましょう[8]……。【こんな感じでリストに沿って説明を続けます。】

　これが、今年私が書きたい題材たち。私がこだわっていること、記憶、まかされていること、やりたくてウズウズすること、いつもしていること、イライラすることなどです。いろいろな形で書けます。例えば、詩、回想録、論説文、記事、贈りものにすることもできるし、一冊の本にすることもできます。

　さあ、次はあなたたちの番。10分間で、題材の候補をできるだけ書いて見ましょう。今日は、ジャンルを考えなくてもかまいません。題材を見つけることに集中するほうが大切ですから。たくさん書くことをめざして、これはよくない、と自分で選別しないでおきましょう。どのくらいたくさん書けるかな？　一つの題材から他の題材がつながって出てくることも期待しましょう。目標はページをいっぱいにすること。行き詰まったら「自分の題材リストを広げるために」のリストと、8年生のトリスタンとソフィアの題材リストを参考にしてください。トリスタンのリストで、チェックが入っているのは、彼が実際に作品にしたものです。

　私は生徒の間を歩きまわり、書いているものを肩越しにみて、小さな声で質問し、まだ考えていない分野の題材を指さしたりします。10分後には、3〜4人でグループをつくり、お互いにヒントを得るために、書いたことを順番に読み上げてもらいます。「クラスメイトのアイディアがいいなと思ったら、メモをしましょう。そのためにグループになったんですからね」。そして「全員が少なくとも、五つか六つは、新たに書き加えられるといいね」と言い添えます。再度、教室の中を歩きまわり、励まします。グループでの活動が終わり、ミニ・レッスンの場所に戻ってきたら、「6個以上のアイディアが浮かんだ人はどのくらいいる？　10個は？　それ以上は？」と、量に力点をおいて、褒めます。それから「今後、書いてみたいアイディアが浮かんだら、覚えておけるとは思わずに、いつもここに書き留めておきましょう。書き手として自分が大切に思えるプロジェクトをつくりあげるのです。そのことに主体的に取り組んでくださいね」という励ましで締めくくります。

[図版3-5]自分の題材リストを広げるために

自分の題材リストを広げるために

こだわり	服と靴
自分の独自性	髪型とヘアーカット
問題	現在／過去のペット
夢	現在／過去の先生
腕が鳴ること	場所──学校、キャンプ、旅行、ビーチ、
困惑していること	友達や親戚と遊びに行った場所
情熱	趣味
ムカッとすること	コレクション
悲しみ	何かに初めて挑戦したこと
傷	休暇中にすることや家族で決まってすること
危険を冒してやってみた（みたい）こと	スポーツ
達成したこと	ゲーム──コンピュータ・ゲーム、ボード・ゲー
恐れ	ム、チームで行うゲーム
心配	音楽
空想	本
次のことについての思い出	詩
祖父母	歌
父母	映画
いとこ	作家や芸術家
現在、また小さかった頃の友達	好きな／嫌いな食べ物
流行	好きだった／嫌いだった食べ物
現在、また小さかった頃のお気に入り	大好きなぬいぐるみや他の持ち物
	生活のなかでの大好きなこと

[図版3-6]トリスタンの題材リスト

題材リスト　　　　　　　　　　　1.

ショッピング・モール　　　　　自分の机
リースのピーナッツ・バター・カップ　✓自分の部屋
ハーシーズ・チョコレート　　　ゲチスバーグ
リンツ・リンドール・チョコレート　ボード・ゲーム
✓アップルビー・レストランの手羽フライ、はちみつソースで
ブタ肉全部
生活
犬のフィービー
✓レゴ──昔、遊んだ
パソコン
✓ビデオゲーム
　──シヴィライゼーション4（CV IV）、ブリッツクリーグ
✓家族　──お母さん　　妹　土曜日の夜、夕食と映画
　　　　　お父さん
　　　　　おばあちゃん、おじいちゃん
　　　　　3人のおばさん、おじさん
僕のスポーツ──野球観戦、野球について聞いたりするのが
　　　　　　　好き

130

ギターとドラムを習う予定
レッド・ツェッペリン、ローリング・ストーンズなど
✓ 運転——トラクターとカート
黒——お気に入りの色
美術大好き
ゴムぞうりが大っ嫌い
趣味二つ——ジオラマつくり、カードつくり
毎年の教会のキャンプ
本屋
映画「ミート・ザ・ペアレンツ」
家を建てること
クラフト社製のマカロニ・チーズ
✓ 食べたもの—粗糖 2 袋
グッド・プレンティ・キャンディ
ソーダ・ジャーク
ダンキン・ドーナッツ、チョコレート味
卵

＊✓ がついているものは、実際に作品になった題材です。

[図版3-7]ソフィアの題材リスト

Writing Territories

Putting make-up on when I was little
reading noise to fall asleep
Little Einstein's videos
Crying when I read The Giving Tree
taste of Christmas (candy cane)
Lamb chops - 8-day dinner
picking out the perfect Christmas tree
Barbies
Worried I wouldn't fit in because I didn't have A&F or Aero
fudge from Perries nuthouse
School shopping
Star gazing
getting my first American Girl doll
The smell of the plastic food in my grandmother's house
Love sagas w/ Barbies and w/ Josie
Sitting around the campfire
Snow forts
throwing wood in the basement
Riding bikes in dark
My room
Putting down Lily
Going to the Red Sox
Chocolate lollie-pops
Building the camp fire w/ my dad
how my cat presses his forehead to mine
Going to Treats w/ Eloise alone
Jumping waves w/ my dad
Thursday nights
Making fun of news people on TODAY w/ my mom
3 dolphins in a arch
Eating in a cafe in NYC
Grand Canyon
Car rides w/ mom

題材リスト

小さいときにお化粧をしたこと
眠る時には音が必要
「リトル・アインシュタイン」のビデオのシリーズ
『大きな木』を読んで泣いた
クリスマスの味——ハッカ味の杖の形のキャンディ
ラム・チョップ——お誕生日の夕食
完璧な形のクリスマス・ツリーを取りに行く
バービー人形
ペリーお菓子店で、フャッジ菓子を食べなかったことが心配
——みんなから浮かないか。
新学期前のセール
星空観察
初めてのアメリカン・ガール人形
おばあちゃんのうちにあったプラスチック製の食べ物の匂い
バービー人形とジョシイとの愛情物語
キャンプ・ファイヤーを囲んで座る
雪でつくった砦
地下室に薪を入れる
暗闇で自転車に乗る
私の部屋
リリーにひどいことをしてしまったこと
レッドソックスの試合を観に行く
チョコレートのロリー・ポップ
お父さんとキャンプ・ファイヤーの火を起こす
私のネコが、私におでこをすり寄せてくる様子
エロイーズと二人で行ったハロウィーンのお菓子集め
お父さんとの海遊び
木曜日の夜
お母さんと一緒にニュース番組に出ている人をからかう
3頭のイルカのジャンプ
ニューヨーク市のカフェでの食事
グランドキャニオン
お母さんと一緒に車に乗る

詩の宿題から書くことを学び始める

　最後は宿題の説明です。「今日は自由詩を30分間書くことが宿題。自分の題材リストから、自分が書きたいと思える題材、深めていくことが魅力的で楽しめそうなものを選びましょう。今日は自由詩を二つ読みましたね。自由詩の現時点での定義を確認しておきます。自由詩は韻を踏まず、普通に話す時のリズムで書けばよいのでしたね」と、言います。それから新学期、どうして詩というジャンルから始めるのかを説明します。「詩は、創作の源泉になるジャンル。あなたが素晴らしい書き手になるための文学的な土台です。散文よりも短いので、すぐに最初の作品を書きあげることができ、書くプロセスをすべて体験でき、出来上がった作品に満足することができます。また、詩を書きながら、どうやって注意を払い、大切なことを見極め、筋が通るようにし、形を与え、そして言葉づかいを考えて単語を選択し、テーマをつくり、優れた文になるような書き手の技を使うかも学ぶことができます。そして、詩は他のどんなジャンルよりも、自分自身が価値ある人生を送ることを助けてくれるのです」。

　生徒たちはワークショップ・ノートには下書きを書きません。ですから、それぞれに罫線の入ったレポート用紙を1冊渡します。それから執筆中ファイルを渡し、そのファイルの使い方を説明します。レポート用紙はファイルのポケットの中にいれ、「ライティング・ワークショップで期待すること」と「ライティング・ワークショップのルール」の上に「校正項目リスト」を2枚おいて、そのすべてをファイルの金具でファイルに綴じこみます。マーカーの入ったペン入れを回して、「ライティング・ワークショップで期待すること」を生徒に見えるように教室のスクリーンに映し、1年間のライティング・ワークショップでの期待について、マーカーで印をつけていきます。

　生徒がマーカーで印をつける箇所は指示しません。生徒が集中して聞き、自分で大切な箇所を選びます。生徒たちは、マーカーがあると集中できると言います。また、12、13歳という年齢なので、派手な色が好きです。7・8年生にとってはステータスになる色もあるくらい。本当ですよ。それが信じられない人は、アビーが青色のマーカーについて書いた次の詩を読んでください。

「マーカーの伝説」

平日朝の8時50分から10時15分
7年生の私の生活の中心にあるのは
2本の青いマーカーのどちらかをつかむこと。

そう、
マーカーは 夏色と冬色 に
明るく輝いて
鮮やかなオレンジとレモンがかった黄色が
永遠の2番手だってことも
思い出させる。

マーカー獲得競争は厳しく
ペン入れに残っているのは
ほしくないオレンジとイエローばかり
冬空も夏の海も
連れてきてくれない色。

2本の青いマーカーは
消えてしまう
同じ手のひらの中に
いつも。

「それで?の法則」も
だいなし。

2本の
青い
マーカー。
わたしたちの輪の間をペン入れがまわるごとに
私の顔は100ページの本になる
どのページにも失望ばかりの。

でも、新しい年には新しい伝統ができ、
ペン入れは左回りにまわる。
私の手はUFOキャッチャーになる。
それは私が初めて
トロフィーを獲得した日。

夏色と冬色を
一度に。
私はもう8年生だった。

（アビー・ハッチンズ）

　ライティング・ワークショップの初日だけが、すべての生徒が同じことを行う日。翌日からは、自宅で書き始めた詩の下書きを持ってきて、それぞれが自分の作品に取り組みます。みんなが違うことに取り組むので、教師にとっては頭の痛くなるような状態です。しかし、ワークショップで毎回決まってすることとワークショップのルールがあるので、パニックにはなりません。翌日に生徒が書いて持ってくるものは、どんなものが登場しても、楽しみに待てるようになりました。文体も、捉え方も、題材も様々なら、一人ひとりが効果的に学べる教え方も様々です。[*9]

３日目からは、サイクルを回し始める

　３日目になると、ライティング・ワークショップは本格始動です。ワークショップ中にすることをフルに行います。それは、「今日の詩」、ミニ・レッスン、それぞれの今日の予定の確認、書く時間、そしてその時間中に行われる私との個別カンファランス。ミニ・レッスンではライティング・ワークショップのルール（95ページ参照）に焦点をあて、「書く時は片面だけを使用する、1行ずつ空けて書く、パソコンを使って書く場合は、印刷する時に必ず行間を広くとる設定を習慣とし、紙の上で考える余白をつくる」という項目に注目させます。
　また、書くこととは考えることだ、という点も強調します。話し声や気を散らすような行為は、深く考えて優れた文を書くことを妨げるので、壁に貼ってある引用の中から、カフカの次の引用をよみあげます。「書いている時に、一人でいすぎてよくないということはない。（中略）静かすぎてよくないというこ

ともない。（中略）書く時には、夜の静けさでさえ、十分すぎるとは言えないのだ」。すべての生徒のために、音のない夜のような落ち着きと静けさをつくりだす、それは私の責任です。机でもパソコンの前でも、最初から静寂を保つというルールをはっきりさせ、おしゃべりが聞こえればすぐに厳しく対応します。「この場所と時間は、真剣に考えて書くためのものです。あなたが話すと、優れた文章を書くための技を真剣に考えている書き手の気を散らしてしまいます。静かに！」

　書き手とカンファランスをする際、私は自分の声をできるだけ小さくすることで、生徒の声も大きくならないようにしています。常にささやき声で話しますし、それにささやき返すように言います。私の声が大きいと、教室の声のボリュームも上がります。必ずそうなります。私が生徒の気を散らすようなことはしたくないので、生徒の横に椅子を置いて座り「どんな調子？」と尋ねる時には蚊の鳴くような声です。書く時間に話し声が聞こえれば、クラス全体に注意して全員を中断するのではなく、話し声がしたところに行って注意をします。

　ライティング・ワークショップのルールについてのミニ・レッスンのあと、私は生徒に、自分が書いているものをどうよく見るのか、今日の計画をどう立てるのか、それから私に状況をどう伝えるかを教えます。

　　毎日、書く時間の前に、私はあなたたちに、今自分が書いている題材、ジャンル、どの段階にいるのかを尋ねます。そして答えをメモしていきます。これを「今日の予定の確認」と呼びます。ワークショップの書き手は、みんな違うことに取り組んでいますが、このおかげで一人ひとりの進捗状況がわかります。

　　では、今日は何をしますか？　選択肢を考えてみて。昨晩、取り組み始めた詩の第1稿を続けることもできるし、第2稿に進む人もいるでしょう。手書きでもパソコンでもＯＫ。最初の下書きに書いたことを考え、読み直して書き直そうという人もいるでしょう。新しい日になって冷静に見ると、昨日選んだ題材が実は書きたいことがあまりないことに気付くかもしれません。その題材が無難だから選んだのであれば、やめたほうが賢明ですね。その場合は、自分の題材リストをもう一度見て、これを書いて！と言っている項目を選び、新しい下書きを始めましょう。今から30秒間でここまでにやったことをさっと見て、今日、書き手として行うことを決めてください。名前を呼んだら、題名ではなくて、今何につい

第3章　ワークショップ開始　　135

て書いているのかを教えてください。題名はだいたい最後につけるから、題名でなくて、何についてかですよ。そして今日のライティング・ワークショップで何をするのかを教えてください。

　クラスメイトが何について書いていて、今日、何をするのかを答えている時は、静かにしましょう。この今日の予定を手早く確認して、すぐに書き手としての学びをスタートするためです。でも、この時間は他の人が何を書いているのかを知るチャンス。そこからいいヒントが得られることもありますからね。

　ワークショップが始まるとすぐに、私は書くことについてのいろいろな表現を使って、生徒が書いているプロセスの中で教えていきます。題材、第1稿、第2稿、書き直し、ジャンル、（ある題材について）それ以上書くのをやめる……。自分で何を書くのかを決める経験が少ない生徒にとっては、今書いている題材をやめることを学ぶのは極めて大切です。テーマがない、あるいは、大きすぎて手に負えないものに長々と取り組むと、なんとかするには本1冊分ぐらいの労力が必要となってしまいます。頑張っても実りの少ない作品をいつまでも書く代わりに、自分が喜んで取り組める題材に移るほうが、はるかに理にかなっています。

　書くプロセスで使う表現を教えるのには、他の理由もあります。さっと今日の予定を確認するためです。生徒にこうした表現を教えれば、遠回しな答え方を避けることができます。私も遠回しな言い方をしません。この時間は個別カンファランスの時間ではなく、記録を取るのが目的だからです。クラス全体が書く時間を無駄にしないよう、せいぜい2、3分というところ。生徒が言い淀む時や、私がはっきりわからない時は、用紙は空白にし、ミニ・レッスン終了後にその生徒のところに行って確認するようにします。今日の予定の確認が終われば、それぞれの書き手は私とその日の予定を約束したことになります。もし時間を無駄にしている生徒がいたら、その生徒のその日の予定を見せて、約束を守らせます。もちろん、この時に答えたことは変更できますが、しっかり学び、しっかり書くことに、一人ひとりに責任をもたせているのです。毎回、生徒に、「さあ、始めましょう。しっかり取り組んで、素晴らしい作品を生み出してね」と励まして、書く時間に送り出します。

　その日と翌日のワークショップで、全員の書き手と話すべく、私も動き始めます。全員が魅力的で実りのある題材を選び、創作にはげみ、横道にそれ

ないように。時間があっという間にすぎるので、時計を見て、もうリーディング・ワークショップの時間だと驚くぐらいです。

最 初 の 数 日 の カ ン フ ァ ラ ン ス の 実 例

7年生のカールとの最初のカンファランスでは、カールが見当違いの方向で頑張ろうとしていることがわかりました。彼のところで立ち止まると、学校の劇というありふれた題材についての、自分の言いたいこともテーマのかけらもない詩が目に入ったのです。韻を踏んでいる詩で、何としてでも韻を踏まなければと、かなり無理をしている箇所もありました。

カールの下書きにさっと目を通しながら、「どうしてこれを書いているの?」と尋ねました。

「だって、みんな知ってのとおり、学校では劇をたくさんやっているから」とカール。

「みんなが知っていることを、どうして選んだの?」

カールは肩をすくめました。私は続けて言いました。

「みんな知っていることだから、これについて書こうと思ったの? 学校での劇について書いても、何か見えたり、感じたりできないし、きっと読者にとってもそう。もしかして、最初の週だからこの題材が無難だと思った? だったらこれはやめて、自分が本当に書きたいと思えることを探してみない?」

こう話しているうちに、カールは次の作品を書く気になっていました。そこで、一緒にカールの題材リストを眺め、書きたいものを探すことにしました。ハンズという、自分の大好きな飼い犬の名に目がとまり、カールはそれに飛びつきました。

カールにはもう一つ尋ねることがありました。

「どうして、韻を踏んでいる詩を書いているの? 課題は自由詩を書こう、なのに」。

「だって詩って、いつも韻を踏むものだよね、自由詩を書いてみようとしたけど、韻を踏む詩しか浮かばない」とカール。

「ああ。なるほど、押韻症候群にかかっちゃったって言いたいのね。よく考えてみて。自由詩は、人間の話しことばを土台にしているの。韻を踏まずに話せるなら、韻を踏まない詩も書けるはず。ハンズについて教えて。好きなことは? 一緒にすることは? そこから、自由詩の下書きを書けるから」。

第 3 章　ワークショップ開始　137

私は、カールの話をもとに2、3行を書いてみて、カールがスタートしやすくしました。また、「韻を踏む以外にも、詩人ができる素晴らしいことが本当にたくさんあるの。だからミニ・レッスンでその素晴らしいことを教えていきます。ハンズについての詩を書く時に使える、自由詩の書き方の道具箱がもてるって約束するよ」とカールを励ましました。

　いつものカンファランスより少し時間がかかりましたが、そのおかげで、今後、同じ効果を得るために何度かしなければいけなかったはずのカンファランスを省くことができました。「学校の劇」という、カールが最初に書いていた詩には、核になる部分がありませんでした。そのことをカールが理解できるようにサポートしたのです。これまでの経験から、カールが新しい詩に着手したほうがいいのがわかっていたので、それを後押ししました。

　この例は、教師の知識が、ライティング・ワークショップにおける「譲り渡し」（35ページ参照）を可能にした例だといえるでしょう。私は、これまでに素晴らしい詩を多く読み、そこから学んだことを使って生徒にアドバイスしていますが、出来の悪い詩もそれ以上に読んでいるので、生徒の詩がうまくいかなくなりそうな時にも、それがわかります。ですから、カールが見込みのない詩にはまりこんで、その結果、大したことのない詩を書きあげることを未然に防げた、というわけ。

　カールの最初の自由詩は、「宝物」という題名の、愛犬のハンズについての詩でした。ミニ・レッスンで教えた、詩を書く時の道具箱に入っている道具をカールが活用しているのもわかりました。例えば読者が身近に感じられる一人称の声と存在感、情景が目に浮かぶような単純な色をあらわす単語と知覚に訴える動詞、工夫された題名、比喩表現、リズムを創り出すような繰り返し、共感を呼ぶような終わり方です。この詩ではカール、カールの子ども時代の犬、そして一緒にしていたことが描かれています。

「宝物」

外に出て
ハンズのところに行く
古くすりきれたテニスボールを
口にくわえたままの。

緑色の目が
僕を捉える。
その目が僕にお願いをしている
ボールを空に放り上げてと
犬の目だけがその黄色い球体を追えるほど
高く高く。

「おすわり」
僕はそう言って
ハンズの口から
テニスボールをとろうとする。
すると今度は
ぼろぼろの宝物を
離そうとしない。

ようやく僕の手が
ボールをつかむ。
ぐいとひっぱり
利き手にパス。
ハンズはじっと
僕の手の中の黄色を見てる。
ほしい。
とてもほしいのだ。
そして、僕は腕を後ろに引いて
ボールを空へ。

（カール・ヨハンソン）

　7年生のパトリックを最初に教えた時には、カールとは異なる譲り渡しをすることになりました。最初に目にしたのは、とても詩とは思えない下書き。加えて、「〜のもの」という所有を表すアポストロフィの使い方が間違いだらけで乱用され、意味のわからない文、綴りの間違い、必要な単語が抜けている箇所が多くありました。
　その夜、自宅でパトリックの「書くことアンケート」を読み直しました。自分

を書き手だと思っていないことは確かでした。30年前の私であれば、あまりのミスの多さに、どこから手をつけてよいのか皆目わからなかったと思います。当時であれば、とにかく赤ペンですべてのミスを直し、これを写しなさいと言うしかなかったでしょう。[11]

　しかし見直してみると、パトリックはなかなかの書き手であることがわかりました。しっかりと伝わる動詞、名詞、形容詞を選んでいる。パトリックにしか書けないことがはっきり表現されていて、時制の選択もよい。そう気づいた時、私は、パトリックの側にいる読者となっていました。この題材がパトリックにとって大切な理由もわかりました。同時に、パトリックが書き手として必要としている部分もわかりました。それは、読めるように書くことや編集や校正に関わる事項です。

　私のパトリックに対する最初の目標は、彼が書こうとしている意味をできる限り効果的に表現できるように助け、書き手としての達成感を味わえるようにすることでした。最初のカンファランスの会話は次のように進みました。

　「どんな調子？」

　「なんとかやっているけど、でも、『それで？の法則』が使えているか、よくわからない」と言って少し沈黙し「スラッシュをいれているところは、新しい行になるところなんだ」と付け足しました。この一言から、私とグレイドンが書き言葉の慣習について話しているのが、パトリックにも聞こえていたことがわかりました。ちょうど、グレイドンも散文スタイルで彼の最初の詩を書き始めていたからです。行が代わるところにスラッシュをいれたパトリックは立派だと思ったので、「ありがとう、パトリックとはスラッシュの話はしていなかったのに、それが必要だとわかって、使ったのはとてもいいね」とほめました。パトリックは、「うん」と言って、うなずきました。

　それから私はパトリックの下書きをさっと見ました。「ああ、いいねえ、この動詞もいいし、あ、ここにもいい動詞がある」。それを聞いてパトリックの顔に笑みが広がりました。

　「もっと動詞をいれたほうがいい？」とつぶやきました。

　「うーん、どうだろう。それよりも第2稿を書き始めて、今度は詩を書いていることをもっと意識してもいいかな。例えば、ここに『伝統がした』って書いてあるよね。私の言いたいことがわかる？」

　「伝統が行なわれた、のほうがいい？」とパトリックは考えてみました。

　「ひきつがれた、では？」と私。

私は昨年亡くなったパトリックの祖父、エルドンを知っていました。「これは
エルドンのところでの伝統なの?」──そうでした。「お母さんは泣いちゃう
かもよ」。パトリックは笑いだしました。

　「エルドンについて書くことで、この詩を終わるのはどう?　例えば、エルド
ンがいれば大喜びだね、みたいな感じで。その伝統を家族との関わりで書
けば、『それで?の法則』の答えも見つかるよ」。

　「うん」と言って、再度、うなずきました。

　「素晴らしい詩の核がここにあるよ。20年たってから読むと、きっと思い出
が蘇ってくる」と私は興奮して言いました。「第2稿を書こうか。今度は詩の
行を意識して、そして、最後はエルドンで終わるようにして」。

　「うん」とパトリックは同意しました。

　数日後、パトリックと、今度は校正のカンファランスをします。パトリックは
自分の校正項目リストに「アポストロフィはPatrick's dogのように所有を表す
時と、don'tのように短縮する時に使うこと」と「ゆったりと落ち着いて、読者
が読む時に必要な単語が抜けていないかを確認すること」と記入しました。
そして第2稿をパソコンに入力してから印刷し、赤ペンで、できる限りの校
正をしました。それを私が黒ペンで最終的に校正し、そこからパトリックに教
える書き言葉の慣習を一つ選びました。そして、パトリックは最終版を再入
力して完成。こうして、年月が流れたあとに喜びとなつかしさとともに読み返
す詩が誕生したのです。

「色あせた桟橋から」

僕が飛びこむ時
時の流れはゆるやかに
ふわっと浮かびあがるなつかしい感覚が
またもどってくる
色あせた桟橋から初めて飛び込んだ時からの
いくつもの夏の記憶とともに。
ほんの一瞬
ウォレスの幸せそうな目と、僕の目があう。
海の水が
体中を冷やす。

第3章　ワークショップ開始　141

水面に出る、
太陽が頭を熱く照らす、
そして、祖父が子どもの頃から続く僕たちの伝統は
ひきつがれた。
おじいちゃんがここにいたら
どんなに喜んだろう。

（パトリック・ジャクソン）

　パトリックへの譲り渡しでは、私は彼が伝えようとしていた意味や意図に焦点をあて、それらをはっきりわかるようにし、その文脈でパトリックが必要としている書き言葉の慣習を教えました。パトリックはアポストロフィの使い方について、長期にわたり間違った癖をつけていたので、それは次の作品でも改善されませんでした。でも、パトリックと一緒に見直して、彼が自分でそのミスを見つけて直せるようにしました。学年が終わるまでには、パトリックの下書きは、標準的な英語の書き言葉の慣習にのっとったものとなりました。

リーディング・ワークショップ開始

読む力は、読むことを通してしか培えない

　私が本校の教師のための手引書を書いた時、読むことについてのセクションはフランク・スミスの次の言葉の引用で始めました。「子どもたちは読むことを通して、読むことを学ぶ。読むことを学べるようにするには、読むことに取り組みやすくするのが唯一の方法だ」。[*12]

　ここに私は「読むことに招き入れる」ことを加えたいと思います。最初の数日の最大の目標は、すべての生徒が、純粋に自分が楽しめる本をみつけ、その話に浸れるようにするのを助けること。必要なのは多くのよい本、引きこまれるようなブックトーク、本を探す時間と読む時間です。同時に、リーディング・ワークショップとは何か、また、そもそも、どうしてリーディング・ワークショップで学ぶのかということを教えていきます。

　読むことの研究成果も生徒たちと共有します。読むことが読み手をつくりだすこと、頻繁で継続的な多くの読む経験、それだけが優れた読む力につながることを、伝えていきます。昨年の生徒たちが読んだ平均の冊数を伝え、

今年も同じことを期待していると言います。そして、マーカーと「リーディング・ワークショップで期待すること」と「リーディング・ワークショップのルール」（101〜104ページ参照）を配布し、一緒に見ていきます。その際、特に強調するのは、本だけを読むこと、楽しめない本は読むのをやめること、静かに読むこと、私と話す時はささやき声で話して、クラスメイトがお気に入りの作家の世界に邪魔されずにとどまれるようにすること。全員が、毎日、「リーディング・ゾーン」（101ページ、210ページ参照）に入ってそこにとどまるのが目標です。「静かで、配慮のいきとどいた環境であっても、他人がいるところで静かに読むことに慣れるのには、少し時間がかかります。それについては、今日の終わりに話しましょう」と生徒に伝えておきます。生徒が自分の読書ファイルに、マーカーで印をつけた「ワークショップで期待すること」と「ワークショップのルール」を入れた後、私は情熱をもって、新学期の前の休暇中に読んだ本のなかから、10段階で9か10をつけた本のブックトークを行います。

教師と生徒によるブックトークの力

　私はヤングアダルト文学の専門家、テリィ・リザンスより、ブックトークの力を学びました。国語の教師向けの研究会で、リザンスは教師を対象に素晴らしい本の数々を紹介してくれました。それがとても喜びに満ち、情熱的で、具体的でもあったので、推薦してくれた本はすべて購入したほど。この時に味わったワクワクした気持ちを、生徒にも感じさせたい、そう思いました。

　リーディング・ワークショップでブックトークをする時には、効率性も考慮します。それは生徒のチェック・イン（278ページ参照）をしている間に、自分が10人以上もの別々の生徒に、最新のヤングアダルト向けの同じ本のあらすじを説明していることに気づいたからです。教師から生徒に個別に推薦するだけでなく、クラス全体に紹介する価値のある本を薦める場があれば、効率的に違いありません。

　そこでブックトークです。クラス全体に一度でお薦めができます。最大の効果は、生徒が本を選ぶ選択肢を広げられること。学年の終わりにお気に入りの書名を尋ねると、その90パーセント程度が私や他の生徒のブックトークで紹介されたものです。情熱的なブックトークが教室の図書コーナーに並ぶ本に命と魅力を吹き込んでいるのです。

　私はインデックス・カードに長期休暇の間に読んだヤングアダルト文学の書

名を書き、休暇のあとの新学期で紹介するためにすぐに思い出せるようにしています。とはいえ、ブックトークには決まった形はなく、また、小道具、ポスター、感想文、ノートも不要です。堅苦しいものでもありません。ちょうど大人の本好きの人が、友人に、大好きな本についてどう思うかを話すような感じです。本から感じたこと、主人公と主人公が直面する問題、ネタバレなしでのあらすじ、テーマ、文体、ジャンル、その本との出合い、そして自分がどう反応し、どのように読んだのかなどを語ります。ブックトークの最後に質問を受け付けます。生徒のブックトークで話の結論に関する質問が出たら、私は口をはさみ、わからない状態を楽しむ必要性を教え、かつその本を読むことで答を見つけるように言います。

　生徒は自分の名前を書いたインデックス・カードを、クラスメイトに紹介したい、お気に入りの本にはさみ、私のロッキング・チェアの横の棚におきます。ブックトークで紹介される本は、少なくとも9以上の評価の本です。それより低い本を紹介されると、その本を読む人は年間通じて誰もいなくなってしまいます。また、クラスで誰も紹介していない本を選ぶのが原則。目標は、自分の好きな本を全部紹介することではなく、まだ知られていない本をクラスメイトに紹介することです。

　すでに紹介された本を紹介してもいい、例外的な場合もあります。それは私がブックトークした本です。私が9か10の評価で紹介しても、生徒は本当にそれだけの価値があるのかという一定の猜疑心をもっています。しかし、同じ本をクラスメイトが9か10の評価で紹介すると、この本は本当にお薦めだと納得できるのです。私の評価と生徒の評価では、まったく重みが違うのです。

　まだ私が読んでいない新しい本について、購入した理由、受賞歴、書評、同じ作家の他の本、本に印刷されている紹介や、国会図書館のサマリーなどを読み上げる時もあります。そして、この本を一番に読みたい人がいないかを尋ねます。読んでみて、高く評価できれば、ブックトークするようにとも言い添えます。また私が苦手な、ファンタジーやサイエンス・フィクションの本については、そのジャンルが好きな生徒に渡して、目を通すように頼みます。

　例外的に、8以下の評価のついたヤングアダルト文学をブックトークで扱うときも、まれにあります。それは、訳がわからなかったり、がっかりしたり、怒りを感じたりする本です。「この本なんだけど、こういう理由で驚いた／腹がたった／当惑して、いったいここから何を得られるのかよくわからないんだ

けど、誰か読んでみて、どう思うか考えてみたい人はいない？」と尋ねてみます。

　ブックトークで紹介された本を読みたい生徒が複数いる場合は、借りられる人を公正に決めます。そこで希望者に手を挙げてもらい、ブックトークをした人に数字を考えてもらい、希望者はその数字を推測します。一番近い数字を言えた人が最初に読むことができます。またあまりに多くの手が挙がったときは、私はもう1冊購入することを考えます。

　最初のブックトークをする前に、ワークショップ・ノートの右側のページの一番右に19ページまで、ページ番号を入れるように言って、次のように説明します。

　　1ページから17ページまでページ番号を入れることで、ワークショップ・ノート（72ページ参照）の題材リストの場所ができました。年間を通して、いろいろなジャンルで書きたい題材を増やしていきます。1ページから17ページがその場所で、書くためのアイディアを貯蓄していく銀行のようなものです。この学年が終わるまでに、たくさん書きこみ、書きたい題材貯金がいっぱいのお金持ちになっていることを約束します。

　　次は18ページと19ページを開いて、両ページとも一番上に、「読みたい本」と書きこんでください。[*13]ここは、いつか読みたい本の書名を書いていく場所です。自分の読書計画については責任をもってくださいね。では「読みたい本」のページを開き、私やクラスメイトのブックトークを聞いて、読んでみたいと思える本があれば、書名を書いておきましょう。友達が夢中で読んでいて、書名を忘れたくない本もここに書いておきます。

　　自立した、目的をもって読む読み手になることは大切です。読み手というのは計画をもっています。このページを使うと、簡単で便利に計画ができます。素晴らしい書名が並びますし、他の人が選んで読んだという安心感もあります。ここに書名を書くということは「今読んでいる本を読み終わっても、まだ読まれるのを待ってくれているすごい本がこんなにある」と言っているようなものです。

　私は普通、一度のブックトークで数冊を紹介するようにしています。時には作家やジャンルでまとめます。例えば、自由詩形式の物語、反戦に関するフィクション、ディストピア小説、ユーモア、回想録などです。また、ピア・プレッシャー（友達や仲間からの圧力）、検閲、友情、初恋、スポーツなどのテーマでまとめるときもあります。最近出た本と、すでによい本であることがわかってい

る本とのバランスをできるだけ取ります。最近のブックトークでは、一人の作家から、前に出版されたとてもいい本と新しい本を組み合わせて紹介しました。

『ネバーウェア』[1]は『墓場の少年～ノーボディ・オーエンズの奇妙な生活[2]』を書いたニール・ゲイマンが、1996年に出版した本です。『墓場の少年』は、アメリカのニューベリー賞とイギリスのカーネギー賞の両方を受賞した初めての本ということで、随分と話題になりましたが、私の評価は8。いい本だと思ったけど、大好き！とまではいきませんでした。でも、『ネバーウェア』はニール・ゲイマンの最高傑作だと思うので、評価は10です。

主人公はリチャード・メイヒューという若者で、スコットランドの村から都会へと向かいます。ロンドンで会社に勤め、友人をつくり、婚約し、9時から5時という日々決まりきった大人の生活にどっぷり漬かっていました。ある夜リチャードは街で、ドアと言う名前の傷だらけの少女を助けたことにより、今まで知らなかったもう一つのロンドンと遭遇することになります。

ロンドンの地下鉄はアンダーグラウンドと呼ばれています。ゲイマンはこの言葉を使って、「地下にある下界のロンドン」というもう一つの世界を描きます。リチャードが住んでいる「上の世界のロンドン」と並行して存在し、その割れ目から落ちた人が住んでいる場所で、個性的な人たちで溢れています。クループ氏やヴァンデマール氏という、私が今まで読んだフィクションのなかで最も恐ろしい、魔法を使える人物も登場し、ぞっとします。

怖い本ですし、サスペンスもあり、面白く、驚きもあります。リチャードがこのもう一つのロンドンに行って途方にくれた時には、『不思議の国のアリス[3]』を思い出しました。もっとも、リチャードはアリスでないし、リチャードはこの経験によって大きく変わります。それまでは、安全で予想がつくことが好きな体制順応型でしたからね。でも、下界に行ったおかげで、自分を見つけたのです。

『ネバーウェア』は大きなテーマを扱っています。それは他人への共感、忠実であること、信頼、そして善と悪。しかも動きのある冒険物語でもあります。さっきも言ったように評価は10です。質問や言いたいことはありませんか？

この時は、『ネバーウェア』以外に、E．ロックハートという作家からも、その著者の新作と旧作を紹介しました。生徒と私は、毎年、それぞれのクラスで、これは見逃していけないという本、250冊をブックトークします。ブックトークとは、映画の予告編のようなもの。その本が気に入った人がみんなに読んでもらおうと本を薦める、それだけです。しかし、生徒がリーディング・ゾーンに入るのに、最も貢献しています。それは、アメリカの生徒が本を読まない最大の理由、読まない生徒がよく言う「読みたい本が見つけられない」[*14]という問題を、解決しているからです。素晴らしい本は、手に取られるのを待っている。ブックトークは、生徒にそう伝える機会を頻繁に作ってくれます。これによって本が、目の前に浮かぶ、魅力的で、手に取りたいものになるのです。もし最初の学期の終わりまでに、ブックトークをしていない生徒がいれば、次の学期の目標にブックトークを加えるように励まします。次の新学期の最初に、みんなの緊張をほぐして、クラスメイトを助けましょう、ちょうど彼らがあなたたちに素晴らしい本を教えてくれたように、と。

[図版3-8] ヘレナの読みたい本リスト[2ページ目]

ヘレナの読みたい本リスト［2ページ目より］

カッコーの巣の上で[1]
ミアの選択[2] ✔
少年時代[3] ✔
ボーイズ・ライフ[4]
血と暴力の国[5]
驚くべき天才の胸もはりさけんばかりの奮闘記[6] ✔
私のひだり足～ある脳性マヒ患者の手記[7]
ロケットボーイズ[8]
ビート・オブ・ハート[9] ✔
いつかぼくが帰る場所[10] ✔
カサンドラの城[11]
さよなら、シリアルキラー[12] ✔
守備の極意[13]
ショコラ[14]
わたしを離さないで[15] ✔
荒野へ[16] ✔
解錠師[17]
日はまた昇る[18]

月を盗んだ男～ NASA史上最大の盗難事件[19]
オスカー・ワオの短く凄まじい人生[20]
卵をめぐる祖父の戦争[21]
ブラック・アイス[22] ✔
殺人者たちの王[23]
アンネの日記[24]
ラス・ヴェガスをぶっつぶせ![25]

✔がついているのは、すでに読んだ本です。上記の本の参照情報は巻末文献一覧に記載。英語原書には2ページ目に41冊が記入されていましたが、この表では邦訳が出ている本25冊の書名のみ記載しています。1ページを2列に使っているので、だいたい1ページにつき、60～70冊が記入できます。

第3章　ワークショップ開始　147

生徒たちが本に浸れるようにする

　私が最初の2、3回のブックトークをしたあとで、本の貸出カードのある場所を示し、本を借り、返却する方法を説明します。そして、必ず貸出カードに記入してから本を借りるように、と注意もします。その後、生徒たちは教室の本棚にある本のタイトルを見てまわり、それらについて話し、選び始めます。その時間の終わりまでには全員が1冊を必ず選んでほしいので、私は本棚の近くにいて、今までの生徒が大好きだった本をひっぱりだし、登場人物について語り、あらすじを簡単に示し、ジャンルを説明し、知っているいい本があれば他の生徒に推薦するように言って、選書をサポートします。

　その後、生徒は選んだ本を自分の貸出カードに記入し、床に寝っころがるか、クッションに座るか、机で楽な姿勢になるか、自分で読む場所を決めます。自分が快適な姿勢であればよいのです。以前に公立中で教えていた時に、7・8年生が床に寝そべるなどのだらしない恰好をするのを嫌がる校長がいました。そこで、「生徒が読書中。じゃまをしないでください」という札を教室の窓にセロテープでとめておき、校長がイライラしないようにしていました。

　生徒が落ち着いてくると、チェック・イン表（89ページ参照）をはさんだクリップボードを取り出し、それぞれの読み手の横か後ろにいって、読んでいる書名をメモします。「何を読んでいるの？　どうしてこの本にしたの？」と小さな声で話しかけます。今日も、これからの毎日も、楽しめない本を読む生徒がひとりもいないようにする、というのが私の最重要課題。本に満足できないと、私が決して教えたくないこと、つまり読書は退屈だと学んでしまうことになります。満足できない本はやめてもよい、と許可するだけでは不十分で、むしろ、やめることを奨励しますし、時には、即時停止命令を出すぐらい。楽しんで読めていない読み手がいれば、本棚の前に連れて行って、どの生徒にも広く支持されてきた素晴らしい本を3、4冊ひっぱりだし、それぞれの本についてごく短く説明します。そして、本のカバーを開いたところに書いてある説明を読み、この中で読んでみたいと思える本がないかを検討してみるように言います。

　この方法は高い成功率を誇ります。もしうまくいかなければ、さらに3、4冊ひっぱりだして、あらすじを伝え、その本を渡します。リーディング・ワークショップでの最重要事項は、すべての読み手が読むことを楽しんでいること。いったん読む習慣がつけば、本が生徒たちそれぞれの好みを形成してくれ

ます。書き手と同様に読み手も、集中しながら、生産的に1年間を始める必要があります。最初の週には本を選択し、計画的に読んでいくことに多大なエネルギーを注ぎます。それは、一人ひとりが、できる限り早く、本について語り合える場に自分の席を見つけ、読書の喜びを知ってそれを信じ、読む練習をし、読み手として成長するためです。[*15]

　この日、全員が行う宿題は少なくとも30分間読むことと、翌日、その本を持ってくること。もちろん、忘れる生徒もいます。その生徒には、「リーディング・ワークショップで1回だけ使える宿題パス券をもう使っちゃったね」と言います。それから短編集から1、2作品を選び、その日のワークショップではそれを読むように言います。その生徒には、他の本を読み始めてほしくはありませんし、他の生徒にも2冊同時に読むことは薦めません。1冊すべてにしっかり浸ることから得られる文学的な経験を最大限味わってほしいですから。

　翌日のワークショップは、私あるいは、2、3名の8年生のブックトークから。そのあとで、私はクリップボードを片手に教室を歩き、今回はページ番号を記入していきます。宿題をしていれば、昨日よりも20ページは先を読んでいるはず。読めていなければ、リーディング・ワークショップで宿題を1回だけ忘れても許される宿題パス券を使ったことになります。次に読めていないことがあれば、保護者に手紙が行きます。毎日リーディング・ワークショップができない時は、最後にチェック・インをした日からの日数に20ページを掛け算します。生徒は少なくともそのページまで読んでいるはずです。

　それから前の日のチェック・インで始めた会話をささやき声で続けます。すべての読み手のチェック・インをしたあとで、自分のロッキング・チェアに戻り、自分のために本を読む時間が少し残っている日もありますし、生徒が読んでいるのを見ているときもあります。ここにいるのは、昨日の休み時間に、iPodを交換し、歌い、叫び、からかいあいながら、バスケットのネットを揺らしていた生徒たち。その彼らが、今は静まりかえり、本の世界に行っている。それぞれがリーディング・ゾーンのなかに入り込み、物語と一緒に生きている。この姿には、毎回、感動を覚えます。中断したくありませんが、時間がきます。「さあ、一息いれて、リーディング・ゾーン脱出の時間。明日は本、ワークショップ・ノート、黄色の宿題ファイル、青緑色の詩のファイル、青色の執筆中ファイルを持ってきてね。この最初の3日間、とてもいい時間でした。だから、書き手、読み手として、あなたたちが明日、そして次の日、そしてその次の日と、これからずっと歩む道のりがとても楽しみ。私はもうワクワクしてい

るし、あなたたちを教えることができて、嬉しく思っています」。

. . . .

*1——— 日本の教室で「今日の詩」を行うときに参考になる本については354ページの巻末資料3の5を参照
　　　　してください。
*2——— 「読み直して書き直す」という言い方ですが、英語ではrevisionが使われており、この単語は「推
　　　　敲」と訳されることが多いです。revision については、「re＝再び、vision＝見ることだ」という解釈
　　　　をする実践者もいるぐらいで、新しいものを見出すことも含むような、大きな書き直しまで含んでいま
　　　　す。推敲という日本語には、下書きにさらに磨きをかけ、よりよいものにしていく印象がありますが、
　　　　revisionはそれよりも広い範囲で捉えられることも多いです。訳者が関わっている「WW/RW便り」
　　　　でも説明していますので、http://wwletter.blogspot.jp/search?q=re-visionを参照してくださ
　　　　い。
*3——— ここでアトウェルが紹介している詩のなかで、日本で比較的よく知られているのは、メアリー・オリバー
　　　　の"Wild Geese"です。「Mary Oliver, Wild Geese 意味」で検索すると、複数の私訳や原文の
　　　　英語が読めます。
*4——— アトウェルが実際に使っている詩の多くは、アトウェルの著書Naming the World（359ページの文献
　　　　2章2）に収録され、ここに載っている詩は教室内でコピーすることが許可されています。この本ではア
　　　　トウェルがそれぞれの詩をどのように紹介し、どのように話し合いを締めくくっているのかも詳しく書か
　　　　れています。
*5——— 生徒が教師をファースト・ネームで呼ぶのか、Mr. やMs. の敬称をラスト・ネームにつけて呼ぶのか
　　　　は、学校や教室によります。アトウェルのIn the Middle初版（358ページの文献訳者前書き2）では、
　　　　生徒たちは「Ms.アトウェル」とラスト・ネームで呼んでいますが、第3版では「ナンシー」になっていま
　　　　す。これは、アトウェルが学校を設立したときに、教師も保護者も生徒もお互いにファースト・ネームで
　　　　呼ぶような場にしたいと考えたからです。
*6——— 原文では大文字、アポストロフィなど、日本語では使用しないものも含めて8項目となっていますが、
　　　　本書では、かぎかっこなど、日本語で使うもの6項目に変更しています。
*7——— シェル・シルヴァスタインには、日本では英語の授業などでも取り上げられることの多い絵本『おおき
　　　　な木』（村上春樹訳、あすなろ書房、2010年）他、詩集も含めて多くの邦訳があります。
*8——— Writing in the Middle: Workshop Essentials（イン・ザ・ミドル 書くこと編〜ワークショップのエッセンス）
　　　　のDVD（Heinemann, 2011）では、英語ですが、アトウェルがミニ・レッスンで、自分の題材リストに
　　　　ついて説明している様子を見ることができます。
*9——— 読み書きに限定されずに、一人ひとりが効果的に学べる方法については、C.A. トムリンソン著の
　　　　『ようこそ、一人ひとりをいかす教室へ〜「違い」を力に変える学び方・教え方』（山崎敬人、山元隆
　　　　春、吉田新一郎訳、北大路書房、2017年）があります。
*10——— もし教室でGoogleのスプレッドシートが使えれば、全員が同じシートに書き込むことで、さらに短時間
　　　　で予定の確認ができます。ただし、アトウェルの教室で起きている相互の交流は起きにくいかもしれ
　　　　ません。
*11——— 赤を入れて間違いを修正する教師から、書き手を育てる教師になっていくカンファランスの様子は第
　　　　6章で詳しく述べられています。
*12——— アトウェルが引用しているのは、Frank Smith著のJoining the Literacy Club（読み書きクラブに入
　　　　ろう）（Heinemann, 1988）という本です。なお、フランク・スミスの著書の中で、日本語で読めるもの
　　　　としては、『なぜ、学んだものをすぐに忘れるのだろう？〜「学び」と「忘れ」の法則』（福田スティーブ利
　　　　久、橋本直実、澤部涼子訳、大学教育出版、2012年）があります。『なぜ、学んだものをすぐに忘れるのだ
　　　　ろう？』の第2章の40〜47ページが、「読み書きクラブに加入する」というセクション題でまとめられて
　　　　おり、アトウェルが引用している読み書きクラブについて、イメージをつかむことができます。
*13——— 「2ページでは足りない」と思われるかもしれませんが、147ページの生徒の実例を見ると、1ページ

を2列にして使っているので、1ページに60〜70冊程度、2ページあると120冊ぐらいは簡単に書きこめます。

*14——Yankelovichによる"Kids and Family Reading Report"（子どもと家族の読むことについての報告）(Scholastic, 2007)の中で報告されています。
www.scholastic.com/aboutscholastic.news/readigreport.htm.

*15——*Reading in the Middle: Workshop Essentials*（イン・ザ・ミドル読むこと編〜ワークショップのエッセンス）のDVD（Heinemann, 2011）には、この初日の様子が説明されています。またhttps://vimeo.com/tcrwpでは、幼〜小レベルのリーディング・ワークショップの動画を無料で見ることができます。

第 4 章
書き手を育てるミニ・レッスン

書くことに取り組む

忙しいだけで満足してはいけない。
大切なのは「何で忙しいか」だ。

―― ヘンリー・デイヴィッド・ソロ

私の趣味はコレクションです。特にビクトリア朝の骨董品、例えば、スタッフォードシャー犬の置物、彫刻を施した貝細工、ルビー色に輝くガラスの器、子どもの小さな像が載っている磁器の容れ物といったものを集めています。また魚介類を扱う料理本のコレクターでもあります。地元の漁師が3月に獲ってくるメイン州産のエビのおいしい料理法は、メイン州の沿岸に住んでいる私にとって、生活の大切な一部です。

　小指の先くらいの小さなエビは、1分もあれば火が通ります。1キロぐらいを茹であげ、食卓で殻をむき、溶かしたバターに浸して食します。もちろん、おなじみのレシピであるオーブン焼きもお薦めです。殻をむいたエビ1キロを、マッシュルームのクリームスープ1缶、さいの目に切ったピーマン、そして1カップのマヨネーズとあえて、キャセロールに入れ、表面にはクラッカーを砕いて散らします。160度のオーブンに入れると90分で出来上がり！

　フリーマーケットに行くと、大好きな骨董品とメイン州産のエビを美味しく調理できそうな料理本に目がいきます。ある時、地元の生産組合が出版した、読み込まれてくたびれた、魚介料理の本を1ドルで購入したことがありました。それは、マッシュルーム・クリームスープとマヨネーズであえ、クラッカーを砕いて上に散らしたオーブン焼きという定番以外のレシピが載っていたからではありません。本を開いた時に目に入った、無名の詩人のこんな言葉に惹かれたからです。

> 誰もが言う、「料理上手は生まれつき」と。
> でも、本当はそうじゃない。
> 日々の努力と、この本のレシピ
> これであなたも料理上手。

　この無名の詩人の言葉に励まされるのは、私の料理の腕前がひいき目に見ても素人レベルのためですが、それだけではありません。書くことに本格的に取り組み始めたのも、30歳近くの頃だったからです。料理上手も優れた書き手も、才能次第とよく言われます。私も、教師になった時には、生まれつきの才能があるのかどうかを考えました。よく書ける生徒は生来、才能に恵まれているのだろうか、それとも、誰でも学べば上手に書けるようになるのか？　ワークショップで書くことを教える経験を積み重ねるなかで、この迷いはなくなりました。私の結論はこうです。すべての子どもが、学べば上

手に書けるようになるのです。

料理本の詩が語るように、「日々の努力」と「この本のレシピ」があれば料理上手が育ちます。同様に、日々の練習とレシピ代わりの先達からのアドバイスがあれば、よい書き手が育つのです。料理においても、書くことにおいても、それに取り組みたいという気持ちで臨み、実際にやってみて成果を振り返る十分な時間があり、そのやり方を先達の経験から学ぶことができれば、料理人としても、書き手としても大きく成長します。ライティング・ワークショップにおけるミニ・レッスンは、大人が生徒たちに「どうやって書くのか」という先達からのアドバイスを教える、極めて重要な場です。

教えたことが深くしみこむという視点から考えると、毎回のライティング・ワークショップの最初に行うミニ・レッスンは、控えめに見ても、生徒への個別カンファランスと同じぐらい効果的です。よいミニ・レッスンは、実践的で、生徒たちが取り組んでいることと関連していて、理解しやすく、影響や効果が広範囲に及びます。ミニ・レッスンはクラスの生徒全員と会話する場です。そこで、書くことにおける問題、確実にうまくいく解決策、前に進めるような助言などを話します。また、ミニ・レッスンは、生徒一人ひとりが自分の書きたいことを見つけて、それに取り組むことを大切にしながら、私がこれまでに国語教師として得てきた知識を生徒に譲り渡す機会でもあります。

私は絶えず研究しながら自分の教え方を改善し続ける教師でありたいので、ワークショップでクラス全員に同じ内容を教えることの役割と、その効果を最大限にする方法に関心があります。教師なら誰でもそう感じるでしょうが、私たちには時間がありません。生徒が今後の人生にも活かせるように教えていくには、年間180日は短すぎるのです。

ワークショップを始めた頃は、生徒の反応を見て、ミニ・レッスンの内容を決めていました。毎晩、その日の授業がどのように進んだかを振り返り、生徒がしていたことやできていなかったことと関連づけて、翌日のミニ・レッスンを組み立てました。でも、何年か教えている間に、パターンができてきました。生徒のニーズ、文学的で優れた文章や書き言葉の慣習を守った文章を書くためのアドバイス、様々なジャンルの学習などの観点から考えた時、学年の初めの月に、その翌月に、2学期に、3学期に、それぞれ何を教えるといいかがわかってきたのです。そして、私のミニ・レッスンはゆとりのある学習指導計画のようになりました。項目と順番があらかじめ決まっているのではなく、教える価値のある情報とそれを伝える適切なタイミングのバランスのとれた指

導計画になりました。

　また、よりよい内容を厳選するなかで、生徒が理解できる言葉でミニ・レッスンの内容を伝える必要を痛感しました。というのは、例えば、一貫性、具体性、五感に訴える描写、リズム、無理のない話の移り変わり、凝縮、冗長さなどの、概念的なことを難しい言葉で語り始めると、12、13歳の生徒たちの頭は思考停止してしまうように見えたからです。とりわけ飛びぬけて難しいのが「テーマ」という概念でした。そこで、優れた文章を書くガイドになる概念の本質が生徒にも伝わる、オリジナルの用語を考え始めたのです。例えば次のような用語をつくりました。「それで? の法則」「頭と心の法則」「一粒の小石の法則」「骨まで削ぎ落とせの法則」「まぶたの裏のシアターの法則」「メモ書きの法則」などです。生徒が書いたものからも、生徒の文学作品への反応からも、これらの用語を使ったミニ・レッスンで、その土台となる概念が生徒に定着していることがはっきりとわかります。

　これらの用語を使うと、ミニ・レッスンだけでなく、読み手・書き手を育てるための個別カンファランスの時間の学びも、大きく変わります。これらの用語から学んだ概念を使って、書いている時には下書きを多角的に見ることができますし、読む時には書き手として作品を見る視点にもなります。また、生徒との会話はいっそう豊かで効率的なものになります。生徒が取り組み中の作品について話し合いをする時も、一から始める必要はありません。文の特徴、必要な助け、アドバイスの要点などについて、それらを端的にあらわす用語を、生徒も教師も共通してもっているので、すぐに実質的な話ができます。

　例えばある書き手の隣に座り、「調子はどう?」と尋ねると、次のような答えがかえってくることがよくあります。

　「まだ、『それで? の法則』がちゃんとできているかよくわからない」。

　「ここで、まぶたの裏のシアターに映像が浮かぶと思う?」

　「この書き出しだと、読者を引きこめると思うんだ」。

　「まだメモ書きの段階なんだ」。

　「『頭と心の法則』が十分にできていると思う?」

　「繰り返しを効果的に使おうとしているところです」。

　「無駄な部分を『骨まで削ぎ落とす』ことが必要なんだ」。

　「一般的なことしか書けていないので、『一粒の小石』にしなくちゃってわかっているんだけど、どうしたらいいでしょうか」。

このような用語は洗練された用語ではないかもしれません。しかし、そこで語られている内容はしっかりしたものです。これらの用語は優れた文章の特徴をしっかりと捉え、若い書き手たちにそれを教えることができるのです。

　他方、このような優れた文章の特徴を、教師は次のような時間を通して学ぶことができます。教師自身が題材さがし、下書き、下書きの書き直し、さらなる読み直し、校正をしながら書くことに取り組んでいる時。既成の評価基準（ルーブリック）を使うのをやめた時。多様なジャンルで、感心するほど巧みな文を読み、その特徴を考える時。正確かつ創造的な視点をくれる書き手や評論家のアドバイスに耳を傾ける時。

　私には頼りにしている書き手[*1]がたくさんいます。例えば、『ライティング・ワークショップ[1]』の著者の一人でもあるラルフ・フレッチャー、『英語文章読本[2]』の改訂、増補、解説をしているE. B. ホワイト、第1章でも紹介したドナルド・マレー（53ページの注14参照）やドナルド・グレイヴス（52ページの注5参照）、『ウィリアムズ詩集[3]』の詩人ウィリアム・カーロス・ウィリアムズ他、多くの名前が浮かびます。

　各学期の終わりにその学期で教えたことを振り返り、ミニ・レッスンの項目を教えた順に並べてリストを作ります。本校では、子どもの評価を保護者に通知する時、子ども自身の説明と教師の子どもの評価の二つでお知らせしています（詳しくは、第8章を参照してください）。クラスで行ったことの全体像、子どもの授業内容への取り組み状況、子どもの達成したことや子どもの目標についての私の考えを、保護者に知らせています。

　私は7年生と8年生の異年齢クラス[*2]を教えているので、ミニ・レッスンは2年間で一つのサイクルとなります。毎年必ず教える、書き手が使う技、トピック、書き言葉の慣習があります。もちろん、新たな例を用いることもありますし、新しい内容も加えます。348ページの巻末資料2には、2年間を一つのサイクルとして、ミニ・レッスンで焦点を当てた内容を簡潔にまとめてあります。生徒と私は広範囲にわたる学習をしていますが、無駄なものは一つもありません。ミニ・レッスンは生徒の学びに関わっていて、興味がもてるもので、実際に役に立つだけでなく、世界を広げてくれる刺激にさえなっているのです。

　最近のお気に入りは、フリーマーケットでみつけたマーサ・スチュアートの料理本 *Martha Stewart's Quick Cook*（マーサ・スチュアートのお手軽クッキング）[4]です。いまやすっかり有名になった感のあるマーサ・スチュアートですが、この

本はまだあまり知られていない、初期の頃のもの。すっきりと簡単なのに、優雅さを感じるレシピが満載です。このレシピのおかげで、ヒラメを焦がしバターと酢で調理したもののケイパー添え、マゼランツキヒガイのエシャロット・ソテー、それに鶏肉のサフラン焼きもつくれるようになりました。私には手の届かない、手の込んだ高級料理という思いにとらわれることなく、食材や料理のレパートリーが格段に豊かになる本です。しかもマーサの工夫を知ることで、素晴らしい結果が得られます。そうなると再度料理がしたいと思いますし、同時に自分のオリジナル・レシピを作ろうという気にもなります。その成果として、メイン州産のエビを使った私のオリジナルでベストのレシピを、この章の最後で皆さんにお教えします。

　書くことを教える教師は、こういう変化をもたらす工夫を見つけ出す必要があります。つまり、見えないものをはっきり見えるようにし、今までハードルが高かったことをできるようにする、そんな助言や見本です。生徒全員に、よく考えられた、しっかりと伝わる実演をし、その後に、一人ひとりの書き手と、よく考えられた、しっかりと伝わるカンファランスをしていけば、生徒たちは、知識、効果的な方法、自信、機会を手にし、大きく成長していくのです。

ワークショップで書く手順

　年度初め2か月分のミニ・レッスンは、二つの目標を優先的に達成するために計画します。一つはライティング・ワークショップの手順を確認することであり、もう一つは優れた作品を書くことに確実につながる、書き手が使っている技を教えることです。私は、自由詩というジャンルで学年をスタートしますが、自由詩を使いながら、この両方を教えています。

　本校には、書き手として経験不足の新入生も、ライティング・ワークショップの経験者もいます。私は、ライティング・ワークショップ初心者一人ひとりと話してワークショップで書く手順がわかるようにしていきますし、経験者たちには、ワークショップの手順やその理由を再確認し、初心者たちを助けるように促します。

　私がライティング・ワークショップで教え始めたのは、まだブースベイ学校で教えていた時で、当時、この教え方をその学校で実践していたのは私だけでした。後に幼稚園から8年生までの同僚と共に、「ブースベイ・ライティング・プロジェクト」と呼ぶグループの一員となりました。しかし、それ以降もラ

イティング・ワークショップは、私の勤める学校全体で行われていたわけではないので、その手順を理解していない生徒たちが教室にいました。ですから、毎年、学年の初めには、ワークショップの手順についてのミニ・レッスンにかなり力を入れました。

　ライティング・ワークショップは、生徒にとっては自然に理解できるものではありません。そのリズムを体で覚え、ミニ・レッスンで集まる時には筆記具を持ってくる、プリントはセロテープで四隅をノートに貼ってから次の人にセロテープを回す、赤ペンは校正の時以外は使用しない、一つひとつの作品にそれぞれ校正項目リストを作って書きこむ、完成した作品のファイルにはそれまでの下書きをすべて入れる、授業で使うファイルとノートを持って登校する。このようなことが、いちいち言われなくても自然にできるようになるまで、何度も繰り返して教えます。

　ライティング・ワークショップ開始の月は、毎回のワークショップで何をするかを強調して教えます。生徒たちが次に何をするのかがわかるようになれば、自分の時間を主体的に使えるようになるからです。教師も「次に何をするの?」という質問にいちいち答える必要がなくなり、生徒たちが取り組んでいる作品をどうすればよりよくできるのかを教えることに集中できます。ミニ・レッスンでは以下の項目の大半を最初の数日でこなし、残ったものは、その後、2週間ぐらいかけて教えていきます。

ワークショップで書く手順についてのミニ・レッスン

- ライティング・ワークショップで生徒たちに期待していること。
- ライティング・ワークショップのルール。
- 教室の使い方、文房具、紙、参考資料のある場所。
- 「題材リスト」の作り方、リストの増やし方、リストの使い方。
- 〈「今日の詩」　➡　ミニ・レッスン　➡　今日の予定の確認　➡　書く時間〉という毎回の授業の流れ。
- 今日の予定を確認する際の応答の仕方。
- 毎日授業に持ってくるもの、ミニ・レッスンの前に準備しておくもの。
- 取り組み中の作品を入れる執筆中ファイルとその目的、使い方。
- 完成作品ファイルとその目的、使い方、保管場所。
- 宿題ファイルと週ごとの宿題シート。

第4章　書き手を育てるミニ・レッスン　159

- 全100ページのワークショップ・ノートを次の五つのセクションに分けること。①書く題材のアイディアを書く題材リスト、②読みたい本のリスト、③ミニ・レッスンで提示された情報と、クラスの皆で考えたことなどを書く授業ノート・セクション、④話し合いのなかででてきた読み書きに関する用語セクション、⑤各ジャンルでの読みものについてのジャンル分析セクション。
- セロテープが回ってきたら、4本切り取って手の甲に仮貼りして、セロテープは隣に回す。ワークショップ・ノートの「③授業ノート・セクション」の新しいページに、ミニ・レッスンでの配布プリントの四隅をセロテープでとめて貼りつける。
- 教室のパソコンのパスワード（私は詩人の名前を使います）。
- 書く時間中に静かな環境を保つ理由。
- 取り組み中の作品について、教師やクラスメイトと静かに話す方法。ささやく時は喉の奥から息を出さずに、口先だけを使って小声で話す。
- クラスメイトとの有益なピア・カンファランス中に行われていること。
- 書き手ができる様々なことと、それらの名称。
- 作品が完成した時に行うこと。
- 自分の校正を、先生に最終確認をしてもらう段階にきた作品の提出場所。
- 先生に最終の細かいミスを見つけてもらう段階にきた作品の提出場所、長い作品の場合は先生の持ち帰りとなる。
- 完璧な最終稿作成のためのガイドライン。

　学年が始まって最初の月に行う、ワークショップで書く手順についてのミニ・レッスンの一つとして、生徒と私で、書くプロセスとそのプロセスの中で書き手がすることについて学びます。私は書くプロセスは一つしかない、という教え方はしません。書き手としての自分を振り返っても、決まったステップを踏めば書けるというものではないことは、はっきりしています。私自身が書く時には、下書きだけでも、加筆、言い換え、削除、読み直し、メモ取り、順序換え、そして、校正などをします。
　書き手が実際にすることについての、正確で、余すところのないガイドライン。学年の初めに行うこのミニ・レッスンが、まだ慣れない書き手たちの導き

にもなり、年度当初には、すべての生徒に書くことの真髄を伝えることにもなります。「書くことは、紙の上でひたすら考え抜くことだ」という真髄を。私は白紙の一番上に「書き手は何をしているのか」と書き、その紙に自分が書きこんでいく様子が生徒に見えるように、その用紙をスクリーンに映しながら[*3]、次のように言います。

　まず、「書き手は何をしているのか」という質問をワークショップ・ノートの20ページの一番上に書いてください。これが、ワークショップ・ノートの三つめのセクション、授業ノート・セクションの最初の記入事項になります。この質問には、クラス全員で一緒に考えます。
　私から、書くことの定義を言いますから、その通りにワークショップ・ノートに書いてください。みんなで一緒に考えるところについては、みんなに見えるように書いていきます。私は綴りも句読法もちゃんと正しく書きますから、安心して同じようにノートに記入してください。では始めますね。
　まず、次のように書いてください。「書くことは、紙の上でひたすら考えに考え抜くことで、そのやり方はたくさんある。書き手は何をするのか？書き手は次のことをしている」。
　自分の経験から、「書く」とは「紙の上で考える」ことだと学びました。書いたことを読んでそれについて考えるし、時には少し、時にはたくさん考え直し、さらに考えてもっと書き足します。考えが頭の中から順序良く、切れ目なく流れてきて、それを書きとめる、というようなものではありません。そうではなくて、書くことで、考えを発見するのです。意味を創り出すのです。書き手がすることは乱雑で複雑であると同時に、素晴らしいことでもあります。考えることができて、そのための時間をとれる人なら、誰にでも書くことができます。さあ、できる限りのブレインストーミングをしてみましょう。あなたたちも話すし、私も話します。私が記録しますから、今から、書き手がすることを、どんどん考えてみましょう。

　あるクラスでのブレインストーミングで出てきたことを表にしました（次ページの図版4-1参照）。ブレインストーミングが一段落すると、次のように生徒に話して締めくくります。

書き手が実際にしていることがとてもたくさん出てきました。書くことは、楽しくって、大変で、直線的には進まないものです。書き手は、ここで挙げたいろいろなことの間を、行ったり来たりします。もちろん、ある時点で、ここでよしとして、迷うことをやめて、作品を世に送り出します。授業では、ここにリストされたことを上手に行う方法を教え、それを練習する時間も提供します。カート・ヴォネガット・ジュニアが言うように、作家とは、頭がいいとは限らないけれど、紙の上で考えることと時間の使い方、そして忍耐することを学んだ人たちなのです。

[図版4-1]「書き手は何をしているのか」の実例

書き手は何をしているのか

書くことは、紙の上でひたすら考えに考え抜くことで、そのやり方はたくさんある。
書き手は何をしているのか？

- 書くアイディアをブレインストーミングする。
- 何について書くかを決める。
- 計画する。
- メモ書きを活用する。
- ジャンルを決める
- いろいろな書き出しを試してみる。
- 文の調子を決める。
- 下書きをする。
- 書き直しをする。
- 編集をする 。
- 調べる。
- ノートをとる。
- 選択をする。
- 新たな選択肢を思いつく。
- 書いたものを何度も読み直す。

- リストをつくる。
- １行ずつ空けて書く。
- 切り貼りをする。
- 「挿入マーク」を使って、言葉を足す。
- 余分な言葉や文章を線で消す。
- 簡潔になるように整える。
- 考えを変える。
- もっといい表現に変える。
- 他の人からフィードバックを得る。
- 番号をつけたり、矢印を使ったりして、自分の考えや情報を整理する。
- 読者について考える。
- 下書きから距離を置き、少しの期間、置いておく。
- 新しい気持ち、視点で下書きを読み直す。
- いろいろな終わり方を試してみる。

- 言葉を磨く。
- 動詞を見直す。
- 類語辞典を使う。
- 手書きする。
- タイプする。
- 句読点や引用符などを整える。
- 段落をつくる。
- 改行する。
- 詩の場合は新しい連をつくる。
- 題名候補を複数考える。
- 校正をする。
- 最終原稿をつくる。
- 出版する。

　書く手順を教えるミニ・レッスンは、ごく短時間で終了するものが大半ですが、上で紹介した「書き手は何をしているのかを一緒に考えるミニ・レッスン」

と、第1週の「ワークショップで期待すること」と「ワークショップのルール」（第2章参照）のミニ・レッスンには、少し時間をとります。これらのミニ・レッスンがワークショップへの導入となります。その後は、ミニ・レッスンが効果的になるよう、その内容を生徒の進み具合に合わせます。例えば、生徒が最初の詩を校正したいと思っている日に、校正を取り上げるのです。

　学期が始まって最初の5〜6週間は、ワークショップで何をするのかを繰り返し教えます。ここにしっかり時間をかけることで、年度の残りすべてを、ジャンル、書き言葉の慣習、書き手が使う技を教えることに費やせるので、手順に関することに最初に時間をかけても、無駄にはなりません。

書き手が使う技についてのミニ・レッスン

　よい文章には、書き手の伝えたいことが、その人らしく響いています。生徒たちは、話したいこと、伝えたいことをもって、ライティング・ワークショップにやってきます。しかし、彼らが口頭で話した通りに書き留めても、書き手の伝えたいことがはっきり伝わる文章にはなりません。よい文章とは、一人ひとりの書き手が自分の伝えたいことを表現するために、たゆみなく行う多くの選択の結果、生まれるものなのです。

　自分の伝えたいことを自分らしく表現するための第一歩は、言葉の選択です。オリジナルな言い回しが選択されていて、かつ、その一つひとつがベストの表現か？　くっきり目に浮かぶ名詞、五感に訴える動詞、情感豊かな形容詞が使われていて、文章が生き生きとしているか？　具体的かつ詳細な描写で、忘れられないような強い印象を与えているか？　書き手の頭や心の中に読者を引き込んでしまうような、その人ならではの考察があるか？

　視点はどうか？　文の調子は？　ある題材に対して、書き手はどのように感じ、どのような立ち位置にいるのか？　言葉はうまく流れているか？　言葉のリズムはどうか？　明瞭なはっきりした書き方か？　それともあいまいな書き方か？　素っ気ない描写か？　それとも修飾が多いのか？

　優れた文章は偶然の産物ではありません。選択をする、拒否する、他のものを使ってみる、はっきりさせるなどの方法を駆使して、紙の上で考え続けた結果なのです。上手に書くための本の著者であるウィリアム・ジンサー[4]は、心地よく、すっきりした文を書くことは匠の技であり、芸術ではないのだ、と述べていますが、まさにそうなのです。

学年が始まると、生徒の間違いだらけの綴りや不正確な句読法を目にして、がっかりすることがよくあります。その落胆と、書き言葉の慣習についての項目のミニ・レッスンをすぐに展開したい気持ちは横において、まずは書き手が使える技のミニ・レッスンをしっかりと扱います。

　この時、自分に言い聞かせていることは、クラス全体に正しい言葉づかいについての講義をするよりも、それぞれの書いた文章のなかで、その誤りを個別のカンファランスで扱うほうがはるかに効果的だということです。学年が始まる最初の学期に書き手が使える技のミニ・レッスンを行うことで、自分の伝えたいことや自分らしさを培いながら優れた文章にしていくことの大切さを早い時期に教えることができます。生徒たちは、言いたいことがうまく書けたという満足感が持てると、書き手として益々努力するようになります。さらに、せっかくよいものが書けているのだから、より読みやすくしたいという思いが生まれるので、自分の書いたものを編集者の目で読み直すようにもなるのです。

　書き手が使う技のミニ・レッスンの中には、特定の技巧やある具体的な書き方について、生徒が私と一緒に具体的な事例から見定めていくものがあります。また先に法則を紹介したあとで、具体的な実例を見せるときもあります。私自身が書き手としてどう考え、選択するかを見せることもあります。例えば、生徒全員の前で下書きを書く様子を教室のスクリーンに写して見せ、書きながら何を考えているかを話してきかせます。もっと頻繁に行っているのは、自宅で下書きを書いてみて、その下書きをコピーして生徒に配布し、その下書きで私がどういうことをしているのかを考えさせ、話し合わせることです。また、生徒が私の助言を得ながらレッスンをすることもあります。生徒が私のアドバイスから自分で問題を解決したり、独自のいい案を見つけ出したりした時は、それをスクリーンに映して、みんなに教えるように言います。

　書き手の技に関するすべてのミニ・レッスンは、次のうち、どちらかができることを目指しています。一つは、これまでに書いたことから、新たに書くことを生みだすには、どうすればいいのかを学ぶこと、もう一つは、自分の伝えたいことをより優れた文章として伝えるために、どのような選択をすればいいのかを学ぶことです。

書き手が使う技についての、必要不可欠なミニ・レッスン

- よい詩を書くために詩人がしていること。
- 題名は最後に決める（192 ページ参照）。
- 「それで? の法則」　＝　テーマは何?（174 ページ参照）。
- 「頭と心の法則」（178 ページ参照）。
- 「一粒の小石の法則」（182 ページ参照）。
- 「メモ書きの法則」（185 ページ参照）。
- 書き手が行間を広くとって下書きを書く理由（191 ページ参照）。
- 読者にとって、情景が浮かぶか?　音が聞こえるか?　感じが伝わるか?
- 「まぶたの裏のシアターの法則」。
- 優れた書き手が副詞について 2 回考える理由。
- 五感に訴えるような動詞と類語辞典の使い方。
- 書き直し（推敲）に役立つ方法（挿入記号、矢印、星印、番号、線で結ぶ、切り貼り）。
- 2 日間寝かせておいて、新たな目で見る。
- ジャンルに関わるレッスン——例えば、詩、物語、説明文の調子を整え、磨きをかける方法、物語の書き出しの例や時間軸の扱い方、詩における比喩表現と音の響き、論説文の書き出しと終わり方、人物プロフィールのための取材方法、説明文の構成や情報提示の仕方、引用を使っての書き出し、エピローグやプロローグの書き方。

　毎年、学年が始まって 1 週間もたつと、今すぐに教えたい技のミニ・レッスンが次々に頭に浮かびます。かなり昔に授業を計画していた時のメモを見つけたのですが、そこにも次のようにいろいろと書いてありました。どこから書き出すか?　下書きを書く時は行間を広くとって。「それで? の法則」。「一粒の小石の法則」。詩での改行と連。詩で一人称を使う。メモ書き。これら一つひとつがあまりに有益なので、今すぐに教えたい気持ちになっていました。しかし、一つを教えると、それが他のすべてにつながり、そこから積み重ねていけることがわかりました。

教師が書くプロセスを見せる

　教師が書き手としてどのように考えて、どのように書いているのかを生徒にはっきりと見える形で教えると、書き手としての考え方や行動の仕方が理解できるようになります。これより効果的な方法は思いつきません。大人である教師の取り組み中の姿を観察することで、書く時に何ができるのかという世界が広がります。これはとても価値あることです。そのためには、教師は大作家でなくてもかまいません。生徒にはっきり見せて教え、そこで教えたことを土台にしていくために、教師は生徒よりほんの少しだけよい書き手であればよいのです。

　私がライティング・ワークショップを始めた頃は、ナショナル・ライティング・プロジェクト[*5]によって、国語を教える教師たち自身が書き手になるように奨励されていた時期でした。書き手である教師を見て、生徒たちが、書くことは価値のあることだと考えられるというわけです。そこで、授業中に少し時間を見つけて空いている机に向かい、先生も書いているよ、と生徒のモデルになるのですが、おそらく先生が書いていたのは、買い物のリストか何かです。これは「見せるためにしていたパフォーマンス」に過ぎず、「実際していることを見せること」とはまったく別物でした。

　その後、私は国語教師のための研究会に出席するようになり、ドナルド・マレーのプレゼンテーションがあれば、必ずそれに出席しました。マレーはピューリッツアー賞受賞のジャーナリストであり、書くことを教える教師であり、本や論文の著作も多く、まさに「書く」という分野を変革した人と言えます。マレーのプレゼンテーションでは、心に浮かぶ言葉を、どのようにして下書きにしていくのかを、スクリーンに映して口に出しながら、そのプロセスを見せてくれました。マレーの「実際にやってみせる」というプレゼンテーションから、ものを書くという、神秘的なベールに包まれていたことがどういうことかがはっきりわかりました。また、決められた方法でアウトラインを書いて、下書きから最終稿に直線的に進むという定説が揺さぶられるのもよくわかりました。マレーのプレゼンテーションから学ぶことは多かったのですが、最大の収穫は、マレーの書くプロセスは、特に目新しいこともない、骨の折れる仕事だということでした。鳩の翼に乗った言葉が、突然、舞い降りることはないのです。このことは、初心者の書き手であった私には心強く響きました。

教室に戻り、大きく深呼吸をして用紙に向かいます。その手元の様子をスクリーンに映し、自分の頭の中を生徒に見せると決めて、生徒たちに、上手に書けるようになりたいと思っている大人、つまり教師の頭のなかで何が起こっているのかを、しっかり観察するように言いました。生徒たちは、何とかしてよい文を書こうとする時に生じる、手のかかる面倒なプロセスを目の当たりにしたのです。実際、どんなことを私がしたのかというと、何を書くのかを考え、書いたものを削除し、選択し、順番を入れ替え、書き出しと終わり方をいくつか試行し、リストをつくって並べて、骨子には肉付けをし、句読法を変え、たった一語の選択に悩んだりもしました。こんなことをしながら、何度も何度も読み直し、何を書こうとしているのか、次はどのように進めればいいのかを見つけ出そうとしていました。この過程で今まで気づいていなかったことをいろいろと発見しました。何よりも、この時間中、下書きを書いている時間よりも、書いたものを読み直している時間の方が多いということは、大きな発見でした。

　教師が授業中に、机に座って書いている姿を見せるだけでは、このような過程を明らかにすることはできません。書く過程がいかに無秩序なものかという現実は、教師が書く過程を、はっきり見せて教えない限り、教師にも生徒にも隠されたままになっています。「読み直して、書き直す」ということも、生徒たちが実際に見たことも聞いたこともなければ、いったいどうやって教えることができるのでしょうか。

　そこで、自分が書いたいろいろな段階のものをさがし、それを残しておいてコピーし、教室で使えるセットを作っています。生徒にそれらを見せて、「書くプロセスについての研究者」になってもらい、私のいろいろな段階の原稿を「調査する」ように言います。生徒たちが、書き始めから完成までのプロセスの全体像をつかむためです。こうすると、生徒たちはいろいろな段階の原稿を調査したあとで、書き手としての私が、何をどういう理由で行っているのかについて、一緒に考え、極めて具体的でかつ明確に示せるので、生徒が得るものが多いのです。

　もし、あなたか、書き手としての経験に乏しく、自分の書くプロセスがどのようなものかを実感できていないなら、1行ずつ空けて書いたり、メモ書きを使ったりという方法を、実験的に試してみる機会だと考えてください。生徒たちに、こういう方法をやってみたところ、こんな結果を出せたのだと伝えればよいのです。生徒たちにとって大切なのは、生徒たちよりも、ほんの少しだ

けであっても先輩の書き手が、紙を目の前にして考え、その考えを変えたり、どんなふうにすれば良い文になるのかに思いを巡らしたり、自分らしい文や内容をつくり出そうとしたりしている、その実際の姿を見ることなのです。

教師が自分の書いた詩を使って教える

　私の生徒たちはワークショップで多様なジャンルについて学んでいきますが、その最初のジャンルは「詩」です。毎年、新学期が始まる前に自分の「題材リスト」（126ページ参照）にある項目から、私は詩を書きます。以下は、我が家のイングリッシュ・スプリンガー・スパニエル犬のロージーについての詩ですが、ロージーが四つ葉のクローバーを持って帰ってきた日のことから始まっています。夫のトビーが投げるボールを追いかけて遊んでいたロージーにビスケットをあげようとすると、口にくわえていたテニスボールを地面に落としたのですが、なんと二つもくわえていたのです。そのボールの一つに四つ葉のクローバーがついていたことから、ロージーと幸運、特に私たちとロージーの幸運について、考え始めました。次の5日間、下書きをし、書き直し、そして校正をした詩が以下です。

「幸運の主」

犬が台所に駆け込んできて
赤いリノリウムの床に
吐き出したのは、
二つのテニスボールと
四つ葉のクローバー。
驚いて摘み上げれば、

はるかな昔がよみがえってくる。
子どもの頃に
こんなクローバーを求めて
芝生を四つん這いで探していたのだ。
私の指は結局
お目当てのものを摘み取ることはできなかったけれど。

いたずら好きで欲張りの小型犬がくわえてきたのは
私の見つけられなかった宝物。
私は笑って、ため息をひとつ。
幸運をもたらす犬なのね、おまえは。
そして思い出す
キッチンでともに過ごしたあの季節を。

はるかな時間、赤い床をおおう敷物のうえで
私たちは彼女に寄り添った。
彼女は生後6ヶ月、
後ろ足が立たなくなっていた。
手術をしなければ、短い命と痛みの日々。
手術をすれば、テニスボールで遊ぶ多くの日々。

子どもの歯列矯正を後回しにして
手術用の骨の代金にした。
獣医は言った、あなたがたはこの犬の幸運の主ですよ、
治療のためにこんな高価なものを買えるんですからね、と。
春がやってきて、私たちは敷物をしまい、
真新しいクローバーの上で、ロージーといっしょに転げまわった。

まったく彼女は最高の犬だ。
たくさんのキスと、いたずらと、悪だくみ。
今は灰色の鼻づら、老犬の目になり、
私が書きものをする間、机のあしもとで眠っている。
指先を伸ばして、私は彼女の斑点をそっとなでる。
幸運をもとめて。

　ノート12ページ分もの下書きと書き直しを経て、ようやく上の詩を書きました。そのページを順番に並べてコピーをし、そのセットを生徒の数だけ準備して、今日の宿題は、自宅で「研究者として」それらをじっくり「調査する」ことだと伝えました。その際、私が行った変更や選択の中で興味を覚えたものを少なくとも五つ選び、その変更や選択の横に、質問を書いてくるように言いました。

第4章　書き手を育てるミニ・レッスン　169

[図版4-2]メモ書き

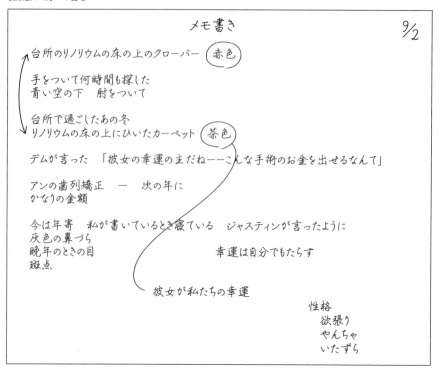

 翌日のミニ・レッスンでは、生徒たちは、自分が書きこんできた質問をもとに、私にインタビューをしました。「幸運の主」を書いた詩人として、私は、どのように考え、どのような目的でそれぞれの行為をしたのかを答えました。このミニ・レッスンの目的は、いい詩を書きたいと思っている一人の大人が、何を考え、どうしたかに生徒が気づくことです。
 このミニ・レッスンでは、最終的な作品と、私が下書きや書き直しをしている時の12ページ分のノートを見た生徒たちから(その中の1ページ、メモ書きは図版4-2参照)、次のような質問が出ました。

- どうして、1行目に「犬が台所に駆け込んできて」という言葉を足したのか?
- どうして、第2連から「照りつける太陽と青空の下で」を削除したのか?
- どうして、第2連で「こんな」をかっこにいれたのか?
- どうして、「幸運な犬」と「幸運をもたらす犬」の両方を考えたのか?

- どうして、腰に包帯を巻いたロージーを抱えている部分を削除したのか？
- どうして、下書きの段階で、リノリウムが赤色で、カーペットが茶色だと書いているのか？　そういう色の情報はどうでもいいのではないのか？
- どうして、「娘」を「子ども」という言葉に、「部分」を「骨」に、「命を救う」を「治療」に変えたのか？
- どうして、「犬であることの楽しみ」を「何年にもわたっての、テニスボールとキスとジョークと芸の日々」に変えて、そのあと再度、「テニスボールで遊ぶ多くの日々」に変えたのか？
- 気を悪くしないでほしいけど、はっきり言って、最初の終わり方はけっこうひどいと思う。何を考えていたのか？
- どうして、それぞれの連が6行ずつになっているのか？

　私へのインタビューが終わったあとに、インデックス・カードを配ります。そして5分間で、私が書いたものと生徒の質問への私の答えをもとに、次の投げかけに対するリストを書き出すように言います。

　「よい詩を書こうとして、私は具体的に何をして、何を考えたのか？　書き始めるためのメモ書きの段階から最後にベストの題を考えるまでの間に、私がしたことや考えたことで、具体的に言語化できるものがどのくらいあるか、できるだけたくさん挙げなさい」。

　その後、インデックス・カードを集め、生徒たちが観察をまとめたリストをつくり、そこに私の考えも加えます。次の日のミニ・レッスン中に、ワークショップ・ノートの授業ノート・セクションの二つ目の資料として、そのリストをテープで貼り付けました。それからマーカーを手にとって、輪になって順番にこのリストを読み上げていきます。

よい詩を書くために詩人がしていること

- 自分しか書けない、自分が大切に思える題材を選ぶ。
- メモ書きを使って考え、具体的情報、形、五感に訴える動詞、「それで?の法則」に関わることを書き出す。そうやって、下書きを始める準備を整える。

- 詩自体の余白にメモ書きをして、思いついた言葉や考えを書きとめておいて、そこから新たな可能性も考える。
- 1行あけて下書きを書くことで、考え直したりメモ書きしたりするスペースができる。
- 行単位、連単位での下書きをする。
- 形式をいろいろ試してみる。一つの連の行数、あるいは連のはじめ方と終わり方。
- 動詞の選択にこだわる。知覚に訴えるものか、特に情景が目に浮かぶ動詞が使われているか?
- 下書きを書いている時に行き詰まったら、そこに下線を引いて先に進み、あとでその場所に戻って、下線のところを書きこむ。
- 類語辞典を使って、五感に訴える単語を探したり、同じ音ではじまる単語、同じ母音をふくむ単語など、言葉の響きがよくなる単語を見つけたりする。
- 副詞の多用を避けて、効果的な動詞を使う。
- 情景を頭に描き、それらにぴったりの単語を探す。
- 繰り返しを効果的に使ってテンポよく詩を進め、躍動感をつくり出す。
- 無駄な繰り返しがないか、読み上げて耳をすませ、無駄な繰り返しは削除する。
- 下書きをしながら何度も何度も読み直す。読み直しは詩全体の時もあれば、1行単位や連単位の時もある。
- いろいろな句読法を試してみて、それによって伝わってくる声、文の調子、雰囲気を検討する。
- 効果的でない単語を見つける。
- 効果的でない単語の代わりになる単語をブレインストーミングして考える。
- 納得のいかない単語やフレーズには波線を引いておく。
- 綴りが間違っているかもしれないと思う単語はマルで囲んでおく。
- 新しい連を始めるところには2重線を、改行するところにはスラッシュを入れておく。
- 新しい考えが始まるところからは新しい連にする。
- 下書きや推敲の段階で、「それで?の法則」を考える。

- 「骨まで削ぎ落とせの法則」にのっとって、無駄な言葉はギリギリまで減らす。知的な読者であれば書かなくてもわかる箇所、詩をよりよくするとは思えない部分、具体的でない部分は削除する。
- 一つひとつの単語レベルでの徹底チェック。それぞれの単語はぴったりの単語か?
- 終わり方を厳選する。終わりはとても大切で、深いテーマが見いだせる箇所でもあるので、どのようにこの詩を終えるのか、複数の終わり方を考える。
- 詩に向かっていない時も、それについて考え、書いたものを2日間寝かせておく。
- 新鮮な目で創作に戻る。
- 詩を書き終わった、あるいは書き終わりに近づいた時に、題の選択肢をいろいろ考える。ただ内容が何についてかを表すだけではなくて、魅力的で読者を惹きつけるもの、かつ詩全体にぴったりのものを考える。
- 良い詩というのは偶然の産物でないことを知っている。書くということは、紙の上で考え、再考することであり、選択肢を考え、選択をし、その過程で起こる予想外のことにも心を開いておく。

　このようなミニ・レッスンの効果は計り知れません。学年が始まった最初の月、そして1年間を通して、生徒たちが詩の下書き、そして下書きを読み直して書き直しをする時に、この「詩人がしていること」のリストを参照しているのを目にします。このミニ・レッスンは、ほぼすべての生徒が、最初の3か月で最重要なものの一つと認識しています。
　このリストは、書くことについて、それを教えることと学ぶことについての示唆に富んでいます。まず目に見える効果があります。自由詩で使える様々な技のレッスンは学期を通して展開していきますが、授業が始まった直後に、生徒は実際に使える具体的な技巧を手にすることができるからです。また、書き手が目的をもって言葉を操っていることを、年間を通して教えていく土台となります。1行ずつ空けて書くという実用的な知識もあります。このリストは、これからのミニ・レッスンやカンファランスで学ぶことの大枠を提供します。教師の権威も確立します。書き手がするべきことを、単に講義しているのではないので、効果的なのです。子どもたちが、あんなふうになりたい、あの人

から学びたいと思えるような人として自分をさらけ出す。これは、ライティング・ワークショップにおける譲り渡しの究極の形ともいえます。

ここで紹介した「幸運の主」という詩が、この本以外で出版されることはあり得ないと思っていますが、この詩には満足していますし、ロージーへの愛情を形にできたこの詩を書いてよかったと思っています。私は書くことを教えるために、生徒を読者にした作品を書く機会を探しています。そういう時には、一つのジャンルや技に光をあて、はっきりと示すことができるからです。いつも作品全体という単位で考える必要はありません。ある問題や解決を示すのには、時には1ページ、または1段落で十分な時もあります。また、一度使った作品や文を、翌年使うことに罪悪感を覚える必要もありません。

私が論文や本を執筆していることは事実ですが、教室で私が書き手として尊敬されているとしたら、それは、自分の作品を授業で使い続けているおかげでしょう。7・8年生の生徒たちは自分の世界に夢中です。毎日、教室で*In the Middle*をかざして、これは50万部売れて数々の賞を受賞した本だよと言ったところで、予想される反応はせいぜい、「僕のおじさんも本を書いたよ」「作家のスティーヴン・キングに会ったことがあるんだ」「その写真の先生の髪型はあまりよくないね」程度のもの。そうではなくて、私が心をむけて書くことに奮闘する姿を見ることで初めて、生徒たちは、大人がどのように書くことに価値を見出し、紙の上で考えるのか、という視点を得ることができるのです。

それで？の法則

書き手が使う技についての重要なミニ・レッスンの中には、ジョー・パウニングという生徒が、名前をつけてくれたものもあります。あれは、1990年代でした。私は、「テーマ」という概念を教えたかったのですが、単に概念を語るだけでは難しすぎたのです。生徒たちの思考はストップしてしまいました。そこで、テーマとは何かをわかるように伝えようと、本人の許可を得て、ローラが子どもの時の思い出を書いた作品を例にしました。

「ローラはここで、サンタクロースなんていないよ、とお父さんから言われた日のことを思い出して書いていますね。ポイントは、ローラがお父さんに言われたことをどう受け取ったか。彼女はどう感じたのでしょう？　騙された？　嘘？　がっかり？　今後、サンタクロースがいると思っている小さい子どもを

がっかりさせないようにする？　つまり、この回想録のテーマは、サンタクロースが実在しないことを、ローラがどう理解しようとしたのか、ということなんです」。

　ジョーが反応しました。「サンタがいないってわかったのはいいんだけど、それで？」

　この「それで？」という一言。この一言が、テーマ、目的、中心となる考え、動機といった、生徒にはピンとこない概念を端的に表す代名詞となったのです。それからというもの、生徒も私も、自分自身やクラスメイトたちに「そういうことが起こったんだね、それで？」と問うようになりました。この時以来、毎年、新年度の2週目には「それで？の法則（テーマ）」と書いたプリントを渡して、ワークショップ・ノートに貼っておくようにしています。

「 そ れ で ？ の 法 則 」（ テ ー マ ）

　どのジャンルにおいても、読者によく伝わる文は、「それで？の法則」にのっとって書かれている。つまり、書く目的、ポイント、理由が存在している。

　優れた書き手は自分が選んだ題材に、意味、意義、隠れている意味を見つけ出す。

　「それで？」の答えは文章の中に巧妙に隠れている時もあるし、はっきり見える時もある。いずれの場合でも、書き手がその「答え」をもっていることで、読み手もそれを考えることができる。

　詩人のロバート・フロストは「著者が涙することがなければ、読者が涙することもない」と述べている。書き手が意味を見出すことがなければ、読者も読者自身の意味を見出すことができない。

　「それで？」という問いに答えるには、書き手自身がどのように考え、感じているのかを追求するのが一番だ。書き手が書くことを考え抜くことで、「それで？の法則」が生きてくる。しかし、いくら考えても、「それで？の法則」の答えが見つからないこともある。そういう場合は、その題材をあきらめるか、いったん保留にしておこう。

　本校に8年生で入ってきたゼファーの詩の変化から、このミニ・レッスンの効果がわかります。「それで？の法則」のミニ・レッスンの前に書いた詩は、「課

題で何か書かなければいけないから、自己開示はせずに適当に何か書く」
という、課題へのお付き合いであることがありありとわかる詩でした。「どうし
て枯れた木について書いているの?」と何度も何度も尋ねたのですが、でき
てきた詩をみると、以下のように効果はありませんでした。

「たぶん水が足りなかった」

部屋のなかに、死んだ鉢植えがある。

水はやらなかった、足りないようには見えなかったから。
僕のではなかった。最終的に僕の部屋に来ただけ。

それからすぐに、ほこりをかぶり、茶色になって、枯れてしまった。
ちょっとつまんだだけで、蔓が切れる。

どうして僕は、この鉢植えについて書いているんだろう?

僕が水をやらなかったから?
それとも母さんが?

僕にはわからない。

でも少なくともわかっているのは、もし種があれば、
来年はやりなおせるっていうこと。

（ゼファー・ウェザービー）

　私が「それで?の法則」のミニ・レッスンをゼファーのクラスでした時には、
我が家の生まれたての子犬についての二つの詩を見せました。ひとつは、「そ
れで?の法則」をあえて使わずに書いたもの、もう一つは「それで?の法則」
を活かすために、下書きを何度も書き直して形にしたものです。書き直しの
過程で、子犬の具体的な描写、私の感情の整理、子犬と自分について発
見したことを描こうとしました。下書きを重ねるうちに、世話の大変さへの愚
痴が、いつの間にか子犬をいとおしく思う詩に変わっていきました。このミニ・

レッスンのあと、ゼファーが次に書いた詩は、彼の犬についてでした。犬の具体的な描写と自分の感情の整理、そして犬のアテナと自分について発見したことを伝えようとするその詩は、犬をいとおしく思う気持ちがあふれた詩になっていました。

「クイーン・アテナの輝かしい日々」

彼女はパグ。犬のパグ。
二つのまるで違った顔をもつ。
いらいらすると荒れ狂い、
暑い時は、だらんと骨がないみたい。

靴下や剝げかけのボールをめぐって
他の犬といさかいになれば、
相手のあごにくらいつくことしか
考えなくなる。

そうかと思うと、もやのかかった夏の日には
窓辺で溶けている。
皺が
お昼寝用の毛布になるまで。

彼女はパグ。犬のパグ。
見た目は小さいけど
感情の豊かさは
誰よりも大きい。

疲れている時は、
しっぽを引きずっていて
寝ている時にじゃまされると
かなしげないびきで喉をならす。

でも、他の犬の吠え声が聞こえれば、

飛んで行って
ドアの前で吠え返すと
あとは椅子に座っている。スフィンクスみたいに。

またはお金のあり余っているモデルみたいに
何かが起こるまでずっとそうしている。
他の犬が叱られたりとか
もしくは、キッチンカウンターから食べ物がもらえたりとか。

彼女はパグ。特別なパグ。

（ゼファー・ウェザービー）

　「それで？の法則」は、生徒にとってはチャレンジしたい、取り組み甲斐の
あるものです。何について書くのかを決める時に、自分にとって大切だと感
じるものを選ぶので、表面的な事柄を書いて終わりとはなりません。その題
材の重要性を、書くことを通して追求しているのです。生徒たちに「書き手
の技についてのミニ・レッスンのなかで、一番、自分を成長させてくれたもの
は？」と尋ねると、「それで？の法則」だと言います。明確に伝えたいという
意図をもち、その気持ちをもち続けて、書くことができるからです。

頭 と 心 の 法 則

　「それで？の法則」とペアになるのが「頭と心の法則」です。書き手が、自
分の頭と心──そしてフィクションを書いている時には主要な登場人物の頭
と心を「採掘」し、そこで見つけたものを描写し始めることで、もっと大きな
鉱脈、つまりテーマを掘り当てるための準備を整えるのだ、という法則です。
　私は長年にわたり、生徒が自分の経験を書いた詩や回想録を読んできま
した。夜明けに登った山での日の出。子ども時代の親友との別れ。新しい
家族の誕生。転校……。人の心を揺さぶる作品にできた可能性があったの
に、ページのなかで生命力を失い、何のストーリーも伝わってこない作品も、
たくさんありました。
　どうしてこんなに退屈な話に仕上がってしまうのだろう。その理由がはっき
りしないまま、私は「もっと描写を充実させ、新たな情報を織り込みなさい」と、

今思えば的外れの助言をしていました。その結果、生徒たちの詩や回想録はどうなったでしょう。夜明けに登った「すごく高い」山で見た「まぶしいピンク色の」日の出。子ども時代の「すごく、すごく仲良しの」親友との別れ。「ピンク色の肌の」新しい家族の誕生。「1階建ての校舎から2階建ての校舎への」転校……。いっそう冗長で退屈な作品ばかりになったのです。

　なにが問題なのかを見極めるまでに「すごく、すごく」長い時間がかかりました。ようやくわかったことは、これらの作品の中には、読者が存在を感じとれるような、息づいた登場人物がいない、ということでした。つまり、生徒たち自身の思考や感情が描かれていないので、読者が書き手の経験の中に入ることも、共感することもできなかったのです。自分自身がどう考え、感じたのかを作品に織り込むように助言すると、生徒たちの詩、回想録、短編に命が吹き込まれました。生徒が自分の頭と心を見つめるなかで、テーマが姿を現してきたのです。「頭と心の法則」の誕生です。

「 頭 と 心 の 法 則 」

　　ストーリーのある作品では、読者には、その存在が実感できるような登場人物が必要だ。もし叙情詩や回想録であれば、その人物はあなた自身であり、フィクションであれば、主人公がそれに当たるだろう。

　　書き手自身、あるいは主人公が頭で考えたこと、心で感じたことがなければ、読者を話のなかに引き込むことはできない。書き手自身の考えや気持ちこそが、ストーリーに魅力と臨場感を与え、「それで?の法則」の源泉ともなる。

　　下書きに自分自身の考えたこと、感じたことを書きこもう。でも、まずはアウトラインを書いて話がうまく成り立つかを確認したい時は、頭と心の法則は読み直す時にやってみよう。つまり、読み直す時に、自分自身が、あるいは主人公が、ストーリーが展開していくなかでどういう思いになるのかを捉えて、それを書き加えるのだ。

　　自分自身の考えと気持ちを伝えることを意識して読み直す時には、読者が、書き手の思いを知りたいと思いそうな箇所に※をつけておく。あるいは、別紙に番号を振ったり、紙をテープで貼り付けたりすることで、自分の考えと気持ちを書き足すことができる。

　　考えたことと感じたこと。それこそが物語に命を吹き込み、意味を

与えるということを覚えておこう。これがあって初めて、読者は物語の中に呼び込まれる。臨場感が得られ、理解でき、引き込まれるのだ。

　新入生のコーディにとっては、ライティング・ワークショップで学ぶのは初めてのことでした。彼は、最初の詩に野球の試合を選びました。教師にとっては、スポーツの試合という題材は頭の痛いものです。「点が入り、それから同点になり、パスをして、得点し」とうんざりするような描写だけが続くことが多いからです。コーディが取り組み中の詩をちらっと見ると、一つひとつの場面を忠実になぞっているだけで、読者を引き込んだり、テーマを感じさせたりする自分自身の思いというものが欠如していました。

　「コーディ、ここは、しびれるような場面じゃないの？」と私が声をかけたところ、「そう、思いっきり、そうだよ」と返答がありました。

　「私が読者として知りたいのはね」と言いながら、第１連の３行目と４行目に※をつけて、「ここでは同点で打席に立っているよね、どんな気分なの」と尋ねると、「緊張しすぎて、おなかが締め付けられたようだった」と言います。

　「今言ったことは、五感に訴えることね。書きとめておいて、※のところに書き加えられる？　読者が、コーディはどんな気持ちなんだろうと思うところに※をつけながら、読み直してみて、後から、※のところに、コーディ自身の思いを書き足してごらん。そうすれば、読者がコーディと一緒にこの詩の場面を体感できるよ」。

　コーディが、緊張した気持ち、心臓の鼓動がガンガン響くこと、バットをぎゅっと握りしめたこと、ヒットを打った時の音などを、※をつけて書きこんだ結果、詩に臨場感が加わりました。生まれて初めて書いた詩は、最終稿では「ヒット」という題名になり、打席にいるコーディを描いたものになると同時に、これからの本校での２年間の学びのよいスタート地点にもなりました。

「ヒット」

僕はネクストバッターズ・サークルにいる
ワンアウト、ランナー３塁
11対11
落ち着こうとしても、緊張でお腹が痛い
前の打者が、三振のコールで凡退する

打席に入ったが、タイムを要求
3塁コーチのサインを見る
「思い切り振れ!」
心臓の音ばかりが耳に響いて
指示の声は、かすかにしか聞こえない
再びバッターボックスに入り、足で地面を軽く掘る

初球は見送り
「ストライク!」審判が叫ぶ
バットをきつく握る
2球目は、地面につくボール
次はファウル、芯に当てるには低すぎる

追い込まれた。ワンボール、ツーストライク
心臓が爆発しそう
「ストライクを逃すな!」3塁コーチが叫ぶ
次のボールは、ホームベースのど真ん中
失投だ

カーン!
アルミニウムが皮革を叩く音
バットから放たれた一条の線が
1・2塁間を抜け
ライトに転がるヒット
ランナーがホームに戻る。僕たちの勝ちだ

お腹の痛みは、いつの間にか消えていて
勝利の喜びに飲み込まれる。
僕たちのチームは全員で祝う、ほんの少しだけ
10分後には、
次のゲームが始まる

（コーディ・グレイヴス）

第4章　書き手を育てるミニ・レッスン　181

一 粒 の 小 石 の 法 則

　「一粒の小石の法則」は、7年生のネイサンとの会話から名前がつきました。

　ある日、私が授業中にネイサンの横に腰掛けて詩の下書きを見た時に、がっかりしたことを覚えています。その詩は「石」についてでした。それを見て、長年多くの生徒が書いてきた、「犬」「猫」「友達」「野球」「雪」「夏」「チョコレート」といった題名の詩を思い出しました。こういう詩は、詩人本人にしかできない観察や経験がなく、一般的なことしか書いていないので、何の印象も残りません。

　「ネイサン、どうしてこれについて書いているの」と聞くと、次のようなしっかりした返事が返ってきました。

　「当たり前すぎて気に留めないことが多い小石とか、草の葉みたいなちっぽけなものに魅力があると思うんだ」。

　「たしかに面白いテーマね、でも、私は一人の読者として、その魅力を感じ取れないよ。小石全般について書かれていても、何も見えないし、聞こえないし、感じるものもない。騙されたと思って、駐車場に出て行って小石を一粒選び、それを持ってきて、それについて書いてごらん」。

　教室から外に出たネイサンは、びっくりするような長い時間をかけて自分にぴったりの小石を見つけて、戻ってきました。長い時間をかけただけの値打ちがありました。ネイサンの詩の最終稿は、小さな一粒の小石について、まさに小さな奇跡ともいえる作品となったからです。

　「小石」

　どこにでもある小石について
　は
　僕は話していない
　この小石について話している

　角がいくつもあって
　ざらっとした
　でも手触りのよい

石

手のひらで
ころころ
転がせる
石

空に
放り投げては
また
手のひらで
キャッチできる
石

テーブルに
落とすと
コン
とか
カタン
とか
音がする
石

とても軽くって
立てた親指の上に
乗せることもできる
石

いまやばくは
多くを望むまい
けれど
もう少し近づいて
この石を

ぼくがしたように
よく見て
くれるかい？
それから
見つけて
くれるかい？
この世界の
なかの
君だけの
素晴らしいことをさ。

（ネイサン・バンヤン）

　「一粒の小石の法則」は、私であれば、具体的な描写の法則とか、詩人
のウィリアム・カーロス・ウィリアムズの言葉を借りて、「事物に概念を語らせる」
と呼びたいところです。でも、「一粒の小石の法則」の方が、具体的でイメー
ジしやすく、生徒にとっては、この法則が何かということを思い出しやすい
のです。

「 一 粒 の 小 石 の 法 則 」

　一般論や何かの全般について書くのはやめよう。自分が観察した、
特定の人、場所、場面、時間、もの、動物、経験を書こう。自分
にしか書けない鮮やかなイメージの中にこそ、本当に大切なものがあ
る。その実際の場面、音、におい、感触、味、五感を駆使して観
察し、具体的な情景に命を吹き込む効果的な動詞を使おう。
　一般的な石について書くのをやめよう。一粒の小石について書こう。
　秋について書くのをやめよう。今日のこの秋の一日について書こう。
窓から秋を眺め、クリップボードを持って、戸外に出てみよう。
　夕焼けや虹について書くのをやめよう。昨日の息をのむような夕焼
けや希望を与えてくれるようなタイミングで現れた虹について書こう。
　犬や子猫について書くのをやめよう。自分の犬や子猫を観察して
書こう。

友情について書くのをやめよう。自分が友達と一緒にしていること、それが友情とどう関わるのかについて書こう。

　サッカーについて書くのをやめよう。自分とサッカーの関わりについて、自分が大切にしていることについて書こう。

　読書について書くのをやめよう。印象に残った1冊の本を読んだことについて書こう。

　カボチャについて書くのをやめよう。ハロウィンのために自分でくり抜いた、種から育てたカボチャ、心無い高校生が壊してしまった、家の外に飾っていたカボチャ提灯について書こう。

メ モ 書 き の 法 則

　生徒の下書きをみていると、他にも効果的なミニ・レッスンがあることに気付きました。それは「メモ書きの法則」です。私は自分が何か書く時、下書きの原稿とは別にメモ書きをするので、生徒にもやってみるように伝えました。

　私自身、この30年間、ずっと専門家として書くことに取り組んできましたが、長年の経験があるからと言って、新しい作品に取り組む時の不安が消え去るわけではありません。白い紙を前にするとすくんでしまいます。でも、スタートを切りやすくする方法があります。例えば机の上にある紙切れなどに、下書きと言えるものには程遠いものを書くのです。このやり方は、下書きを書かなければという思いから解放されて、言葉で落書きをするような感じです。自分のなかではっきり固まっていないことを活用して、言葉で遊ぶ気持ちでたくさんの可能性を見出すのです。私はそれを土台に下書きを書くことを学んできました。

　このようなメモ書きは、私の書くプロセスには欠かせないもので、いつも活用しています。学期の終わりに生徒たちの評価を書く時には、一人ひとりの生徒たちの読み書きについてメモを書くことから始めます。論説文を書く時には、場面を五感に訴えるような動詞や具体的な詳細を、メモ書き方式で集めます。本書を書く時にも、数えきれないほどのメモ書きをしました。そうやってアイディア、エピソード、例、主張、言葉の選択、引用などをどんどん書き、それらを下書きに織り込んでいきました。メモ書きは、肩肘のはらない書き方ですが、何を書くかを集中して考え続けるのに有効な方法です。

　学年の初めのミニ・レッスンでは、今までの生徒と私が書いた実際のメモ

書きを見せて、メモ書きがどのように書くプロセスの助けとなり、結果としてより優れた作品につながるのかについて話します。あのドナルド・マレーが「書くまえに書く」と言っているメモ書きですが、それがどのように役立つのかについてリストをつくり、ワークショップ・ノートに貼っておくようにしています。

「 メ モ 書 き の 法 則 」

メモ書きとは、下書きとして書くのではなくて、下書き用以外の紙を使ってそこに落書き的に書くことだ。言葉、イメージ、思いついたことを書きとめて、自由に考えてみよう。書かないと失われてしまうこと、忘れてしまうことも書いておく。行き詰まった時に、そこから抜け出す方法にもなる。メモ書きを使って、そこから新たに文をつくり出すこともできる。メモ書きを次のように使ってみよう。

- 白紙に立ち向かう緊張をほぐす。
- 作品に取り組み始める助けになる。
- 言葉、考え、イメージをブレインストーミングする。
- いろいろな書き出しを考える。
- 五感を使って書けるような場面を集める。
- 言葉やフレーズが浮かんだ時に書き留める。
- 下書きを書いている時に浮かんだ考えを書き残しておく。
- 問題のある箇所の解決に使う。
- 一つのことをいろいろな言い方で表現してみる。
- 新しい考えをざっくり書く。
- いろいろな言い方の選択肢を考える。
- 構成や順番を考える。
- 時間軸を書いて考えてみる。
- 次に起こることの選択肢を考える。
- 題名をできるだけ多く書いてみる。
- はずみをつけたり、再発進したりする。
- 使えそうな引用や統計を集める。
- 「それで?の法則」(テーマ) を考えてみる。
- 考えていなかった終わり方を試してみる。

クラスの全員に、まずはメモ書きを試してみようと伝えます。下書きを書いたり書き直したりする時に、メモ書きを使えばもっと楽に書けないか、自分で試してみるのです。メモ書きを教えたあとは、少なくとも半分以上の生徒が、毎回、メモ書きを使っています。授業で扱うジャンルが増え、批評、超短編、論説文、個人の探究プロジェクトなど、より高度なものを書くようになると、ほとんど全員の生徒が活用するようになります。

　このミニ・レッスンを教えてきた20年間で、メモ書きを使わないで書いていたのは3名だけでした。この3名は、頭のなかで構想を練り、起こりそうな問題も解決して、言葉を巧みに選び、いきなり下書きを書き始め、卓越した作品を書きました。つまりメモ書きは必要なかったのです。もし全員にメモ書きを強制すれば、このような生徒たちにとっては時間の無駄となります。メモ書きはマッピングでもありませんし、既成の様々なパターン化された図を使っての整理でもありませんし、図の空欄に記入するといった活動とはまったく別物です。生徒が下書きを書く前に、下書き用紙とは別の紙の上で、言葉と遊んだり、考えたり、計画したり、下書きに書くことを前もって考えたりできる、とわかっていることが大切です。

　生徒の一人のソフィアが子ども時代を振り返って下書きに取り組んでいる時には、初めて自分のお金で買い物をした、ということが扱っている題材でした。しかし本当に何を書きたいのかがわからず行き詰まってしまいました。そこで、いったん下書きから離れて、自分のその時の経験について「それで？の法則」にのっとって、思いつく言葉を別紙でメモ書きしてみることにしました。

　アンも短編を書いている下書きの真っ最中に、メモ書きで問題解決に成功しました。下書きを書き続けるのを小休止して、会話でのやりとりをざっと書いてみたのです。それが、この話のヤマ場となったのです。

　ネイトは、マークース・ズーサックの『メッセージ』についてレター・エッセイ（290ページ参照）を書く時にメモ書きを使い、この小説の特徴と自分がどう思ったのかについてのアイディアをどんどん出していきました。登場人物、ストーリー、テーマ、文体について具体的に記したメモが、彼が論じたポイントの根拠となりました。

[図版4-3] ネイトのレター・エッセイのメモ書き

書き出し ＝ 素晴らしい!
　　　　　　　　その役割の重要さは
　　　　　　　　すぐに残りの部分に引き込むこと

言葉が流れている

　　　　● 場面の描写—映画のように情景が浮かぶ

表紙 エドと最後のジョーカーつながりを示唆している？

次のミッションが何かは
見当がつかない

　　　　　登場人物の造形
　　　　　　数多くの、忘れられない、愛すべき人々

テキストの中にある　本全体を通してミステリーが続く
詩っぽさ　　　　　　のでどうなるのだろうと思う

　　　　　　　　　ひねりがいっぱい

10段階のうち10
魅力的な筋立て

とても上手な人間描写
お気に入り：　　　こんなふうに書けたら
ドアマン　　　　　いいなと思う、書き方や
エド　　　　　　　文が数多く登場
ミラ

　　　　　　　　　テーマ
エド　主人公として完璧　　誰でも、何か達成できる
性格：面白い、愛すべき、不器用　誰でも、世界に貢献できる
普通（でもそうでない）　親切

冬休みが終わる1月の最初の週には、手書きの礼状を書くことを教えます。白紙のカードを買い込み、友人や親せきから受け取った手書きの礼状を見本としてスクリーンに映して、次のようなミニ・レッスンをします。

　お礼状を書くのは簡単でないとよく言われますね。ありがたく思っていないとか、横着だということではないけど、でも、ありがとう、と書いたあとに、何を書いたらよいのかわからなくなり、結局仕上げずにそのままになります。さて、どうしたらいいでしょう？
　メモ書きを活用すればうまくいきます。まず、プレゼントの気に入っている点、それを使って何をするのか、何か特別なことはないのか、メモ書きしましょう。その言葉を礼状にいれると、礼状を書くという、配慮のある大人としての責任が、短時間で簡単に果たせます。贈り主もお礼状がくれば嬉しいし、記憶に残ります。

[図版4-4] ハイディのメモ書きと出来上がった礼状

ジョアンおばさん、ダレルおじさん	
ネックレス、	お金
	まだ用途不明
すでに何度も身に着けた	スタバのコーヒーか洋服
いいものを選んでくれた	
とてもありがとう	

2014年1月5日
ジョアンおばさん、ダレルおじさん

　素敵なネックレス、とても気に入っていて、すでに何度も使いました。今も首にかけています。私の好みにぴったりです。これにあう洋服をさがして着ているぐらいです。とてもいいプレゼントをありがとうございました。ビザのギフトカードは、まだ何に使うか決めていません。どこでも使えるので便利です。お母さんに聞けば絶対に洋服にしなさい、というと思うので、洋服を買おうと考えています。本当にありがとう！
　　　　　　　　　　　　　　　　　　　　　　　　　ハイディ

第4章　書き手を育てるミニ・レッスン　189

メモ書きしている生徒の中には、考えやイメージを描き散らしながら、自分のしていることをまだうまく言葉にできていない生徒もいます。でもこれは新たなものをつくり出すプロセスにある、とても生産的な営みなのです。それを知っている私は、こういう試行錯誤を褒めて後押ししています。

　メモ書きの利点はほかにもあります。ものにならない題材に延々と思い悩むことから解放されるのです。エイドリアンは感謝祭の時にニュージャージー州の叔母さんの家に行ったことと、昨年の夏のキャンプで船に乗ったことの二つのうち、どちらを書こうかと迷っていました。そこで、両方のメモ書きをしてみたところ、キャンプの方では船から見た夕焼けから美しい情景を描くことができるものの、感謝祭の方がテーマ性のある作品になる可能性があることがわかりました。おかげで、それ以上の時間や労力をかけることなく、感謝祭について書くと決めました。そのあとは、びっくりもするけれど愛すべき親戚たちを描くことに力を注いでいきました。

　書き出しを考える時にも、メモ書きは効果的です。物語、論説文、書評などを書く時には、書き手は書き出しを模索します。書き手自身も満足でき、書き続けたいという気持ちを後押しし、かつ、その作品がこれから進む方向を示すように書き出したいからです。ブランドンはメモ書きを使って、初めてお父さんと一緒にいった狩りについての作品の三つの書き出しを考えました。お父さんとブランドンの会話形式のもの、ブランドンが思ったことと感じたこと、そして、この２人の実際の行動の描写です。ブランドンは三つの書き出しを書いたあとに、最終的に会話形式の書き出しを選び、この日の出来事とそこから描きたいことを形にしていく作業に移っていきました。

　ドナルド・マレーは、下書きを書き出すまえに何か書いてみることは、認知と思考、つまり、認識することと考えが生まれること[*6]であると言っています。生徒たちがよい文章を生み出す土台になっているのは、まず自分が何を覚えているかを認識すること、そして、いずれは捨て去られるはずのメモ書きの過程で、考えていることや書きたいことが明らかになってくるということです。

　メモ書きを教える時は、まず自分のメモ書きを見せて、それがどう役立ったのかを伝えます。私に倣ってメモ書きをやってみる生徒がいれば、生徒の許可を得てそれをコピーし、その生徒にミニ・レッスンで自分のメモ書きについて説明してもらいます。

　書くことには新たなものをつくり出すパワーがあること。このことについて、ドナルド・マレーが次のような卓見を述べています。

「国語を教える教師は、書くことで新たな創造が起きるプロセスがあるということを、理解しなければならない。また、それがとても重要であることや、この事実を生徒にはっきりと教えられることについても、知っておく必要がある。書こうとしない生徒やうまく書けない生徒も、下書きの前にメモ書きすることを他の書き手から教えてもらえれば、うまく書けるようになる新しいチャンスが生まれるのだ」。

　書こうとしない生徒に教師はどう対応したらよいのかという質問を、よく受けます。それに対しては、自分がどう見られているのかという心配を軽減し、メモ書きを使って、生徒がもっているものが外にうまく溢れ出るようにする、というのが私の対応策です。
　これについては注意すべきこともあります。数学の教師であれば「数学に手がつかないスランプ」は許容しないでしょう。同様に、書くことも学校の教科の一部なので、それを教える教師も「書けない生徒もいるし、いてもよい」と考えてはいけません。書けなくてもよいと考えることは、書くとは創造的な芸術だという、間違った幻想に基づいているからです。そうではなくて、書くとは、誰もができる、職人のように積み上げる技なのです。

下書きは行間を広くとる

　下書きを書く時に行間を広くとる、というミニ・レッスンも効果的です。私は自分の手書きの下書きのページをコピーして、「書き手は何のために行間を広くとって下書きを書くのか？」を、できるだけたくさん生徒に考えさせます。生徒は小グループで手書きの下書きで起きていることを見つけて、言語化していきます。その後、小グループからでてきたことを生徒の前でリストにします。例えば次のようなものです。

書き手は何のために行間を広くとって下書きを書くのか？

- 言葉や考えを追加する。
- まったく新しい行を考えて挿入する。
- 単語やフレーズを線で消して、もっと良く伝わる言い方に変える。
- 思いついたことを忘れる前に書き留める。

第4章　書き手を育てるミニ・レッスン　191

- 次にすることの計画をたてる。
- 矢印や記号を使って、移動させる箇所を書く。
- 予想外のことに対応できる場をつくる。
- 頭の整理ができる空白がある——ごちゃごちゃしすぎて、自分が何を書いているのかわからなくなることを防げる。
- ページをキャンバスに見立てて考えることができる、つまり考えて、再考して、よりはっきりさせて、もっと説得力があり満足できるものに変えていく場所だと捉える。
- よりよい作品にするために、真剣に自由な発想で考える場所ができる。

　このリストをタイプしてコピーし、ワークショップ・ノートに貼れるように生徒に渡しました。それから輪になって、このリストを見ながら一緒に話すのです。

題 名 の 工 夫

　まだ書きなれていない生徒にとって、題名の工夫は、取り組みやすいミニ・レッスンの項目です。題名で使う単語数は、全体からみると僅かなものですが、よい題名は記憶に残ります。読みたい思いにさせ、本を手にとるきっかけにもなります。

　題名候補を考えて選択することはすべての生徒に必要ですが、とりわけ初心者の生徒には大事なのです。というのも、書き始めたばかりの頃は、題名は何を書くのかという内容の説明だけになっていることが多いからです。アレックスが初めて書いた詩の題名もそうでした。

「ボートに乗ったこと」

川を疾走する
岩や
他の邪魔物はないか
目を凝らす。
冷たい風が顔にあたり
気持ちがよみがえる。

１匹のアザラシが
波のあぶくの間から
頭をのぞかせる。
モーターの、大きくて
止むことのないエンジン音が
頭のなかで響く。
島の先で
方角を変えて
浮き橋に向かって
舳先をもどす
さあ、最後の難関、
繋留だ。

（アレックス・グレイヴス）

　カンファランスでアレックスが題名について考えられるようにしようと思いました。

　「『ボートに乗ったこと』という題だと、たしかに、アレックスの詩が何についてかはわかるけど、仮の題っていう感じね。読者の記憶に残る、読みたくなるような題名がいいけど、この題名だとそうならないと思うよ」。

　「だね」とアレックス。

　「ドナルド・マレーから学んだんだけど、題をつけるのは作品が完成してからがいいみたい。何についての作品なのか自分がはっきりわかるまで待って、それから題の候補をブレインストーミングする。考えつく限り、できるだけたくさん考えてごらん。紙を持ってきて、できるだけ書いてみましょう」。

[図版4-5]アレックスの題名候補

> 最高のボート操縦
> 一人乗り小型モーターボート
> 波打ち際
> 小型モーターボート操縦
> 川で過ごした土曜日
> シープスコット川下り
> ◎シープスコット川波打ち際

　アレックスがブレインストーミングで考えた題名は、具体的な地名をいれたり、言葉のつながりを考えたりと、よく考えられているのがわかります。その後、アレックスと私で題名を決めるプロセスについてクラスでミニ・レッスンを行い、クラスでよい題名を考えるためのリストをつくりました。

第４章　書き手を育てるミニ・レッスン 193

よい題名とは

- 中身を示す単なるラベルのようなものではない。
- 読者の興味を惹く。
- 記憶に残る。
- 作品に合っていて、作品がどんなものかのイメージを与える。
- 具体的である。
- 工夫されている。
- 作品の中に出てきた言葉を使うこともできる。
- その作品の最初の行ともなりうる。
- 最初につけた仮の題の代わりとなる。
- 作品全体に合う。
- 「それで？の法則」(テーマ) に合っている、共鳴している。
- ブレインストーミングの結果生まれる。
- 最後につけるもの〜書き手が本当に書きたかったことを発見したあとに。

　今までに教えてきた書くことを学び始めた生徒と同様に、アレックスも題の候補を考え、選択するというごく簡単なことを通して、書く技の習得を体験しているのです。

　書き手が使える技について学ぶことで、書き手の視点を培っていくことができます。生徒たちは書くことについての、次のような幾つもの方法を使えるようになります。書くこと、書いたものを再考すること、行き詰まりを打開すること、その人にしか書けない具体的な描写をすること、目に浮かぶ情景をつくり出すこと、何が書きたいのかをはっきりさせてそれに命を吹き込むこと。そして、これらの方法を通して、テーマ性をもった優れた文章を書けるようになるのです。

書 き 言 葉 の 慣 習

「慣習」（convention）という単語は、ラテン語の「同意」という意味の語から派生しています。綴り、文法、用法、スキルといった言い方よりも、「書き言葉の慣習」と呼ぶほうが私は好きです。「慣習」は包括的ですし、標準的なアメリカ英語を書く時の「しきたり」全般を、より的確に表現しているからです。

　慣習は私たちの日常生活の随所にあります。電話がかかってくれば「もしもし」と言う。車は(アメリカでは)右側通行。フォークを置くのはお皿の左側で、握手するのは右手。切手を貼るのは封筒の右上。結婚する時には「誓います」と言う。同様に、書き言葉にも慣習があります。英語では左から右に向かって、上から下に向かって書き、単語の間にはスペースがあり、文は大文字で始めて、文の最後にはピリオド（句点）をおき、新しい段落の最初は字下げをします。教師が書くことの慣習を知っていて、それを生徒に教えるのは有益なことです。

　書き言葉に慣習があるおかげで、文章は読みやすくなり、読者は書き手の意図を受け取りやすくなります。読者が理解できるかどうかは、書き手が慣習を守るかどうかにかかっています。例えば、本を読んでいる時に the が hte と間違って書かれていたら、どのように感じますか。同じようなレベルの綴りの間違いが1ページに3回出てくる、と想像してみてください。どんな読者でも、とても読み続ける気にはなれないはずです。

　書き言葉の慣習が守られて初めて相互理解のある文が生まれ、読むことが可能になる。それを生徒に認識してもらうのは、とても大切なことなのです。書き言葉の慣習を守るという書き手の責任を果たさなければ、読者は読んでくれません。もし読んでくれたとしても、それは短時間だけです。

　私は、書き言葉の慣習とは細かい規則を覚えることではなく、作者と読者の間にある約束事に敬意を払うことだ、という視点で教えています。生徒が書いた文は、書き手の意図が伝わるように構成され、響き、読者を文の中に引き込んでその世界に留まらせ、その内容を真剣に受け止めてもらわねばなりません。こうした点を踏まえ、書き言葉の慣習について教える際には、生徒には正確な情報、はっきりした例、実際に使ってみる機会を提供します。

　私が書き言葉の慣習についてのミニ・レッスンをするのは、2学期と3学期

が中心になります。というのも、生徒の書いた文をみていると、間違いには一定のパターンがあること、また、彼らがどういう慣習を知らないのかもわかるので、それらの情報を土台にするからです。

　また、生徒が出版前に自分で責任をもって直せるようにミニ・レッスンでサポートする際には、注意しないといけないこともあります。それは、マニュアル通りの文章法[*7]には、あまり重きを置かないということです。自分の読み手や書き手としての経験に照らしてみるとわかるのですが、こうしたマニュアル的な書き方は、伝わる力のある文章を書くという観点からは、かえって邪魔になることすらあるからです。

書き言葉の慣習についてのミニ・レッスン例

- 書き言葉の慣習とは何か、そしてそれが読者をどのように助けているのか。
- 自分専用の「校正項目リスト」に、クラス共通の最初の2項目を記入し、校正項目リストを使って自分の作品を校正する方法。また、校正する時には校正記号を使い、自分の校正箇所が先生にわかりやすいように赤ペンを使うこと。
- 校正の仕方と校正をする理由。
- 辞書の使い方。
- 余白の使い方と読者に与える効果。
- 段落冒頭の1字下げ。
- 詩における字下げ。
- 一人称、二人称、三人称など、語り手を一貫させる。
- 時制の一貫性。
- 引用文の入れ方。
- 感嘆符とかっこの問題。
- 友人あての手紙とあらたまった手紙の形式。
- 封筒の書き方。
- 長すぎる段落と短すぎる段落。

書き言葉の慣習の大切さ

　アトウェルのライティング・ワークショップの特徴の一つが、書き言葉の慣習について丁寧に、厳しく教えているということです。「書き方の間違いは指摘せずに、楽しくのびのびと」という言葉は、彼女のワークショップには当てはまりません。

　原書では、英語の書き言葉の慣習について、実際に使用しているワークシート例も含めて、実に24ページにわたって、詳しく述べられています。そこでは、大文字、コンマ、ハイフン、ダッシュ、セミコロン、コロンの使い方などが説明されています。私がアトウェルの学校を見学した際にも、生徒の書いた作品に、教師はびっしりと修正を書き込んでおり、コロンとセミコロンの使い分けやスペースの半角詰めに至るまで、その指摘は細部にわたっていました（そのうち実際に教える数は絞るそうです）。

　また、原書では、書き言葉の慣習に関する24ページのうち、後半の10ページで、英語の綴りの学び方について述べています。アトウェルの学校では、3年生から8年生までの生徒に対しては、すべての教科の教師が生徒の綴りミスを気にかけており、ミスがあれば、丸で囲み正しい綴りを付箋に書いて、課題等を返却しています。生徒はそれらの単語を自分専用の「書き取り練習用紙」に追加していきます。このようにしているのは、英語の綴りを学ぶために開発されたあらゆる方法を試してみた結果、クラス全体に一律に同じ単語群を覚えるように言っても意味がないことを、アトウェルが悟ったからだそうです。

　アトウェルの学校が、書き言葉の慣習を守ることにこれほどの労力を割くのは、読者が誤字脱字やそれに準ずるミスで気が散らされることなく、内容に集中できるような文を生徒が書けるようになることを、重視しているからです。

　原著ではこのように重視されている書き言葉の慣習ですが、その内容には日本語に直接関連のない項目も多く含まれているため、本書では、原著者であるアトウェルの了承を得て「英語という言語に特有の慣習」を学ぶ具体例を削除しています。ただし、書き言葉の慣習についての考え方やアプローチの仕方については、日本の教室に応用しやすい部分もあるため、適宜、要約し、紹介することにしました。

　同時に、日本でライティング・ワークショップをするときに参考にできる、日本語の書き言葉の慣習や、表現技法（レトリック）を含めた文章の書き方に関する知識については、訳者が作成した巻末資料3をご覧ください。この資料では

日本でライティング／リーディング・ワークショップを実施する際に参考になる本を掲げましたが、そのうちの「2. 書くことについての本」には、読点の打ち方、主語と述語の対応、修飾語の係り受けといった書き言葉の慣習についての本や、効果的な表現技法についての本が多く含まれています。 （澤田）

　新年度が始まって2週間たつと、自分の詩を校正できる段階に入る生徒もいます。書き言葉の慣習についての私の最初のミニ・レッスンは、自分専用の「校正項目リスト」をどのようにつくり、使い続けるのか、そして、一つひとつの作品に添付する「校正項目リスト」の使い方です。「校正項目リスト」の最初の項目二つは全員に共通のものから始めます。

　1.　前の学年までに学んだ書き言葉の慣習を思い出して、明らかなミスを
　　見つける。

　2.　自信のない単語を丸で囲み、それを調べる。

　校正項目リストの一つ目の「明らかなミス」とは、これまでに学んできた書き言葉の慣習に関わるミスのことです。それらを一つひとつリストアップするのは時間の無駄ですから、「明らかなミス」という言葉でひとくくりにしています。2番目は主に単語の綴りを念頭においています。

　校正項目リストの3番目以降の項目は、生徒によって異なります。当初、クラス全員が使えるような項目を増やそうとしましたが、上記の二つ以外は時間の無駄だとわかりました。というのは、整った文章がどのようなものかを知っている生徒には、すでにわかっている項目をチェックしていくことは、退屈な練習に過ぎません。一方、知識不足の生徒にとっては、チェックする項目自体が謎になっています。具体的な文脈での例がない限り、ルールだけを伝えても理解不能です。また、生徒が自分の校正項目リストに、例えば「句読法」というような、守備範囲が広すぎるものや漠然としている項目を書きこんでいれば、指導をします。

　例えば、クレアが8年生の時に使っていた校正項目リストに書かれているものは、クレアだけのために個別化された具体的な項目です。これを使って、書き終えた自分の作品を手直しします。クレアがこの中で、ある項目をできるようになった時には、私がしるしをつけて、その項目を次の作品を校正する時のリストからは省くのです。クレアは教室の文具コーナーから赤ペンを借りてきて、リストの項目を見ながら自分で精一杯の校正を行います。それが終わったら、完成作品に校正項目リストをクリップで留め、これまでに書いた下

書きと共に、まとめて「完成作品」箱に提出するという段取りです。

　その夜、生徒の作品を私が自宅で読む時には、クレアが気づかなかったものも含めて、すべてのミスを黒ペンで校正します。私の校正を受けて、生徒はミスのない、読者に見せるに値する原稿を完成できる、というわけです。とはいえ、自分が校正した点すべてを生徒に教えるようなことはしません。教えるのは、せいぜい一つか二つです。生徒の記憶に残り、今後、自分で注意できるようになるために、教える項目の数を限定しています。この時には、翌日の校正のカンファレンスでクレアに教える項目一つを、クレアの校正項目リストにメモし、かつ、私の気づいた三つの単語の綴りミスも記入しておきました。

　本校を卒業すると、生徒たちは地元の公立高校、メイン州や他州の私立学校、全寮制の学校などに進みます。進学先がどこであっても、教師は、生徒が標準的なアメリカ英語を正しく書けることを期待しています。言い換えると、高校の教師が英語の慣習について時間をとって教えることは少なくなる一方、間違いについては減点の対象になるのです。

　卒業したあとに彼らが教わる先生たちがミスに気を取られることなく、中身に目を向けられる文を書けるようになってほしい。私がライティング・ワークショップで校正を教えるのはそのためです。ミニ・レッスンで扱うよくある間違いや正しい用法、校正のカンファレンスで教える規則やガイドライン。それらを生徒が自分のものにして校正できるよう、サポートしていきます。それは単に国語の教師としてだけでなく、生徒たち、生徒の書くもの、卒業後の生徒を気にかける一人の大人としての責任だと思っています。

　生徒たちには、教室の外でも通用する書き手になってほしい。彼らの書いたものが、教室の外の読者にも読まれてほしい。だからこそ、書き言葉の慣習を守り、誤りは見落とさないようにする必要がある。私はそのことをはっきりと伝えています。書き言葉の慣習について正確な情報、実用的な応用方法、適切な例、十分な時間を与え、彼らに高い水準で期待をします。そうすれば生徒たちは、読者が読みたいと思える文を書くことができるようになるのです。

　この章の初めのほうでお約束した通り、メイン州産のエビを使った、私のオリジナルにして最高のレシピを紹介して、この章を閉じましょう。

第４章　書き手を育てるミニ・レッスン　199

アトウェル流　メイン州産エビのキャセロール焼き

材料（3人分）

殻をむいた冷凍エビ500グラム、解凍しておく

エシャロット1個、みじん切りにしておく

赤ピーマン半個、みじん切りにしておく

クレミニマッシュルーム　1カップ　スライスしておく

赤トウガラシ片　少量

レモンの皮　小さじ1　みじん切りにしておく

バター大さじ3と容器に塗っておく分

料理の詰め物用に味付けされたクルトン（スタッフィング）　1.3カップ

チキンスープ

作り方

オーブンは230度に温めておく。

（1）エシャロット、赤ピーマン、クレミニマッシュルーム、赤トウガラシ片を、バターで柔らかくなるまで炒める。

（2）（1）にクルトンを加え、ひたひたになる程度のチキンスープを加える。この時に、チキンスープを入れすぎないように注意する。

（3）浅めのキャセロールにバターを塗り、解凍した生のエビを入れ、レモンの皮をふりかけ、（2）を上にのせる。

（4）10分あるいは表面がパリッとして焦げ目がつくまで焼く。

---

*1—— アトウェルは、ウィリアム・ジンサー（下の注4参照）他、多くの詩人や書くことについて著書のある人の名前を挙げていますが、残念ながら日本語で読めるものが出ていませんので、本書では記載していません。

*2—— 教科書主導で教えるわけではないので、前の年度に授業を体験した生徒が教師に代わって他の生徒を助ける役も果たせます。またアトウェルは、生徒が2回同じジャンルの文章を学ぶことのプラス面も指摘しています（348ページの巻末資料2参照）。子どもたちが異年齢で学ぶことの力や価値について説明している本としては、ピーター・グレイ著の『遊びが学びに欠かせないわけ～自立した学び手を育てる』（吉田新一郎訳、築地書館、2018年）があります。

*3—— 原著執筆時、アトウェルの教室ではOHP（オーバー・ヘッド・プロジェクター）を使っていました。2018年現在ではプロジェクターを使っているそうですが、ここでは原著を尊重しています。

*4—— ウィリアム・ジンサーは*On Writing Well: The Classic Guide to Writing Nonfiction*（上手に書くこと～ノンフィクションを書くための標準的ガイド）(HarperCollins) の著者です。この本は1976年に出版されて以来、2006年に出版された30周年記念の改訂で第7版となっており、その時点で100万部以上が売れました。ノンフィクションを上手に書くための具体的で有益な助言が載っています。そ

のダイジェストは、訳者が関わっている「WW/RW便り」にありますので「WW/RW便り、Zinsser」で検索してください。

*5——ナショナル・ライティング・プロジェクトは、1974年にカリフォルニア大学バークレー校で始まりました。いまは、全米各地に200以上の支部をもっており、夏休みの2〜3週間の研修の後に、年間を通したフォローアップがあり、書き手としての教師を意識することを目的としたプログラムです。2009年にはイギリスでも同じプロジェクトがスタートしました。

*6——ドナルド・マレーは*A Writer Teaches Writing*（書き手が書くことを教える）（53ページの注14）の中で、perception and conception（認知と思考）という言い方で説明しています。「書くことによって、自分の書きたいことに気づく、考えていることを文字にする」というアプローチで、まさに「筆に書かせる」アプローチとも言えます。マレー自身、そのことを毎朝最低でも30分ぐらいやり続けた人でした。同じような考えは、ナタリー・ゴールドバーグ著の『魂の文章術〜書くことから始めよう』（小谷啓子訳、春秋社、2006年）にも書かれています。

*7——英語で文を書くときには、パラグラフ・ライティングのやり方、主題文とその根拠になる具体例など、授業でよく紹介される文章の書き方例があります。日本の国語では、頭括式や尾括式などが例として考えられます。また、大学を中心とした論文指導の現場では、パラグラフ・ライティングのやり方も教えられています。

第4章　書き手を育てるミニ・レッスン　201

第 5 章
読み手を育てるミニ・レッスン

リーディング・ゾーンに入って読む

よい読者がいなければ、よい本も存在しない。

―― ラルフ・ワルド・エマーソン

私は自分のことを、古いタイプの国語教師だと思っています。文学が大好きで、よく読みます。ここ50年以内に出版された本や詩の多くだって立派な文学作品だと頭ではわかりつつも、教室の図書コーナーにはクラシックな定番の名作も配架します。読み手として生徒に求める目標にも妥協しません。それは、本に浸り、読むスタミナを培い、多様なジャンルや作家を読むこと。読んでいるものに対して書き手の視点から学ぶこと。自分の好みをつくりあげながら、はっきりとした言葉で、よいものはよいと言えること。鑑賞力のしっかりした批評家となり、自分の考えを練り上げて表現する的確な語彙をもつこと。本に書かれていることを根拠とした判断ができること。詩や小説を読み、引きこまれ、そして自分の人生のなかに取り込むことで、より善い、より賢明な人間になっていくこと。

　1970年代の初めに教壇に立ってから、私は、読むことについて多くの手法や流行が出るのを見てきました。カリキュラム、教え方、理論、特効薬、近道、すべての生徒の読解力が向上するという触れ込みの輝かしいテクノロジー……そんなものが次から次へと登場しました。それらを思い起こすと、他のどんな教科よりも、生徒が育つ時間がないがしろにされてきたことを痛感します。

　私が生徒に提供し続けてきたものは、生涯にわたって文学を愛する読み手を育てるための唯一の入り口です。それは、自分で選んだ本を頻繁かつ大量に読む経験。そして、それに伴って、作家の選択や、言葉づかいや、生み出された効果や、展開していくテーマについて語ったり書いたりする機会です。ですから、授業時間を無駄にはできません。不正確な情報や役にたたない助言を与えないように、また、頻繁に本を読み鑑賞力に富む読み手を育てることに結びつかない活動はしないように、注意しています。

　鍵になるのは、読むことについてのミニ・レッスンで何をやるか、です。どうやって文学に通じるようになっていくのかを教えることで、初めてリーディング・ワークショップの価値が高まり、そこが本当に文学を読む場になるのです。ここでは、次のようなことを教えています――本を選んだり、やめたりする自分なりの基準を見出すこと。一篇の詩をひらくこと。フィクションの特徴を押さえながら自分の意見を述べること。自分の好みとその理由を知ること。表現の形式を知ること。比喩や象徴に気づくこと。楽しみのための読書と学ぶための読書の違いをわきまえて読むこと。そして、年間を通して計画的に読み、自分の読書経験に責任をもつこと。

ワークショップで読む手順

　学年が始まって最初の2週間は、ライティング・ワークショップで毎回決まって行うことを教えながら、リーディング・ワークショップの手順とその理由を導入していきます。最初の日に「教室探検ゲーム」（118ページ参照）を行い、それを土台に、その後の授業で次のような内容を積み重ねていきます。教室の図書コーナーにはどのような本があるのか、ジャンルおよびジャンル内でどのように配架がされているのか、本の借り方と返却の仕方、ブックトーク予定の入れ方、読了した本と読むのをやめた本の記録方法、毎回のリーディング・ワークショップで一人ひとりの読み手に期待すること。このようなワークショップの基本をおさえて、大多数の生徒が早くから落ち着いて本に夢中になれればなれるほど、ワークショップにうまく乗れない生徒や読むことに苦労している生徒に、より多くの力を注ぐことができます。

ワークショップで読む手順についてのミニ・レッスン

- リーディング・ワークショップで生徒たちに期待すること。
- リーディング・ワークショップのルール。
- 教室の図書コーナーに本がどのように配架されているか。
- ジャンルの決め方、見わけ方。
- 各自の本の貸出カードを使っての本の借り方と返却の仕方。
- 毎日の宿題について。それはなぜ大切か、自宅のどこで、いつ読むのか、少なくとも毎日20ページ読んでいることを、どうやって私が確認するのか。
- リーディング・ワークショップで読む時、静かな環境でないといけない理由。
- 読書ファイルの中にある「読書記録用紙」に、読んだ本と途中でやめた本の題名を記録すること。
- 本を10段階で評価し、かつ特別に優れた本には「最高！」をつけること。
- 10段階のうち、9、10、「最高！」の本を、いつ「クラスのお薦め本」コーナーに置くのか。

第5章　読み手を育てるミニ・レッスン　205

- ブックトークのスケジュールとやり方。
- レター・エッセイについて。批評家ノートにレター・エッセイを書いて、他の人に渡すやり方、クラスメイトのレター・エッセイへのコメントの書き方、そのノートを本人に返す方法。
- 本校のウェブサイトの「生徒のお薦め本」に新しい書名を加えたい時にすること。
- 各学期の終わりに、本や詩の読み手として自分の経験、基準、強み、課題、目標について、どのように評価するか。
- 夏休み中に読む本の借り方、夏休み終了後の本の返却の仕方。

　リーディング・ワークショップの「読む時間」には、なぜ静かな環境が必要なのか。生徒がそれを理解できるように、私は「本に浸ること」について次のように話して、第一週のワークショップをスタートします。

　夏休み中は、自分の部屋で本を読みました。部屋には、隣の椅子であおむけに寝ている犬だけ。他には誰もいません。本の世界に入りこんでしまうと、夫のトビーが部屋に入ってくるだけで、椅子から飛び上がってしまうぐらいびっくりです。私がいい本の中にすぐに深く入り込むことができて、その本が大好きになるのは、気を散らすものがないおかげです。

　あなたたちにも同じことが毎日起きてほしい。私はそう思っています。本に夢中になるリーディング・ゾーンに入り、登場人物に惹きこまれて一緒に生き、そこに留まる。だから、ミニ・レッスンのあとの読む時間は静かにしてください。今すぐ友達に絶対に伝えなくっちゃと思う箇所が出てきても、その気持ちは抑えて、リーディング・ゾーンから抜ける時間まで待ちましょう。毎日、読む時間には、他の読み手たちの気を散らさないように、頑張って静かにします。

　あなたが何ページを読んでいるのか、あなたがその本を楽しく読んでいるのか。そういったことの確認のために、私はみんなの間を歩きまわって、小さな声で話しかけます。その時には、私もできる限り小さな声で話しますから、ささやき声で答えてください。口の先で話すと小さいささやき声になります。喉の奥から声を出すのでなくて、口の先のほうで話します。

さっき話したように、私は夏休み中、ずっと一人で読んでいました。今日、本を手に取って、リーディング・ゾーンの仲間入りをしようとすると、きっと落ち着かないと思います。みんなの中にいれば、呼吸、咳やくしゃみ、ため息、くすっと笑う声、ページを繰る音、クッションの上で体を動かす音が聞こえますからね。今日と明日の自分で読む時間の終わりには、大勢のいる中で本の世界に浸るためには、読み手としてどうしなくてはいけないかを、話し合います。

　読む手順についてのミニ・レッスンの中には、本の評価のやり方を紹介し、評価することが評価者自身とクラスメイトにどのように役立つのかを教えるものもあります。

　本を読み終わった時、もしくは途中で読むのをやめた時には、10段階で評価しましょう。ファイルの中の「読書記録用紙」を見てください。それぞれの本に評価欄がありますね。大好きで、夢中になった本は10もしくは「最高！」の評価になります。1という評価は、どう考えても低い評価だから、その本を読むのをやめます。ついでに言えば、2から6の評価の本も、特段の理由がない限りはやめたほうがいいでしょう。こういう低評価の本は時間をかける値打ちがありません。ただ、あまりにひどいので辛口レビューを書いてみようという時は別。レター・エッセイか書評でとりあげ、その著者の書き方がうまくいっていなかったことを指摘することはできます。

　ブックトークで取り上げたい本、つまりみんなにお薦めしたい本は、9、10、あるいは最高！の本にしましょう。でないと推薦する意味がありません。ブックトークは、お薦めの本の魅力を存分に語り、聞いている人をその中にひきこむ機会です。自分のこれまでの評価を参考にして、ブックトークの本を選びます。

　あなたがつけた評価は、学期の終わりにも役立ちます。自分の取り組みを振り返る時、読んだ中でのベストの本を選ぶ時、そして、それだけ素晴らしい本にするために、著者がどんなことをしていたのかを考える時に使います。また、自分の評価のつけ方にはパターンがないか、どんなジャンルや作家に最高の評価を与えているのか、その理由を考える時にも役立ちます。

第5章　読み手を育てるミニ・レッスン　207

それだけではありません。教室の外の読者のためにもなります。各学期の終わりに、学校のウェブサイト「生徒のお薦め本」のページに載せたい書名がないかをみんなに聞きます。このサイトは、全国の教師、親、子どもから、毎週、なんと何千ものアクセスがあります。評価が10もしくは「最高!」の本は、このサイトに載せましょう。魅力にあふれ、意味深く、上手に書かれた自分のお薦め本を、他の人たちに知ってもらえます。

実 際 に 読 む こ と に つ い て の ミ ニ・レ ッ ス ン

自分のレベルと興味にあった本を選んだ生徒たちが、ちゃんとその本を理解できるのは、当然のことともいえます。彼らは、これまでに学んだ文字の読み方や文の組み立て方の知識も使って文の意味の見当をつけたり、まとまりにわけたり、知らない言葉を推測したり飛ばしたりして、意味を創造していきます。読者が夢中になって本を読み、たとえ難しい点があっても対応可能であれば、読むことイコール理解することです。これは読むことにおける目標です。

古いタイプの国語教師の私でさえ、生徒が興味をもてず、理解できない本を教室で読むような教え方は、いっさい擁護できません。私が中心に据えているのは、自立し、意思をもち、大切な点を見極めることができる読み手として、生徒たちが物語や詩を読めるようになることなのです。

なお、私は歴史の教師でもあります。歴史において読むことを教える時には、理解することにフォーカスして、事実、知識、原因、結果を学び、それらを記憶にとどめておくサポートができるように考えます。この章の後半（219ページ参照）では歴史の時間に教えている読み方を紹介します。

実 際 に 読 む こ と に つ い て の ミ ニ・レ ッ ス ン

- リーディング・ワークショップで学ぶ理由。
- リーディング・ゾーン（読書に没頭する状態）に入るということ。
- 物語を読む理由と、それとはタイプの異なるガイドブック、マニュアル、雑学事典、雑誌のような本を読む理由。
- 選書方法と、自分なりの選書の基準をつくること。
- どのように、いつ、合わない本を読むのをやめるのかについて（合

わない本をやめる自分なりの基準をつくる方法）。

- ダニエル・ペナックの「読者の権利10ヶ条」（211ページ参照）。
- 優れた読み手として計画的に読むこと（自分が夢中になれる本、作家、ジャンルの中から、次に読みたい本を知っていること）。
- 「読みたい本リスト」をつくる理由とその方法。
- 優れた読み手はなぜお気に入りの本を読み返すのか。
- ひとりで読む時の決まったやり方（自宅で、いつ、どこで、どうやってリーディング・ゾーンに入るのか）。
- お気に入りの本、作家、ジャンル、詩、詩人を見出していくことが、読書家としての自分をどのようにつくっていくのか。
- 物語や詩の「喜びを味わう読み方」と、「情報を得るために読む読み方」の違い（218ページ参照）。
- 文章の種類に応じて、優れた読み手はどのように読み方を変えるのか。
- なぜ、いつ、どのように、優れた読み手は読むペースを変えるのか（飛ばし読み、拾い読み、ペースを落とす、読み返す、先を読む、最後だけ読む）。
- 知らない単語がでてきた時にどうするのか。
- 心理言語学の読みの理論（流暢な読み手の目や脳はどう動いているのか）[1]（214ページ参照）。
- 悪い読書習慣（声に出して読む、一単語ずつ読んでいく、鉛筆やしおりを使って一行ずつ辿りながら読む）。
- 他の人に対して、上手に読み聞かせをする時のヒント。
- 詩を読むヒント。
- 詩を暗記する理由。
- 共通テストの「読解」部分への対応方法。
- 夏休み中の読書の落ち込みを防ぐ方法。

　年度初めのミニ・レッスンの中には、実際に読むことを教える上で欠かせないものがあります。それは、自分で選んだ本を読むよう私が生徒に求める理由を説明するレッスンです。私は生徒に、リーディング・ワークショップがある理由をできるだけ考えるように言って、彼らの意見を書き留めます。最近、クラス全員に聞いた時にどんな意見が出てきたか、お示ししましょう。

第 5 章　読 み 手 を 育 て る ミ ニ・レ ッ ス ン　209

リーディング・ワークショップで学ぶ理由

- 選書の仕方を学ぶため。
- 大好きな本を見つけるため。
- 大好きな作家を見つけるため。
- お気に入りのジャンルを見つけ出すため。
- 新しい本、作家、ジャンルに挑戦するため。
- 合わない本をどのように、いつやめるのかを学ぶため。
- 新しい言葉や知識を学ぶため。
- 今までとは異なるタイプの登場人物や人々に出会うため。
- 他の書き手たちから、どうやって上手に書くのかを学ぶため。
- 本、作家、ジャンルについてクラスメイトから学ぶため。
- どんな人になりたいかを見つけていくヒントを得るため。
- 現実世界ではできない経験をしたり、感情をもったりするため。
- 本の世界に逃避するため。
- 学ぶため、以上!

　読むことを教える教師として、私はこれに、次の、とても重要な指針を一つだけ追加しました。

- ひたすら読む、読む、読む。頻繁にたくさん読み、読む経験やそれを通じて得られる他の人たちの経験を積み重ね、それを長期記憶に蓄え、生涯にわたる読み手としての習慣を培うため。

　その後、本の世界に入りこむリーディング・ゾーンについて話すのです。

　数年前に、クラスのみんなにある論文を紹介したところ、そこで言われている「読書(をしている)状態」という考え方が気に入りました。読書状態というのは、本の世界に入り込んでいる状態です。この論文の著者が心配していたのは、そういう経験がないせいで、読み手なら知っているこの最高の楽しみを感じたことがなく、読むことが嫌いなままの子どもがいるということでした。
　その時、7年生のジェドが「状態というよりゾーンだね」と冗談めかし

て言って、ゾーンという言い方がクラスに定着しました。これが、教室から離れて本の世界に入り込み、その世界で登場人物たちと生きるような場を、クラスのみんながリーディング・ゾーンと呼ぶようになった理由です。

　私は、毎回のワークショップで、あなたたちにリーディング・ゾーンに入ってもらいたいと願っています。本に夢中になり、その状態を存分に味わい、そうしている間に、どんどんページをめくって、大量の読む練習をして、まあそれなりの読み手から、最高級の読み手に成長してほしいのです。

　読むことは人類の全歴史における驚異の一つです。それには山のような理由があります。その中で、私がいいなと思うのは、この輝かしい楽しみを上手に手に入れるための方法は、それを実際にやってみるということ。リーディング・ゾーンにすっぽり入れば、読み応えのある話を楽しむと同時に、よりスラスラ読めるようになり、書き言葉の効果への意識が高まり、世界への知識、語彙も増え、読み手としても洗練されていきます。

　実際、どのようになっているのか、つまり脳がどのように知識を蓄積し、読みながらそれを保存し、次回に読む時の助けになるようにするのかについては、また後日、話します。まずはたくさん、楽しく読みましょう。

　ダニエル・ペナックは、その著書『ペナック先生の愉快な読書法〜読者の権利10ヶ条[1]』の中で、読むことについての熱い思いを次のように宣言しています[*3]。

1.　読まない権利。
2.　飛ばし読みする権利。
3.　読み終わらない権利。
4.　読み返す権利。
5.　何でも読む権利。
6.　本の中へ現実逃避する権利。
7.　どこで読んでもいい権利。
8.　ざっと拾い読みする権利。
9.　音読する権利。
10.　自分の好みを弁解しなくていい権利。

ミニ・レッスンでは、生徒にペナックの10ケ条の権利を見せて、賛成できるかどうか、また何か抜けている権利がないかを考えてもらいました。生徒たちはこの10ケ条にすべて賛同しながらも、第3条の「読み終わらない権利」に「結末だけ読む権利」を追加しました。毎年、このミニ・レッスンを行うと、第11ケ条が出てきます。その表現の仕方は年度によって異なりますが、その主旨は同じで「よい本をすぐに読める権利」です。

合わない本をやめることも、ミニ・レッスンで扱う項目です。初めてリーディング・ワークショップに参加する生徒は、読み始めた本をやめるという意識をもてないことが多いからです。なかには、本を途中でやめてはいけないと教えられてきた生徒も。読書への期待が低くて、退屈でも、訳がわからなくても、うまく書けていない本でも我慢しないといけない、そう思い込んでいる生徒もいます。

私は彼らにこう伝えます。読むのをやめるのは、本に満足できない場合に、明晰で、判断力のある読み手が行う行動なのだと。私が出合ったいろいろな本についての話もします。なかなか話に乗れなかったけれど我慢して読むうちにすっかりはまりこんでしまった本。20ページ程度読んだだけで、この作家の書き方にはとてもついていけず、自分の読める本ではないとはっきりわかった本。ストーリーの前提に無理があり、主人公に現実味がなくて興味をもてなかった本。あるいは、理解するには大変な努力が必要で、読む楽しみがどこかに行ってしまって苦痛になる本。自宅の本棚を見ると、本の途中にしおりが挟まったままの本があります。しおりの位置で、この作家をどの時点であきらめて、自分が楽しめる本に移ったのかがわかります。私は長期のプロジェクトとして、合わない本をやめるときの自分なりの基準をつくっていくように言います。例えば、ある本を読むのをやめて本棚に戻して、他の本に移るまでに、最大で何ページ読むようにするのか、などです。生徒はワークショップ・ノートにその基準を列挙し、一か月かそこらの後に、自分たちの基準について話をし、改訂もします。

なぜ人間は本を読み返すのか。大好きな本に戻るということは、習慣的な文学の読み手であることの一つの証でもあります。読み返しをめぐる生徒たちとのミニ・レッスンでの会話は、大きな実りがありました。本のなかで何が起こっているのかを知るために読み返すのではありません。そうでなくて、主人公と一緒の時間を求めたり、作家の巧みさを再度味わったり、テーマを再考したりするために読み返すのです。私が好んで再読する本をいくつか挙

げましょう。『灯台へ』[2]『フランス軍中尉の女』[3]『ハワーズ・エンド』[4]『無垢の時代』[5]『ラッキー・ジム』[6]『高慢と偏見』[7]『贖罪』[8]『グレート・ギャツビー』[9]『博物館の裏庭で』[10]『ハムレット』[11]『ポイズンウッド・バイブル』[12]『ミドルマーチ』[13]『侍女の物語』[14]『めぐりあう時間たち〜三人のダロウェイ夫人』[15]そしてアリス・マンローの短編集です。

　これらの本を再読すると、そのストーリーと登場人物のおかげで、必ず満足できる時間を過ごせると確信できます。本がどのように書かれているかについて、新しい発見もあるでしょう。読みながら、無理だとわかっていても、心のどこかであの悲劇的な結末が、なんとかハッピーエンドにならないかと願ったりもします。

　リーディング・ワークショップをつくりあげることも含めて、読むことを教える教師としての私に最も影響を与えた読みの理論は、フランク・スミスとルイーズ・ローゼンブラットのものです。ローゼンブラットからは、様々な種類のテキストに読み手がどのように入り込み、反応するのかということを学びました。スミスによる読むことについての本 *Understanding Reading*（読むことを理解する）[16]からは、心理言語学の理論を学びました。

　心理言語学の理論によれば、スラスラと読む読み手は、テキストのすべての単語を読んでいるわけではありません。そんな必要はないのです。私たちは、その代わりに予測をします。これまでの読みの経験で培った知識に基づいて要らない選択肢を除きつつ、文章の構成や意味をもとにして、自分の頭のなかにあるパターンを呼び出したりもします。私たちの目がページの上の情報を拾いあげて、脳が無関係な選択肢を削除するというわけです。

　読みの教師がここから学べることは何でしょうか。それは、スラスラ読める、熟練した読み手になるためには、興味をもって、自分のレベルで無理なく読める本を大量に読む経験が必要だということです。本を読むことからしか得られない、多様で豊かな例や、対照すること、自分の考えを述べる根拠を見つけること。そういうものを得る時間が、大量に必要なのです。

　構成主義者であるスミスは、こう言っています。「子どもたちはいつも学んでいる、しかし、やりなさいと言われたことに、意味や価値があると受けとめたときに、彼らは最もよく学ぶのだ」と。スミスの本[4]によると、幼い子どもが読むことを学んだり、少し年上の子どもが上手に読めたりするようになる方法はひとつだけ。長続きし、楽しく、スラスラ読め、その子にとって意味があ

る本との出合いを通してだけなのです。

　新学期が始まると、私はこのスミスの心理言語学の理論を簡略化して、生徒に教えます。目と脳が、書かれたものをどう処理するのかを説明し、なぜ大量に読むことが、スラスラ読めることにつながるのかを示し、生徒が読み手としてそれにつながるような目標を立てるのを助けます。生徒たちに次の図も含めた説明プリントを配布し、私が以下のように話す時に、生徒はマーカーでプリントにしるしをつけていきます。

[図版5-1] 短期記憶と長期記憶

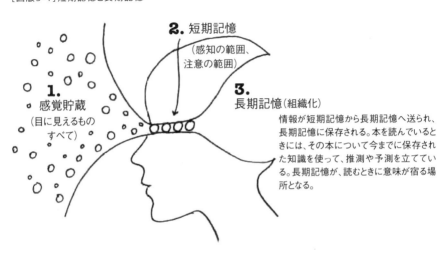

心理言語学から読むことを見ると？

　すべての読み手は、次のようなプロセスで読んでいます。まず目の前に見えていることから、目が情報を取り込みます。これは、目という感覚器官が受け取った感覚記憶で、目が一度に対応できるのは四つかそこらの要素だけです。これを短期記憶と呼びます。そしてだいたい5秒毎に、短期記憶にある要素が、長期記憶に転送され、そこに留まります。

　例えば、赤ん坊の頃に最初に記憶した情報の中に、母親の顔があります。母親の顔を感知し、それを短期記憶から長期記憶に転送すると、母親の顔をもう一度学習する必要はありません。同様にあなたたちも、読み手としてかなり以前に、*and* や *the* というような要素を長期記憶に

入れています。いったん長期記憶に入れれば、再び学ぶ必要はありません。長期記憶はファイルキャビネットのようなものです。読み始めたばかりで、ｂ　と　ｄ　の違いというような情報を蓄えようとしている読み手と比べると、あなたたちの長期記憶には格段に多くのことが入っています。よく読める人は、多くの記憶を長期記憶に入れています。ここで重要なのは、長期記憶に入れる要素の大きさです。経験の浅い読み手は、短期記憶から４文字、あるいは４単語をとりだして、長期記憶に入れようとします。しかし、どんどん読める読み手は４組の意味のまとまり──フレーズや時には文全体──を長期記憶に入れます。繰り返しますが、一度に四つの要素しか通れないのですが、それぞれの要素を、フレーズや文という単位に大きくすることはできます。

　読み始めたばかりの読み手が長期記憶に４単語しか入れていないときに、経験豊かな読み手は四つの意味のまとまりを入れています。どんどん読める読み手は、例えば、書き言葉の慣習がどのように働くのかなど、長期記憶に保存した情報を活用して、新しく出合う情報に予測をたてています。スミスはこれを情報に基づく推測と呼んでいます。つまり、比較的小さく絞られた可能性から、妥当な推測をするということです。実[*6]際のところ、たくさん読める人は、すでに何があるかがわかっているので、文の中の30％の単語を飛ばしているという研究結果があります。よく読[*7]めている読み手は、どこに大切な要素があるのかがわかるのです。

　長期記憶は、すでに頭の中に存在している構造を基にしています。短期記憶はバラバラのイメージがあるだけですが、長期記憶はネットワークになって知識が構築され、意味がつながっています。長期記憶を、スキーマ群だと言う人もいます。スキーマがうまく活性化されると、読ん[*8]　　　　　[*9]でいることを理解したり、思い出したりできます。例えば、次の文を一度だけ読み、書かれていたことを自分の言葉で話してみてください。

特定証券投資信託に係る配当控除を受けられる方へ

　居住者が、確定申告をする配当所得（申告分離課税を選択したものを除きます。以下同じです。）のうちに特定証券投資信託の収益の分配に係る配当所得を有する場合には、その者のその年分の所得税額から、次の２により計算した金額を控除することができます。

なお、申告分離課税を選択した上場株式等に係る配当所得については、配当控除は適用できません。[*10]

申告分離課税や特定証券投資信託について知っていることがないと、今読んだことを理解したり、言い換えたりできません。長期記憶のファイルキャビネットの中に、このことについての十分な情報が入っていないからです。つまり、この情報についてのスキーマをもっていないということです。

他の文を読んでみましょう。この文を読んだあとに、何についての文か、自分の言葉で説明できるでしょうか？

手続きは実際まったく簡単である。まず、ものをいくつかのグループにする。もちろん、しなければならないものがどのくらいあるかによっては、一山でも充分である。次の段階の設備がなくて、他の所へ行かなくてはならないかも知れないが、そうでなければ、あなたの準備はよく整っている。やりすぎないことが重要である。すなわち、一度に多くのものをやるより、少なすぎる方がいい。短い期間では、このことは重要には見えないが、多くやりすぎると面倒なことがすぐに生じ得る。ミスはまた高くつく。最初、全体の手続きは複雑に見えるであろう。しかし、すぐに生活の一部となるであろう。近い将来にこの作業の必要性がなくなると予見することは困難であるとはいっても、誰にもそれはわからない。手続きが終わると、また異なるグループに分ける。そして、それらを適当な場所にしまう。結局は、それらはもう一度使われ、そして、すべてのサイクルが繰り返される。しかし、これは生活の一部なのである。[*11]

もしこの話が洗濯についてであると前もってわかっていたら、どのように違うでしょうか。つまりあるトピックについてスキーマをもっていても、それが使えなければ、意味がないということです。

この説明のあとには、読むときの目の動きも説明します。目は動いているときには見ることができず、停止したときに見るということです。どんどん読める人は停止中により多くのものを見ているので、同じ量を読むのに目を留

める回数が少ないことを伝えます。つまり、目が停止したときに、一つ一つの文字ではなく、意味のあるつながりというまとまりで捉えているのです。

心理言語学理論を活用した目標
── リーディング・ゾーンに入ろう

1. まずたくさん頻繁に読む。長期記憶に大量のスキーマを保存する。どんなスキルでも同じことが言えるが、エキスパートになるには多くの経験が必要。マルカム・グラッドウェルが、一万時間、真剣な練習をしようと言っていることを思い出そう。
2. 個別の単語ではなくて、意味のまとまりをつかもう。
3. 「内容語」と言われる、意味を運んでいるキーワードに集中しよう。研究によると、よく読めている読み手は、文のなかで内容語をより多く、より長い時間見ていることがわかっている。
4. 悪い習慣をやめよう。読みながら唇を動かしたり、小さい声を出して読んだり、いつも戻って読むような読み方。これを行うと、短期記憶がいっぱいになり、一語一語に注意を払うため、読むのが遅くなる。前に進もう。スピードをあげることで、気が散りにくくなり、理解度が上がる。フレーズや文が組み込まれている文脈を活用して問題解決をしよう。
5. 鉛筆やカードなどを使って一行ずつ分けて読むのをやめよう。自分が見る範囲を限定してしまうと、まとまりがつかみにくくなる。

　ワークショップ・ノートを開き、上記の目標に各自でさらに追加するように伝えます。書き出しとしては「今日学んだことをふまえて、自分の読み方について他の目標は？」です。その後、輪になって、それぞれ書いたことを共有し、私は生徒から出てきた項目をイーゼルの用紙に記録します。

6. より多くのジャンルを読もう。長期記憶により多くのスキーマが蓄積できる。
7. 時には、意識的に読み方を考えよう。目がとまるのはどこか？　目を一回とめたときにどれだけ見えているか？
8. 単語を、その単語全体の形で認識しよう。

9. 自分で読む時間を測ってみよう。今月は30分で何ページ読めた
   か？　来月は？　年度の終わりには？
10. 読んでいるものに関して、歴史や理科の宿題あるいは難しい詩な
    どで、それに関わるスキーマをもっていない場合は、読むペースを
    落とすことが必要。
11. 読んでいるものについてのスキーマを豊かにしっかりもっていて、
    たやすく読める場合、スピードをどんどんあげてもよい。

二 つ の 読 み 方

　ルイーズ・ローゼンブラットは読者反応論についての有名な著書 *Literature
as Exploration*（探究としての文学）[17] のなかで「喜びを味わう」読み方と「情報を
得る」読み方を説明しています。[*12] これらは、並行して存在する読み方の枠組
みだとしています。意味をつくりだそうとして読んでいる時には、これらを使っ
ています。「情報を得る」(efferent)という言い方は、もともと「持ち去る」(effere)
という意味の語から派生しています。

　「情報を得る」モードで読んでいるときには、何が学べるのかということに
注意を向けています。例えば、先日、詩が教えてくれる事実についての、ロー
ゼンブラッドの論文[18]を読んでいた時は、「情報を得る」モードで読んでいまし
た。他にも「情報を得る」モードで読む時があります。例えば今日の『ニューヨー
ク・タイムズ』紙の一面で、新しい処方薬に関わる副作用についての記事を
読んでいたとき。また、生徒を歴史のフィールドトリップに連れていくために、
The History of Maine（メイン州の歴史）[19] という本から、メイン州にある入植地
について知ろうと読んでいたときもそうです。それぞれの例において、得ら
れること、何かに使えること、それに基づいて行動できること、そういう情報
やアイディアに注目して読んでいます。

　「喜びを味わう」という読み方は「情報を得る」という読み方と並行してい
ます。ここでは、読者は感情的な要素と認知的な要素を結合させ、ローゼ
ンブラットが言うように「自分も詩や話の中に生きて」[*13]いるのです。文学の
中で生きている他の人の世界を、自分の世界として生きることの喜びや恵み
を味わうときに起こる読み方です。生徒たちは、この読み方でテキストと交
流することがどういうことかを知っていますし、このように読むのが好きです。
それを彼らは「リーディング・ゾーンで読む」と言っています。事実や情報を

探しているのではありません。つながりを見出し、予測をし、情景を浮かべ、「あ、そうだ」と思ったりして、物語の中に生き「その旅路自体の魅力」を経験しています。[*14]

　喜びを味わって読むという経験は、リーディング・ワークショップではごく自然に起こる、素晴らしい成果です。生徒は毎日、自分で選んだ、自分に読めるお気に入りの本の世界に入り込みます。ローゼンブラットが教師に警鐘を鳴らしているように、「喜びを味わう読み方を正しく取り扱いさえすれば、新しい教え方を開発する必要はない」[*15]のです。必要とされているのは、素晴らしい話を語ってくれる本と本の世界に浸ることを理解し、その状態に生徒をどうやって招くかを知っている教師だけです。

　私は、生徒たちの歴史の授業ももっています。ですから、読む本のジャンルによって理解の仕方が異なることを生徒が学べるようにするのも、私の責任です。リーディング・ワークショップで彼らが喜びを味わいながら読んでいるときには、目標は我を忘れて本の世界に入り込むこと。しかし、歴史の授業で情報を取るために読むときには、本の世界に入り込むのではなく、どのように情報に集中するのかを教えます。このような読み方を教える際には、ステファニー・ハーヴィとアン・ゴードヴィスの教え方[*16]を参考に、昔ながらの学習スキルと、いくつかの新しいやり方[*17]、そして本校の理科の先生と協同して歴史や理科を理解し記憶に残るように助ける読み方を紹介し、補強しています。こういう分野の読書では、優れた読み手が使う方法を用いるのが効果的でしょう。本校では、生徒は教科書の代わりに私と理科の同僚が一緒に選んだ、価値も関連性もある様々な文章を使います。例えば、本やその一部、図、表、年表、社説、要約、雑誌、新聞記事など。こうした本物の素材を使って、事実や概念を学ぶ助けとなる読む方法を練習します。

理解しかつ記憶に残せるように、歴史や理科の文章を読む方法

1. 文、イラスト、見出し、ページの横にある囲みなどを、ざっと眺めて、頭の中に読むものの概略を描き、思考のスイッチをいれ、長期記憶を活性化させる。

2. 読みながら書きこむ文具を選ぶ。ただしマーカー以外で。読みながら重要に思える箇所に下線を引く。

3. 段落を読み終えたら、立ち止まり、ふり返って余白に以下の記号[※]を書く。

　　✓すでに知っている。

　　★重要。

　　? 質問、あるいはわからない。

　　! 面白い、興味が引かれる。

　　◎新しいことを学んだ。

4. 上記の記号以外に、思考を深め、あとで思考がたどれるように、自分用に余白にメモをする。

5. 自分の読みを観察する。単語をその意味を考えずに読んでいたり、他のことを考えていたりして、集中できていないときがあれば、そういう状態であることを意識し、テキストに戻り、うまく読めていないところを読み直す。

6. 歴史や理科の場合は2回読む。長期記憶におさまるように休憩をとり、2回目には違う部屋で読む。場所を変えると記憶に残りやすくなるという研究結果がある。2回目には自分の思考の流れも追っていく。

7. ここからが最重要。2回目を読み終えた後は、テキストを横において、書いてあったことを口に出してみる。自分で★をつけたところや◎をつけた箇所について、覚えていることを口に出して、自分をテストする。どのような出来事、名前、語彙、現象、思考を思い出すことができるのか？　もしうまく答えられなければ、読んだものと思考をたどるために、特に★と◎をつけた箇所を中心に、もう一度ざっと読むか読み返してみる。それから再度自分をテストしてみる。

※Stephanie Harvey、Harvey Daniels 著の *Comprehension and Collaboration*（239ページの注17参照）を元に作成。

　私は複数教科を共に学ぶような統合的カリキュラムは好きではありません。[*18]というのは、統合的カリキュラムという名のもと、国語の教師が他教科を教えることが多いからです。例えば、他教科の授業のレポートを書く場合、これは文学とは別の領域です。科学者が科学について、歴史家が歴史について書くときには、それぞれ独自の書き方があります。ですから、理科の教師、歴史の教師が、それぞれの教科での書き方を示し、その教科での課題を出

し、フィードバックすべきだと考えています。

統合的カリキュラムで被害を受けるのは、読み書きを教える部分でしょう。基礎的なスキルを教え練習する時間が取られてしまいます。数学の教師が、歴史や理科を統合して教えるように言われることは、まずありません。数学を一つの教科として独立して教えることは、当たり前と考えられています。国語の教師も、国語も独立した科目であることに声を上げるべきです。書くことや文学という価値ある学びを紹介し、それを培っていくのに、生徒たちは国語の教師を必要としています。これは大切で必要な学び。貴重な授業日数を、たとえ一日であっても、他の教科のために犠牲にしている余裕はありません。

文学についてのミニ・レッスン

読むことのミニ・レッスンの大半は、文学に関わるものです。ジャンル、構成や形式、特徴、作家と詩人、文学用語、分析、批評。ライティング・ワークショップでの書き手の技のミニ・レッスンと同様に、これらのレッスンは二つの役割を果たしています。書き手が使う技についてのミニ・レッスンは、生徒が書き手として使える知識を与えるだけでなく、反応しながら読む読み手としても役立ちます。例えば、「それで？の法則」は、書き手が目的をもって書くためには不可欠の技ですが、同時に、読むときに、目的とテーマをはっきりさせる視点をも提供してくれます。

同じように、リーディング・ワークショップで、韻、連、誇張、隠喩などの詩の様式や詩に関連する用語について話すことで、生徒はライティング・ワークショップで書くときに自分でもやってみようと思うのです。書き手が使う技についての語彙に親しむこと。それによって、生徒は、優れた書き手や読み手としての視点をもてるようになってきます。教師が生徒に有益な語彙を譲り渡すこと。そして、生徒たちが自分の読む経験をベースに自分自身の文学を書いていく場を与えること。そうして初めて、生徒は文学作品に対して、この作品は作家の多くの選択が結集したものだという見方ができるようになるのです。これこそが、読むことと書くことの本質的なつながりです。

文学についてのミニ・レッスン

- 教室の図書コーナーにある書名を例に、ジャンルとサブジャンルについて。
- 他の生徒に紹介するための詩を選び、紹介と自分の理解や感じたことを伝える準備をし、グループディスカッションをするための方法。
- 文学用語。
- ヤングアダルト向けお薦め作家。
- 大好きな本についてのブックトーク。
- よく伝わるレター・エッセイとは？ 本について的確に批評を書くには？
- 引用や出典明記の方法。
- 読み聞かせ、そして、ライティング・ワークショップで学んだジャンルの作品についての話し合い――詩、回想録、パロディ、オマージュ、超短編小説、論説文、主張文、人物プロフィール。
- フィクションの要素――問題、葛藤、主人公、登場人物の造形、主人公とその敵対者、あらすじ、構成、話の進展の速度、リアリティ、視点、文の調子、始まり、結論、イメージ、言葉づかい、話の移り変わり、クライマックス、解決、テーマ。
- 登場人物の造形の方法――登場人物の内省、会話、行動、歴史、フラッシュバック、反応、他の登場人物との関係、習慣、パターン、急な変化、好みや嗜好、才能、趣味、共感しやすい設定、所有物、ペット、手紙、eメール、日記。
- ヤングアダルト文学の簡単な歴史。
- ベストセラー小説と、文学的価値のある小説の違い、ベストセラー本リストの問題。
- 出版に関わる用語――匿名、ペンネーム、初版、版、催促状、前払金、印税、編集者、単行本、文庫、新書、表紙、本のカバーの推薦広告、活字書体、タイプミス、表紙のデザイン。
- 本の奥付からわかること、国会図書館の検索の使い方。
- 出版業界の発展と矛盾。
- 文学賞と受賞者。
- 『ニューヨーク・タイムズ』紙などからの、書くこと、読むこと、文学、

222

批評、芸術、教育に関する記事。

- 一歩上のレベルに進むための橋渡しになるような、つまり読み手としての次の段階を見せてくれる本と作家。
- 古典的名作が名作と言われる理由。
- 批評家の目で詩を読む方法。
- 詩の読み方。
- 自由詩でできること。
- 詩の用語。
- 詩の形式。
- 暗喩、直喩、擬人化など比喩表現の種類。
- 音の響き、リズム。
- テーマ別に分けた詩。
- 主だった詩人たちの人生、文体、技巧、題材、テーマ、そして詩。
- ビリー・コリンズの詩の題名でもある「傍注」[*19]。本校の生徒が、未来の生徒のために図書コーナーの本に残す創造的な傍注の書きこみ。
- 毎学期終わりに、それぞれが自分のベストの詩とベスト本を選ぶ方法とその分析。
- 教室の外では、どこでどのようによい本を見つけるのか。

　毎回のワークショップの最初に、私たちは1、2篇の詩を読みます。それは、知的な視点を養い、批評家として反応し、それぞれの詩に対する意見を形成できるようになってほしいからです。2週間目には、ミニ・レッスンで詩をひらき、こういうことができる批評家になってほしいという私の期待（224ページ参照）を伝えます。高度な期待なので、印刷して、ワークショップ・ノートにセロテープで貼り、私が読み上げるときにはマーカーでしるしをつけてもらいます。自宅に持ち帰り、「理解できたことは？　理解できないことは？　賛成できることは？　賛成できないことは？　今までに考えたことがなかったことは？」について、しるしをつけるように言います。翌日のミニ・レッスンでは、自分たちが考えてきたことを話し合い、私はこのやり方のよい点をはっきりさせます。

批 評 家 と し て 詩 を 読 む

　毎日授業の最初には、私と一緒に詩の世界に入りましょう。そして詩を読み、批評家として話し合うのです。私がここで言う「批評家」とは、単に「よい」「悪い」とか、「4段階で★をつけると★3だね」、というようなことではありません。また、これまであなたたちが詩を読んだ時にしてきたことでもないと思います。多くの人は自分との関わりで詩に反応しますね。あなたたちの年代であれば、それももちろんOKです。犬を飼っていたから犬についての詩が好きだった、そんなこともあったでしょう。

　批評家として詩を読むとは、どういうことでしょうか。それは、自分が詩を読んだ経験について語る言葉をもっている、ということです。それは、詩を読むという経験のなかで、気づいたこと、詩人の詩の組み立てについて好きなこと、それがどのような感情をつくりだし、どんなことを理解させてくれたのかについてあなたが話せる、ということです。また、あなたの感情や理解を生み出すために、詩人が選択した技もあります。そういう経験を自分の言葉で語ることができるような読み方を、批評家はしています。

　私たちは一緒に詩を読んでいますが、そうする理由のひとつは、あなたたちが自分で詩を読む経験ができるようになるためです。つまり、一人で詩の中に入りこみ、特徴に気づき、それを理解する、あるいは「詩をひらく」ように読む、そして、自分の人生にそれを取り込む、ということができるように。理由は他にもあります。批評するための語彙を学ぶためです。例えば隠喩、直喩、擬人法、韻、行またがり、形式、誇張、行分け、連などです。

　読み手が変われば、詩の受けとめ方も異なりますね。ですから、ある詩を読んで自分が感じたことについて、どの部分が「自分も犬を飼っているから、この犬についての詩はいいね！」という自分特有のもので、どの部分が、詩人の選択の結果なのかを考えましょう。

　わたしたちの反応はそれぞれの経験に左右されますが、でも、詩を読めば読むほど、より知的に理解し、よりうまく受けとめ、自分の受けとめ方についても理解できるようになります。

　とはいえ、読み手がいかにうまく詩を受けとめても、それが詩そのものの価値に勝ることはありません。詩が伝えていることを語り尽くすことも

できません。例えばロバート・フロストの「輝きは永遠（とわ）には続かず」[20]。私はこの詩について一日中話していられるぐらいですが、どれだけ巧みにすべての単語、イメージ、詩のなかで参照されていることを説明しようとも、その意味は、詩の中だけで完全な形を保っているものなのです。

「詩はどうやって表現したいことを伝えているの？」という質問は大切です。「この詩はどんな意味なの？」と問うのと同じぐらい、役に立つ質問です。よい詩の中に意味が「どうやって」埋め込まれているのかは、その意味そのものと同じぐらい大切で、興味をひくこと。詩には言葉が凝縮されているので、どんな意味がどのように表現されているのかを見つけるには、何回も読む必要があるものもあります。

詩をひらくときには、書いてみたり、話してみたりするとうまくいくこともあります。また辞書も助けになります。よい詩は百回でも読むことができ、そのたびに新しい喜びや驚きをもたらします。私も「輝きは永遠には続かず」を読むたびに、いまだに新たな学びがあります。

読み手が詩をひらくときには、単語、行、イメージ、比喩などは、その詩の中の他の単語、行、イメージ、比喩などの関わりで考えます。自分なりの読みを組み立てるときには、一か所だけではなくて、他の箇所も見て、その読みがあてはまるかを考えましょう。

単語や行やイメージや比喩は、すべてが同じ重みをもっているわけではありません。ですから、より重要なものを探すことは、詩を経験するよいやり方なのです。転換点と終わり方にも注目しましょう。

私たちが詩を読むのは、自分が生きるうえで大切なことを韻文で上手に表現し、それが他の人たちとも共鳴できるようにするためでもあります。詩を読むことは、書き手としても役立つし、しかも「まあまあいい言葉」と「完璧に素晴らしい言葉」の違いも学べます。

最後に、詩は、他の詩や詩以外のすべての文学に言及したり、それを暗示したりもします。まったくのオリジナルな詩はありません。そんなものがあれば、それは読んだり理解したりできないものです。もちろん、盗作についての話ではありません。批評家は一つの詩を他の詩や詩人との関係で考察することもできるということを覚えておきましょう。

このミニ・レッスンのあとに続く二つのミニ・レッスンでは、文学用語を扱います。最初は詩の用語について。それぞれの生徒に、詩の用語についての

プリントを2部ずつ配付します。一つは詩のファイルのポケットにいれておき、年間を通して詩をひらくときにすぐに参照できるように。もう一つはワークショップ・ノートにセロテープで貼って宿題にするためです。宿題では、すでに自信をもって使える用語に「○」をつけ、初耳だったりよくわからなかったりするものには「?」をつけます。翌日、今までに知っていたもの、発見したこと、よくわからないのではっきりさせたいものについて話し合うというわけです。

　用語についての二つ目のミニ・レッスンは、話し合いやブックトークででてきた用語を、どんどん追加していくリストについてです。まず生徒には合計100ページのワークショップ・ノートを最後からめくり、最後の4ページに94~97ページというページ番号を入れるよう伝えます（このようなページ番号になるのは、ワークショップ・ノートの最初3ページはページ番号を入れないからです。最初の空白の3ページは、最初の学期の後半に目次をつくります）。目立つ色の付箋を94ページに貼って、年間を通してすぐに見つけられるようにしたら、最後に「文学用語リスト」と記しておきます。

　私や生徒が新しい用語を使ったり、それに出くわしたりしたときには、私がイーゼルにその定義を書き、生徒はこのワークショップ・ノートに追加していきます。私が座るロッキング・チェアの隣の本棚には、辞書や詩や文学用語についての事典[*21]が置いてあり、正確な定義をすぐに提供できるようにしています。こうして最初の学期が終わった生徒のノートには、例えば、回文、題辞、桂冠詩人などの用語とその定義が書かれている、というわけです。

　詩の技巧についてのミニ・レッスンのやり方は、まさに直球そのもの。はっきりと定義を伝え、実際の詩のフレーズ、行、あるいは詩全体を示して、その定義された用語に命を吹きこむのです。最近、アメリカで出版されている詩の多くは韻を踏んでいないので、押韻以外で詩人が使う技を教えます。例えば、音の効果、比喩、手に取れる具体的なものを表す名詞、五感に訴える動詞、言葉づかい、文の調子、転換点、形式の実験などです。まず詩のなかでこれらがはっきり表れている箇所で学び、批評家として散文を読むときにも、このような技の効果を見出し、話せるようになってほしい。そう考えています。

　私が大好きで、生徒にも教える詩人[*22]のなかで、最も影響力があるのはウィリアム・カーロス・ウィリアムズです。彼の言葉「事物に観念を語らせる[*23]」は、愛、詩、戦争、偏見、正義といった大きく深淵な題材を書きたがる生徒たちを教える私には、よい指針になっています。大きく深淵な題材を扱う詩は、

日常のささいな瞬間をとらえています。ウィリアムズの詩を使うと、そのことを生徒が理解しやすくなります。書き手の日々の経験の中にある具体的なことがらや、目にしたこと、それが読み手の想像力や共感をかきたて、そういう「事物」が、読み手が感じたり共有したりできるような、大きな意味をつくり出してくれるのです。

　もちろん、私の生徒たちがウィリアムズのように書けるようになるとは思いません。ウィリアムズが描く視点や表現の的確さを真似できる人は誰もいません。でも、生徒たちは本質的な指針をウィリアムズから学べます。詩を書くことは、人、動物、物、出来事、現象、人生を観察して、手にとれるようなはっきりしたものを知覚することから始める必要がある、ということを。

　私はウィリアムズの詩の中から次の3篇を選んで、この詩人を紹介しています。

ウィリアム・カーロス・ウィリアムズ

　もし私が20世紀で最も「重要」な詩を選ぶとすれば、ノミネートするのはウィリアム・カーロス・ウィリアムズの「赤い手押し車」でしょう。ここで「重要」と言うのは、この詩が、ウィリアムズのあとに続く詩人への影響が大きいからです。このわずか8行の詩で、ウィリアムズは、世界がどのように見えるのかを描写しています。よい詩とよい人生は、注意を払うことで始まる。この詩は、私たちがそれを理解するのを助けてくれます。一緒に読んでみましょう。

「赤い手押し車」[24]

思わず
見とれる

赤い車輪の
手押し車

雨水でツヤツヤ
光っている

そばには白い
鶏たち

　ウィリアムズから学べることは、この詩のほとんどすべてが、多くのものに気づけるかどうか、言い換えれば、いかに世界の細かな事実を五感を使って理解し、鑑賞できるかにかかっている、ということです。どんな探究も観察から始まります。見る、立ち止まる。日々の生活に目をとめるのだ、とウィリアムズは言います。「白い鶏たちが近くにいる、雨水でツヤツヤした赤い車輪の手押し車」に目をとめる。自分の生活が、手押し車にどれほど多くかかっているのだろうか。他に気づくことはないだろうか。

　詩を教える教師として、私はウィリアムズの二つの言葉を指針としています。一つはすべての詩人への忠告です。「見たものを書こう、事物に観念を語らせよう」です。ある特定の瞬間や、手に取れる具体的なものから、思考、態度、そして人生そのものを明らかにできる、ということです。二つ目の言葉は「知覚することが、想像することの最初の一歩だ」というもの。言い換えると、出て行って、知覚する、つまり見る、聞く、味わう、触る、匂いをかぐ、ということです。それが詩人としての構想を見つける場です。

　ウィリアムズの有名な詩をあともう二つ読みましょう。最初の詩は彼の詩の理論を典型的に表しています。台所で家具に上っているネコを描くことで、ウィリアムズは、そこに息づいている詩を見いだしているのです。

「詩」[25]

ジャムの戸棚の
てっぺんに
よじのぼる

ネコ
最初は右の
前足

おっかなびっくり
それから後ろ足
入ったところは

空っぽの
植木鉢の
穴のなかとは

　3番目の詩を読むまえに知ってほしいのは、ウィリアムズは詩人であるだけでなく、ホーム・ドクターとして、40年間で2000人以上の赤ちゃんを分娩させた医者であることです。ニュージャージー州の病院で回診をするときに、彼にはしばしば詩が「見えた」のだそう。それで、処方箋を書くノートに自分が見たものをメモしていました。今から読む「壁と壁のあいだ」は、そこから生まれた詩ではないかと思います。

「壁と壁のあいだ」[*26]

病院の
裏手

の病棟
何も育たない

場所に
石炭の燃えがら

そのなかにキラリ
と光る

割れた緑のビンの
かけら

第5章　読み手を育てるミニ・レッスン　229

これらの詩で使われているのは、日常使われる言葉ばかりですが、その選択は骨まで削ぎ落とされています。また、「赤い手押し車」の最後には句点があります[27]が、それ以外は、句読点を使わずに詩が一文でできています。ウィリアムズがどのように彼ならではの詩の形をつくり上げているか、わかるでしょうか。比喩表現を控えて、直接的にそのままの描写をしています。その描写は力強く、赤、白、緑という飾り気のない言葉で、目に見えるイメージをつくりだしています。また、それぞれの詩をつくっているのが、ありふれた光景や行動の観察と、その表現の具体性であることにも、注目してください。

　あなたたちにウィリアムズっぽく書くように言っているわけでありません。それは彼独自のものです。でも、ウィリアムズが言う詩の書き方を受けとめてください。詩人が描くことは、詩人が実際に見たことから始まるということ。きらびやかに飾ったり、仰々しい理屈をぶったり、夢のような幻想を描くことではないのです。具体的な細部に注意を払い、そこに意味を見出そうとすることから、詩は始まります。

　「赤い手押し車」を暗記しましょう。そして最初の行の「思わず／見とれる」が出てきたら、ウィリアムズの言う「知覚すること」だと思い出すようにしましょう。詩人は、知覚することからすべてが始まるのですから。

　私はこう語ったあとで、「貧しいおばあさんへ」「ナンタケット」「ごめんなさい」「沈黙」「完全な破壊」といったウィリアムズの詩[28]もとりあげて読み、話し合います。

　ウィリアムズは「歌のようなもの[29]」という詩で、「思想は物そのものにあり、事物に観念を語らせる」という彼の主張について説明しています。つまり、詩は単にきれいに響く言葉を並べるのではないということ、そして、どのように詩の言葉が実際の世界の感覚をつかむことができるのかを、彼ははっきり示しているのです。

ウィリアムズをメンターにした生徒の作品

　ウィリアムズ流の「事物」を描く生徒の詩を、私は自分の「詩のファイル」に集めています。そして「わざとウィリアムズの教訓に反するようにやってみよう」と、生徒たちに言います。生徒たちが、詩をダメにすることで、よい詩

と悪い詩はどう違うのかについて、何を理解しているかがはっきりするから
です。ナタリーの許可を得て、ナタリーがウィリアムズの影響を受けて書いた
「父のシャツ」という素晴らしい詩を、「父はたくさんのシャツを持っている」
という詩に改悪しました。4連からなる詩だったので、グループにわかれ、
それぞれのグループが一連ずつ取り組みました。一般的なことしか言ってい
ない、哲学的で、無駄な言葉に溢れ、語りすぎた詩に見事に改悪したのです。

「父のシャツ」

父のクローゼットに入り
七つのハンガーにかかるシャツの
見慣れた色や柄を見まわし
お気に入りの一つを探す

木綿の
青と白のストライプ
ハンガーからとって
顔にあてる
タバコの香り
金属、芝生、洗剤の匂いが
あたりをつつむ

父がこれを着ていたのは
私を学校に連れていったとき
芝生を刈ったとき
裏のベランダでくつろいで
新聞の日曜版を読みタバコを吸っていたとき
保護者会やお遊戯会のときも
かわいがったペットのお葬式のときにも
このシャツを着ていた
冬の夜、私は父に抱き寄せられ
すりきれた布地に、頬をあてていた

第5章　読み手を育てるミニ・レッスン　231

シャツをハンガーに戻し
ボタンを一つ一つとじて
胸にしまっておく、思い出と
父を

(ナタリー・ブラウン)

「父はたくさんのシャツを持っている」
(別名、ナタリーの醜い双子の詩)

父をとても愛していたので
私は父のクローゼットをあけ
たくさんのハンガーにかかっている
すべてのシャツを見回す
父のシャツを見ていると
父が私を愛していることを思い出し
私はほほえむ
愛は最良の贈り物
私は素敵なシャツを一つ取り出し
匂いを嗅ぐ

タバコの煙のきつい匂い
ぴりっと強い金属の匂いは
毎日の仕事で染み付いたもの
それは父が鍛冶屋だから
芝刈り機で刈り取った
芝生の匂い
洗濯機のなかの
洗剤の匂い
あふれてくる匂いを
もう一度嗅ぐ
このシャツは
父の象徴

父はいつもこのシャツを着ていた
何をするときも
私が父にそうしてほしいとき
いつもそばにいてくれる
いつも私のところに来てくれる

このシャツを着て、どんなところにも来てくれた
父に抱きつくとき
私は特別な気持ちになれた
この特別なシャツと
親子という特別な絆のおかげで
私はハンガーにシャツをかけて
クローゼットを出る

（7〜8年生のパロディ詩人団）

文 学 が 教 え て く れ る 価 値

　生徒は、書かれていることを根拠にしてどんなふうに文学を読み解き批評するのかを学ばなくてはいけません。ですから私は、生徒に文学を批評するための用語や視点を教えます。また、毎日、1、2篇の詩について話し合うことで、生徒たちは、本文を根拠にして文学的な特徴やその効果を見つけることにも、慣れていくのです。

　でも、私は同時に、生徒の個人的な反応、ある特定の書き手が特定の作品を書く個人的な文脈、そしてその作品が読者に与える個人的な影響も大切にしています。その結果、生徒たちは詩人を知り、お気に入りの詩もできます。それらの詩を自分の人生に取り込み、詩を暗記し、ロッカーや寝室の壁にそれを貼り、卒業式のスピーチで暗唱もします。詩人のホイットマンを通して語ったヘレナの姿、剣を片手に情熱的にシェイクスピアの史劇「ヘンリー九世」の中の「聖クリスピンの祭日」のスピーチを披露したカートの姿が目に浮かびます。

　詩人も詩も、生徒にとっては生きているものです。個人的で主義主張を明確に発信しているもの。文学は中立ではなく、文学を学ぶことは客観的に科学を学ぶこととは別物です。物語、詩、演劇は人文学の中心にあります。

第 5 章　読 み 手 を 育 て る ミ ニ ・ レ ッ ス ン　233

国語の教師は文学が教えてくれる価値、つまり、思いやり、情熱、寛容、勇気、正義、驚異、一人ひとりの声がもつ力を認めることに、目をつぶる必要はありません。生徒も、入念に、広く、深く読むことができるのですから。

市民の育成に欠かせない新聞記事

　ミニ・レッスンで扱う優れた文章の中には新聞記事もあります。もし、私がアメリカのすべての教師にプレゼントを一つできるなら、毎日の全国紙『ニューヨーク・タイムズ』紙の購読を選ぶでしょう。この新聞を読む人は誰でも、もちろん若者も、賢明になり、社会で起きていることへの自覚も高まります。

　歴史の授業では『ニューヨーク・タイムズ』紙から時事的な出来事についての記事を読み、話し合います。この地域の有力紙『ボストン・グローブ』紙とメイン州紙の『メイン・サンデイ・テレグラム』紙から政治的な漫画を一緒にひもときます。『ニューヨーク・タイムズ』紙の論説コラムや表、全国レベルの週刊誌『ネーション』からの政治的な文章も分析します。

　国語の教師としては、年間を通して『ニューヨーク・タイムズ』紙などから[30]30以上の記事を選んでいます。ミニ・レッスンで話し合うためにコピーする記事は『ニューヨーク・タイムズ』紙から選ぶことが多く、その話題は、アメリカの桂冠詩人、ニューベリー賞受賞者、eブックの台頭、最近の児童および大人向けのベストセラーリスト、本、映画、ＴＶ番組について上手に書かれた紹介や批評などです。同紙の論説コラムなどの、主張が書かれた署名記事も読みます。

　また生徒が興味をもちそうな様々なトピックについての記事や主張文も面白いものです。例えば、テストは生徒が新しいことを暗記するのに最も効果的だと示唆している研究、長期休暇中に本を読まない生徒に起こる読む力の落ち込み、読書家の男子生徒のステレオタイプ、オバマ大統領の間違った代名詞の使い方、超常現象ロマンスと言われるジャンル、大人の読み手は本を読むかやめるかをどのように決めるのか、ヤングアダルト文学に夢中な大人たちのグループ、文芸雑誌は好意的な書評のみ掲載すべきだという提案、生徒がオンラインで出版できるサイトなどです。

　『ニューヨーク・タイムズ』紙の日曜日版を保護者に購入してもらい、自分で読[31]もうとする生徒はほんの一握りだけ。でも、すべての生徒は選りすぐりの最高のものを読む経験を通して、記事に引きこまれていきます。その過程では、グ

ラフや統計も含めて、意見、理論、議論、根拠などに注意を向けて、報道記事や論説文を読み、理解できるようになってほしいですし、何よりも、知識豊富で思慮深い市民としての読み手に成長してほしい。私はそう願っています。

ジャンルとしてのテスト対策

　本校で最終学年の8年生が、読解の共通テストを受ける1週間ぐらい前、ミニ・レッスンでは共通テストがどのようなものかということも取り上げます。共通テストの受け方を知り、その形式を体験することで、より自信をもってテストに臨むことができますし、読み手としての能力も発揮しやすくなります。そのような準備は必要ですが、かといって1年中、テストの準備のために学ぶのは、生徒にとっても文学にとっても、正しいことではありません。本に夢中になって取りくむ多くの時間こそが大切だからです。

　ですから、自分たちが受ける共通テストの形式や何が要求されているのかを知って、その練習に2、3日かければ、十分に適応できます。

　私は生徒たちに、こんなふうに話します。

　　共通テストの読解問題では、4種類の質問があります。

　　最初の問題を見てください。テスト作成者はいろいろな用語や問い方をしますが、要は出題文が何について書かれているかを問う問題です。最適な題名だったり、内容を最もよく表している文章だったり、主題だったり、概要を聞いたりします。

　　2番目は推論の問題です。はっきりと本文中に書かれていないものの、読み取れる意味を見つける問題です。多くの場合、常識的な問題です。テスト問題作成者は、問題文の中で出てきている根拠を土台に、どういうことが理解でき、結論づけられるのかを尋ねています。

　　3番目は、特定の部分に関する出題です。その場合は本文中で該当する特定の情報を探します。あまりフェアではないのですが、テスト作成者がひっかけ問題にしたり、質問文をあいまいにしたりすることがあります。そうでない限りは、一番簡単な問題だと思います。

　　最後は、文脈における単語の意味を問う問題です。テスト問題作成者たちは、その単語が登場する文脈で、その単語がどういう意味か答えられるかどうかを知りたいのです。

第5章　読み手を育てるミニ・レッスン　235

来週受けるテストであなたたちが受けるタイプのテスト文例と問題例をダウンロードしてコピーしておきました。最初の問題文の質問を見て、テスト作成者がテスト受験者に何を求めているのか、という点から分析してみましょう。

　生徒と私は一緒にテストの問題文と質問がどのようにつくられているかを分析します。また、問題文の読み方と答え方の手順を扱うミニ・レッスンも行います。

読 解 共 通 テ ス ト の 受 け 方

1. 本文の最初の一、二文と最後の一、二文、そしてテストの問いを読む。これで何について書かれていて、何を探すのかについて見当がつく。
2. 次に、テストの問いの答えを探しながら、読む。
3. 解答をするときには、正解から遠い選択肢を消去することから始める。通常、二つは簡単に消去できるので、問いを読み直し、残っている選択肢を検討する。消去法が有益。
4. 必要なときは問題文を読み直す。飛ばし読みや拾い読みを活用する。
5. 単語の意味を問う設問は、その単語が出てきている文全体、あるいはその前後も含めての文のかたまりを読む。その単語の定義を知っているかどうかの問題でなく、その文脈での意味を見つけられるかが問われている。

　生徒たちはいくつかの練習問題を、まずは一人で、そしてペアでやってみます。その後、クラス全体で正しい答えを確認し、どのように解答を見つけたか、またわかりにくかった点は何かについて話しあうのです。

長 期 休 暇 中 の 読 書

　学年の最後のレッスン[*32]は、おなじみの現象を扱います。それは、夏休みの読書の落ち込みです。長期休暇中に読書をしない生徒は、読書をしない

期間分か、それ以上の読む力を失ってしまうのです。それまでに育て、達成してきたことを、休暇中に一気に失うかと思うと、ぞっとします。

　夏休みの間、生徒を書店や図書館に連れていく保護者はほんの一握り。家に本がほとんどない生徒や、経済的に本を購入するのが難しい生徒もいます。本校のあるメイン州の田舎では、公共交通機関はなく、地元の図書館の開館時間も限られていて、また7・8年生に適した本も限られています。つまり、私が何か行動を起こさない限りは、大多数の生徒は長期休暇中、本にほとんどあるいはまったくアクセスできないということになります。

　経済状況が極めて厳しい地域の学校で、恵まれない環境にいる生徒に、長期休暇中に読む本を自分で選び、自宅に持ち帰らせたところ、それをしなかった生徒と比較して読解の点数に有意差が出たという画期的な研究が報告されています。調査の対象となった852人の生徒一人ひとりが、長期休暇の前に12冊の本を選び、持って帰りました。ささやかな試みでしたが、休暇中の読書を急増させただけでなく、その後の読解力についても、長期休暇中にサマー・スクールに出席した子どもと同じような結果をもたらしたのです。

　私はこの結果に励まされたものの、考えこんでしまいました。休暇前のミニ・レッスンでは、教室の外でよい本をどうやって見つけるのかを教えてきましたが、多くの生徒が実行していなかったからです。リーディング・ワークショップでずっと続けてきた、私から生徒への経験の譲り渡しが、休暇中に中断してしまうのでした。

　大きく深呼吸をし、教室の図書コーナーにある本を守ることよりも、生徒の読みを大切にしようと決めました。休暇前に生徒に本を貸し出すことにはそれなりのリスクを伴いますが、必要なことですし、やってみるとうまくいっています。

　休暇が始まる前に、地元のスーパーマーケットから、商品を入れる紙袋を、生徒一人につき2枚を寄付してもらい、2重にした紙袋を準備します。その時期には、生徒も私もすごい勢いでブックトークをします。少なくとも一人6冊は休暇中に読む本を見つけるということを目指しているからです。本を借りるときには、それぞれがインデックス・カードに、休暇明けに本を返却できるように読書計画を書いておく。そのインデックス・カードをコピーし、生徒が忘れないように、スーパーの紙袋にホッチキスで留める。この方法で、過去3年間に紛失した本は2冊だけ。「夏休み中の活動のなかで、最も強力で

第5章　読み手を育てるミニ・レッスン　237

一貫性のある」[*34]に生徒が取り組んでいることを考えたら、十分に価値があります。本校の他の教師も同じことをするようになったので、休暇前にはすべての生徒が本を選び、借りて持ち帰ることで、休暇中も読書を楽しんでいます。

　リーディング・ワークショップで私が教えることは、次の三つを土台としています。私が文学好きであること、私の読むことについての知識、そして読み手としての生徒について私が発見することです。毎年、授業開始時には、それまでの読書経験があまりにお粗末なため、よい本というものが存在することを知らずに教室にくる生徒もいます。そうかと思うと、本の大好きな私の同僚の教室で学んできた生徒、本に囲まれ、本について話すのが呼吸するのと同じぐらい自然な家庭で育った生徒もいます。リーディング・ワークショップはそのすべての生徒を受け入れるのです。

　ワークショップは生徒の若い力を引き出します。ほとんどの生徒は、ある程度の語彙力をもっています。よい本なら誰もが大好きです。新しいことを喜んで試してみるし、熱中している姿も遠慮なく見せてくれます。よいものに出合えば大喜びで、見つけたもののよさを存分に味わいます。大好きな本については、惜しげなくクラスメイトに薦めます。分析的な読み方に向かっての出発点に立ち、ただあらすじを追うような読み方から一歩先に踏み出そうとしています。

　リーディング・ワークショップのミニ・レッスンでは、教師は生徒と一緒に本や詩のなかに入り、批評力のある読み手が使うスキルを実際に使ってみせます。そして、最高に幸せなことを教えます。それは、よい読者がページの上の言葉と交流することで、その本がよい本として存在できるようになる方法です。しかも、生涯にわたって。

....

*1────Frank Smith著の*Understanding Reading*（読むことを理解する）第6版（Routledge, 2004）の中で説明されています。

*2────論文名はThomas Newkirt著の"Literacy and Loneliness"（読み書き能力と孤独）で、*Ohio Journal of the English Language Arts*（Fall, 2000）の18-21ページに掲載されています。

*3────この10ケ条の訳は、原書の英文と『ペナック先生の愉快な読書法』（361ページの文献5章1参照）の両方を参考にしているため、『ペナック先生の愉快な読書法』の10箇条の訳とは一致していないものもあります。なお、訳者が関わっている「WW/RW便り」2012年11月7日では、ここから考えられる新たな権利も書き加えていますので、参照してください。http://wwletter.blogspot.

238

jp/2012/11/10.html。

*4—— 紹介されているのはFrank Smith著の*Reading Without Nonsense*（無意味なことをせずに読む）第3版（Teachers College Press, 1997）です。

*5—— スミスの著書『なぜ、学んだものをすぐに忘れるのだろう？』（150ページの注12参照）50～55ページに、短期記憶と長期記憶についての説明がなされています。

*6—— *Reading Without Nonsense*（無意味なことをせずに読む）第3版（上の注4参照）の中で説明されています。

*7—— Marcel Just、Patricia Carpenter著の*The Psychology of Reading and Language Comprehension*（読むことと言葉を理解することの心理学）（Allyn and Bacon, 1987）の中で説明されています。

*8—— Constance Weaver著の*Reading Process and Practice: From Socio- Psycholinguistics to Whole Language*（読むことのプロセスと実践～社会心理言語学からホール・ランゲージへ）第2版（Heinemann, 1994）の中で説明されています。

*9—— スキーマについては、E. D. ハーシュが著書『教養が、国をつくる』（53ページの注21参照）の中で、「私たちは、過去の経験によって形成された原型に現在の経験を同化させることによって、現在の経験を意味あらしめることができる」こと、そしてこうした原型をスキーマと呼ぶこと（88ページ）、また、「自分たちが置かれている状況に従って初めのスキーマを変える著しい能力が人間の心に備わっている」（89ページ）ことを説明しています。スキーマと読むこととの関わりに焦点をあてた本としては、西林克彦著の『「わかる」のしくみ～「わかったつもり」からの脱出』（新曜社、1997年）の56ページで、スキーマと長期記憶との関わりについて、長期記憶のなかにある「ひとまとまりの知識が、活性化されて外部情報を処理するのに使われるのだろう」ということ、このひとまとまりの知識群をスキーマと呼ぶことが説明されています。

*10—— 原文では、上の注8の本で引用された文が使われていますが、ここでは、日本の国税庁「特定証券投資信託に係る配当控除を受けられる方へ」より抜粋しました。https://www.nta.go.jp/taxes/shiraberu/shinkoku/tebiki/2012/pdf/47.pdf

*11—— 原文は上の注8の本より引用。日本語訳は、西林克彦著の『「わかる」のしくみ』（上の注9参照）54～55ページの訳を引用しています。また、西林克彦著の『わかったつもり～読解力がつかない本当の原因』（光文社、2005年）には、スキーマを活性化しないとわからない他の例が45ページに挙げられています。

*12—— ローゼンブラットの本は邦訳が出ていませんが、日本語で読めるものとして、山元隆春著の『文学教育基礎論の構築～読者反応を核としたリテラシー実践に向けて』（渓水社、2005年）の中で、ローゼンブラットの理論が説明されています。また、山元隆春著の『読者反応を核とした「読解力」育成の足場づくり』（渓水社、2014年）でも、ローゼンブラッドの交流理論が紹介されており、二つの読み方の連続体についても学べます。本書の「喜び味わう」読み方という訳も、この本の訳を使用しています。

*13—— Louise Rosenblatt著の*The Reader, the Text, and the Poem: The Transactional Theory of the Literacy Work*.（読者、テキスト、詩～文学の交流理論）（Southern Illinois University Press, 1994）の中で論じられています。

*14—— 上掲書の中で述べられています。

*15—— Louise Rosenblatt著の"What Facts Does This Poem Teach You?"（この詩があなたに教えてくれる事実はなにか）(*Language Arts* 57: 386-94, 1980)の中で述べられています。

*16—— Stephanie Harvey、Anne Goudvis著の*Think Nonfiction! Modeling Reading and Research*（ノンフィクションで考えよう！～読みと探究のモデルを示す）(Stenhouse, 2002)が参照されています。

*17—— アトウェルはStephanie Harvey、Harvey Daniels著の*Comprehension and Collaboration*（理解と協働）(Heinemann, 2009)の教え方を応用して本書220ページ3. の記号を使っています。なお、「◎新しいことを学んだ」は、原書ではL(I learned something new)を使っていますが、本書ではLではわかりにくいので、◎に変えています。「優れた読み手が使っている方法」（ないし教科領域に関係

第5章 読み手を育てるミニ・レッスン 239

なく「理解するための方法」）について、日本語で読める本としては吉田新一郎著の増補版『「読む力」はこうしてつける』（新評論、2017年）とエリン・オリヴァー・キーン著の『理解するってどういうこと？〜「わかる」ための方法と「わかる」ことで得られる宝物』（山元隆春、吉田新一郎訳、新曜社、2014年）があります。

*18——2010年代後半の日本では、カリキュラム・マネジメントの観点から、例えば他教科のレポートの書き方を国語で教えることを推奨する動きもあります。一方で、各教科の内容に深く関わる読み書きは、その分野の知識をもつ教科担当者が教えるべきだという立場もあります。アトウェルが後者の立場を取っているのは、国語教師の専門性の中核に文学を置いているからでしょう。

*19——Marginaliaという題で、英語ですがhttps://www.poemhunter.com/poem/marginaliaで読むことができます。

*20——ロバート・フロストはアメリカを代表する詩人の一人で、その詩のフレーズは多くの小説や映画に引用されています。代表作の一つ「輝きは永遠には続かず」も同様で、例えば、S.E.ヒントン著の『アウトサイダーズ』（唐沢則幸訳、あすなろ書房、2000年）の125〜126ページに引用されています。

*21——日本の教室におくとよい事典としては350ページの巻末資料3を参照してください。

*22——原書ではウィリアム・カーロス・ウィリアムズに加え、エミリー・ディキンソンとウォルト・ホイットマンについても、同じ程度のページ数を使って詳しく説明がされています。

*23——金関寿夫著の『アメリカ現代詩を読む〜評論集』（思潮社、1997年）の29ページに説明されています。

*24——ウィリアムズ・カーロス・ウイリアムズ著の『ウィリアムズ詩集』（原成吉編訳、思潮社、2005年）の32ページから引用しています。

*25——前掲書の38ページから引用しています。

*26——前掲書の46〜47ページから引用しています。

*27——これは英語の原文に関してのことで、引用した詩集では句点は使われていません。

*28——ここでは邦訳が出ている詩のみ紹介しています。「貧しいおばあさんへ」「ナンタケット」「ごめんなさい」は『ウィリアムズ詩集』（上の注24参照）の、それぞれ40ページ、39ページ、39ページに、「沈黙」「完全な破壊」はウィリアム・カーロス・ウイリアムズ著の『ウィリアムズ詩集』（鍵谷幸信訳編、思潮社、1968年）の、それぞれ82ページ、35ページに掲載されています。

*29——『ウィリアムズ詩集』（上の注24参照）の15ページに掲載されています。

*30——その他、隔週発行で音楽や政治、大衆文化を担う雑誌『ローリング・ストーン』や洗練された幅広い記事で有名な雑誌『ニューヨーカー』を、アトウェルは使っています。

*31——日曜日版は相当なページ数で、書評、ビジネス、文化など多くの充実した記事を読むことができます。

*32——新年度は9月初旬から始まります。最終学期である3学期は6月中旬に終了し、その後、約2か月半の夏休みとなります。

*33——Richard Allington、Anne McGill-Franzen著のSummer Reading: Closing the Rich/Poor Achievement Gap（夏の読書〜達成度の差を埋める（Teachers College Press, 2013）で説明されています。

*34——Barbara Heyns著のSummer Learning and the Effects of Schooling（夏の学びとスクーリングの効果）（Academic Press, 1979）で説明されています。

第 6 章
一人ひとりの書き手を教える

書き手とのカンファランス

今日、誰かと一緒にできたことを、
明日、その子は一人でできるようになる。

──── L. S. ヴィゴツキー

生徒がこれまでに書き手としてどのように歩んできたのかを知るために、私は新年度の初日に「書くことアンケート」（122ページ参照）を行っています。その中に「他の人からどのようなフィードバックがあれば、書き手として成長できますか？」という質問項目があります。毎年、この問いへの生徒の回答から、若い書き手たちがいかにやる気いっぱいで、目的意識をもち、果敢に学ぼうとしているかがわかります。

自分の書きたいことを後押ししてくれるコメント

- 先生や友達からの、よくできている点と、改善できる点についての指摘。
- 明確でない点、表現不足の点、わかりにくい点を教えてくれること。
- 理解できない箇所や加筆の必要がある箇所を示してくれること。
- 建設的な批判。これは傷つかないし、書き手として改善できる点を示してくれて、作品がもっとよくなる。
- 進む方向を決められる具体的な助言。
- 具体的なので修正しやすく，修正しておけばあとで恥ずかしい思いをしなくて済むような批判。
- 再考した上で、使えるかもしれない具体的なコメント。
- 書いているものの流れがよくなるような具体的な指摘。
- 自分が行おうとしていることについての具体的な助言。

書き手たちは、単に褒めてもらうこと、ひたすら中立的な反応、あるいはルーブリック（評価基準表）やスタンダード（達成目標）に照らした助言を求めているわけではありません。そうではなく、読んでもらうため、理解してもらうため、そして鑑賞してもらうために書く、ということを知っている教師や生徒からの助言を求めているのです。

書 き 手 を 育 て る カ ン フ ァ ラ ン ス

私が生徒の作品を読むときの基本的なスタンスは、熟練した一人の読み手として読む、ということです。生徒の書いた何万もの作品も含めて、50年以上読んできていますから、この経験を活かして反応します。下書きについ

て生徒と話すことが不安な先生方は、これまで読んできた長年の経験を思い出して、自信をもちましょう。

　私たち教師は、読み手として、上手な詩あるいは下手な詩、物語、解説文の特徴にすでに気づいています。ですからカンファランスでは、読み手として自分が得てきたことを教えます。書き出し、終わり方、題名、伝わってくる雰囲気、書き手が考えていること、論理、情報、目的、テーマ、イメージ、明晰さ、言葉づかい、五感に訴える動詞、時制、具体性、構成、話の移り変わり、段落単位の書き方、句読法など、いろいろあります。書くことを教える教師は、どうコメントすればいいのかというマニュアルやルーブリックを必要としていません。優れた文を読んできた熟練した一人の読み手として、自分の中に蓄積したものから始めるのです。

　書き手との会話は、教える中で最高の時間。しかし、以前はそうでもない時間もありました。最初の頃は、カンファランスはこうあるべきだという思い込みがあったので、生徒と話すときにはそれを守ろうとピリピリしていました。言うべきことや言ってはいけないことを意識しすぎていて、自分の肩越しに、もう一人の私が、自分の話すことを聞き、観察しているのを感じるぐらいでした。しかし、カンファランスを「譲り渡し」の機会だと捉えてからは、読み手としての蓄積を活用し、書き手としての自分の失敗や成功を思い出し、生徒がしたことを観察し、しようとしていることに耳を傾け、必要な助言をできるようになりました。カンファランスでの会話は、教えることの充足感に満ちています。

カンファランスでの譲り渡し

　学年の初めに、7年生のダニエルが初めて書いた詩の最初の下書きを読んだときのことです。何かが欠けているのがすぐにわかりました。何か、というよりも、作品のどこにも書き手の姿がなかったのです。小さな折り畳み椅子をダニエルの横におき、カンファランスを始めました。（115ページにも記しましたが、教室で生徒は私をナンシーと、ファースト・ネームで読んでいるので、以下、私の言ったことは、ナンシーと記載されています。）

ナンシー　どんな調子？
ダニエル　えっと、たぶん完成だよ。

ナンシー　ちょっと見せてくれる？

ダニエル　もちろん。

【下書き第一稿】
カチッ、カチッ、カチッ
「次の曲」ボタンを押すたびに
リズミカルなクリックの音
ただの機械をこんなに好きになるなんて変だって
わかっているけど
でも、みんな好きなんだ

カチッ、カチッ、カチッ
僕たちは曲を探す
待って、考えて、肩をすくめて
イヤホンをつけて、くつろいで、楽しむ

ナンシー　これはiPodについて？

ダニエル　うん、今から校正しようと思っているんだ。

ナンシー　どうしてこれについて書こうと思ったの？

ダニエル　えっと、iPodにどのくらい時間を使っているかを考えてみると、相当使っていて、かなり夢中になっていて、ただの機械なのに、友達と一緒にいる時間より長いぐらいだから。

ナンシー　いい観察。クリックしている音がほとんど声みたいになっていて、まるで機械と会話しているような点もいいね。機械にここまで夢中になるのは気がすすまないというのもはっきり伝わるので、それもいいと思う。ただね、読者としては、ダニエル自身が夢中になっているのがわからない点が、問題だと思う。一般の人がそうですよ、って感じで書かれているからね。書き手自身の思いや感情は、一般の人がこうです、というスタンスで書いても伝えることはできないよ。自分という一人称を意識して、第2稿を書いてみて、どうなるか見てみようよ。

ダニエル　僕としてはこの感じがいいと思う。iPodを持っているなら、誰にでも起こりうることだし。

ナンシー　それが問題なのよ。読者は「誰か」感情移入できる特定の人を

244

求めているよ。私を信じて、試してみて。きっとよくなるから。

ダニエル　じゃあ、やってみる。

ダニエルの完成作品は次のようになりました。

「考えないようにしているんだ」

カチッ、カチッ、カチッ
この耳慣れたリズムが好き
「次の曲」ボタンを何度も
カチッ、カチッ、カチッ
ただの機械をこんなに好きになるなんて変だって
わかっている
だけど　僕は楽しい
これは小さな機械の部品を集めたもの

カチッ、カチッ、カチッ
おめあての曲を見つける
一秒待って
考える
このプラスチックのかけらについての
僕の喜びについて
僕は自分を受け入れる
僕は21世紀の子ども
肩をすくめて、イヤホンをして
くつろいで、リラックスしたら
楽しむだけ

（ダニエル・メイヤー）

　一人称を意識すること、つまり自分しか書けないことを書くことで、ダニエルは自分が深く考えたことを作品に加えるやり方を学びましたし、自分の思考や感情を深く見つめることで、テーマもはっきりしました。このとき、カンファランスで話した詩は、ユーモアと明晰さを備え、ダニエルにしか書けないも

第6章　一人ひとりの書き手を教える　245

のになったのです。

ダニエルがつけた力強い題も自分を意識した結果です。詩は大きく変わりました。読者は、ある個人の経験がその人の言葉で語られると、書き手の思考と感情を一緒に辿っていけるということを、ダニエルは学んだのです。それを実際にやってみたことで、今後も使っていけます。

私はダニエルに対しては、なすべきことをはっきりと伝えました。ダニエルが書き終わったと思っていた詩の問題を指摘し、彼が書きたいことを説明してくれたあとで、他の切り口を使い、どのように書き直せばいいのかを助言しました。読者として感じた問題をはっきりさせたあとで、一般人全体にあてはまるような書き方からの解決法を譲り渡したのです。

今回のようなダニエルへの指摘や、この章で述べる他の問題点への対応ができるようになるまでには、私もしばらく時間がかかりました。でも、ダニエルの時のように、自分のことを書くべき作品にその本人がいないことに気付いた時は、その解決についての譲り渡しをすることには躊躇しません。

コ メ ン ト は 執 筆 中 に

私が生徒にフィードバックすることを生徒は知っています。それは、完成作品にコメントを書くのではなく、執筆中に生徒と話をする形で行われます。完成作品にコメントするのでは遅すぎるからです。これでは、生徒が次に書くときまで教師のコメントを覚えていて、それを新しい作品に応用できると考えていることになります。そもそも、生徒は教師のコメントを読むのでしょうか？日曜日を使って、余白にコメントを書く教師は、これが本当に役立つのかという疑いを捨てきれないと思います。

ドナルド・マレー（53ページの注14参照）も本当に効果があるのかと疑問に思い、ある日曜日の午後、実験をしてみることにしました。生徒の完成作品に、わざとダメにするようなコメントを書いたのです。「これは逆の順番で書くこと」「もっと副詞を加えなさい」「より一般的かつ抽象的にしなさい」などですが、生徒に作品を返却したときに、誰ひとりとしてそのコメントに疑念を示す人はいなかったとのことです。

ライティング・ワークショップでは、授業中に、生徒には作品に取り組む時間があり、教師には生徒たちを助ける時間が確保されています。

カンファランスは生徒のところで

　ライティング・ワークショップのカンファランスでは、私が生徒のところに行って話すことにしています。私が生徒の間を移動することで、私が会話を始め、時間を管理し、毎日できるだけ多くの生徒と話し、教室の中の秩序も保てます。以前、机を指定して、そこで個別カンファランスをしたこともありましたが、これはうまくいきませんでした。生徒はいったんやってくると、納得いくまで私の助言を得たいので、なかなか席を立ってくれません。さらに悪いことには、一回のワークショップで、5、6人としか話せませんし、待っている生徒や教室の隅で悪ふざけを始める生徒も目に入って気も散りました。

　私が生徒の間を歩けば、カンファランスを手早く終えることができ、多くの書き手と話せて、クラス全体にも目が届きます。机の間をランダムに歩くので、生徒たちは、私が次の瞬間、教室のどこにいるのかはわかりません。必要な持ち物は、クリップボードにはさんだ今日の予定表、解決法をその場で書きこめる大きめの付箋紙、ペン、そして折り畳み椅子です。

　ライティング・ワークショップの教師がよく使う、こんな問いかけの一つから、カンファランスが始まります。「調子はどう?」「今日は何をする予定?」「何か助けてほしいことはある?」「今、どんなことをしているの?」「これはどこでアイディアを得たの?」「ここから次はどうするの?」

　2か月もたつと、私から話しかけないことも増えます。生徒の横に椅子を置くと、生徒の方からどんな調子か、助けてほしいこと、しようとしていることを話し始めるからです。時には、今は勢いに乗って書いているので、と丁寧にカンファランスを断られるときもあります。

　カンファランスでは、書き手に耳を傾け、下書きを読み、理解できない箇所、もっと知りたい箇所について質問をし、書き手が気づいていない問題を指摘し、解決法を提案し、次に何をするかをはっきりさせます。目標はヴィゴツキーの言う「今日、誰かと一緒にできたことを、明日、その子が一人でできるようになる」[*2]状態です。私は今日、一人称を意識して書くことを、ダニエルと一緒にやりました。明日は、ダニエルは自分一人でそれができるようになるでしょう。それがカンファランスをする私の主な目的です。つまり、他の書き手が自分の意図を伝えるためにしていることを明確に示すことで、生徒がそれをできるようにサポートするのです。

作品の内容や書き手の技についてカンファレンスする際には、書き手が問題点に気づき、言葉ではっきり捉えて解決を試み、うまくできていることを認識し、計画を立て、よりよい文を書くために下書きや書き直しの効果的なやり方のレパートリーを培っていけるように助けます。書き手とのカンファレンスを、効果的、実質的、生産的にするためのガイドラインを以下に示しましょう。

ライティング・ワークショップ での カンファランス の ガイドライン

1. 時間に注意し、教師は教室のすべての書き手の学びに責任があることを忘れないでください。1回のワークショップでできるだけ多くの書き手とカンファランスをしましょう。授業の終わりに、今日の予定表にカンファランスをした生徒の名前の横にチェックを入れ、次のワークショップではチェックの入っていない生徒からカンファランスを始めます。ワークショップを始めた頃は、私のカンファランスは長くなる傾向がありました。現在では、30分間の書く時間中に、少なくとも12名とカンファランスをしています。本校の授業を参観した教師がストップウオッチを持って、私のカンファランス所要時間を測ったことがありました。最短が30秒、最長が3分30秒でした。

　学年の最初のジャンルとして詩を選ぶのはたくさんのメリットがあるからですが、その一つは、文章の量の少なさです。生徒が書くのにも、私が読んだり反応したりするのにも、時間があまりかかりません。最初の5、6週間で多くのカンファランスができ、毎日、多くの書き手と話すことで、それぞれの書き手について手早く知ることができます。

2. ミニ・レッスンで教えた概念や語彙をカンファランスで使いましょう。クラス全体ですでに学んだ、生徒がワークショップ・ノートに記録している書き手の技やジャンルの特徴を使えば、カンファランスも手短にすませられます。すでに学んだ言葉を使うことで、素早く問題が解決できるのです。「ああ、ここでは『一粒の小石の法則』ができていないね」とか「『頭と心の法則』がないと感情移入できる登場人物にならないよ」と言えば、それでわかります。

3. 授業中に読むには長すぎる作品もあります。散文を書き始めると、

行間を広くとっているとはいえ、6ページもの長さの回想録をパソコンで書いている生徒もいます。そうなると、他の生徒の時間を犠牲にしない限り、カンファランス中に目を通すことはできません。そこで、下書きの一部についてカンファランスし、あとは自宅に持って帰って丁寧に読みます。私に自宅で読んでほしい場合、生徒は特に私に注意を払ってほしい点を付箋に書いて、付箋つきで私のロッキング・チェアに置きます。「時間軸を行ったり来たりするフラッシュバックを何度か使っているので、それがうまくできているか確認してほしい」「『それで?の法則』、つまりテーマがはっきりわかるように書けているか?」「論理的に話が進んでいるか?」「ここで話がそれてしまっている?」「『頭と心の法則』がちゃんとできている?」「終わり方に困っています。唐突に終わっているのはわかるのだけど」「主張とその根拠には十分な説得力がある?」といったことが付箋に書かれています。自宅で夜に下書きにさっと目を通し、付箋に書き手からの質問への答えと、それ以外に内容や組み立てで気になったことも書きこみます。この時点での私の仕事は目を通すことで、校正ではないので、下書きに直接書きこむことはしません。翌日、付箋に書いたことをもとに、書き手たちとカンファランスをします。

4. 個人的で親しい雰囲気でカンファランスをしましょう。書き手と肩を並べ、相手の目をみながら、小さな声で会話をしてください。他の書き手が気を散らさずに執筆できるように、声をできる限り小さくすることを忘れないようにします。

5. 少なくとも生徒の前では失望感を表に出さないようにしてください。ある年、回想録というジャンルで豊かな実りの期待できる土壌をしっかり耕したと思いました。私の回想録を使ってこのジャンルを始め、プロの作家やこれまでの生徒が書いた回想録を一緒に読んで鑑賞し、素晴らしい回想録の特徴も見つけました。しゃれた表現もでき、明瞭にも書ける生徒たちが、回想録の下書きに取り組み始めたときには、私は期待に満ち溢れていました。しかし、書く時間に教室の中を歩き、下書きを見たときには、落胆しました。すでに指摘していた問題点だらけだったのです。情景の浮かばない会話、名前はついているものの関係性のまったくわからない人、「頭と心の法則」がまったくないもの、よい書き出しなのに文脈がないものなど

です。このときに実感したのが、いわゆるメンター・テキスト[*3]というものの限界でした。生徒たちが新しいジャンルを学ぶときには、1回に学べることはそれほど多くないということです。問題だらけなのは、教えすぎたことの当然の帰結です。

　　こんな場合でも、生徒が立ち止まって自分が書いた下書きを見つめ直し、ミニ・レッスンとカンファランスで教師がサポートすることで、必ず解決への道が開けます。生徒は一歩一歩積み重ねていきます。うまく書けていない作品とは、「現時点ではまだ」うまく書けていないということ。失敗ではありません。生徒が失敗したわけでもなく、教師が失敗したわけでもありません。最終的には素晴らしい回想録が仕上がっていきました。

6.ある問題の解決法をはっきり見せたほうが有益だと思える時は、「説明していることがはっきりわかるように、下書きに書きこんでもいい?」と生徒に尋ねます。今まで一度も拒否されたことはありません。教師が、生徒が書きたいことを把握していて、かつ、その実現方法がわかっている時には、遠慮せずに「こうしてみたらどうかな?」と示し「これが、書こうとしていたことかな?」と続けて確認します。

7.生徒の上手な点に目を向けましょう。うまく書けている箇所を言葉ではっきりと伝えることで、次回以降それを使えるようにします。「この書き出しのおかげで、引きこまれるし伝えたいこともすぐにわかるね」「この言葉づかい、特に動詞は五感に訴えるね。情景がはっきり目に浮かぶ」「結論が他の箇所とうまく共鳴している、鳥肌がたつぐらい素晴らしい、読み終わったあとも思わず考えてしまうよ」「ここで出ている例は説得力があるし、心に響く」「ウイットに富んだ描写だね」「主要な点から各論へと移る議論の積み重ねが見事」「詩のテーマがいいので、詩の形のことを忘れていたけど、でも、ちゃんと形になっているね」「気持ちがよく伝わる。ここで描かれている考えや感情のおかげで、どうしてこれが大切なのかがよくわかる」「色を表す簡単な単語で、しっかりイメージできる」「動詞の時制を変えることで、臨場感が増している」「段落を整えてくれてありがとう。これで考えのまとまりごとに読めるから、ずっと読みやすい」「J.D.サリンジャーと相談して書いたみたいね。主人公が、こんなにクセがあって偽りがない」「この会話で登場人物とその関係性が

250

はっきりわかるね」。

8. 具体的な指摘であれば、はっきり伝えて大丈夫です。「何が言いたいのかわからない」「理解できない」、時には「これが大切だとは思えないね」とまで言うこともあります。しかし、必ず、その理由と、その問題に取り組むために書き手ができることを伝えます。

9. 生徒にも自分にも忍耐強く接しましょう。書くことの成長はゆっくりしたものです。年間を通してたくさん書くなかで、一人ひとりを教える機会もたくさんあります。そのなかで教師は書き手の技やジャンルの特徴など、ミニ・レッスンで教えたことを生徒が使えるように助け、彼らが取り組んでいる作品に対しても彼ら書き手に対しても、よりうまく対応できるようになるのです。

書 く と き に 遭 遇 す る 課 題 と そ の 対 処 法

長く教えていると、生徒の下書きによくある問題にも精通してきます。問題の原因をはっきりさせ、どうすれば書き直せるのかを生徒がわかるように話します。このやり方のおかげで私は辛抱強くなれますし、生徒は自分で使える解決方法のレパートリーを増やしていけます。これまでの経験から、7年生や8年生がよく遭遇する問題とそれに対応する方法を紹介しましょう。

情 報 が 不 十 分 で あ る

読者がほしいのは、世界を広げ、例を示し、知り、納得し、考えを刺激し、イメージをつくりだし、その作品に命を吹き込む具体的な情報です。書き手の経験が足りなかったり、新しいジャンルに取り組んだりする時、このような具体的な情報が充分書ききれていないという課題にぶつかります。時には情報過多の場合もありますが、多くの場合は、読者を満足させるだけのことが書かれていません。そんな時、カンファランスでメモ書きを使うように提案すると、うまく行くことがよくあります。メモ書きをすると、具体的な情報を、量の面からも質の面からも考えることができるからです。

ヘレナは本校のブログのために、レイ・ブラッドベリの『華氏451度[1]』の書評の下書きをしていました。その前の2か月間は、詩と回想録で個人的な題

第 6 章　一 人 ひ と り の 書 き 手 を 教 え る　251

材をとりあげていたこともあり、ヘレナは書評という新しいジャンルへのスイッチの切り替えに苦労していました。下書きを見ると、この本のあらすじを短く書いたあとに、地元の高校に行った友達の、教師に対する怒りをぶちまけていました。この友達は、『華氏451度』を8週間かけて、段落ごとに分析しながら読まされていたそう。イライラしながらこの本を読んでいる友人と自分の満ち足りた読書経験とを比べて、ヘレナは大いに憤慨しています。その結果、彼女の主張は強く表現されているものの、書評と呼ぶには程遠い文章になっていました。

ナンシー　怒っている気持ちが伝わってくる。

ヘレナ　すごく腹立たしい。こんなすごい本なのに、先生が本をダメにしている。

ナンシー　その通り。ただ、書評というジャンルだと、この内容はそぐわないね。ブログの読者は『華氏451度』を読むかどうか決めるためにこの本について知りたいし、ブラッドベリがどんな書き方をしているのか知りたいよ。今の下書きだと、読者が必要としている情報はあるかなあ。

ヘレナ　でも、今書いていることが、まさに私が心底感じていることなんだけど。

ナンシー　たしかにそう思う。こんな読み方はありえない、と思うのであれば、自分が強く感じていることや意見を述べられるジャンルもある。もうすぐ論説文を学ぶので、そのときに書けるよ。題材リストのところに書き留めておいて忘れないようにすればいいと思う。

ヘレナ　わかった。で、この書評はどうすればいい？

ナンシー　本についてメモ書きをしてみた？

ヘレナ　いや、特にしてない。

ナンシー　メモ書きをすると、書評の読み手が知りたい情報を具体的に挙げて考えられるよ。本と紙を持ってきて、ブラッドベリの書いていることとそれを読んでいる自分の経験を具体的に書いてみよう。それで第2稿を書き始めるといいと思う。大好きなのはわかっているから、本の評価もちゃんと書いてね。

ヘレナ　わかった。

　ヘレナの『華氏451度』の書評は、メモ書きをもとにして、あらすじ、文体、

テーマなどについての、重要な情報がしっかり入ったものになりました。授業でこの本を読んだ友達のことにも触れていますが、それは書き方の豊かさのために読み手がゆっくり読む必要があるのだけれど、この友達の授業ではゆっくりの種類が違っていた、という形で言及しています。

火をつける消防士[*4]

レイ・ブラッドベリ著『華氏451度』の主人公はモンターグという。彼は消防士（ファイアマン）だが、火を消すのが仕事ではない。このディストピア小説の世界では、モンターグは、火をつける。もし誰かが本を持っているのが明るみに出ると、消防士のチームが呼ばれ、その家を焼き尽くす。本は禁じられているのだ。しかし、好奇心から手にとった1、2冊の本を読んでしまってから、モンターグの人生は軌道を外れていく。

わずか179ページの中に、ブラッドベリはとても効果的な隠喩や直喩を使っている。これが、私がこの本を好きな理由の一つだ。中でもお気に入りのものは、モンターグが見る妻の瞳の描写である。「手にした小さな灯に照らされて、二つの月長石が彼を見上げた。澄んだ流れの底に埋もれた二つの月長石——浮き世の波風はその上を流れるけれど、ふれることはない」[*5]。私は、このような瞳の捉え方は思いつきもしなかったけれど、この文は空虚な美を描写したものとして、華やかな印象を生み出している。

隠喩は素晴らしいのに、私は何度か、この本の読み直しを余儀なくされた。これは、飛ばし読みのできない本。ゆっくりと時間をかけ、丁寧にひもといて読む本だ。『華氏451度』を9年生の時に授業で読んだ友達がいる。彼らはその時、2か月かけてそれぞれのページをたどり、隠されていた宝石をすべて見つけたのだそうだ。というより、詩人ビリー・コリンズの言葉を借りると、ホースでこの小説をたたいたのだ[*6]。このことは、この本の1ページ1ページに、どれほど豊かな内容が隠されているか、そして、国語教師が素晴らしい本をどうやって台無しにしてしまうのかを物語っている。

『華氏451度』は、ディストピアもののSFで、とてもよいテンポで話が進む。私を置き去りにするほど早くもなく、退屈するほど遅くもない。ただ、私は他のほとんどの小説を読む時よりも、ほんの少しゆっくりした速さでこの本を読んだ。というのも、この本が描く映像と、この本が意味するも

のを、できるだけ自分のものにしたかったからだ。

　この本には複数のテーマがある。第1のテーマは、私たちの持っているものを、当たり前だと軽んじてはいけないということだ。『華氏451度』の世界の政府は、自分のために考える権利を奪っている。私は、自分のために考えることや言論の自由は、喜ばしい権利なのであり、戦って守らなくてはいけないのだということを学んだ。

　もう一つのテーマは、権力者にとって、本は危険なものになりうるのだということ。本は人々を思考させる。ということは、特定の本を禁書にしたがる人々は常に存在するのだ。私たちは、自分たちの読む権利のために立ち上がらないといけない。

　私のこの本の評価は、10段階中の10だ。ブラッドベリの筋立て、コンセプト、そしてモンターグの人物造形やその成長が、私はとても好きだからだ。私は特に、その書き方が好きだ。読んでいて時に混乱することもあるけれど、それでも読む価値があると思う。『華氏451度』は、驚くべき、心を揺さぶる、素晴らしい本だ。私はきっとこの本をもう一度読むだろう。あなたも、この本を読んで考えることなしに死んではいけない、そういう本だ。

　なお、華氏451度とは、紙が自然に燃える温度のことである。

（ヘレナ・ソロザノ）

書き手の姿が見えない

　自分の経験について書いているはずなのに、一般的なこととして書いているときや、受動態の文が多いときには注意が必要です。書き手の姿が隠れてしまっています。自分を出して書くのはリスクを伴いますが、それがないと、書き手は深く考えることも、テーマを発展させることも、読者を引きこむこともできません。

　7年生のサマンサが、今晩、私に自宅で読んでもらおうと、私のロッキング・チェアに下書きを置きました。自宅に帰って読み、ユーモアにあふれた描写と五感に訴える書き方に圧倒されました。こんなふうに始まっていました。

　「警官だよ！　自転車で逃げろ！」
　前輪がアスファルトの端スレスレまで滑る。それを危機一髪で滑りな

がら止め、大慌てで方向転換し、笑いが止まらないまま、命がけで猛烈にペダルをこぐ。警察のレンジャー部隊員はスピード違反をしたキャンピングカーの取り締まりで忙しいけれど、それが終われば高速スピード車に乗って、銃を構えるロス市警のようになる。彼が追跡するのは、モルガン、ジョシー、エロイーズ、そして私の、非行少女グループ。ヘルメットなしで自転車を運転したという凶悪犯罪で、私たちを刑務所にぶちこむのだ。この架空の恐怖にとらわれて、ドキドキする。

　ブレーキが悲鳴を上げてヘアピン・カーブを曲がり、訳もわからないまま大声で叫び、安全な場所になんとか辿り着く。キャンプ場で、不幸にも私たちの隣になってしまった人たちに向って叫んだり、しかめっ面したりして、私たち小さな一族のテントのあるところに入る。自転車を飛び下り、砂利が敷かれたところに、哀れに酷使された乗り物を放り出し、一緒に短距離疾走をした3名とテントに潜り込む。

　10分ぐらい身を潜め、その間ずっと大笑いし続ける。警察のレンジャー部隊員が巡回しているのを3回聞く。ジョシーがテントの外にいたので怒鳴る。（「でも、私、ヘルメットかぶっていたわ！」「ジョシー、一緒にいるところを警察に見られちゃったのよ。だからここでキャンプしているってばれちゃうじゃない。すぐにテントに入りなさい！　でないと縁を切るよ！」）それ以上、隠れているのが我慢しきれなかったので、私たちは「もう安全。身を潜めるのは終了」と決める。

技術的にはうまく書けている文。でも、サマンサ自身が考えたことや感じたことを描写している箇所は、最初のページに1行でてくるだけ。自分の話なのに、自分が隠れてしまっているのです。これは7年生という自意識の強い年代の生徒には、珍しいことではありません。翌日のカンファランスは次のように進みました。

ナンシー　サマンサ、とても面白いし、よく観察しているね。女の子が集まるとどんな感じになるのかということが実際よくわかる。それと言葉づかい、特に動詞の選択がとてもいい。昨日、下書きを出したときに付箋を貼って、「五感に訴えるように書けているか見てほしい」と書いていたけど、とても上手にできている。まるで詩人が散文を書いているようだね。
サマンサ　うれしい。回想録を書くのは初めてだから。

ナンシー　そうじゃないかなと思った。というのは、最初は引きこまれて読み始めて、でも途中でわからなくなってきた。というか、書いた人の姿が見えなくなった。サマンサはこの回想録のなかでどこにいるのだろう、って。

サマンサ　どういうことですか？

ナンシー　「頭と心の法則」、つまり、書き手自身が考えたことが書けると、読者は感情移入がしやすく、一緒に見たり、感じたりできる、ということについて授業で話したよね。でもまだそれができていないかな。このキャンプがとても楽しいというのはよく伝わるけど、どうしてこれについて書いているのかがわからない。どうして？

サマンサ　えっと、どうしてだろう。シーウォールでのキャンプは伝統の一つだから。[*7]

ナンシー　このキャンプは大好きな伝統？

サマンサ　うん。

ナンシー　一緒に行く友達、その家族、この伝統についての大好きなところを、読者のために、自分の経験から書きこめないかな？

サマンサ　どうやって？

ナンシー　私なら、下書きを読み直して、読者がサマンサは何を考え、何を感じているのだろうと思うところに※をつける。それからその箇所に戻り、考えたことや感じたことをどうやって表現すればいいかを考える。ここに出発点として使えそうな、とてもいい文があるよ。「この架空の恐怖にとらわれて、ドキドキする」というこの文、とてもいいと思う。サマンサが感じていることを、私も感じられるから。こんな文をもっと書くと、読者も一緒にシーウォールでのキャンプを体験できるし、「それで？の法則」にもかなうものになると思う。

サマンサ　やってみる。

　サマンサはやってみて、成功しました。以下に示すのが、サマンサの回想録最終稿の最後の部分です。サマンサ自身が深く考え、サマンサにしか書けない意味、そしてテーマが十分に織り込まれたものとなりました。

　　静かな暗闇のなかで、「多動・不眠クラブ」のメンバーと私は、クスクス笑いながら、お互いに「静かに！」と言い、こんな時間になってもまだしゃべっている声を吸収しようと、寝袋の中で笑おうとする。でも、ちっともうまくいかない。私は夢の世界にいるような奇妙な感じで、夢の中にいるよ

うにふるまう。モルガンと一緒にテントから出て、肺炎になりそうな寒い夜空の下、空を見上げる。私は、しっかりした小さな星の点々とした光を見て、息を呑んだ。空気が澄んで星座がはっきりわかることに驚いた。空を見上げて頭を後ろにそらせているうちに、バランスを崩して湿った草の上に鈍い音をたてて尻餅をついた。クラクラしながらも、生きていることにうっとりとする。

　しばらくして、足が冷えてきたのに我慢できず、寝袋に戻って潜り込む。夜明けが常緑樹の上に近づいてきて、まるで悪戯しているかのようにその先端をピンクに染める。テントにも色を塗り、それからもともとの黄色と緑色に戻す。空も脱色されて、もう深い青色ではない。3人目も眠気に耐えられず、包み込む多色の寝袋に溶け込むかのように寝息を立てる。そこで私を待っている慌ただしい潜在意識と滅茶苦茶な夢の世界。そこに入る寸前に、私の頭に浮かんだことがある。それは、幸せを追い求め、自分の時間を精一杯生き、これから二度と会うことのない人たちに忘れられない印象を与え、友達とバカになること以外に、もし、人生の意味があるなら、そんな人生は生きたくないということだ。

（サマンサ・ハーター）

余分な修飾語が多すぎる

　はっきり伝わるような言葉の選択という点について、私はウィリアム・ジンサーに勝る師はいないと思います。ジンサーは「余分な言葉でいっぱい、というのはアメリカで書かれている文における病気だ。不必要な言葉で窒息している社会だ[*8]」と嘆いています。削除する、凝縮するという書き直し方を、生徒は学ぶ必要があります。

　例えばリリーが書いた詩の下書きも、余分な言葉で溢れていました。そこでリリーに、素晴らしい詩が多くの修飾語の中に埋もれてしまっていることを、具体的に指摘しました。「ピエロ」には「おどけてはいるが怖いメイクをした」、「人ごみ」には「非常にたくさんの人が集まった」という、書かなくてもわかる説明が書かれていたからです。リリーは自分の詩を見直し、無駄な言葉を削ぎ落とし、かつ頭韻も試しながらその詩を完成させました。

　エロイーズの詩の場合は、読み手が詩をひらく余地がまったくないほど、出来事の細部にわたって説明され尽くしていました。そこで、詩では少ない

単語で多くのことを伝えるからこそ読み手も詩をひらけるのだと、詩の下書きの一部を使って教えました。詩の流れと修飾語を骨まで削ぎ落とすことにエロイーズは果敢に取り組みました。本校では、保護者向けに金曜日に学校通信を出していますが、エロイーズの完成した詩は学校通信に掲載され、学校全体の生徒と保護者に届けられたのです。

題 材 が 大 き す ぎ る

　「一粒の小石の法則」を使わずに、何か全般的なことが題材になっているとき、書き手は自己開示をせずに表面的なことだけ書いています。夏、スポーツ、子猫たち、アイスクリームというような一般的な題材が選ばれ、書き方は平板で、決まり文句だらけ。何も印象に残りません。「アイス・ホッケーをすることは楽しい」というような文で、楽しんでいるのは誰かということも不明です。書き手ならではの経験が語られないので、作品の中に引きこまれることもないし、その題材に関心ももてません。この問題は、夏のキャンプについての回想録、戦争は悪いという論説文、四季についての詩など、ジャンルをまたいで見られる傾向です。

　アメリアは、お父さんの誕生日に詩を書いてプレゼントしようと思いました。最初の二つの下書きは、お父さんと一緒にしたことをリストアップしていました。お父さんについての小石が何粒も並んでいたのです。ちょうど、「一粒の小石の法則」をミニ・レッスンで教えたところだったので、アメリアとのカンファランスはそれを補強する機会だと思いました。

ナンシー　どんな調子？
アメリア　えっと、お父さんのお誕生日が来週だから、詩を書いて、素晴らしいお父さんでありがとうって言おうかと思ってる。
ナンシー　ここまで、どんなことを書いたのか読んでもいい？
アメリア　もちろん。
ナンシー　リストだね。とても大切な思い出が書かれている。ただね、今のままだと何粒もの小石が並んでいるね。お父さんとの関係を最もよく描く一粒の小石が見えない。思い切って、一つを選んでそれを他のと区別してごらん。一つを選んで、それに肉付けして、考えたことや感じたことを加え、お父さんとアメリアがどんなふうかを示せないかな？

アメリア　でも、どの一つを選べばいいのか……あ、もしかすると、夜に2人で散歩したことかも、お父さんと2人だけで。
ナンシー　それでやってごらん。

　アメリアのお父さんのお誕生日に贈る詩の最終稿は素敵な仕上がりでした。お父さんと一緒に過ごした時間の喜びが描かれ、まさに一粒のキラキラ光る小石となりました。

「収穫」

声の届くところには誰もいない
真っ暗な夜を
私たちは声でつつむ
葦の葉を揺らす風が
月の青白い光をたたえた沼の向こうへ
私たちの会話を運ぶ。
ときおり噴き出す歌と笑い声が
舗装された丘にこだまして
アスファルトの上には
定まることなく混じり合う
木々と私たちの影。

家への帰り道
心地よい沈黙の中へ私たちは滑りこむ
錆びついた街灯の光のプールを歩き
ちりばめられた星空の下に出る。
じっと見る先には
きらめく星たち
2人はどちらも深く息をする
ともにいるこの一瞬と
その上に刻まれた模様を
収穫するために。

（アメリア・ニールソン）

第6章　一人ひとりの書き手を教える　259

終わり方がうまくいかない

　書き手は、読者が何かを考えたり、感じたりできるように書くべきです。その点から、着地点、つまりどうやって終わるのかは、極めて重要です。経験の浅い書き手の終わり方はわかりにくかったり、長すぎたり、唐突だったり、意図していない印象を読者に与えたりします。最初に浮かんだ終わり方でよしとしないことを、生徒は学ばなくてはなりません。メモ書きを使って、自分の残したい印象や伝えたいことにふさわしいものを選ぶまで、いろいろ試す必要があるのです。

　ウォレスの回想録に最初に書かれた結末は、話が締めくくられている感じがなく、いきなり文が終わってしまった印象でした。この下書きを見たときに、書き手が力尽きたことを感じました。

「四つ足の姉」

　赤いゴムの投げ輪をつかみ、祖母の家で飼っているイエローの毛並のラブラドール犬であるハンナの前で振ってみた。ハンナはしっかりアゴでそのおもちゃを噛む。パトリックが「いち、に」とゆっくり秒読みを始める。ハンナは首を振り、部屋を飛び回る。僕もハンナに引きずられて滑ったり飛んだりし、投げ輪をつかんでいる手に力が入る。僕は4歳、僕のイヌ科の相棒ハンナも同じ年だ。

　僕は7歳になり、ハンナも7歳になった。糊のきいた黄色のシャツの襟が首にきつい。オニオンのクリームソース煮とおばあちゃんが6時間かけて焼いている7キロのお肉の香りが漂っている。「ウォレス、お肉をオーブンから出してくれる?」とおばあちゃんが他の部屋から声をかける。オーブン用の、年季が入って焦げている厚手の手袋をはめたとたん、起こるかもしれないありとあらゆることが頭を駆け巡る——つまり僕がおばあちゃんの料理を滅茶苦茶にしてしまうシナリオだ。オーブンに近づき、天板を引っ張り出し、キッチンカウンターに冷ますために置き、安堵の溜息と共にポーチに出る。ポーチではハンナが、部屋に入れてもらうのを忍耐強く待っている。網戸をあけると、中に入り込もうと僕をかすめて、僕の服に白っぽい毛を残した。僕はポーチに出て、きりっとした11月の空気を感じる。

室内から悲鳴が聞こえ、息を呑んで大急ぎで網戸をあけて台所に行く
と、おばあちゃんが口に手をあて、茫然とハンナを見ている。おばあちゃ
んの何時間もの努力の結晶を、ハンナが食べているのだ！　ハンナが台
所から引きずり出されて地下室に連れていかれ、6歳の僕がハンナの誕
生日に一緒に撮った写真の下でドタリと寝そべっていた。

　ハンナと僕は10歳だ。ドアをあけると冷たい風と凍るような寒さ。除
雪車が通ったので、ハンナはリードをグイッと引っ張る。リードの輪が僕
の手からはずれ、ハンナは隣の庭を飛び跳ねて行って、隣の家のポー
チの上に乗る。ハンナ、ハンナと、何度も呼ぶ。降りしきる雪で、スキー
のコースに向って飛び出したハンナの姿はほとんど見えない。助けを求
めて私道へ走り出ると、なんと僕に追いつこうとハンナが後ろを走ってい
るのが見える。ほっとする。これで、ハンナがいなくなった、と家族に言
う必要もない。ハンナの首をこすり、ドアをあける。家が、いつにも増
して招いてくれるように感じる。

　13歳だ。ボルボのトランクにハンナをかつぎあげるぐらい、僕も強くなっ
ている。ハンナはベージュ色の敷物の上にいて、後ろ足が立たなくなっ
ていて、頭を前足に乗せて、深いため息をついている。昔のハンナなら
目の届いたところをリスが横切るが、いまやハンナは動かない。僕が一
緒に育ったハンナは、飛び起きて、吠え、材木の山の下の穴まで追い
詰めていたものだ。もう視界のきかない目を、車の方向にゆっくり向ける
だけ。呼吸をするたびに、胸が揺れ、腫瘍が出っ張る。

　1年後、14歳になったラブラドールの重みで、僕の裸足は木の段に押
し付けられている。僕の腕はハンナの震える胸とゼイゼイいう喉を抱いて
いる。ハンナのおなかの腫瘍に手を当てる。腕にはもう二つの腫瘍を感
じる。ハンナの毛がシャツにくっつき、首をくすぐる。床にハンナを下ろし、
赤いリードをつけ、ドアをあけると冷たい風と凍るような寒さだ。除雪車
が突進してきて、僕は転び、薄氷の上に倒れこみ、考える間もなくリード
を手から放してしまう。すぐに立ち上がる。たいへんだ、ハンナはもう何
メートルも先だ！　でも、実際はハンナはフラフラと新雪の積もったところ
に歩いていき、腹這いになる。僕はリードを拾い上げて室内に入る。ほっ
としたのか心が張り裂けそうなのか、よくわからない。

　ハンナは15歳で死んだ。

第 6 章　一人ひとりの書き手を教える　261

ナンシー　これはすごいね！　目に浮かぶようだし、具体的だし、心に迫ってくる。段落の移り変わりもわかりやすいし、書き手が考えていることもよくわかる。「ハンナが本当に大好きだった」とは書いていないのに、すべての行がそのことを語っているよ。

ウォレス　ありがとう。

ナンシー　この作品、本当に頑張ったね。

ウォレス　うん。今までのなかで一番丁寧に磨き上げた。

ナンシー　頑張りすぎて疲れちゃった？

ウォレス　どうして？

ナンシー　うまく着地していないから。いきなり文が終わった感じになっている。

ウォレス　どうやって終わればいいかわからなかった。ハンナは死んじゃったし。これ以上、書くことがなくて。

ナンシー　そうだね。でも、読者に何か考えたり感じたりさせる必要があるよ。ハンナにふさわしい終わり方を見つけようよ。例えば、赤いゴムの投げ輪はどうなったの？　あるいはいろいろな思い出をつなげるようなことはない？　うまく話が着地できて、しかもハンナが生きた時間を祝えるような終わり方が見つかるまで、メモ書きで考えてみて。

ウォレス　わかった。

ウォレスは次のように、この話を締めくくりました。

　今、赤いゴムの投げ輪は地元の動物保護施設にある。多くの犬がいる、様々な囲いの中に置かれている、寄付された多くのおもちゃの一つになったのだ。おばあちゃんの家では、クリスマスの肉料理はキッチンカウンターに無造作に置かれている。網戸もあけたままで誰も気にしていない――以前のように注意を払う必要がないのだ。ボルボのトランクは、ある団体の資金集めのピーカンの入った箱で一杯だ。ピアノの下には、主のいない犬用ベッドがある。新しい犬がやってくるらしいが、でもみんな、この前までいた犬を忘れたくないのだ。それは僕も同じだ。

書き出しがうまくいかない

　うまく書けていない書き出しには、いくつかのパターンがあります。経験の浅い書き手は、背景となる情報を積み重ねて始めるので、読者は話、詩、意見などがいつになったら始まるのかと思います。あるいは、読者が作品の中に入り、内容を理解する上で必要な情報が欠けていることもあります。また、作品の方向性が見えないものもあります。作品の原動力となる書き出しを見つけるためにメモ書きをしたり、ミニ・レッスンで教えた複数の書き出しの種類を試したりしないと、下書きのままの書き出しでよしとしてしまいがちです。

　ネイトは、レディー・ガガのアルバム「ザ・モンスター」のレビューを書くことにして、まずレディー・ガガより前のポップ・ミュージック、テクノやダンス・ミュージックというジャンル、ＣＤの中のお気に入りの曲、歌詞づくりと歌手としてのスキルについて、書き留めていました。しかし、どうやって下書きを書き始めてよいのかがわからなかったのです。

ナンシー　今は何をしているの？

ネイト　行き詰まっちゃった。

ナンシー　どんな問題で？

ネイト　何を最初に書いたらいいのかがわからない。メモ書きでこれだけ情報を集めたんだけど、いったい何から始めたらいいんだろう。

ナンシー　先週、みんなで一緒に読んだＣＤのレビューを見た？　散文ファイルを開いて、プロの人がどんなレビューを書いているかみてみよう。

ネイト　（散文ファイルを見ながら）このレビューは、歌詞を引用して始めている。このやり方、いいなあ。

ナンシー　特に好きな曲とか、好きな歌詞とかで、このアルバムで気に入っている点を読者に伝えられるようなものはある？

ネイト　どうかなあ。

ナンシー　インターネットで歌詞を調べて、可能性がありそうな箇所を全部書き出してごらん。それから一つを選んで、それでうまくいくか考えてみたら？

ネイト　やってみる。

　ネイトはレディー・ガガの歌詞から3か所、うまくいきそうなものを見つけました。そこから、その後を書き続けるのに、最もよさそうなもの一つに絞りま

第6章　一人ひとりの書き手を教える　**263**

した。ネイトはすでに書くべきことをたくさんもっていたので、それらがスムーズに伝わり、方向性が見えてくるものが見つかるように、試してみることが必要でした。

　シャーロットは、学校の助成金を受け取る団体として、自分が支持しているNPOが選ばれるように、本校低学年の生徒たちを説得すべく主張文を書き始めていました。しかし書き出しを見ると、次のように、事実と地名が列挙されているだけです。

　　　「メリーミーティング湾を守る会」は、湾とその生態系を守るための団体です。ケネベック川とアンドロスコグ川が流れ込む淡水の入江で、リッチモンド、ドレスデン、ボウディン、ウーリッジ、バース、ブランズウィックに囲まれているのが、メリーミーティング湾です。

　シャーロットの書き出しを読んだときに、主張文として説得力がないことに気づきました。

ナンシー　ミニ・レッスンで主張文の書き出しを教えたときに、エピソード、引用、ニュース、告知、ストーリー仕立て、描写などいろいろな種類を見せたよね。この書き出しは、どれにあたるのかな？[*9]

シャーロット　えっと、どれでもないみたい。

ナンシー　そうだね。今書いているのだと、「誰が何をどこで」という書き出しで、読者は引きこまれないよ。ミニ・レッスンで紹介した書き出しは、論調を決め、主張を示し、核心をつくことで、読者を惹きつける可能性があるという内容だったね。今書いているのは横において、他の選択肢を考えてごらん。授業で渡した「主張文の書き出し」のプリントは持っている？

シャーロット　うん。私の散文ファイルにある。

ナンシー　ゆったり座って、読み返してみて。それからベストの書き出しが見つかるまで、いろいろな書き出しを考えてごらん。いい書き出しは、続きの部分に力を与え、言いたいことが伝わり、どういう方向に進むのかもわかり、かつ、読者を惹きつけるものだよ。

シャーロット　うん。

ナンシー　よし、やってみよう。

シャーロットの主張文の書き出しは、ストーリー仕立てでした。本校の1・2年生はこの書き出しとそれに続く主張文に惹きつけられました。その結果、「メリーミーティング湾を守る会」は、投票によって、本校からのささやかな助成金を受け取ることになりました。

「1匹のウナギから始まる」

あなたは大きなウナギです。生まれてからゆうに40年はたっていて、大人の手首ぐらいの厚みがある、と想像してください。メイン州リッチモンドの淡水の河口から、フロリダ海岸のかなた沖合にあるサルガッソー海に向けて一生に一度の旅を始めます。まず必要なのは、メイン州の川にある何百ものダムやタービンで怪我をしたり殺されたりすることなく、旅の道を見つけることです。幸いにも、「メリーミーティング湾を守る会」（以下「メリ湾を守る会」）が、川を回遊するあなたや他のウナギたち、また魚たちを守ろうと、できる限りの力を尽くしています。

「メリ湾を守る会」は民間のダム所有者に、穴の開いた簡単な金属の板を設置してもらうことで、ウナギや魚を守っています。この穴は水を通すものの、ウナギや魚は通れないからです。この板があることで、殺されてしまいかねない危ないところに行かなくてすみます。このおかげで死亡率が95%から0%になります。

これは「メリ湾を守る会」の活動の一つに過ぎません。湾を全体として保護し生態系を守る活動もしています。リッチモンド、ドレスデン、ボウディン、ウーリッジ、バース、ブランズウィック、トップシャムに囲まれて、ケネベック川とアンドロスコグ川は淡水の河口に流れ込みますが、それがメリーミーティング湾です。

「メリ湾を守る会」は有害な化学物質が流れ込んでいないか、湾の水質を検査します。有害なものを見つけると、どこから流れ込んだかを追跡し、解決方法を考えます。例えば、昨年の水質検査で、「メリ湾を守る会」は高い濃度のタールを検出し、それを放出した工場をさがしあてました。その工場が有害廃棄物を出しており、それがメリーミーティング湾に漏れ出していることをつきとめたのです。「メリ湾を守る会」の担当者たちはその会社と話し、会社はすぐに工場の設備を整え、魚たちの生命を救い、水は汚染されないようになりました。

第6章　一人ひとりの書き手を教える　265

チョウザメは、現代の恐竜とも言うべき古代魚ですが、これも「メリ湾を守る会」が保護しようとしている生物です。成長すると6メートルにもなり、何百年も前から地球に存在しています。「メリ湾を守る会」はタービンの周りに保護板を設置し、堰堤をなくすことで、チョウザメが回遊経路を問題なく通れるようにしています。

「メリ湾を守る会」の多くの活動はボランティアに支えられています。年に1、2回の校外学習で行く「湾の日」を企画運営しているのもこの会です。会のメンバーが湾のウナギ、チョウザメ、生態系について子どもたちに教えます。考古学的な探究から魚拓をとることまでいろいろな活動を提供しています。生徒はたくさん学び、楽しみ、湾の美しさと大切さについて学べるので、他ではできない経験となります。

本校からの助成金が得られれば、「メリ湾を守る会」は水質検査をもっと頻繁に行うことができ、また「湾の日」の活動にも使えます。「湾の日」に使う予算のない学校がほとんどなのですが、本校の助成金で、3、4の学校のグループが「湾の日」に参加するバスの費用を捻出することができます。

「メリ湾を守る会」があるので、ウナギであるあなたは、サルガッソー海に無事に辿り着きます。そして、きれいな水、タービンから守ってくれる板、そして次の新しい世代を生むために一生に一度の旅ができたことを感謝できるのです。

（シャーロット・コリンズ）

読者に映像が見えてこない

よく伝わる文は、読み手の五感に訴えます。想像のなかで、聞こえ、感じ、味わい、触れる。とりわけ映像が浮かぶというのが大切です。読者は、人、場所、物、色、形、動作などの描写を、心の目で映しだすのです。7年生のトリスタンは、家族とともにピザを片手に映画を楽しむ土曜日の夜が大のお気に入り。しかし、それについて書かれた下書きを見ると、五感に訴える描写に欠けていて、情景が浮かびません。

私はメアリー・エレン・ジャコビー（52ページの注10参照）から、描写不足の書き手には、いま書かれていることから想像できることを、書き手に伝えるというやり方を学びました。そこで、トリスタンの下書きから、いくつか彼に伝えてみました。例えば「えっと、ここでは状況がよく見えないけど、トリスタン

がピザをオーブンから出しているの?」と言うと、トリスタンは、「いや、ピザを出しているのはお母さんだよ」と答えました。また、他の箇所では、「家族が台所のテーブルに座って、TVの画面には映画が映っているのね」と伝えると、「いや、違う、僕たちは地下の部屋にいるんだ」との返事です。そこで映像が浮かぶようにするというミニ・レッスンを思い出させ、情景が浮かぶような情報を入れるように助言しました。

情 報 が 整 理 さ れ て い な い

カンファランスを始めた頃に、「この論説文は、書かれている情報があちこちに散らばっているよ。きちんと整理して」とよく言っていました。きっと生徒には何のことかわからなかったと思います。バラバラに散らばっている情報からどうやって似ているものを集めて順序よく書くかを、もし生徒が知っていたなら、すでにしていたはずだからです。

今の私は、バラバラに散らばっている情報を整理するやり方を、どうやって生徒に教えればよいのかわかっています。マーカーを何色か持ってきて下書きにしるしをつける、もしくはハサミを使い、下書きの文を切り、そこに書かれている、似ている情報同士を一緒にしてみるように言います。

エイブの「芝生」という論説文は、ストーリー仕立てのような上手な書き出しで始まっていました。

> 美しく晴れた、暑い土曜日の午後を想像してみよう。湖や砂浜で泳ぐのもいいだろう。日蔭で本を読むほうがお好みの人もいるだろう。しかし、実際にしているのは、有害な煙を吐き出す古い乗用式芝刈り機での芝刈りだ。エンジンのうなり声は耳障りで、すでに焼きつくような空気をさらに耐えがたくする。汗が滴り落ちて目に入る。小規模でも草を育てるのは環境にも、野生生物にも、健康にもいいし、心だって落ち着くのに、どうして、毎週の土曜日の楽しみをあきらめて、芝刈りをするのだろうか。

続きが期待できそうな書き出しの後には、芝刈りをせず、自然のままに任せるべきだという主張や根拠がたくさん書かれています。しかし、前後とつじつまの合わない情報がどっさりあるだけで、論理的ではなく、整理もされておらず、段落もありません。カンファランスの際、書き出しで示した「小規模で

第 6 章　一人ひとりの書き手を教える　267

も草が、環境にも、野生生物にも、健康にもよい」という方向性を、考えるように伝え、それから4色のマーカーを持ってくるように言いました。

　エイブ、下書きのなかで、環境破壊に関わることはすべて赤のマーカーで線を引いてみよう。あとは、草食の野生生物に役立つことは青のマーカー、人間に及ぶ危険には緑のマーカー、人間がそもそもなぜ芝生をつくり芝刈りをするのかに関わるところはオレンジのマーカーでね。それから、赤のマーカー、青のマーカーと、各色のマーカーで線をひいた文を、色別に集めて、共通する情報をひとまとまりにして。もし、どこにもあてはまらない文が出てきたら、この論説文に必要な文かどうかを考えてみよう。

　エイブは下書きに4色のマーカーでしるしをつけ、それからパソコンに向かい、それぞれの内容で文がまとまるようにしました。次回のカンファランスで、「さあ、四つの内容の塊ができたから、そのどれを読者が最初に必要としているか考えてみよう」と言いました。「そもそも、どうして人間が芝刈りをするのか」とエイブが答え、私も賛同しました。「そこからはどう進むの?」と私。「環境、野生生物、人間の順。これでわかるかな?」とエイブは考えました。
　「やってみて、それで考えてごらん。それから、それぞれのまとまりが段落になることも覚えておいてね」と私は助言しました。このやり方でうまくいきました。エイブの初めて書いた論説文「芝生」は、根拠に基づき、説得力もあり、かつ整理されて論理的な、成功した作品となったのです。

書く題材がみつからない

　ある朝、教室の中を歩いているとき、ブライアンが目にとまりました。しばらく凍りついたようになっていたのです。そこで彼の横に座ると、キーボードに指を置いたまま、何も書かれていないパソコンの場面を凝視しています。

ナンシー　何か助けてほしいことはない?
ブライアン　超短編小説を書き始めたいけど、いいアイディアが浮かばないんだ。
ナンシー　メモ書きをやってみた?

ブライアン　あ、まだだ。忘れていた。

ナンシー　じゃあ、今思い出してよかったね。書く技の道具箱に入っている「メモ書き」は、重い自動車さえ浮かせてしまうジャッキみたいに、行き詰まったときにそこから書き手を持ち上げてくれるものだよ。これがあると覚えておけるといいね。とりあえず空いているテーブルに座って、アイディアについてメモ書きしてごらん。紙の上で考える方が、何もなしで考えるよりずっといいよ。自分で考えていることを把握できるし、目に見えるから。しかも書いたことから、また新しい考えが浮かぶよ。

ブライアン　わかった。

　メモ書きを土台に執筆したブライアンの作品は、感嘆と笑いを誘いながら、クラスで一緒に楽しく読むものとなりました。

[図版6-1]ブライアンのメモ書き

```
Wop.
· "Mom says" what do you want
to be when you grow up!?
· Boy doesn't know, and starts
thinking about possibilitys and discarding them
  · fireman ~ not brave
  · engineer - not good at math
  · athlete-not strong enough
  · police - too scary
· The only jobs he can think of that
he has the ability for are working
for a fast food company and being a
bus driver.
, Mom tells him something like, "You can do
any thing if you set your mind to."
What if boy becomes president of U.S.?
```

メモ書き

● 「大きくなったら何になりたい?」とお母さんが言う。

● 少年はわからない。いろいろな可能性を考え始める、でも、どれもあきらめる。
　 ―消防士　でも勇敢でない。
　 ―技術者　でも数学ができない。
　 ―スポーツ選手　でも、そんなに強くない。
　 ―警官　でも、怖い。

● 自分の能力でできそうな仕事としては、ファーストフード店か、バスの運転手。

● お母さんが、「自分の心が決まれば、何でも可能だよ」的なことを言う。

● もしアメリカ大統領になるとすれば??

「アメリカ合衆国大統領」

「ブライアン、大きくなったら何になりたい？」ソファに座ってテレビを見ているときに、母が僕に尋ねた。

「わかんないよ。プロのスポーツ選手になるほど強くないし、音楽家になるほどの技術もない。消防士や警官になる勇気もない。できるのは、ファーストフードのチェーン店で働くことくらい。他にできることは何もないよ」と決め込んだ。

「まだ3年生なんだから、そんなこと心配しなくていいよ。ちゃんと学べば、自分がしたいことは何でもできるよ」と言ってくれた。

母は正しかった。当時は幼く、大人として歩む準備ができるまで、学校での多くの年月があったのだ。

自分のバラの庭園と、妻の菜園をはるかに見渡しながら、母が私を信じていてくれたことに感謝している。

（ブライアン・マクグラス）

下書きを始めたものの行き詰まってしまった。そんな時はメモ書きをして、続けて書ける可能性を生み出すよう促します。書き出し、結論、ぴったりの言葉、題名がうまくいかない時も、メモ書きを試すように言います。私は「書き手のスランプ」があるとは思いません。というのは、書くことが書くことを生み出していく、その力を信じているからです。

生徒が「もう書くことが何もないから、目の前の用紙も真っ白」と言うこともあります。そういうときは、ワークショップ・ノートの題材リストのページを開き、詩、そして回想録、書評、論説文、パロディ、超短編小説への可能性につながる多くのアイディアが、すでにあることに注目させます。

言葉づかいがうまくいかない

書き手がどういう言葉づかいをするかは、とても大切です。これ次第で「まあ読める文」と「秀逸な文」とに分かれます。私が言葉づかいについて優れた書き手たちから学んだことは、五感に訴え、無駄なくはっきりと書くことです。書き手としては、下書きを書くとき、そして特にそれを読み直すときに心がけます。教師としては、カンファランスのときに問題を指摘し、解決できる

ように助けます。私の生徒によく見られる問題には、不要な副詞や形容詞があること、無駄な言葉の繰り返し、過剰な描写、不自然にあらたまった会話などがあります。

　言葉づかいの問題の中には、初心者の書き手には克服に時間がかかるものもあります。それは、同じ単語が何度も出てきてしまう問題です。多くの理由から、生徒には、少なくとも書くのと同じぐらいの時間は読み返すことに使うように促しています。ペースを落として落ち着き、自分の言葉づかいに耳を傾ければ、同じ単語がすぐに繰り返して出てきている時にも気づけるからです。次の論説文にも、この問題が生じていました。

　　メイン州のそれぞれの町は、幼稚園から高校3年生までの子どもたちを教育しなければならないことが、法律で決まっている。子どもたちに学校教育を受けさせなければいけない。アローズウイックの町には学校がない。学校の建設には莫大な費用がかかるから。アローズウイックはおそらく学校を持つことはない。そこで、メイン州の法律によって、アローズウイックは、本校や他の学校に授業料を払わなければいけない。

　カンファランスで、「この段落でいくつかの単語が、繰り返して使われているのが気になったよ。音読するから、よく聞いて、それを見つけてごらん」と言いました。この生徒は「子どもたち、学校、アローズウイック、メイン州、法律」に気づきました。そこで私は続けて教えました。「いくつか直す方法があるよ。一つは、意味が近い、違う単語を使うこと、あるいは『彼』とか『彼ら』などの代名詞を使うこと。繰り返している単語を削除しても大丈夫であれば、削除することもできる。例えば、『子どもたち』が2回目に出てきた箇所はどう思う？　違う単語で言いかえられる？」

　「生徒？」と返答がありました。

　「どうかなあ。子どもたちは、まだ生徒になっていないわけだしね。代名詞の『彼ら』は？」と私。

　「大丈夫だと思う」。

　「それから『学校』が出てきているけど、最初の2回はそのままでいいと思う、違うことを意味しているからね。でも3回目の『学校』はどう思う？　一緒に読んでみよう。解決策が浮かぶかな？　『子どもたちに学校教育を受けさせなければいけない。アローズウイックの町には学校がない。学校の建設には

莫大な費用がかかるから』」。

「『その建設には』は?」

「そうだね。じゃあこの3文を音読してみて、次にでてくる『アローズウイック』はどうかな? それからそのあとは『メイン州』と『法律』だね」。

最終版の書き出しは以下のようになりました。

> メイン州のそれぞれの町は、幼稚園から高校3年までの子どもたちを教育しなければいけないことが法律で決まっており、彼らに学校教育を受けさせなければいけない。アローズウイックには学校がない。その建設には莫大な費用がかかるので、おそらく建てられることはないだろう。そうなると、この町は本校や州に認可された学校に対して、授業料を払わなければならない。

若い書き手には、書き過ぎという問題も起こります。細かすぎる描写、ゴテゴテの比喩、そして単語や表現を飾り立てる言葉でいっぱいにして主旨が伝わりにくくなるのです。もちろん創造力をつぶしたり、言葉の実験のやる気をそいだりすることがないようにしていますが、書き手が選んだ言葉づかいのために、逆に伝わりにくくなることに気づくようにするのも、私の仕事です。

例えば、アイス・ホッケーの試合観戦の回想録の下書きに、「みんなの疲れている唇から、みんなで声を併せて、そこにいる観衆の勝利の雄叫びに、一緒に合わせた」という文がありました。これは悪文です。まず、疲れているのは喉です。また、「声を併せて」と「一緒に合わせた」は同じことですから冗長になります。「勝利の雄叫び」と言う表現も陳腐です。

カンファランスで私が生徒に頼んだのは、「下書きは横において、ここで起こったことを教えて」でした。「2時間、ずっと声を出して応援していたから、喉が疲れていた。でも、ゴールを決めたときには、もう一度、叫んだ」とのこと。私は、「下書きに書いた文よりも、今言ったことの方が、ずっと理解できるよ。見直すときに、ちょうど今言ったように、できるだけはっきり書いて」と伝えました。この箇所を生徒は「2時間、大声で応援していたのでクタクタだった。でも勝利のゴールを決めたときには、もう一度、みんなで歓声をあげた」と書き直しました。

書き過ぎの他の例です。ある生徒が、お父さんの子ども時代のグローブ

を使って初めて野球をしたときのことを書いたもので、「明るい日光が、僕のお父さんの、明るい、光っている、ゼネラルモーターズ社製の赤いトラックに反射していた」という文がありました。私は「明るい」が続けて2回使われていることを指摘したあとで、一番の問題は、読者の注意が、お父さんのグローブからトラックに移ってしまうことだと伝えました。トラックについて書き過ぎているのです。もちろん、カッコいいトラックが気に入っているので書いているという理由はわかります。カンファランスの最後に次のように生徒に伝えました。「お父さんのトラックの描写を簡単にしてもいいし、トラックについては何も書かないで、読者の気持ちをお父さんの野球のグローブだけに集中させてもいいよ。トラックについては、これとは別にトラックを讃える詩を書くことだってできるからね。どうするかを自分で決めてごらん」。

カンファランスの結果、トラックは別の機会に別の詩になりました。

不自然に形式ばった会話もよく起こる問題です。会話を書いても、自分で書いた文に自分で耳を澄ませて、その響きを確認しないことが多いからです。こういうときは「この部分の会話を読みあげるから、気づいたことを教えて」と言ってから読んであげると、多くの場合、生徒が会話の不自然さに気づきます。それから私は、今後会話を書くときには、普通の人が普通に話している形になっているか、注意するように伝えるのです。

私はカンファランスで失敗や間違った判断をするでしょうか？ もちろん、します。書き手が伝えたい意図を理解していないときや、内容について間違った前提で読んでいるときに、それがよく起こります。そういうときには、私は謝り、やり直します。エイヴリーに、お父さんと一緒に段ボール箱を使って模型飛行機を作っている様子をもっと詳しく描写するように助言したときに、「模型飛行機は実際にはないよ、それがポイントなのに」と言われてしまいました。その一言で、私は彼の意図がとれていなかったことがわかり、私の焦点を合わせ直すことができました。彼の詩は、お父さんと彼が想像力を働かせてつくった、空の段ボール箱についてのものだったのです。私の失敗。ごめんね！

モルガンはお父さんのトラックに一緒に乗ったときのことについて回想録を書いていました。ところどころにイタリック体で、ジョン・レノンの「イマジン」の歌詞が挿入され、物語の流れを中断しています。私はてっきり、ラジオか

ら「イマジン」が流れていると思い込み、そう書くように提案しました。「違います、この作品のテーマを展開するためのモチーフとして使っています。もし生きていれば70歳のお誕生日に、お父さんと一緒にジョン・レノンを追悼しているの。この回想録は、ジョン・レノンだけでなく、お父さんと私がどれほど夢見る人であるかについてのものだから」との返答です。これも私の失敗例。ごめんなさい！

　ほとんどの場合、生徒は私の助言を受けいれます。通常、私の助言は信頼でき、そのおかげで作品がよくなるとわかっているからです。しかし、私はクラス全員に、「もし、私が余計なことを言ったら、そうだと言ってね」と伝えています。書き手として自分で書く題材や目的を選んで創作する生徒たちには、自分が何を伝えようとしているのかを説明し、主張するだけの力もついているのですから。

　下書きの問題点にうまい解決策を提案できないときは、私はそう伝えます。そして、「この問題を心に留めて、明日、戻って考えよう」と、少し時間をおくことを薦めます。そうやって、シャワーを浴びているときや、車を運転しているときに、突然、解決策が頭に浮かんだことが、どれほど多くあったか、数えきれません。とても嬉しくて、翌日のワークショップで書き手にそれを話すのが待ち遠しいほどです。

　執筆途中の作品について生徒と会話することは、国語教師としての私のあり方に画期的な変化をもたらしました。どうやって若い書き手たちをサポートすればよいのかを把握するのにはしばらく時間がかかりましたが、カンファランスが極めて効果的だということは明らかです。教師人生で一生ものの教え方です。経験を積むことで上手になっていきます。

　生徒の作品を読み、自分でも書き、そして書き手たちの意図を学び続ける。そうしている時の私は、生徒の横に座って、私がこれまで学んできたことを、彼らに譲り渡しています。私はどうやって詩を、物語を、論説文を、そして自分の人生を創り出してきたのか、ということを。これらすべてを譲り渡すことは、私にできる最大限の賞賛を生徒たちに与えることでもあるのです。

---

*1——Donald Murray著の*Learning by Teaching*（教えることで学ぶ）(Boynton/Cook, 1982)の中で書かれています。

*2——ヴィゴツキー著の『思考と言語（新訳版）』(柴田義松訳、新読書社、2001年)が参照されています。

*3——メンター・テキストとは、生徒が自分でも使ってみたくなる書き手の技が含まれていたり、刺激を受け

て、そこから自分なりに発展させたりできるような、メンター（師匠）となるような本や文章のことです。ここでは、メンター・テキストの限界について書かれていますが、ライティング・ワークショップ実践者の中には肯定的にとらえ、活用している人も多くいます。アトウェルがこれを否定的に書いているのは、教える対象の違いによるところが大きいと思います。また、著者は「一度に教えすぎた」ことについて言及しています。ミニ・レッスンでも、カンファランスでも、付箋を使ったコメントでも、一度に教えすぎないことが大切です。訳者が関わっている「WW/RW便り」でも複数回取り上げていますので、「WW/RW便り」で検索したあと、「メンター・テキスト」で再検索のうえ、参照してください。

*4——伊藤典夫訳『華氏451度（新訳版）』（362ページの文献6章1参照）では、「消防士」ではなく、「昇火士」と呼び「ファイアマン」とルビを振っています。

*5——前掲書26ページより引用しています。

*6——従来、詩の読解というと一語一句を分析するような印象があります。それについては詩人ビリー・コリンズが皮肉を込めて、「ホースで詩をたたき／本当に意味しているものを見つけようとする」と『ビリー・コリンズ詩選集～エミリー・ディキンスンの着衣を剥ぐ』（小泉純一訳、国文社、2005年）の42～43ページに書いています。

*7——シーウォール（Seawall）は、メイン州の海岸線にある地名です。

*8——*On Writing Well*（上手に書くこと）（200ページの注4参照）の中からの引用です。

*9——書き出しのパターンについては、原書の514ページ以降に以下のように列挙されています。

エピソード：問題の本質に関わるエピソードから始める。

引用：引用句から始める。

ストーリー仕立て：読者が架空の現場にいるように想像させる書き出しから始める。

告知：事実や強い主張を述べる一文から始める。

背景：問題を取り巻く歴史の短い解説から始める。

描写：場面の描写から始める。

ニュース：最新の話題から始める。

*10——学んだ書き手たちの本として、以下が挙げられています。Donald Murray著の*A Writer Teaches Writing*（書き手が書くことを教える）（53ページの注14参照）、Ken Macrorie著の*The I-Search Paper*（一人称をもとめて）（Boynton/Cook, 1988）、ウィリアム・ストランク, Jr.原著、E.B.ホワイト改訂増補・解説／『英語文章読本』（松本安弘、松本アイリン訳・ノート、荒竹出版、1979年）、William Zinsser著の*On Writing Well*（上手に書くこと）（200ページの注4参照）。

第 7 章
一人ひとりの読み手を教える

チェック・イン

> 読むことについての
> 多くの研究にお金をかけてきて、
> 確かに言えることがある。
> それは、よい読み手は、
> 励まし支えてくれる仲間と
> 一緒にいることで、
> 読めるようになるということだ。(略)
> そして、その効果をもたらすのは、
> 信頼できる大人の情熱である。
>
> —— マーガレット・ミーク[*1]

私のリーディング・ワークショップのイメージは、最初からずっと変わりません。それは、家族、友人、私が集まって、読んだ本について語り合うダイニング・テーブルです。ですから目標は、生徒と私がダイニング・テーブルに座り、思慮深く情熱的な読み手として文学を語り、お気に入りについてはその魅力を主張し、喜び、分析し、批判し、比較することです。

　リーディング・ワークショップがダイニング・テーブルであれば、テーブルを支えているのは、私と生徒、そして生徒同士の会話になります。この会話とは、読んでいる本について授業時間外に起こるおしゃべり、読み手との毎日のチェック・イン、クラスメイトや私と交換する、3週間に一度の手紙形式の書評（レター・エッセイ）のことです。文学を語れる関係を築くことで、リーディング・ワークショップの土台が据えられ、揺るぎないものになり、単なる自習時間でないことが明らかになります。そして生徒たちは、重要な文学的語彙や判断基準と、本、著者、ジャンルについての知識を発展させ、磨きをかけていくのです。

　生徒の人生にとってマーガレット・ミークの言う「信頼できる大人」になるべく、私も一生懸命です。ヤングアダルト文学作品や、そこから一歩先の本への橋渡しになる作品を読み、よい本についてブックトークをします。読み手一人ひとりの好みを知り、皆が満足でき、チャレンジにもなる本を探します。書評を読み、教室の図書コーナーが生徒にぴったりの魅力的な本で一杯になるように、自分のポケットからも学校の予算からもできるだけの出費をします。昼食の時間、授業の前後、校外学習への往復の車の中、そしてリーディング・ワークショップ中と、あらゆる時間をみつけては生徒と本について話します。教師自身が情熱的な大人の読み手であることこそが、生徒には一番影響力があり、リーディング・ワークショップでの「譲り渡し」に本物の説得力を与えるのです。

リーディング・チェック・イン

　文学について語るのが大好きな私ですが、ミニ・レッスンとブックトークに時間をかけすぎないように注意を払い、生徒が読む時間と、私が教える時間を確保しています。教えるときは、彼らの読書の進みぐあい、理解度、満足度を確認するため、ごく短時間、リーディング・ゾーンから出てきてもらって話をします。

　これを「チェック・イン」と呼び、生徒が思い思いの楽な姿勢で本を読んでいるときに行います。ペンと付箋とクリップボードに挟んだ「チェック・イン表」

（89ページ参照）、それに膝の調子が悪いので小さな椅子を持って、生徒のところに行きます。そのときに私がするのは、書名とページ番号を記録してから、一人ひとりに合わせてサポートをすること。あるクラスの月曜日のリーディング・ワークショップでの18名の生徒とのやりとりを録音したので、どのような会話をするのか、次のページからお示ししましょう。どのように生徒に質問し、生徒に答え、返却手続きを行い、教室の図書コーナーを使い、文学用語を導入し、予備知識や助言を与えているかを、ご覧ください。

チェック・イン＝カンファランス？

カンファランスは、教師が個々の生徒との会話を通じて必要なサポートをし、生徒を読み手・書き手として育てていくことです。とすると、ここでの「チェック・イン」をカンファランスと呼ぶ方が自然に思えるかもしれません。もともと、アトウェルもこれをカンファランスと呼んでいました。

しかし、アトウェルは、著書 The Reading Zone（リーディング・ゾーン）（第2版）[1] の中（66ページ）で、なぜカンファランスではなくチェック・インと呼ぶようになったのかを説明しています。リーディング・ワークショップでアトウェルや同僚の教師がしているのは、生徒一人ひとりがリーディング・ゾーンに入れているかどうか、読むのを楽しめているのかどうかを確認することです。リーディング・ワークショップに初めて参加する生徒や、読むのに苦労している生徒もいることを考えると、この確認は短時間で、頻繁に、できるだけ多くの生徒と行う必要があります。

ところが当時、アトウェルのもとには、カンファランスを本の理解度を確認する口頭試問の一種だと思い違いをしたり、そのやり方や時間確保に悩んだりする教師の声が多く寄せられていました。そこでアトウェルは、生徒が楽しんでいるかどうかを短時間に確認することを「カンファランス」ではなく「チェック・イン」という言い方で表した方が、より適切で、教師にとっても取り組みやすいのではないかと考えたのでした。

なお、チェック・イン（check-in）という表現は、状況把握のためにコンタクトを取ったり、ホテルでの記帳や空港での搭乗手続きなど自分がそこにいることを知らせたりするような意味があります。ここでは、生徒たちがリーディングにしっかり取り組んでいるかを確認する意味あいが込められています。教室での文脈にうまくあてはまる日本語がなく、本書ではカタカナで「チェック・イン」と表記しています。

（澤田）

第7章　一人ひとりの読み手を教える　279

① サマンサ（サム）[*2]

ナンシー サム、『ものすごくうるさくて、ありえないほど近い』[2]をまだ読んでいるね。今、どのあたり？

サマンサ 167ページ。

ナンシー 書き方はどう思う？

サマンサ すごいよ。著者のフォアが、ミニ・レッスンで習ったいろいろな仕掛けをしているのがわかる。その仕掛けが主人公の心の動きの描写になっているから、読むのに違和感がない。

ナンシー オスカーをどう理解した？

サマンサ 自閉症的？

ナンシー たぶん、軽めのね。アスペルガー症候群と言われている。オスカーは悲劇のただなかにいるのに、純粋で勇敢で、私は好き。でも、彼が語り手としてどこまで信頼できるのかは、考えてみてね。あとは終わり方、これについてはまた話しましょう。

サマンサ わかった。

② エイヴリー

ナンシー エイヴリー、『11/22/63』[3]はどんな感じ？

エイヴリー 今、362ページ。この本、好きです。

ナンシー スティーヴン・キングの他の本と比較するとどう？

エイヴリー キングが書いたと実感できる本だけど、他の本、例えば『クリスティーン』[4]なんかよりは、ずっといいと思う。ジェイクは複雑でいかにも現実にいそうな、すごい主人公。

ナンシー 同感。他に書評をしている人も同じようなことを言っている。分厚い本で腕が疲れない？

エイヴリー キングがセクションに分けて書いているから、セクションごとに消化できている感じ。

ナンシー いいアプローチだね。

③ エミリー（エム）

ナンシー エム、今日は何読んでいるの？

エミリー *Bunheads*（バレエ・ガールズ）[5]。

ナンシー あなたのために買った本だね。書き方はどう？

エミリー　バレエについて今までに読んだ本の中では一番いい。

ナンシー　今は何ページ？

エミリー　141ページ。

ナンシー　一晩でそんなにたくさん読んだの？

エミリー　途中でやめられなかった。主人公も大好きだし、プロのバレエがどういうものかを教えてくれるのもいい。多くの女の子が拒食症だよ。

ナンシー　そうなんだ。著者のフラックもバレリーナだったよね。描写はリアル？

エミリー　うん。

ナンシー　『ダイバージェント』[6]はどうなったの？

エミリー　家にある。でも、*Bunheads*（バレエ・ガールズ）を先に読もうと決めた。

ナンシー　2冊持って帰って、どっちを読もうか考えたのはいいことだけど、『ダイバージェント』も今日、持ってこないと。ジョシーが探していたよ。

エミリー　わかった。

ナンシー　明日、持ってきてね。

④ブライアン（ブライ）

ナンシー　ブライ、調子はどう？

ブライアン　この本、いいよ。好き。

ナンシー　最初の2冊と同じぐらいに？

ブライアン　『七王国の玉座』[7]が一番いいと思う。多分、最初に読んだから。でも、話が複雑で辛辣なところもある。

ナンシー　エディングス[*3]とは違うファンタジーの世界だね？

ブライアン　うん。こっちのほうが現実的で中世のヨーロッパみたい。

ナンシー　このシリーズ続けて読みたい？　それともいったん休憩する？

ブライアン　続きも図書コーナーにあるの？

ナンシー　まだないけど、書名を知っている？

ブライアン　うん。ここに『乱鴉の饗宴』[8]って書いてある。

ナンシー　じゃあ、メモして注文するね。

ブライアン　ありがとう。

ナンシー　どういたしまして。ところで、今読んでいるページは？

ブライアン　222ページ。

第7章　一人ひとりの読み手を教える　281

⑤ エイブ

ナンシー　今、何読んでいるの？

エイブ　お母さんの持っている本からで、『巨匠とマルガリータ』[9]。

ナンシー　えーっ。ミハイル・ブルガーコフを読んでいるの？　ちょうど夫とブルガーコフについてのお芝居をみたところ。ロンドンのロイヤル・ナショナル・シアターの公演で、リンカーン・シアターで上演されていて、スターリン政権によって検閲や抑圧されたことを描いていた。この本はまだ読んでないけど、どう？

エイブ　奇妙。悪魔がモスクワにやってきて、「巨匠」がポンティオ・ピラトについて書いている小説がブルガーコフの小説と重なっている。

ナンシー　この話、理解できる？　楽しんでいる？

エイブ　うん。

ナンシー　すごいね。最初はホメロスだし、次は『君主論』[10]。

エイブ　『君主論』がいいから読んでって言っても、まだ誰も説得できていないけどね。

ナンシー　『君主論』を薦めるのはあなたぐらいかもしれないね。今、何ページ？

エイブ　71ページ。

⑥ ガブリエル（ギャビー）

ナンシー　ギャビー、『パイの物語』[11]は読み終わった？

ガブリエル　はい。返却確認サインをお願いします。

ナンシー　OK。評価は？

ガブリエル　「最高！」をつける。

ナンシー　これは寓話だと話してきたよね。本に出てきたリチャード・パーカーは結局、誰だったのだろう？

ガブリエル　神様かなと思った。

ナンシー　私もそう思う。最初の100ページから、パイについて何がわかる？

ガブリエル　いろいろな教会や宗教を訪ね歩いているから、とても信仰深いことを示したかったのかなあ？

ナンシー　そうだね。神を求めていたし、見つけたし、文字通り、救われた。この本についてレター・エッセイを書く？

ガブリエル　そう思う。でも、まだ考え中。

ナンシー 今、読んでいるのは？

ガブリエル *The Year of Secret Assignments*（秘密の課題の年[12]）

ナンシー 前とはかなり違う本ね。でも、これもヤングアダルト文学のお薦め本だし、私も大好き。今のところどう？

ガブリエル まだ5ページ読んだだけ。

ナンシー 楽しめるといいね。

⑦ キャサリン

ナンシー キャサリン、*Dreamland*（夢の国[13]）はどう？

キャサリン まだよくわからない。まあまあ、というところかな。

ナンシー 自分の「読みたい本」のリストにあったの？

キャサリン うん。モルガンがブックトークしていたときに、この書名をメモした。

ナンシー 今までもサラ・デッセンの本を読んできたけど、これはちょっと違うでしょう？

キャサリン うん。主人公が好きになれない。他の本と違って感情移入ができない。

ナンシー 読み続けるつもり？

キャサリン もう少しだけね。だいたい50ページまで読んで、続きを読むかどうか決めているから。

ナンシー 今はどのあたり。

キャサリン 37ページ。

ナンシー いい判断をしてね。

キャサリン 了解。

⑧ ザンダー

ナンシー ザンダー、『血と暴力の国[14]』はどう？

ザンダー アクションだらけ。書き出しから、著者のマッカーシーはいきなりドキドキさせる。

ナンシー 書き方はどう思う？

ザンダー 例えば、セリフの書き方とか？　わかりにくいよ。

ナンシー もう少しの我慢かも。この書き方にすぐに慣れると思うよ。登場人物の感じや筋とも合っているし、わざと、そういう書き方をしているからね。

ザンダー　わかった。今、29 ページだよ。

⑨ ジョシー

ナンシー　ジョシー、クラスでブームになっているヴェラ・ディーツが出てくる本にしたのね。[*4]

ジョシー　サマンサとエロイーズのお薦め。チャーリーについてどちらの側になるかを決めるためにね。

ナンシー　ああ、そんな理由で読むこともあるね。いずれにせよ、いい話でテーマもいいよ。サマンサがあの悪役少年チャーリーに惹かれているのは知っているけど、でもヴェラとお父さんもいいよね。今はどのあたり？

ジョシー　読み始めたばかりで、今 7 ページ。

ナンシー　じゃあ、気に入りそうな本かどうかは、明日、尋ねることにします。

ジョシー　了解。

⑩ ナサニエル

ナンシー　ナサニエル、*Crackback*（クラックバック）[15]を読み始めたと思っていたのに、*Marching Powder*（行進するドラッグ）[16]を読んでいるの？　どうして？

ナサニエル　本を持ってくるのを忘れたから。でも昨晩ちゃんと読んだよ。

ナンシー　読む宿題をやったのは信じるけど、でも、今日、新しい本を読み始めるのはやめよう。本に浸ってその魅力を存分に楽しんでほしいのに、両方の本ともそれができなくなるよ。短編集の本棚に行って、そこには、少なくとも数冊のスポーツものがあるから、今日はそれを読むようにしよう。クリス・クラッチャー[*5]の本がいいと思う。明日はちゃんと本を持ってくるように。

ナサニエル　わかった。ごめんなさい。

⑪ ヘレナ

ナンシー　ヘレナ、『ガラスの城の子どもたち』[17]はどう？

ヘレナ　この両親、本当にひどいと思う。こんな親でなくて本当によかった、そんな思いばかり浮かぶ。この人たちは子どもを育てるべきではなかった。

ナンシー　そうだね。でも、寛容というか、許している気持ちを感じる本でもあるね。語り口という言葉を覚えている？

ヘレナ　うん。著者がどういう姿勢で書いているかだよね？

ナンシー　そのとおり。ひどい現実にもかかわらず、この本の語り口から恨みが感じられないところに、私は感銘を受けるし、敬意も感じる。著者は回想録を書くことを通して、過去を理解し、そこから学び、親に対する視点を見つけている、そのことに尊敬の念をいだく。

ヘレナ　そんな風に考えたことはなかったけど、言われてみるとそう思う。去年読んだデイヴ・ペルザー[*6]とはかなり違う。

ナンシー　ペルザーの本は、自身の体験を綴ったものと言われているけど、弟からはそんな事実はなかったみたいな声もでているよ。

ヘレナ　本当？

ナンシー　うん。で、今は何ページ？

ヘレナ　163ページ。昨晩、4時間読んだの。

ナンシー　素晴らしい読書家！

ヘレナ　ありがとう。

⑫ ケイト

ナンシー　ケイト、『イランの少女マルジ』[18]はどう？

ケイト　大好き！　この本はどういうジャンルになるの？

ナンシー　いい質問。私なら「漫画回想録」と答える。

ケイト　ということは、ここに書かれていることは実際のことなの？

ナンシー　そう。頭がよくて意欲に燃えた女の子がイランで育つってどういうことかイメージできる？

ケイト　イランは今もこんな感じなの？

ナンシー　マルジにとってはそうだし、マルジの両親のような知的で反体制派の人にとってもそう。

ケイト　うわっ。ひどい。

ナンシー　本当にひどい状況。あなたのように政治に関心をもっているなら。想像できる？

ケイト　無理。

ナンシー　今、何ページ？

ケイト　60ページ。

⑬ ノエル

ナンシー　ノエル、*Why We Broke Up*（わたしたちが別れた理由）[19]は読み終わった？

ノエル うん。とてもいい本だった。

ナンシー 本はどこにあるの?

ノエル ロッカーの中。

ナンシー このあとすぐに取りに行って。また読書記録に書きこむのを忘れないように。

ノエル はい。

ナンシー で、今は *It's Kind of a Funny Story*(なんだかおかしな物語[20])を読み始めたのね?[*7]

ノエル キャサリンが薦めてくれた。

ナンシー これは実話小説だって、教えてくれた?

ノエル 実話小説ってなんだったか覚えていません。

ナンシー 実際に起こったことを土台にしたフィクション。著者のヴィジーニは自分の経験に着想を得て、登場人物クレイグの経験を描いている。ニューヨーク市の選り抜きの高校での1年生のときに、著者は学業のプレッシャーから自殺を考えて、精神科に5日間、入院した。とはいえ、面白おかしい本に仕上がっているよ。同じ著者の *Be More Chill*(もっと格好よく[21])はもう読んだ?

ノエル まだ。「読みたい本」のリストに入っている。

ナンシー このヴィジーニの本、気に入るといいね。じゃあ、*Why We Broke Up*(わたしたちが別れた理由)の返却カードにサインできるように、本をロッカーから取ってきて。

ノエル はい。

⑭ リリー

ナンシー リリー、『さよならを待つふたりのために』[22]を週末に読み始めたの?

リリー 99ページまで読んだ。

ナンシー ここまでのところ、どう?

リリー 先生の言った通りで、すでに「最高!」の評価の本で、大好き。

ナンシー 著者のグリーンの書いた他の本と比較するには、まだ早いかな?

リリー 先生の言っていた通り、この本は全然違う。使い古されたパターンの、謎めいた失踪する女の子[*8]も出てこない。語り手で主人公でもあるヘイゼルの語りが、嘘っぽくない。哀しいし笑ってしまうところもある。

ナンシー この本に出てくるヘイゼルとオーガスタスは、グリーンの本の登

場人物のなかで私は一番好きだし、この『さよならを待つふたりのために』もグリーンの著書のなかで一番好き。真のラブ・ストーリーだと思う。

リリー　泣いちゃうかも？

ナンシー　たぶんね。泣くときがあってもいいよ。

⑮ エロイーズ（ウィージー）

ナンシー　ウィージー、*The Astonishing Life of Octavian Nothing*（オクタヴィアン・ナッシングの驚くべき生涯[23]）はどう？

エロイーズ　アンダーソンの他の本とは感じが違うけど、でも素晴らしい本。

ナンシー　どういうジャンルだと思う？

エロイーズ　歴史小説？

ナンシー　そのとおり。あなたが、今年このクラスで歴史小説にはまった最初の生徒だよ。子どもについての話だけど、児童向けの本だと思う？

エロイーズ　どうだろう。簡単な本ではないし、この本の世界に入りこむには、しばらく時間がかかった。

ナンシー　何ページまで読んだの？

エロイーズ　142ページ。

ナンシー　この本はとてもいいと思う。アンダーソンの傑作。でもアンダーソンの読者層の多くには読まれていないらしいよ。あなたが気に入っているのが嬉しいし、誇りにも思う。

エロイーズ　ありがとう。

⑯ モルガン

ナンシー　私のブックトークで紹介した*Alice Bliss*（アリス・ブリス[24]）を読んでくれて、ありがとう。書評の評判も上々だけど、ブックトークで言ったように、私はまだ読んでいない本だから、気に入ったらブックトークしない？

モルガン　まだ17ページまでしか読んでいないけど、今のところ、いい本だと思うし、アリスのことも気に入っている。

⑰ ウォレス

ナンシー　ウォレス、『ジョニーは戦場へ行った[25]』はどう？

ウォレス　なんか今まで読んだ本と、書き方が違っていて、ヘンな感じ。

第 7 章　一人ひとりの読み手を教える　**287**

ナンシー　それは「意識の流れ」って呼ばれていて、登場人物の考えや思いや行動だけで構成されているからだと思う。著者のトランボは、ジョニーが動くことも、見ることも、聞くことも、話すこともできずに横たわっている状態で、ジョニーの頭の中を駆け巡る意識の流れを描いているから。これはどういうジャンルだと思う？

ウォレス　反戦だよね？　でもどの戦争？

ナンシー　奥付を見てごらん。出版年は？

ウォレス　1939年、それから1970年って書いてある。

ナンシー　アメリカが第2次世界大戦に参戦したのが1941年だから、どの戦争だと思う？

ウォレス　第1次世界大戦？

ナンシー　そう。実際、出版されたのが第2次世界大戦の少し前で、当時、ほとんど売れなかった。ショッキングで悲劇的な内容なので、出征する人は読まなかった、というか、読むのに耐えられなかったのだと思う。

ウォレス　それが、印刷されているこの二つの出版年に大きな開きがある理由？

ナンシー　そう。それに加えて、1950年代には政府に協力的でないとみなされた人が大変だった時代もあって、トランボもその一人で……これは話が逸れていくね。じゃあどうして1970年だと思う？　反戦の本が出版されることと何か関わりのありそうなことは？

ウォレス　ベトナム戦争？

ナンシー　そのとおり。

⑱ クレア

ナンシー　クレア、『ぼくとあいつと瀕死の彼女』[26]はどう？

クレア　面白い。今201ページ。

ナンシー　今の時点で評価すると？

クレア　最低でも10。

ナンシー　ブックトークする？

クレア　うん、したい。

ナンシー　よかった。この本は生徒のブックトークが必要な本だと思う。私がおもしろいと思うところは、あなたたちがそう思うところと違うこともあるからね。

この時のワークショップでは、次のようなことについて生徒と話しました。

- 著者の書き方で生徒が気づいたこと、あるいは気づけそうなこと。
- 同じ著者の他の本との比較。
- 教室の図書コーナーに返却すべき本の確認。
- 読み手として、次にしたいこと。
- 難解な本を生徒が理解しているのかどうかの確認。
- 読み終えた本について理解したこと。
- 楽しめていない本を読み続けるべきか、諦めるか？
- ある本を読もうと決めた理由。
- 同時に2冊の本を読んではいけない理由。
- 本がどのような構成になっているか？
- 本のジャンル。
- 本や著者についての予備知識。
- 主人公がどんな人か？
- 読み進めているスピード。
- 奥付にある出版年などの情報の使い方。
- 今読んでいる本がブックトークをする値打ちがあるか否か。
- 教師が本について知っていること、考えたこと、気づいたこと。

　生徒にこれまでに教えてきたものの、この日のワークショップでは出てこなかったことには、次のようなものがあります。

- 選書のプロセス、つまりどうやって本を選んだのかという選書の基準。
- 著者が主人公に与えた問題や葛藤は何か？
- 主人公に納得できるか？　その成長具合はどうか？
- 語り手は誰か？　その選択をどう思うか？
- 10段階で5という低評価の本をどうして読み続けているのか？
- なかなか進展しないと思う箇所を飛ばし読みできるか？
- 最後だけ読んで結末を知り、今読んでいる本をやめて、もっと楽しめる本を新たに読み始められるか？
- 今読んでいる本や著者が気に入っている場合、その生徒について知っていることを考慮して、その生徒にこれから読む本として、推

薦する本や著者。

- 昨日から20ページ先を読んでいているはずなのに、読めていない理由。昨晩、何かあったのか?
- そろそろ読み終わりそうなので、次に読む本の予定。

　新学期のチェック・インで生徒がまず学ぶのは、この時間はあらすじを言う時間ではないということです。ここでの会話は、口頭での読書報告でもテストでもありません。また、読み終える前に本のテーマを聞くこともありません。というのも、読者は、本を読み終えた後になって、ようやくその本の筋や登場人物から、何らかの考えをくっきりと紡ぎ出せるものだからです。テーマは、私や他の生徒宛てに書く、以下で説明する「レター・エッセイ」の重要なポイントとなります。チェック・インの重要な目的は、生徒が本をどのように読んでいるのかという経験を確認し、読み続け、成長できるようサポートすること。ですから生徒を観察し、彼らが気づいたことや考えたことを知り、取り組みやすくし、教え、生徒が信頼する大人の読み手としての私の情熱を共有するのです。

文学について対話するレター・エッセイ

　まだブースベイ学校で教えていた1980年代の頃、6年生を教えるある教師と生徒の間で交わされた、日々の生活について手紙形式でのノートのやりとりに関する研究[*9]に、私は強く興味を覚えました。というのも、ライティング／リーディング・ワークショップをやっていて、短時間のチェック・インでは生徒が本について語りつくせないことがわかっていましたし、書くことが豊かな思考につながることも学んでいたからです。書くことで本についての対話をすれば、生徒が読み手としても批評家としても成長できるのではないか。私はそう考えました。

　そこで、75名の生徒一人ひとりに、読んだことについて書こうという呼びかけの手紙をつけたノートを渡しました。このノートを使うやりとりで、より深く、本について具体的かつ分析的に考える助けになると考えたのです。私は、30年たった今でも、生徒が読んだものについて、ノートを使う手紙形式で対話をしていて、いつも、より生産的で現実的な方法を探し続けています。

本書の初版（1987年）と第2版（1998年）に刺激されて、たくさんの先生方が書くことを通して生徒と文学的な対話を始めてくれたことを、私は知っています。そして、それには相当な負担が伴うことも。全員の生徒と毎週やりとりをしようとすると、その用紙が山のようになり、疲れきってしまいます。

　私も疲労困憊し、ある時点で、この量を半分にすることにしました。量を軽減するために、私と手紙形式で3回やりとりしたら、自分で選んだクラスメイトと3回やりとりをする形にして、なんとかこなせるようになりました。また、このおかげで、クラスメイトがお互いに、冒頭で引用したミークの言う「励まし、支えてくれる仲間」になる機会が、定期的につくりだせるようにもなりました。これは重要なことです。

　とはいえ、これでは解決できない問題もあります。毎週、本について書くといっても、生徒が書くことがあまりない時もあるのです。読み始めたばかりのときもそうですし、夢中で読んでいるときにリーディング・ゾーンから抜け出して、著者の選択について考えなければいけないというのも、イライラして生産的ではありません。生徒が本を読み終わってから書くのがベストのタイミングです。そのほうが、量も増え、集中度もあがり、本や著者の選択について書かれることにも具体性が増し、テーマをより掘り下げられます。きちんとした形ではないとはいえ、全体として文学評論としての体をなしてきます。

　私は白紙に戻ってやり直すことにしました。現在のリーディング・ワークショップでは、本についてのやりとりを、手紙形式で論じるレター・エッセイという形式でやっています。読み終わった本から1冊を選び、生徒は3週間ごとに、私か他のクラスメイトに宛ててレター・エッセイを書きます。会話のような語り口ではありますが、より高度なものになり、ゆとりも多く、毎週やりとりをするよりもずっと実りがあります。

　レター・エッセイは、ノートに少なくとも3ページ書くことになっています。3週間を振り返り、最も取り上げたい本を選び、ある程度時間をかけて考えることで、生徒は本物の批評家のように取り組めるのです。書くことを通じて誰もが自分の考えを深められるもの。生徒たちも、書くことを通じて、作家が使っている技巧や目的を認識し、より一層、文学についての思考を深めます。高校生や大学生になると、本に書かれていることを根拠にして議論を発展させるような批評を書くことが求められますから、レター・エッセイは、次のステップへのしっかりした橋渡しになるでしょう。

レター・エッセイの役割

アトウェルがここで「次のステップへのしっかりした橋渡し」と書いているように、生徒が読んだ本について書く「レター・エッセイ」は、生徒たちが今後の人生で作品批評を書くための土台と位置づけられています。日本の読書感想文では「読んだ自分の変化・成長」を表現することが（しばしば暗黙のうちに）求められているのに対して、このレター・エッセイでは、手紙という比較的気軽な形式の助けを借りながらも、生徒が作品に対して、そのテーマ、登場人物、書き手の技などについて、批評家の目でしっかりと観察をし、分析を書くことが求められています。

このレター・エッセイの形式は、約30年をかけて開発されてきたものです。1987年に出版されたIn the Middle初版では、数行程度の短い気軽な感想を、もっと頻繁に、会話のようにやりとりしていました。それに比べると、現在のレター・エッセイは頻度が減り、3ページ以上となり、内容も濃くなっています（とはいえ、以下の例に見られるように、極端に長いわけではありません）。

現在のアトウェルのリーディング・ワークショップでは、生徒が本を楽しく読めているかどうかを確認し、一言二言の気軽なおしゃべりをする「チェック・イン」（278ページ参照）と、本について分析的に批評することを学ぶ「レター・エッセイ」の二つが、それぞれ異なる役割を担いながら、生徒の読み手としての成長を支えているのです。

（澤田）

以下に掲げる、7年生ブライアンがジョーゼフ・ヘラー著の『キャッチ＝22』[27]について書いたレター・エッセイと、私の返信を見てください。ブライアンがどのように本を評価し、構成を考え、テーマを探そうとし、書き方について観察したことを示すために引用をし、ジャンルについての意見を述べ、主人公のヨッサリアンに反応しているのかに注目してください。

3月11日[*10]

ナンシーへ

ジョーゼフ・ヘラー著の『キャッチ＝22』を読み、書き方と内容が気にいったので、10段階評価の10をつけました。ヨッサリアンがベッドに横になっているかと思うと、次の段落では、いきなり出撃命令を受けて飛行しているので、時間がどうなっているのか、混乱しました。でもそうなっ

たときは、いつもその部分を読み直しました。

　『キャッチ＝22』のテーマはキャスカート大佐のような官僚の権力だと思います。数回しか飛行していない人が、責任出撃回数と「キャッチ（落とし穴）22」と呼ばれる軍規第22項のために、飛行大隊全体を80回も命の危険にさらすようなことをしています。他のテーマとしては、コミュニケーションの不成立や欠如があります。その好例は、従軍牧師が、もしそんなことがあったとすればですが、彼の犯罪について調べを受けようとしているときです。ここでは、てんでバラバラに話しているか、お互いに理解せずに話しているという状態です。みんなが話しているものの、誰も聞いていないという場面の一つを以下に抜粋します。

　　　「いいか、メトカーフ、おまえのそのまぬけな口を閉じようと試みたらどうだ。それが実行の方法を学ぶいちばんいいやりかただろうぜ。さて、なんだったかな。最後の行を読み返してみろ」
　　　「「最後の行を読み返してみろ」」と速記のできる伍長が読み返した。
　　　「わしの最後の行じゃない、このまぬけめ！」と大佐はどなった。「だれか別の人間のだ」
　　　「「最後の行を読み返してみろ」」と伍長が読み返した。
　　　「そいつもわしの最後の行だ！」と、大佐は真赤になって怒声を放った。
　　　「いえ、ちがいます、大佐殿」と伍長は抗弁した。「これは自分の最後の行であります。自分はこれをたったいま読んでさしあげました。お忘れでありましょうか。ついいましがたのことでありますが」
　　　「ああ、なんたることだ。あいつの最後の行を読み返せ、このまぬけめ。それはそうと、いったいおまえの名はなんというんだ」
　　　「ポピンジェイであります」
　　　「よし、つぎはおまえの番だぞ、ポピンジェイ。この男の裁判が終ったらすぐ、おまえの裁判がはじまる。わかったか」[*11]　　（79ページ）

　ヘラーは、軍隊がいかに常軌を逸した場になりうるのかを語っています。第二次世界大戦というのは暗い題材ですが、ヘラーはこの本ではおかしな場面を入れています。暗いユーモアですが、それでも読みやす

くなります。第二次世界大戦を扱っているし、現実にありそうなことなので、ジャンルは歴史小説でしょうか。

　ヨッサリアンは良く描けていると思います。現実的で共通点も見出しやすく、完全に狂ってしまった人たちの中で唯一「まとも」な人物です。彼が行うことも考え抜かれていて、それも好きでした。

ブライアン

3月13日

ブライ（ブライアン）へ

　『キャッチ＝22』をどう分類すればいいのか、私もよくわかりません。戦争もの？　あるいはブラック・ユーモア？　この小説はヘラー自身の第二次世界大戦の経験が元になっています。ヨッサリアンは、ある部分ではヘラーであるわけです。ヘラーも爆撃隊員でした。この本は、明らかに反戦の立場です。これを読んで、軍隊に敬意を払う人はいませんから。ヨッサリアンはよくあるヒーローがもっている美点を欠いている、アンチ・ヒーローです。能力がなく臆病と嘘つきを混ぜ合わせたような人ですが、でもいい人です。ブライアンが指摘しているように現実味があります。

　完璧なアンチ・ヒーローのヨッサリアンを、私は大好きです。しっかりしたレター・エッセイをありがとう。

ナンシー

追伸：ヘラーは、当初『キャッチ＝14』という題を考えていたらしいです。でも14（フォーティーン）だと、22（トゥエンティトゥ）の時のような、Tの音が続く響きがもたらすリズム感はありませんね。

　私は返信の中で、本のジャンルについて考え、主人公についてアンチ・ヒーローという概念を紹介し、この本にまつわる裏話を紹介し、そして、ブライアンが『キャッチ＝22』を、鑑賞力をもって読めたことを伝えています。

　私が生徒を新しいジャンルに導くときには、次のような3段階の譲り渡しを準備します。①考えていることをはっきり示せるような、私自身のレター・エッセイ、②それぞれの生徒宛てに、レター・エッセイの形式と内容を説明した手紙、③鑑賞力のある批評家として、本について考え反応するときに使える

書き出し例のリスト（297ページ参照）です。

　譲り渡しの準備の一つ目である、私自身のレター・エッセイを書くときですが、例えば、現代リアリズム小説というジャンルを導入したときには、*Stupid Fast*（めちゃくちゃ速い）[28]という本について、メモ書きをしたあとに、レター・エッセイを書きました。その時には、本の評価、主人公が抱えている問題、この著者と他の作家との比較、語り手とジャンルなどに言及しました。また、主人公を論じる根拠になるような箇所を抜粋し、その箇所を論じ、本全体の構想と登場人物の造形を分析・批評し、浮かび上がってくるテーマも描きました。親しみを込めた、堅苦しくない一人称の手紙の形式で、下書きは1回だけで書きます[*12]。

　譲り渡しの準備の二つ目は、生徒が批評家になるようにという招待状で、それぞれの生徒宛てに、パソコンで一人ひとりの名前を入れて作成します。次のように、レター・エッセイというジャンルやレター・エッセイでなすべきことを説明し、批評家ノートの表紙の裏に貼っておくように言います。

9月5日

_____へ

　批評家ノートは、あなた、私、クラスメイトが、本、著者、書かれていることについて考える場所です。私やクラスメイト宛ての気軽な手紙形式で、本について考えたことを書きましょう。受け取った人は、手紙をくれた人の考えたことや見つけたことについて返信してください。あなたが書くレター・エッセイと返信は、私たちが一緒に読み、批評し、学び、教える歩みの記録となります。

　1回のレター・エッセイでは1冊の本について、少なくとも3ページ書きます。つまり、何冊かの本に対して、いくつかの段落を書くのではなく、自分が引きこまれた1冊の本を選びます。3週間に一度、私かクラスメイト宛てに書き、木曜日の朝に提出してください。私に2回レター・エッセイを書いたあとは、自分で選んだクラスメイトに2回書き、そのあと、また私宛てに2回書くという形で続けていきます。

　レター・エッセイを書くまえに、読書記録を見直しましょう。読み終わった本の中で、楽しめて、その本のファンとして、もう一度見直したい本はどれですか？　読むのをやめた本、あるいは最後の最後まで希望をもっていたのに、という本を、厳しく評価するつもりでとりあげるのも面白いでしょう。

どの本にするのかを決めたら、本に戻り、記憶を呼び覚ますためにさっと見て、それについてメモ書きをします。またテーマ、登場人物の造形、作家の文体という点から、重要なところを少なくとも1か所選びましょう。その本がどのように書かれているかについて本質的なことを示しているひとまとまりの箇所を選んでも構いません。選んだところを書き写すかコピーしてレター・エッセイに含め、その抜粋からわかることと、それに対して自分が思うことを書きます。

　レター・エッセイでは他に何ができるでしょうか。著者の書き方で気づいたこと、その本を読んだ経験を伝えること、著者、登場人物、構想、具体的な場面、著者ないし登場人物の声（主張）についての意見や質問などが書けます。考えたり書いたりするヒントとして、ぜひ、書き出しの例文を活用してください。そして必ずその本のテーマ、つまり「それで？の法則」について言及しましょう。

　レター・エッセイを書いたら、その批評家ノートを誰かに手渡ししてください。もし、私宛てであれば、木曜日の朝にロッキング・チェアに置いてください。クラスメイトから批評家ノートを受け取ったら、次の月曜日の朝までに、少なくとも1段落の返信を書きます。ロッカーやカバンの中に返却するのではなくて、必ず手渡しで返します。ノートをなくしたり汚したりしてはいけません。

　手紙を書くつもりで、一番上の右側に日付、それから左側に受取人の名前を書き、最後に自分の名前を書きます。必ず著者名と書名を第1段落に書きましょう。

　私は、あなたのレター・エッセイを読むのを心待ちにしています。真剣に、でも堅苦しくなく、一緒に文学について考えていきましょう。あなたの最初のレター・エッセイが楽しみです。あなたについて知り、ともに学び、本の力と楽しみについても学んでいきましょう。その手助けができるのを心待ちにしています。

ナンシー

　そして譲り渡しの三つ目の段階として、レター・エッセイで使える、段落の書き出し例をつくり、批評家ノートの表紙の裏に貼っておくように言います。

読んだものについて書く時の書き出し例

- 驚いたのは／腹立たしく思ったのは／感動したのは／面白いと思ったのは／理解できなかったのは
- 著者の書き方で好きなことは／嫌いなことは
- 称賛したいのは
- 著者の書き方で気づいたことは
- 著者の選択で理由がわからなかったのは
- 不思議に思ったことは
- 自分がもし著者だったら
- 同じ著者の書いた他の本と比較すると
- この著者の本を読んでいて思い出したのは
- 書名について思ったことは
- 書き出しについて思ったことは
- 主人公が直面する問題は
- 主人公が考えたこと、感じたことは
- 登場人物の造形について思ったことは
- 語り手の選択について思ったことは
- 視覚的な描写やその他の描写は
- 会話は／場面設定は
- 筋の組み立ては／山場の組み立ては
- 著者が、どのように主人公の問題を解決したかは
- 終わり方は
- この本のジャンルは
- 著者にしてほしかったことは
- 著者の書き方で賛成できることは／賛成できないことは
- 著者の書き方で満足できることは／満足できないことは
- どうやってこの本を読んだかというと
- 似たような本を次に読むときは
- この本の評価は_____で、その理由は
- **そして必ず行うことは、感銘を受けた、感動した、納得した、引きこまれた、あるいは、重要な箇所を本文から抜粋して加え、ページ番号を記入し、その箇所からわかることを記入することです。**

第7章　一人ひとりの読み手を教える　297

生徒たちは、以前私が課題にしていた、比較的短く毎週書くことよりも、レター・エッセイのほうがよいと言います。この両方の課題を経験した8年生たちに尋ねてみると、1冊全体について、深く書くのが好きだと答えます。また自分が書きたいと思う1冊を選ぶほうが満足感も高くなります。著者の書き方やテーマについてより多く気づいて考え、ただの読者というよりも批評家として反応でき、かつ形式が手紙であること、つまり友達や私が読んで返信することを、喜んでいます。

　レター・エッセイは読み応えがあり興味深く、毎週書かせていた時のものよりも文学的な中身が豊かなので、返信も書きやすくなりました。私が返信を書くときには、生徒の考えを肯定し、それに問いを投げかけ、私の意見を述べ、提案や推薦をし、理論を提示し、情報を与え、思考や観察を褒め、必要な場合は次のレター・エッセイについての助言をします。

　コールは本校で7年生から学び始めました。彼の2回目のレター・エッセイには、スーザン・コリンズの『ハンガー・ゲーム3 〜マネシカケスの少女[29]』について、がっかりしたことが書かれていました。

10月13日

ナンシーへ

　スーザン・コリンズの『ハンガー・ゲーム3 〜マネシカケスの少女』を読み終わりました。『ハンガー・ゲーム』としてスタートしたあの3部作の締めくくりにふさわしいとは思えないので、10段階評価の7にしました。最初の2冊、特に最初の1冊は最初から最後までアクションに満ちていましたが、この3冊目はそうでないので、それが低い評価の主な理由です。『ハンガー・ゲーム3 〜マネシカケスの少女』の大部分で、カットニスは、自分が話す、他の人が話すのを聞く、TVカメラの前に立つ以外に、何もしていません。

　本の最後の部分がなければ、もっと低い評価をつけました。最後の部分は悲しみとアクションの両方がありました。ただ、アクションが多くてわかりにくい箇所もあり、起こっていることを理解するのに、しばらく時間がかかりました。

　この本を残酷なものにしているのは、100ページ程度の間に、最初の2冊で好きになっていた登場人物が、4名を残して、全員、殺されてしまうことです。もちろん、コリンズが、全員が生き残るような終わり方がで

きないのはわかりますが、最低限必要な人数の他にも、せめて、もう少し生き残れるとよかったのに、と思います。

　この本を読みながら、時々、最初の本のような勢いのある箇所をさがして、自分が飛ばし読みしていることに気付きました。でも最後の場面以外ではほとんど見つけられませんでした。そこで抜粋する箇所は、以前の炎のようなカットニスを少し感じることができる箇所です。

　　「握った弓が、喉を鳴らしているのが感じられる。背中から、一本の矢をつかんだ。その矢をつがえ、標的の胸のバラに狙いをつける。だが、スノーの顔が目に入った。咳きこんだ拍子に、血が滴り落ち、顎を伝う。舌がふっくらした唇をなめる。その目にごくわずかながらも恐怖や悔恨、怒りの色がないかと、目を凝らした。しかし、最後にふたりで話したときの、あの愉快そうな目のままだ。
　　"おや、親愛なるミス・エバディーン、互いに嘘をつかないと約束したはずだが"
　　そのとおりだ。わたしたちは約束した。
　　わたしは矢を斜め上に向けた。そして、弦を離す。次の瞬間、コイン首相がばったりと倒れて、バルコニーの横側から地面へと転落した。すでにこと切れていた。[*13]　　　　　　　（262ページ）

　この箇所は、以前のカットニスを彷彿とさせてくれます。第1巻を持ってきて、読み直したくなります。もともとこのシリーズを読もうと思ったのは、ディストピアを扱ったサイエンス・フィクションとして高く評価されていて、読み始めた時期はそのジャンルに興味があったからです。この本のテーマは、指導者がいかに悪い人でも、次に権力を握る人も悪で満ちていることもある、ということです。最後の章まで読んでこの本を途中でやめなくてよかったと思いました。この本を読む人に知ってほしいのは、最初の2冊より劣るということと、途中で面白くない箇所があっても、そこであきらめずに頑張るということです。

　　　　　　　　　　　　　　　　　　　　　　　　　　コール

10月15日

コールへ

　私は、まだ『ハンガー・ゲーム３ 〜マネシカケスの少女』を読んでいません。この本はいつも誰かが借りているので、まだ私のところに回ってきません。これを読んだクラスメイトたちの間では不評なので、あなたのレター・エッセイが読めてよかったです。

　あなたが、コリンズの３部作の最初の２冊にも触れていることが嬉しいです。この３巻を通して、カットニスがどのように動き、描かれているのかという点から考えるというのは、とてもいいアプローチだと思うからです。文芸批評家の間では、一貫性という言い方を使いますが、この場合は３部作なので、３部すべてを通して矛盾がなく、つながっていて、論理的かということです。『ハンガー・ゲーム３ 〜マネシカケスの少女』と最初の２巻では、一貫性が欠けていましたか？

　『ハンガー・ゲーム３ 〜マネシカケスの少女』について、明らかに大人が書いたと思える書評は、このクラスの人たちよりも肯定的なのが面白いです。おそらくあなたたちはカットニスとアクションについて、大人とは違う期待をもっているのでしょう。第３巻では、コリンズはより理論的／哲学的になっていますか？　あなたが見つけたテーマがその答えを出している気はしました。とても優れた観察です。

ナンシー

追伸：いい抜粋をありがとう。とても参考になりました。

　私は『ハンガー・ゲーム３ 〜マネシカケスの少女』を読んでいなかったので、そのことを正直にコールに伝えました。批評家として読む経験の少ないコールには、私が読んでいない本であっても、返信で伝えたいことがありました。まず、３部作なので３巻を通しての一貫性についてコールが言及していることをほめ、その文脈でその概念を教えました。また、批評家たちとこのクラスの生徒たちの反応には差があることについて、その理由を考えました。

　学年の初めは、全員が最初のレター・エッセイを私宛てに書くことになっています。私が求めていることを確実に理解させ、抜けていることやよくない習慣があればそれが身についてしまうまえに指摘したいからです。毎年、最初のレター・エッセイで、７年生のおよそ半数が本からの抜粋をするのを忘れます。最初のレター・エッセイのあとは、２回私宛てに書き、その後は２回クラ

スメイト宛て、そして2回私宛てに書くというサイクルで続けていきます。出席を取るときにレター・エッセイを書く相手を選び、私は誰が誰宛てに書くのかがすぐわかるようにチェック・イン表（90ページ参照）に記入しておきます。一番下の欄にある名前が、生徒が次のレター・エッセイを書く相手です。複数の生徒とやりとりをするのは、私だけです。生徒がレター・エッセイを書く相手は、固定されず、学期を通して変化していきます。

　生徒が生徒宛てに書くレター・エッセイは、私宛てのものとは雰囲気が異なっています。本当におしゃべりをしているようなのです。いたずら書き、感嘆符だらけ、ペンネームや私に対するのとは異なるサイン、追伸やこれからのことに言及するような追々伸なども見られます。情緒的な反応を書いた箇所もより多く、泣いた箇所、笑った箇所、びっくりして叫んだ箇所、腹がたって本をばたんと閉じた箇所についても書いています。またお薦めについての記述もたくさん。お互いに楽しんで書き、より遠慮のない書き方にもなります。つまり文学についてのやりとりのなかでお互いの人間関係が活かされ、深められています。

　上記のようなことは、リリーが最近「最高！」をつけたジョン・コーリー・ウェイリーの *Where Things Come Back*（物事が戻るところ[30]）について、モルガン宛てに書いたレター・エッセイを見るとよくわかります。書き始めの文は「うわっ、これはすごい本」で始まっていますし、途中の「でしょ？」という言い方などまさに生徒同士の会話となっており、終わり方も「じゃね」です。また、追伸と追々伸があり、追々伸には「秘密にしている休暇の時の相棒、誰だかわかっているよ！」と、個人的なメモもあります。モルガンの返信も、同じような会話調で、返事の中に、「今、アップルサイダーとシナモンを鍋で温めていて、焦がしちゃった！　お母さんに叱られる」というような文が挿入されています。

　生徒宛てのレター・エッセイでも、かなり雰囲気が異なるものもあります。エリ・ヴィーゼルの『夜』[31]について、ザンダーがナサニエル宛てに書いたレター・エッセイです。ザンダーの語り口から、この本が取り扱っている内容の深刻さが伝わってきます。ザンダーはこの回想録が自分に与えた影響を綴り、ノリーエルの返事は、ザンダーへの敬意、思慮、共感に満ちています。

4月30日

ナサニエルへ

　エリ・ヴィーゼルの『夜』について書く。アンネ・フランクによる『アンネの日記[32]』と並び、ホロコーストについての有名な回想録だ。素晴らしい本だと思うので、10の評価にした。この回想録から大きな感銘を受けた一つの理由は文体。翻訳者がどこまで著者ヴィーゼルの文体を反映できているのかはわからないが、いずれにせよ、とても素晴らしい。ヘミングウェイのように飾り気のない書き方で、状況の詳しい描写もなく、すべてが骨まで削ぎ落とされている。それがこの本がたった100ページ程度しかない理由だろう。ヴィーゼルが明晰な筆致で自分の周りの世界を描くので、読者はわずかな描写から、強制収容所の惨状を思い描くことができる。

　ヴィーゼルの、アウシュヴィッツ収容所とブッヘンヴァルト収容所の描写には、ヴィーゼル自身の考えと思いがあり、僕は、今までに見たどんなドキュメンタリーや本よりも心を揺さぶられた。彼は自分の考えや感情を織り込んで、散文のスタイルを引き立てている。だいたい1、2文という短さで、ほとばしる感情を伝え、この本のはっきりとした調子をつくり出している。

　それは、暗く、気が滅入るような調子だ。切れ目のない恐怖が言葉になっている。それをつくりだしているのは、考えや感情だけでなく、会話と会話の中にカッコで言葉を書きいれることだ。ヴィーゼルの句読法と言葉の選択も、彼が感じたことを伝える助けになっている。カッコで言葉を書き入れることも、いろいろな形で使っている。感情の場合もあるし、実際の状況のときもある。以下の抜粋がその文体をよく表している。

　　彼はほんとうのことを語っているようにみえた。ほど遠からぬところで、穴から炎が立ちのぼっていた、巨大な炎が。そこでなにかを燃やしていた。トラックが一台、穴に近づいて、積み荷をなかに落とした。──幼児たちであった。赤ん坊！　そう、私はそれを見た、われとわが目で見たのであった……。子どもたちが炎のなかに。（その時以後、眠りが私の目に寄りつかなくなったとしても、いったい驚くべきことであろうか。）
　　では、あそこに私たちは行くのだ。もう少し先のほうに、もっと広い、

大人用の別の穴があるのだろう。

　私はわれとわが顔をつねった。——まだ生きているのかしら。目が覚めているのかしら。どうしても、私はそうと信ずることができなかった。人間が、子どもたちが焼かれているのに、しかも世界が黙っているとは、どうしてそんなことがありうるのか。いや、なにもかも本当のはずがない。悪夢なんだ……。いまに、胸をどきどきさせながら、不意に目が覚めるのだろう、そして、はっと気がついたら、私は自分の子ども部屋にいて、私の本が見えてくるのだろう……。[14]

（32 ページ）

　この抜粋は好例だ。第 1 段落は飾らず、簡潔である。特に短文にヴィーゼルの特徴がよく表れていることを強調したい。第 3 段落の著者自身の考えや感情は、長めに書かれているが、同じ文体で、書いていることも問いかけもはっきりしていて、的を射ている。

　　「そんな言いかたをしないでよ、お父さん。」（私はいまにもわっと泣きだしそうな感じがしていた。）「そんなこと、言ってもらいたくないんだ。スプーンもナイフも持っていてよ。ぼくと同じに、お父さんにだって要るんだから。今晩、作業が終わったら、また会おうね。」[15]（75 ページ）

　これはさっきより短い抜粋だが、この会話は感情、特に恐怖に怯えていることを伝えている。かっこを使って「（私はいまにもわっと泣きだしそうな感じがしていた）」と書くことでこの会話での感情をはっきりさせ、父親を永遠に失うという恐怖を表している。

　ヴィーゼルが強制収容所に送られたときは、だいたい僕たちと同じ年齢だった。そう思うと、その場に自分がいることを想像して、さらに恐怖を感じる。彼らが直面した想像を絶する状況は、ありえないほど残酷だ。栄養不足の中、休憩もなしに、夜通し 40 マイルも走らなければならなかった。ハキムが書いた歴史の本からも、アンネ・フランクのドキュメンタリーからでさえもできなかったけど、この本では、僕は主人公の場所に自分を置くことができて、ホロコーストの恐怖を強く感じた。

　この本は、ホロコーストの恐怖と残酷さを示すために書かれたと思う。そこに本のテーマがあるのだ。希望に、ホロコーストの恐怖が影を投げ

第 7 章　一人ひとりの読み手を教える　303

かけている。

　『夜』や『アンネの日記』のような驚くべき記録を読むと、ホロコースト
など起こらなかったと信じる人がどうしているのか理解できない。これら
の話の中にある感情を偽りとすることはありえない。『夜』は、僕たちに
人間を見つめ、人間がいかに残酷になりうるのか、また強くもなれるの
かを教えてくれる。ホロコーストについてのこの迫力のある本を、僕が忘
れることはない。

ザンダー

5月2日

ザンダーへ

　すごいレター・エッセイをありがとう。ヴィーゼルの文体は、異質で、
興味深く、この本にはぴったりという気がした。重く恐ろしい内容で、僕
らの年代でホロコーストの犠牲者になることは想像できないが、君と同じ
ような感じをもった。ヴィーゼルは、このとき、ほんの少年だったんだ。
自分の読みたい本リストに『夜』を書きこんだので、ぜひ読んでみたいと
思う。この本について教えてくれてありがとう。

ナサニエル

　生徒たちは、友達のレター・エッセイに返事を書く際に守りたいことのリストを
作成しました。ミニ・レッスンで、どんな返事がほしいのか、話し合ったのです。

批 評 家 の 友 人 に 返 事 を 書 く と き に 守 り た い こ と

- 最初に相手の名前、最後に自分の名前を入れて、半ページぐらい
  の手紙を書く。
- 友達が、批評家として書いたことに反応する。レター・エッセイへの
  評価は先生の仕事なので、生徒は行わない。手書きの字が判読
  できなければ、丁寧にそのことを指摘する（悪いけどちょっと読みづらかっ
  たよ。次回からは読めるような字で書いてくれませんか）。
- それ以外には、本や著者についての意見を書き、質問をし、自分
  が読んでいる本を教え、他の本や作家をお薦めする。少しだけ個
  人的なことを書くのも、自分が書きたければOK。

レター・エッセイでのやりとりは、生徒を教える手段であるだけでなく、私が生徒から学ぶ場ともなっています。例えば、モルガンは誕生日プレゼントとしてもらったお金で、書店で私の知らない本を買って、それについてレター・エッセイを書きました。それはジェニファー・ドネリーが書いた *Revolution*（革命[33]）と言う本でした。モルガンは「最高！」の評価をし、その理由を文体や内容から述べ、根拠となる箇所を抜粋し、文体やテーマについても言及しました。またそこにはこの本がローレン・オリバーの *Before I Fall*（私が死ぬ前に[34]）とマークース・ズーサックの『本泥棒[35]』と並んで、自分のお気に入りとなったことも書かれていました。

そこで、私の返信では、モルガンの具体的かつ的確なエッセイをほめ、マークース・ズーサックの『本泥棒』と並ぶ評価の本であれば、クラスメイトも私も絶対読みたい本に間違いないから、*Revolution*（革命）を教室の図書コーナーに注文したことを知らせ、この本が届いたらブックトークをしたいか尋ねました。また、*Revolution*（革命）の著者の書いた他の本が教室の図書コーナーにあることとその本の簡単な紹介を記しました。

生徒のレター・エッセイで、赤ペンで間違いを直すことはしませんが、返信を書くときに形式の間違いは指摘します。例えば段落にきちんとなっていないので読みにくいよ、などです。また綴りの間違いは付箋に書いて表紙に貼っておき、生徒がそれぞれ自分の書き取り練習用紙にその単語を追加し、週ごとに自分で練習できるようにしています。

レター・エッセイの評価については、基準となる特徴をさがします。それらが入っていれば、チェックとプラス✓＋、ほぼできていればチェック✓、不可欠な特徴が抜けていればチェックとマイナス✓− をつけて、私の返信でなぜその評価をつけたのかを説明します。生徒同士でのレター・エッセイのやりとりをした場合は、私宛ての新しいものを読む前に、2回のサイクルが終わった段階で、その2回分について、上記のような評価を書きこみます。

数年前にやり方を変えてから、レター・エッセイの基本的な特徴がよりはっきりし、レター・エッセイがより持続的かつ具体的になりました。本校で5・6年生を教えるグレン・パワーズ先生は、私が生徒に書くレター・エッセイへの招待状と段落の書き出しを、パワーズ先生のリーディング・ワークショップに合うようにつくり直してくれました。今では、7年生の多くは、パワーズ先生が「文学レター」と呼んでいるものについて、すでに経験を積んだ書き手となっ

ています。そのおかげで、私は要求水準を高くすることができ、ジャンル学
習[*16]の一つとして取りあげるようになりました。

　現在では、過去の優れたレター・エッセイを集めて、それを生徒に研究さ
せることから、このジャンルの学習を始めています。生徒が優れたレター・エッ
セイを分析し、特徴を名づけていくことで、より理解ができますし、自分たち
がレター・エッセイを書くときに使いやすくなります。このやり方は、教師がつ
くったルーブリック（評価基準表）で教えるより、はるかに効果的です。

　新年度が始まって4週間目の月曜日に、昨年の生徒が書いたレター・エッセ
イから優れたもの5編と、それを書くもとになったメモ書きを一緒にコピー
して、生徒に渡し、課題を説明します。

　　読み手、批評家として、あなたたちと、リーディング・ワークショップ
で毎日文学について話しています。今週から、3週間に一度、チェック・
インで話すよりも深く本の世界に入り、文学について書いてほしいと思
います。まず本を1冊選び、著者が行ったことを探究してください。こ
れからあなたたちが書くことになるこのジャンルをレター・エッセイと呼び
ます。前の学年のパワーズ先生のクラスで書いてきた「文学レター」よ
りも長くて中身も濃くなり、高校や大学で書くことになる文学批評に向
けての着実な準備となります。レター・エッセイというジャンルの特徴を
理解するために、ここに上手に書けている五つのレター・エッセイを準備
しました。本日の宿題としてこれらを読んで研究し、次の二つの問いに
ついて答えてください。ワークショップ・ノートの授業ノート・セクション
から、何も書いていない2ページを開き、それぞれのページの見出しと
して、次の質問を書きます。「優れたレター・エッセイで批評家がいつも
行うことは何か」「他にも批評家がコメントできることは何か」。
　　今晩、ペンを手にとってこのレター・エッセイを読み、気づいたすべて
の特徴に下線を引きます。そしてその特徴を名づけて余白に書いてみま
しょう。すべてのレター・エッセイに共通して見つかる特徴もありますし、
1回しか出てこないものもあるかもしれません。ですから「いつも」と「他
にも」という二つの質問に分けています。書き方や形式にも注意してく
ださい。レター・エッセイはどんなふうに見え、どのように構成されてい
ますか？　明日のミニ・レッスンの際、それぞれが書いてきたリストから、
レター・エッセイに必ず含むべき要素と、いつもではないものの批評家

がコメントできる特徴に分けて、リストをつくりましょう。あなたたちの最初のレター・エッセイの提出は木曜日です。質問、コメント、その他気づいたことはありませんか？

　翌日、それぞれがワークショップ・ノートに書いたこと、それから記録用のレポート用紙やパソコンを持って小グループで集まります。始める前に「誕生日が今日から一番早く来る人が、グループの記録係をしてください。10分間で、レター・エッセイについて見つけたことを出し合って、記録係が2種類の特徴のリストを記録できるようにしてください」と伝えます。私は、各グループの活動を見ながら、私の考えを伝えて後押しし、課題の主旨からはずれたりしないようにサポートします。

　10分たってみんなでミニ・レッスンの場に戻り、私はオーバーヘッド・プロジェクターをオンにします。手元の用紙に書き込む内容をスクリーンに映すためです。各グループの記録係が順番に報告する特徴を、猛烈な勢いで記録します。もし、落とせないポイントがどのグループからも出てこないときは、私が補足して加えます。私の記録は、私にしかわからない略語で溢れているので、生徒にはスクリーンを見てメモを取らないように言います。

　その日の夜、この記録をわかりやすく書き直し、整理します。同じ内容で2クラス以上教える場合は、2種類の記録メモをまとめて一つにします。それからタイプして、水曜日のミニ・レッスンで生徒に配布し、話し合えるようにします。生徒はレター・エッセイを書く批評家ノートの表紙の裏にこの二つのリストを貼りつけ、ミニ・レッスンで一緒に読み、しるしをつけていきます。

　図版7-1と図版7-2は、生徒がレター・エッセイについて気づいたことから私がまとめた、最新のリストです。図版7-1の「いつも行うことは何か」では、レター・エッセイで求められていることを、「書き方や形式」と「内容」に分類してあります。内容については、テーマとは何かをイメージしやすくするため、生徒と私が思いつく限りの文学的なテーマをブレインストーミングして挙げました。図版7-2の「他にもコメントできることは何か」を作成したときは、生徒に使ってほしいので、文学用語を使い、その定義も組み込みました。

　この重要なリストの最新版は、特によくできたものです。そうなると、これをそのままコピーして、来年の生徒に渡したくなります。しかし、それではうまくいきません。しっかりしたレター・エッセイを書く基準は、生徒が実際のレター・エッセイのなかで、他の若い批評家が、どのように文学を分析し鑑賞

しているのかを自分で見つけたからこそ、役に立ちます。とはいえ、今回の
ようなよくできたリストは保存しておきます。そして、次年度の生徒を教えると
きにはオーバーヘッド・プロジェクターの台の角に置いておき、もし彼らが気
づかない重要な特徴があれば、生徒と会話しながら補っていくのです。

[図版7-1] 優れたレター・エッセイで批評家がいつも行うことは何か

優れたレター・エッセイで批評家がいつも行うことは何か

書き方や形式について

- 考えたこと、印象、意見、根拠となることを集めるためにメモ書きをする。「批評家ノート」の前のページの裏面をメモ書きなどの計画をするスペースとして使用する。
- 手紙を書くように、上に日付を書き、次に受取人の名前、最後に差出人の名前を書く。
- 書名と著者名を第1段落に書き、書名だとはっきりわかるように書く。字の写し間違いをしないように注意する。
- 段落の始まりは字下げをする。
- 少なくとも3ページ書く。
- 段落で書く。それぞれの段落には、本について思ったことを書き、段落ごとに例、理由、根拠などを挙げる。

内容について

- テーマ、つまり本から見出せる、生きることについての考えを書く。主人公に起こる変化を土台に考えうるテーマとしては、変化や喪失への対応、大切なものの発見、成長、ステレオタイプ、孤独、ピア・プレッシャー、誇り、偏見、選択、良心、競争、勇気、責任、裏切り、自分に正直であること、忍耐、成功と失敗、現実に直面すること、トラウマ、人間性、偽りの価値、宗教的信条、政治的信念、終末や戦争、受け入れられることの必要性、愛、家族、コミュニティ、アイデンティティ、声（主張）、友情、生き残ることなど。また、真実の力、嘘、チームメイト、家族、自己表現、芸術、自然、社会、権威者、制度、政府、ゴシップ、嫉妬、恥などがある。
- 意見、考え、感情、つながり、好き嫌いなどを表現し説明する。自分の主張を明確にする。
- 自分の反応の理由を説明する。本から根拠を示す。
- その本の重要な箇所から、長すぎず、短すぎない箇所を抜粋する。本文からの抜粋については、手書きでレター・エッセイに書いてもよいし、コピーを貼り付けてもよい。最後に抜粋した箇所のページ番号をかっこに入れて記入する。
- 抜粋を紹介するときには、どうしてその箇所を選んだのかを述べる。例えば、そこから、著者の選択、文体、テーマについてわかることなどを書いておく。
- 本のジャンルを見極める。
- 本の評価とその理由を説明する。

［図版7-2］批評家が他にもコメントできることは何か

批評家が他にもコメントできることは何か

- 大好きな本（激賞）、大嫌いない本（酷評）、相反する感情をもつ本。
- 著者が選んだ語り手（一人称？　三人称限定視点？　三人称全知視点？　あまりないが二人称？　そして語り手がどう機能しているのか？　一人称であれば著者と語り手との関係は？　もし、この語り手が信用できない場合は、それについてもコメントする。）
- 著者が「それで?の法則」（テーマ）をどうやって発展させているか。
- 文の語り口。著者あるいは語り手がどのような態度でいるのか。
- 描写と情景。見える、聞こえる、感じられるものか。
- 筋の組み立て。どのように構成され、つじつまを合わせ、場面が移り変わっているのか。一貫性があるのか否か。
- 話の中のヤマ場、見せ場。
- 会話は現実性があるか？　会話から登場人物についてわかることは？　会話の形で書いているか、ルールを破って書いているか？
- 場面設定。著者がどのように場面を設定しているのか、あるいは場面を設定していないのか。
- 主人公の信ぴょう性。信じられるか否か。
- 主人公の造形の方法、例えば、以下を考えてみる。
  - 名前があるのか否か。
  - 主人公の変化（多くの場合「それで?の法則」（テーマ）の源なので、注意）。
  - 問題や心配。
  - 欲望。
  - 主人公の思考がよく伝わるか、例えば、「頭と心の法則」ができているか。
  - 性格、人物像。
  - 行動とそれに対する反応。
  - 家族や友人も含めての他人との関係性。
  - 他の人との対話。
  - 所有物、習慣、趣味、興味。
  - 衣服、髪型、装飾品。
- 問題の解決、そこから登場人物はどこへ向かうのか。
- 自分が主人公にどのようなつながりを感じるか、あるいはつながりを見出せないか。
- 脇役とその役割、信ぴょう性。
- 自分が著者であれば行ったこと。
- 第一印象と読み終わったあとの印象。
- 同じ著者の他の本との比較。

第7章　一人ひとりの読み手を教える　309

- 同じジャンルの他の著者との比較。
- 他の著者との比較。
- 他のジャンルの本との共通点、例えば詩のように読める文体の小説など。
- 本の救いとなった点一つ、あるいはいい本なのに否定的な印象を残した点一つ。
- 終わり方。満足のいくものか、論理的か、わかりにくいか、予想外か、早すぎるか、遅すぎるか、記憶に残るか、物足りないか、漠然としているか、いろいろな考えを呼び起こすものか。
- 書き出し。ゆったりしているか、引きこむようなものか、本に誘い込むか、わかりにくいか、誤解を招くようなものか。
- 本の形式。
- 言葉づかいと文体。
- 文のリズム。
- 挿絵（もしあれば）。
- 書名や表紙のデザインと話との関連性の有無。
- その本は続編、3部作、4部作、シリーズの場合は、どの巻か。
- 本の読み方。例えば一気に読んだのか、味わいながら読んだのか。
- 本を読んだ回数。読み返した本であれば、どうして？
- 書き手として、気づいたこと、学んだこと、素晴らしいと思ったこと。
- 他の作品への言及や参照で気づいたこと。
- その本に対する他の読み手の反応に対して、自分が思ったこと。
- 内容の年齢レベルについての判断。ヤングアダルト向き、あるいは一歩上の年代への橋渡し的な本か。
- 本全体について思ったこと。

　最初のレター・エッセイは、教室で書き始めます。水曜日のライティング・ワークショップの残りの時間を使って、レター・エッセイで使う本を選び、それについてメモ書きをし、抜粋する適切な箇所をさがし、今までの生徒の書いた例と作成したリストを参照します。私は生徒の間を歩き、質問に答え、必要な指針を与えます。私が生徒の間を歩いて軌道に乗れるようにすると、初めて書くレター・エッセイでも、文芸批評に近いものになりやすいのです。

　その日の宿題はレター・エッセイを仕上げること。翌日、生徒は私のロッキング・チェアに学年最初のレター・エッセイを提出します。私はその週末に読み、特に優れたものをメモしておきます。その後3週間が過ぎて、次のレター・エッセイの提出の前に、初回提出分の中から優れたものをオーバーヘッド・プロジェクターでスクリーンに映し、クラスみんなに見せ、文学的な批評文と

しての優れた特徴についての話し合いをリードします。

　どんなふうに本が書かれ、作家の選択がどのように影響を与えたのか。生徒は書き手の技に注目し、それに文学的に反応します。教師がこのプロセスを手伝えば、生徒は積極的に、大切なものを見極める姿勢で読むことができます。つまり、次から次へと押し寄せてくるストーリーに流されるのをやめて、単に筋を追うことを超えるのです。自分が読んでいる作品の中で、うまく書けている部分とそうでない部分を判断し始めます。私たち教師が生徒に示すのは、どうやってダイニング・テーブルに椅子をもってくるのか、どうやってそこでの会話に夢中になるのか、そして、どうやってよりよい、より大きな、より明晰な人になっていくのか、ということです。

　私が教師としてできる最も重要なことは、生徒の人生がよいものになるように、可能な限り豊かな人生を見つけられるように、何度も何度も、招くこと。その秘訣は、作家たちの言葉や考え、そして、無数の本のページの中にあるのです。

- *1———マーガレット・ミークには、日本語で読めるものとして『読む力を育てる～マーガレット・ミークの読書教育論』(こだまともこ訳、柏書房、2003年)があります。
- *2———　原文では、サマンサから始まり、合計18名の生徒のチェック・インが7ページにわたり切れ目なく続いていきます。本書では、それぞれの生徒に確認しているポイントをわかりやすくするために、一人ひとりの名前で分けて提示しています。また、原書では、次の生徒に移動するときに、その生徒をファースト・ネーム、あるいは、ファースト・ネームをさらに短くしたニックネームで呼んでいる場合もあります。本書では、短く呼びかけている場合は生徒のファースト・ネームの後ろにかっこでニックネームを入れています。このような人間関係ができていることが、このチェック・インが機能している土台にあるように思います。
- *3———デイヴィッド・エディングスには『ダイヤモンドの玉座』(嶋田洋一訳、角川書店、1996年)から始めるエレニア記シリーズなどの作品があります。
- *4———A. S. King著の*Please Ignore Vera Dietz*(ヴェラ・ディーツを無視してください)(Knopf Books for Young Readers, 2010)という本です。
- *5———クリス・クラッチャーの邦訳作品には、『アイアンマン～トライアスロンにかけた17歳の青春』(金原瑞人、西田登訳、ポプラ社、2006年)があります。
- *6———デイヴ・ペルザーには『"It"(それ)と呼ばれた子』(田栗美奈子訳、ヴィレッジブックス、2010年)などの作品があり、この書名で「幼年期」「少年期」「青春期」「完結編」に分けて出版されています。
- *7　この本の邦訳は出ていませんが、「なんだかおかしな物語」という題で映画化され、日本語字幕版のDVDも発売されています。
- *8———同じ著者(ジョン・グリーン)による『ペーパータウン』(金原瑞人訳、岩波書店、2013年)に出てきます。
- *9———Jana Staton著の"Writing and Counseling: Using a Dialogue Journal"(書くこととカウンセリング～対話的ジャーナルを使う(*Language Arts* 57: 514-18, 1980)の中で説明されています。
- *10———新年度は9月初旬から始まります。なお最終学期である3学期は6月中旬に終了し、その後、約2か月半の夏休みとなります。

*11——飛田茂雄訳『キャッチ＝22（新版）』（358ページの文献1章30参照）の上巻149〜150ページより引用
　　　しています。

*12——原書では未邦訳の本Geoff Herbach著の*Stupid Fast*（めちゃくちゃ速い）（Sourcebooks Fire,
　　　2011）について、著者が書いたメモ書きと、その本の紹介が掲載されていますが、本書ではごく簡単
　　　に要約しています。邦訳の出ている本での、レター・エッセイのメモ書きは、マーカース・ズーサック著の
　　　『メッセージ』（361ページの文献4章5参照）について生徒が書いたものが188ページにあります。

*13——河井直子訳『ハンガー・ゲーム3〜マネシカケスの少女』（363ページの文献7章29参照）の下巻317
　　　ページより引用しています。

*14——村上光彦訳『夜』（363ページの文献7章31参照）の78〜79ページより引用しています。

*15——前掲書の143ページより引用しています。

*16——アトウェルの学校では、回想録や短編小説などの新しいジャンルを教える時に、「ジャンル学習」とし
　　　て集中的に教えます。ジャンル学習の進め方はどのジャンルでも共通しています。生徒は、最初に過
　　　去の生徒作品などからモデルとなる作品を集めて読み、優れた作品の特徴を分析し、議論し、それを
　　　元に自分たちで作品を書いていきます。

第 8 章

価値を認める・評価する

自己評価用紙を配布。後ろは、生徒によるお薦め本コーナー

私たちを幸福にしてくれる日々が、
私たちを賢明にしてくれる。

—— ジョン・メイスフィールド

数字や段階別の成績をつける学校にいても、そうでない学校にいても、ワークショップで読み書きを教える教師が押さえるべきポイントがあります。それは、生徒自身が自分の学びの質を見定めることを評価の中心に据える、ということ。そうでなければ、私がそれまで言ってきた「書き手や読み手として考えて行動しなさい」ということを、私自身の評価のやり方が裏切ってしまいます。ワークショップで学ぶ生徒たちが、それまでにやってきたこと、今いるところ、次に向かうところ、まだ理解できていないこと、これから学び、試し、実行する必要のあることを考えている時、彼らは常に自分を振り返り、評価をしているのです。[*1]

　日々の自己評価は、ライティング・ワークショップのカンファランスで、「どんな感じ?」とか「何か手伝えることはある?」と私が尋ね、生徒が答えるところから始まります。計画、下書き、書き直し、校正で生徒たちがする選択は、自己評価に基づいているからです。生徒が友達に、ピア・カンファランスで、自分が必要とする助けを伝えるとき、下書きを書くのに、パソコンか手書きかを決めるとき、最も実りありそうな題材を見つけようと題材リストを見直すとき、書いている作品が完成かどうかを決めるとき、校正の際に焦点を決めて書き直すときも、生徒は書き手として自己評価をしているのです。

　本の著者を評価することも、生徒たちを文学の読み手として成長させます。そのことはリーディング・ワークショップのチェック・インと、本についてのレター・エッセイからよくわかります。1から10の段階を定め、ブックトークするかどうかを決め、ブックトークをして、言葉づかい、妥当性、一貫性、登場人物の思考、登場人物の造形、構造、テーマ、視点などの文学的特徴を考えている時、生徒たちは著者を評価しているのです。

　毎学期の最後の一週間、本校の幼稚園から8年生までの教師は全員、新たな内容を教えるのを止めます。生徒たちもいったん足を止め、その学期でしたことを振り返り、次の学期にむけての計画を立てるのです。すべてのクラス、すべての教科が、「評価のワークショップ」となり、生徒は自分の作品を見直し、自己評価用紙に答え、その根拠となるものをコピーし、ポートフォリオにまとめます。ポートフォリオは中に透明の袋がついたバインダーで、生徒の自己評価用紙、教師が写真撮影した生徒の作品、簡単な説明書きの書かれた付箋のついた生徒の記録用紙、作品例、レター・エッセイの例や、綴りの書き取りが入っています。ポートフォリオには算数・数学、歴史、理科、

芸術に関わる内容も含まれます。

　ポートフォリオを使うのは、自分のプロセス、結果、成長、課題を生徒に分析してほしいからです。自己評価用紙（320ページの図版8-1、322ページの図版8-2参照）は、その根拠となるものを調べ、振り返り、次の目標を設定する視点を提供してくれます。教師はそれを促す質問をつくり、ときには生徒の意見を取り入れながら、ポートフォリオに入れるものを決めていきます。生徒が自己評価を終えるまでは、教師が評価者として関わることはありません。生徒の成長記録に書く目標は、生徒が自己評価用紙に書いた目標と教師が必要だと思う目標との両方をもとに、教師と生徒で一緒に決めて書きこみます。

　教師はまた、その学期のミニ・レッスン、話し合い、活動、プロジェクト、読んだものについての要約を作成し、その中で最も有益で意味があったものにしるしをつけるよう、生徒に言います。保護者がそれを見れば、自分の子どもが何に価値を見出せるようになったのかを知ることができるのです。生徒の自己評価用紙とこの要約の両方が、学校に保管される生徒の記録の一部となります。

　本校では、生徒が評価のカンファランスをリードします[*2]。生徒は自分のポートフォリオを開き、その中身を保護者と教師に説明します。そのあとに教師が、その生徒の成長記録を出して説明し、次の学期の目標を設定します。カンファランスの最後に、教師が保護者に「私や生徒について何か気づいたことや質問はありませんか」と尋ねます。その後、保護者はポートフォリオを持ち帰って詳しく読み、生徒の祖父母にも見せます。ポートフォリオは2週間以内に返却するように依頼しています。

　学年末は多忙を極めるので、3学期の終わりには評価のカンファランスは実施しません。その代わりに、3学期のポートフォリオをつくったあとで、生徒と教師で、生徒が学び手として一年間どのように成長したのかという最終報告を作成します。これは、読み書きと算数・数学の自己評価の要点をまとめ、それに教師が観察した生徒の強みと、次年度に向けての目標を加えたもの。

　もし私が、ポートフォリオ評価をするのが現実的ではない学校で教えるとしても、自己評価用紙はつくるでしょう。自己評価のための質問に答えるプロセスは、生徒、教師、保護者の誰にとっても有意義で、得るものが多いからです。そして、生徒がその学期に書いたベストの作品と文学へのベストの鑑賞文を添付して保護者に送り、保護者が、生徒の振り返りと今後の目標

についての土台となる情報を得られるようにします。

　本校での評価方法は、生徒の能力、活動、成長について詳しくわかるものです。教室で日々起きていることを反映しており、保護者も有意義な形で、しかも多くの場合は喜ばしい形で、この評価に参加できます。この評価は、保護者にとっても、翌年教える教師にとっても、具体的で有益なもの。個別化されていて、目指すべき目標が示されていて、しかもその目標は、教えるプロとしての教師と熱心な学び手である生徒が協力して設定したものなのです。この評価は、生徒に責任をもたせます。そして、生徒が知っていること、できること、したこと、これからするべきことについての生徒の判断から始まります。書き手・読み手としての生徒の進歩を評価し、さらなる成長を育む観点から考えると、生徒にとっても私にとっても、これほど価値ある時間の使い方は、他には思い浮かびません。

自 己 評 価

　各学期が終わりに近づくと、日曜日を使い、私は、その学期の指導計画をもう一度見て、強調したことや大切な概念についてメモを取り、それに基づいて、読み手・書き手としたことを生徒が具体的に振り返ることができるような質問を作成します。この質問を載せた自己評価用紙は、書くこと、読むことそれぞれ2ページに及びます。書くことについては、完成作品数を確認し、優れた文や批評への基準をはっきりさせ、成長したことや達成したことを書き、前の学期に設定した目標に向けての進捗状況を評価し、新しい目標を定めることを求めています。生徒の回答は箇条書きで書かせます。生徒に長い段落で答えさせると、わからないことを上手に隠せてしまいますが、箇条書きで答えさせると要点だけになるからです。

　320ページの図版8-1は、エイヴリーが、1学期の終わりに自己評価用紙に記入したものです。エイヴリーは7年生の時に本校で学び始め、最初の2、3週間は異質な環境に驚きの連続でしたが、やがて適応し、ワークショップを楽しむようになりました。

　最初の質問は、毎回、完成作品数とそのジャンルについて。この質問によって、生徒は自分が達成したことに目を向け、保護者はそれをはっきり知ることができ、私は「ライティング・ワークショップで期待すること」に生徒が応えたかどうかがわかるので、三者三様に大切です。もし書くことにおける国の

基準に私が口をはさめるのであれば、量と質の相関関係を確信しているので、書きあげた作品数をその基準に加えるように提案するでしょう。

二つ目の質問もお決まりのもの。自分の書いたものを批評家の目で見て、よい作品になっている特徴を見つけることを求めます。ここでは、「僕のお父さんは素晴らしいので、お父さんについて書いた詩はよいものになった」というレベルから抜け出すことが目標です。つまり、ある作品を優れたものにしているのは何かを考えるときに、ミニ・レッスンやカンファレンスで教えた文学用語を使って考えるように促しています。自分が使った技に気づいて言葉で捉えるとき、それが自分のものになり、書き手、批評家として使える自分のレパートリーの一つとなるのです。エイヴリーは自分の書いたもののなかで最も良いと思う二つの作品を批評し、「頭と心の法則」、詩のリズム、効果的な繰り返し、話の移り変わり、五感に訴える動詞、目に浮かぶ情景、しっかりした終わり方を、認識することができました。これらはすべて、1学期の「今日の詩」の話し合い、ミニ・レッスン、そしてエイヴリーの下書きについてのカンファレンスで出てきたことです。

三つ目の質問「今学期、書き手としてどうやって幅を広げたか?」についても、毎回、似た質問をします。これも不可欠な質問でしょう。というのも、生徒は一歩下がって、自分を書き手として包括的に眺め、学期の最初の頃と今の自分の距離を測り、達成したことを喜べるからです。それに続く五つの質問は、その学期独自に行った活動に関するもの。この学期の場合は、終わり方、五感に訴えるような動詞、回想録というジャンル、詩の技巧、題材でした。エイヴリーの答えから、その学期に、書くことについて彼が気づいたこと、価値があると思ったこと、学んだことが見えてきます。

学期によって、ジャンル学習やミニ・レッスンで教えたことは異なりますが、以下のような項目の中から自己評価を求めます。

書くことについての自己評価の例

- この学期、書き手としての自分について学んだこと。
- 前の学期と比較したときの、書き方や書き手としての変化。
- 書き手として新たにやってみて、うまくいったこと。
- 自由詩について学んだとても重要なこと五つ。
- ワークショップ・ノートの中の題材リストの使い方。

- 回想録（あるいは書評、超短編小説、論説文、パロディ、人物プロフィール、主張文）を書くプロセスの評価。難しかったことは何か？　どうやって解決したか？　このジャンルを書くことで学んだ最大のことは何か？　このジャンルの重要な特徴は？
- 詩人（あるいは回想録を書く人、書評家、フィクション作家、エッセイスト、記者）として、取り組んでいること、苦労していること。
- メモ書きをした場合、メモ書きを使った理由、また、メモ書きがもたらしてくれるもの。
- 新しく学んだ書き言葉の慣習のうち、下書きをするときに正しく使えるもの。
- 今学期の書くことについてのミニ・レッスンのうち、最も役に立ち、最も意味があり、ずっと覚えていられそうなものと、その理由。
- 私やクラスメイトが今学期にしたことで、よりよい書き手になるための助けになったこと。
- もしこの学期をやり直せるのであれば、書き手としてやってみたいこと。
- （第2、第3学期の自己評価用紙では）前の学期に設定した自分の目標についての進捗状況。

　書くことの自己評価用紙の最後には、少なくとも四つの分野、つまり①執筆量、②綴り、③綴り以外の書き言葉の慣習、④書き手の技における目標を設定していきます。まず、執筆量については、エイヴリーの自己評価からは、平日は現在のペースを維持しつつ週末の執筆量を増やしたいことがわかります。また綴りについては、毎月と学期の終わりの書き取りテストがだいたい好成績なら、私はただ真面目に取り組み続けることを求めるだけ。彼の場合もそれでした。次に、綴り以外の書き言葉の慣習については、エイヴリーは自分の執筆中ファイルの中の「校正項目リスト」（97ページ参照）に書かれた項目から選んで書いています。そして、書き手の技についての目標を、彼はカンファランスで話し合った事柄を元に書いていました。

　生徒はまず書くことの自己評価をしてから、読むことに移ります。エイヴリーの読むことについての自己評価用紙（322ページの図版8-2参照）も、毎回、読んだ本の冊数とジャンルから始まります。生徒にいったん立ち止まり、読み

手として達成したことに誇りを感じてほしいからです。保護者にとっても、読み終わった本の冊数ほど大切な数字はありません。本を読まない人であっても、読書が何を意味するのか、つまり、すべての数字の中で、自分の子どもが読了した冊数が将来の学業における成功を大きく左右することを、理解しています。また、生徒には読み終えた本のジャンルも尋ねますが、これはそれぞれの好みを考えるうえで、生徒にも私にも有益です。そしてジャンルの好みは年間を通して変化がありますが、それも成長の一部です。

　「ベストの本」を尋ねる質問も、毎回登場します。この質問では、大好きな話や登場人物に対して自分がどう思ったかというよりは、むしろ、作家が使った技に焦点をあてて、重要な点を見極める能力を使う機会にしています。エイヴリーは、『ロケットボーイズ』[1]について、著者のホーマー・ヒッカム・ジュニアが使った書き方について分析しました。著者が考えたこと、事実に即した描写、書き方、五感に訴えるイメージ、登場人物の造形など、ライティング・ワークショップで回想録というジャンル学習の際に話し合った要素を使って、エイヴリーはコメントをしています。

　その学期におけるベストの詩も、毎回登場する質問[*4]。生徒の答えを通して、生徒本人も私も、文学的な特徴について具体的に学んだことと、批評をすること全般について学んだことがわかります。生徒は自分の詩のファイルを見直し、一緒に読んだ中から詩を選び、さらに読み返し、気に入った詩人が詩の中でしたことについてメモを取ります。ここで強調されているのは、詩人の使う具体的な技なので、生徒は今後、他の作品でもそれに気づけるようになりますし、自分が書くときにも使えるようになるでしょう。

　その学期の間、「今日の詩」を毎日読み、話しあうことで、エイヴリーは批評家として大切なものを見極める目と耳をものにし始めました。「骨まで削ぎ落とせの法則」（173ページ参照）、具体的な事物の描写、行と連の使い方、句読点の省き方、リズムのつくり方、皮肉、文の調子、緊張感を高めるような形式、テーマ（「それで?の法則」）などを学んだのです。批評家として、エイヴリーは順調に成長しています。教師としては、彼が注意力を切らさずに学んでいるのがわかります。

第8章　価値を認める・評価する　　319

［図版8-1］エイヴリーの自己評価用紙（書くこと）

自己評価用紙（書くこと）　　1学期

氏名　　エイヴリー　　　　　　　　　　　　　　　　11月15日

1. この学期に完成した作品の数は？　　**7**

　書いた作品のジャンルは？

　　　　　自由詩　　　　　　　　リスト・ポエム

　　　共同制作のパロディ

2. よくできたと思う作品ベスト2を選び、その題名を書き、その下に書き手として行ったことをリストしなさい。

　　　　思い出の名残り　　　　　　　　　僕の裏庭

・「頭と心の法則」を活用した。　　　・いいリズムをつくって観察していることを示した。
・いいリズムをつくった。　　　　　　・数多くの具体的な描写をした。
・すべての連の終わり付近で　　　　　・情景が浮かぶように五感に訴える動詞をたく
　繰り返しを効果的に使った。　　　　　さん使った。
・時間軸が変わるところをわか　　　　・いい終わり方ができた。
　りやすくしスムーズに移れるよ　　　・どこにでもあることではなく、自分の裏庭にしか
　うにした。　　　　　　　　　　　　　ない例をあげた。

3. 今学期、書き手としてどうやって幅を広げましたか？　題材、書き方、生産性、書くプロセス、メモ書き、および、言葉づかい、目的、形式、技巧、テーマへの注意という点から考えなさい。

・最初はメモ書きを使わなかったが、学期が進むにつれてメモ書きが習慣になった。
・自分の家族や幼い頃の思い出を書く題材として、掘り下げ始めた。
・E. E. カミングズのスタイルを参考にしてみた。
・一人称の自分が存在しない詩を書き始めてみたが、うまくいかなくて、自分が書きたいことをよく知ることの必要性を学んだ。
・句点を使った。

4. 自分の言葉で、よく伝わる作品にするために、どうしてしっかりした終わり方が必要なのかを書きなさい。

作品を読み終わった読者が、着地できない気持ちにならないために必要である。読者に考えてほしいことを読者の中に残せるようにする。

5. 自分の言葉で、よく伝わる作品にするために、五感に訴える動詞がどうして必要なのかを書きなさい。

読者に情景が浮かぶようにするために必要である。自分が行っていることを、読者がただ読むだけでなく、実際に思い浮かべてほしい。

320

6. 授業で読んだ回想録の中でベストの作品はどれですか？　どうしてそれがベストなのか、その回想録の優れた点を箇条書きにしなさい。

マーティン・スコットが書いた「トライアスロン」が気に入った。
・具体的だが、ありふれていない表現がある。例えば呼吸するときに「胸にナイフ」など。
・時間軸が変わるときに、合図があるので、はぐれることなく著者についていける。
・動きのある会話で書き出し、読者をひきこむ。
・随所にある、「頭と心の法則」、および五感に訴える動詞。
・「それで？の法則」（テーマ）が最後に出てきて、強いインパクトがある。

7. 回想録について学んだことから、自分の回想録を下書きするときに心に留めておきたいことは何ですか？

・行動、考えたこと、会話、描写のバランスをとる。
・読者に文脈がわかるように場面設定をしっかり行う。
・書き手としても読み手としても書き出しの大切さ。

8. ワークショップ・ノートの題材リストを見て、詩人として、自分に適した良い目標を5つ考えると？

・一つひとつの単語をぴったりの単語にする。
・不要な決まりきった表現を削除する。
・つまらない題名、ラベルのような題名を避けるためにブレインストーミングをする。
・「それで？の法則」、つまりテーマをもっている語り手を設定する。
・自分の心を揺さぶられるような、家にあるものについての詩を書く。

9. 2学期に書き手として達成したいことを、以下の点から考えなさい。

・執筆量（例えば週あたりの下書きのページ数や週末の書く宿題について）

・週末に書く下書きを増やして、翌週の月曜日によいスタートを切れるようにする。最低、しっかり2ページ、加えて、その週で3〜5ページ。

・綴りの学習

・真面目に取り組み続ける。

・書き言葉の慣習

・句読法に注意し、詩の行の最後には必要なところのみ、句点や読点をつける。

・書き手の技

・詩では一人称の視点があるようにし、すべての行が具体的で五感に訴えるようにする。

［図版8-2］エイヴリーの自己評価用紙（読むこと）

自己評価用紙（読むこと）　　1学期

氏名　　エイヴリー　　　　　　　　　　　　　　　　　　　11月17日

1. この学期に読み終わった作品の数は？　　**13**

　　読んだ作品のジャンルは？

　　<u>現代リアリズム小説</u>　　　　<u>ディストピア・サイエンス・フィクション</u>

　　<u>スリラー</u>　　　　　　　　　<u>回想録</u>

　　<u>ファンタジー</u>

2. 読んだ中でベストの本は？

　　ホーマー・ヒッカム・ジュニアの『<u>ロケットボーイズ</u>』[2]

　　自分がベストだと思った本において、著者が優れた作品を書くためにどういうことを
　行っていたかを箇条書きにしなさい。

　　・本当にたくさんの「頭と心の法則」にのっとった描写。
　　・家庭環境、家族との関係を正直に、でも敬愛の情をもって描いている。
　　・著者が経験した具体的な興奮や感情が書かれているので、共感できる。
　　・素晴らしい登場人物たちが、まるでそこにいるように活き活きと描かれている。
　　　回想録だから、彼らはもちろん実在したのだ。

3. 今学期の中で、ベストの詩を2篇選びなさい。それぞれの詩について、詩人が行った
　ことを箇条書きにしなさい。

<u>ウイリアム・カーロス・ウイリアムズの</u>
<u>「ごめんなさい」</u>

・骨まで削ぎ落とされた言葉。
・「アイスボックスに入っていたプラム」
　というような具体性をつくり出す。
・句読点の代わりに行と連を使う。
・皮肉な調子でユーモアを生み出す。
・行と連を使ってリズムをつくり出す。
・皮肉っぽい文の調子。

<u>トニー・ホグランドの「アメリカ」</u>

・形のある詩だが、連から連へうまく流
　れている。
・バーガー・キングなどの固有名詞も
　使って、アメリカを具体的に描く。
・皮肉っぽい文の調子でユーモアを生
　み出す。
・「それで？の法則」に最後に応えられる
　ように、リズムと形を使う。

4. 今学期、読み手としてどうやって幅を広げましたか？　初めて読んだ作家やジャンル、
　新たな好みや傾向、詩と散文の読み手および批評家として新しく得た自分の強みと
　いう点から考えて、箇条書きにしなさい。

　　・今まで詩にしても散文にしても、批評家として読んだことはなかったので、まずそれ
　　　が新しい経験だった。使われている技巧に実際に気がつき、書き手の技を見つ
　　　けられるようになってきていると思う。

・回想録を読み始めた。このジャンルは初めてだ。
・現代リアリズム小説に興味をもち始めたし、スリラーも読んでみた。
・詩が読者にとって目に浮かぶものになるように、どうやって五感に訴える動詞を使い描写するかに気づけるようになった。
・レター・エッセイを書く際、テーマや著者が伝えようとしていることが何かを考えるようになった。

5. 詩の用語リストから、「今日の詩」を話し合うときに、詩の批評家として使えた用語を二つ挙げて、説明しなさい。

・律動 —— 詩の言葉のパターンやリズム。
・誇張法 —— わざと誇張して表現する。

6. 新しく学んだ文学用語から、自信をもって使える用語を二つ挙げて、説明しなさい。

・同化 —— 読んでいるときに、自分がその中にいて体験しているように感じること。
・実話小説 —— 実際に起こったことをもとに書かれているが、名前は変更されているような小説。

7. 心理言語学の理論について学んだことから、自分の読みの目標にしたいことは何ですか。

読むときには、目をとめる回数を減らして、一度に多めの情報を長期記憶にいれられるようにする。

8. 2学期に向けて、以下のそれぞれについて、自分の目標を書きなさい。
・読む量と読むペース（読了する本の冊数と毎晩読むページ数）

より速いペースで、より多くの本を読めるように、少なくとも毎晩40ページ読む。

・読んでみたい本

『ものすごくうるさくて、ありえないほど近い』³『ペーパータウン』⁴『血と暴力の国』⁵『卵をめぐる祖父の戦争』⁶。

・新しく読んでみたい作家やジャンル

新しく読んでみたいジャンルは二つあり、それはアクション／冒険とミステリーだ。
新しく読んでみたい作家は二人いて、M．T．アンダーソンとスティーヴン・キングだ。

・レター・エッセイ

基本的なところはできるようになったので、批評家が行う基本的なことより一歩先のことに挑戦したい。

「今日の詩」の話し合いへの参加

1週間に4回。

・ブックトークの数

2学期は3回。

「どうやって読み手としての幅を広げましたか」も、自分に対する評価で毎回焦点をあてている問いです。この質問を通じて、読み手に自分の成長を振り返り、描写してもらいます。この問いに「～という点から考えて」という言葉を付け加えれば、選書をする人、作家やジャンルに注意を払う人、文学に反応する人という点から、自分の強みを知ることもできます。この自己分析でエイヴリーは、自分が書き手の技を見つけられる批評家として、詩や散文を読み始めていることに気づきました。また新しいジャンルにも挑戦して楽しんでいます。もともと大好きだったファンタジーから、リアリズム小説へと移行中です。五感に訴える動詞や、情景を描き出す描写を認識し、自分のレター・エッセイでは本のテーマについて考え始めています。

　5～7番の質問はその学期で学んだことによって変わります。例えば、詩の用語リストに書きこんだり、話し合いの中ででてきた文学用語をリストに加えていったり、5章で説明したような心理言語学理論から学んだことを尋ねたりします。それぞれの学期に、その学期で強調して学んだことを鑑み、以下のような内容から、生徒が自己評価する項目を選んでいます。

読むことについての自己評価の例

- 物語の読み手として、気づいたり考えたりできる重要事項を五つ。
- お気に入りの作家とその理由。
- テーマ（あるいは、文の調子、登場人物の造形、話の転換点など）について、一番ぴったりくる自分なりの定義。
- この学期に出会ったお気に入りの作家は？　この作家の文体、題材／テーマについて、魅力を感じること。
- いいブックトークがもたらすこと。
- 現在、シェイクスピアについて思うこと、理解できること、わかっていること。
- 何かを学ぶために読む場合と、楽しみのために読む場合との、読み方の違い。
- 私やクラスメイトがリーディング・ワークショップで今学期したことの中から、読み手、批評家としての成長を助けてくれたこと。
- 詩を読むことについて学んだ最重要事項。
- 自由詩の読み手として、自信をもって見つけられる自由詩の特徴五つ。

- 散文と詩を読むことについて、今学期、飛躍的に進歩したこと。
- 最近のお気に入りの詩人とその理由。
- ウィリアム・カーロス・ウィリアムズ（あるいは他の詩人）の詩の読み手として、自分のものにしたいこと。
- 共鳴する詩を見つけ、クラスメイトに紹介する準備をし、発表するまでの、一連のプロセスの評価。その過程で難しかったことと、その対応策としてしたこと。発表に対する達成感と詩について学んだこと。
- もしこの学期をやり直せるのであれば、読み手としてやってみたいこと。
- （第2、第3学期の自己評価用紙では）前の学期に設定した自分の目標の進捗状況。

　生徒それぞれの読むことの目標は、①読む量と読むペース、②選書、③新しく読みたい作家やジャンル、④レター・エッセイ、⑤「今日の詩」の話し合いへの参加、⑥ブックトークの数、に分けて書きます。これらの目標で、生徒の読み手としての重点項目を強化しています。彼らは大量に読み、計画し、幅を広げ、批評家として反応し、よい本を他の読み手に薦めないといけませんから。

　7年生の2学期に向けてのエイヴリーの目標は、次のように極めて意欲的でした。毎晩、求められている読書ページ数の2倍を読む、ワークショップ・ノートの「読みたい本」リストの中から4冊を読む、アクション／冒険もの、ミステリー、そして作家としてはM.T.アンダーソンとスティーヴン・キングに挑戦する、レター・エッセイで最低限書くべきことに加えて批評家がコメントできる文学的特徴に言及する、「今日の詩」の話し合いでは週に4回発言する、そしてブックトークを3回行う。

　エイヴリーは計画的な読み手です。ブックトーク、クラスメイトが書いたレター・エッセイ、ミニ・レッスン、クラスでの話し合いに注意を払い、自分の将来の読み手像を思い描くために、自分が学んだことを使う準備ができています。エイヴリーの具体的な目標から、彼がリーディング・ワークショップでよく学べていることがわかります。

　自己評価という概念をクラスに導入するときには、生徒が自分の学びを真剣に見つめ、そのことから学び、自分が発見したことを保護者や私に伝え

られるように、慎重によく考えて、説明します。学期の終わりのある月曜日、生徒が自己評価を始めるまえに、今からすることと、なぜそれが大切かについて、生徒に話します。

　今週は、1年間で最も大切な3回ある1週間のうちの一つ目です。いったん立ち止まり、振り返り、読み手・書き手としての自分を評価しましょう。自分が努力したことや達成したことを見つめ、次に取り組みたいこと、達成したいことに目を向けます。

　この評価は研究プロジェクトとして取り組んでください。研究対象はあなた自身。新学期から今までの成長と達成したことを調べます。研究者として、調査すべき根拠となるものを集めましょう。執筆中ファイル、完成作品ファイル、執筆記録、ワークショップ・ノート、読書記録、詩のファイル、散文ファイル、レター・エッセイがありますね。次の三つの大きな問いに答えるための根拠として使えるものが、これらの中にあります。一つ目の問いは「この学期に何を達成したか」、二つ目が「何を学んだか」、そして三つ目が「次に達成したいこと、学びたいことは何か」です。

　集中して、自分の限界を広げ、できる限り遠くまで、深く考えましょう。優れた文章について、あなたがいかに博識で、鋭い観察力をもっているのかを見せてください。よく考え、時間をかけましょう。根拠となるものをふるいにかけ、自分が見つけたものを読み返し、メモをとりましょう。今、この場で、書き手、読み手としてのあなたを伝えるような具体的なことに気づき、それを描きましょう。あなたにとっても、保護者にとっても、そして私にとっても、わくわくする発見をして、深い考えを生み出してください。

　私は書くことの自己評価用紙を配布し、それぞれの質問がなぜあるのかを説明します。生徒にわかりにくい点がないかを尋ね、題名や書名の書き方を再確認します。また、生徒が根拠を発掘し吟味するメモ書きができる場所として、自己評価用紙をもう1枚配布します。

　エイヴリーが書き手としての自分を探究したときは、この余分な質問用紙にメモをとり、その後、鉛筆でもう1枚に下書きをしました。私はそれを見て、綴りや句読法の間違いを鉛筆で薄く印をつけて返却して、エイヴリーが修正

できるようにしました。

　昨年度末はこのやり方を少し変えました。質問用紙に下書きをしたあとに、それをコピーするように生徒に伝えました。そのコピーを私が校正し、生徒はそれを見て原本を直します。この方法のほうがお薦めです。以前、生徒に自己評価するよう言ったときは、生徒の下書きを私が直し、それをペンで生徒に再度書き直しをさせていました。同じ内容のものを写す作業は退屈なだけと気づいて、やっとやめたのです。自己評価で大切なのは、そこに書かれている情報や思考、つまり中身なのですから。

　エイヴリーは、最初の学期について書くことと読むことの自己評価を終え、自分のポートフォリオにいれました。それから彼のクラスメイトと私で一緒につくりあげたチェックリストに従って作業を続けました。

　次に示すリストは、その学期の主な取り組みとして、ポートフォリオに入れようと決めたものです。

１学期のポートフォリオ、チェックリスト

書くことと綴り

- 自己評価用紙。
- 自己評価用紙に記した、自分の書いたなかで最も良いと思う二つの作品のコピー。
- 執筆記録（記入後コピーする）。書いた量、ペース、題材の選択、成長という点から、書き手としてのあなたについてわかることを、簡単に説明する。
- ワークショップ・ノートの授業ノート・セクションから、最も有益だった情報を三つ選び、書き手としてなぜそれが有益だったのか、簡単に説明する。
- この学期で読んだ回想録のうちベストのもの（コピーし、「自己評価で分析した回想録」と書いておく）。
- 校正項目リスト（コピーし、書き言葉の慣習という点から自分が注意した点を、簡単に説明する）。
- １学期の書き取りテスト（綴りについてのゴールはすでに書きこまれているはず）。
- 執筆や綴り学習に取り組んでいる時の写真。

読むこと

- 自己評価用紙。
- １学期の読書記録（記入後コピーする）。ここに、好み、ペース、パターン、試したこと、成長、ジャンルと作家、取り組んだチャレンジという点から、読み手としてのあなたがわかることを、簡単に説明する。
- この学期で読んだベストの詩５篇のコピー（自己評価用紙に書いた２篇を含むこと、残りの３篇については、批評家、読み手、書き手として、なぜこの詩に共鳴したのかを簡単に説明する）。
- あなたに渡したばかりの新しい詩について、一人で読んでみた反応。詩の読み手としての自分の目標を簡単に説明する。
- この学期のベストのレター・エッセイ（コピーし、マーカーでしるしをつけ、このレター・エッセイを優れたものにしている特徴を簡単に説明する）。
- 大好きな絵本について、カードに書いたリスト（以下の幼稚園児への実践を参照）。
- 読んでいるところの写真（あなたが幼稚園の子どもに、あなたの大好きな絵本を読んでいるときのものも含むこと）。

　チェックリストにある項目は典型的なものですが、最初の学期に回想録、詩を重点的に学んだことと、幼稚園児担当のコフィン先生と協働で実施したプロジェクトを反映しています。コフィン先生は、よく読めている幼稚園児のなかに、子ども向けでレベル別のシリーズを読み始めて、絵本をやめてしまう子がいることを心配していました。私の生徒は自分たちの大好きな絵本を思い出して楽しく語り、幼稚園用の図書コーナーに押し寄せ、自分たちのお気に入りを借りてきました。それからコフィン先生と私から読み聞かせの助言を受け、ある朝、幼稚園児を膝に乗せて、お話、登場人物、挿絵を大いに楽しみ、大きなお兄さんお姉さんでも絵本が大好きだということを、身をもって示してくれました。

　ポートフォリオのチェックリストでは、短い説明書きをつけることを求めているものも多くあります。生徒は、罫線の入った大き目の付箋に、簡単な説明を書いて、貼ります。例えば、以下はエイヴリーが自分のベストのレター・エッセイに貼った付箋での簡単な説明書きです。このレター・エッセイは、ナンシー・ファーマーの『沙漠の王国とクローンの少年[7]』について書いたものです。

328

自分のベストのレター・エッセイで、私は、

・本がどのような筋立てだったかを書いた。

・登場人物が現実的かどうかを説明した。

・マットが、人々が自分をどう見ているのかに気づいたときに起こった変化を、著者がどのように示しているのかを書いた。

・『沙漠の王国とクローンの少年』を同じ著者の他の本と比較した。

・テーマを二つ見出した。それは、「合法イコール正しい」とは限らないことと、自分たちを人間として定義することを政府にコントロールさせてはいけないということだ。

　3学期、つまり学年の終わりには、評価の仕方が変わります。生徒と私は、保存用の記録の一部になる、読み書きの評価を共同執筆します。それを見ると、エイヴリーは11のジャンルで28作品を仕上げ、19のジャンルから75冊読み終えており、書き手としても読み手としても、量と広がりがあることがわかります。この数字は賞賛に値するものです。

　8年生が終わる頃には、エイヴリーは、すでに書き手と読み手の意識をもって、自分自身と自分の読んだものについて書いています。書き手としての意図、それに命を吹き込むための技法、自分にとってうまくいくやり方、自分の強み、課題に気づき、言葉で表現することができています。読み手としては、自分の好み、自分が魅力を感じた著者の技法を説明し、達成したこと、文学に反応するときの強み、目標を記しています。

　エイヴリーの回答は、よく考えられていて、具体的で、彼自身にも役立つものです。自己評価をすることが、自分が知っていることを示し、自分に知識があることをはっきりと伝え、次に注意すべきことが何かを認識する場となっています。自分自身を評価するプロセスが、エイヴリーを、より優れた書き手、読み手にしていることがわかるでしょうか？　彼は、前よりも自分のことをよく捉え、よりはっきりした目的意識をもち、言葉への感覚を鋭敏に研ぎ澄ますことに、一層の熱意をもつようになったのです。

教師による評価

　都市部の学校であろうと、地方の学校であろうと、そして本校であろうと、どこで教えるにせよ、私は一つひとつの作品に成績をつけることはしません。書き手の成長は時間がかかるもの。その道筋は一直線ではありませんし、若い書き手はそれぞれに大きく異なります。創り出すこと、何かを試してみること、計画、選択、下書き、読み直し、予測、整理、書き手の技の使用、評価、見直し、書き直し、形式を整えること、綴り、句読法、編集、校正をすること……。そのあらゆる場面で、生徒は書き手として成長しています。一つの作品で生徒の能力を正確に測ることなど不可能です。ある作品は、生徒の成長過程のある段階を示しているにすぎません。しかも、新しい技巧、形式、ジャンルに取り組むのは、どの年代の書き手にも負担が大きく、いつも前進できるとは限りません。

　評価への基本姿勢は、信頼性があることです。信頼性とは、生徒に公正であり、かつ、書くことのプロセス、ジャンル、言葉の慣習についての私の理解にも沿ったものであるということです。妥当性も基本姿勢の一つ。評価には、私がワークショップで毎日生徒に伝えている期待を反映すべきだと考えています。評価を妥当なものにするには、学期末に急に方向転換して、「優れた」作品の「客観的」基準を押し付けることなどできません。

　エイヴリーの初期の詩はあまりうまく書けていません。決まりきった言い方があちこちにあり、読んでいても情景も浮かばず、エイヴリーならではの視点もなく、ぼやけた哲学的な言い方をしている箇所も多く、終わり方も唐突でした。しかし、私は、エイヴリーの試みを否定的に評価したり、失敗とみなしたりはしません。生徒が書くことについての経験や私自身の書き手としての経験から、私もわかっているからです。書くプロセスを初めて経験し、新しいジャンルに取り組み、書き手の技を自分の道具箱に入れ、その使い方を学びながら書くことが、とても大変だということを。

　学期の終わりの総括的評価をするときには、教師は一歩下がって、生徒の試みや成長の全体像を眺め、そのなかで個別に見えてくる点に目を向けます。

　これはリーディング・ワークショップでも同じです。学期末には、まず生徒の自己評価を読みます。それから生徒がするのと同じように、評価の根拠になるものをふるい分けていきます。調べる対象は、完成作品ファイル、批評

家ノート、そして、簡単な説明書きを加えたポートフォリオ（自分で選ぶ一番よいレター・エッセイ、執筆記録と読書記録、自分のメモ付きの一番よい詩、校正項目リスト、およびワークショップ・ノートの授業ノート・セクションから選ばれたミニ・レッスンの情報）です。その上に、毎回授業で使う「今日の予定表」とチェック・イン表を加えます。これらすべてのデータに基づいて、生徒の読み書きについてまずメモ書きをしてから、生徒の成長記録を書くというわけです。

　図版8−3は私が1学期のエイヴリーについて書いた成長記録です。彼の書くことを評価する時には、進歩のあった具体的な分野、書き手としての動機、書き言葉の慣習や綴りの現状を記述することから始めました。続けて2学期に取り組むべき目標を箇条書きにしました。目標の最初の三つはエイヴリーが自分の自己評価用紙に書いたもの。それらに、私が考えた目標を付け加えました。彼の作品を見ていて、私は問題があることに気づいていました。ほとんど練られていないラベルのような題名、しっかりしていない終わり方、決まりきった表現、不必要な繰り返しがあること、また、取り組み始めた回想録では会話と行動が多すぎて、著者の思考が見えてこないこと……。このような点を目標に反映させました。

　次は読むことの評価です。エイヴリーの読書の好みをはっきりさせ、理解と語彙についてコメントし、レター・エッセイの成長と、詩についての話し合いへの貢献を評価します。エイヴリーが自己評価用紙に書いた目標に、彼に合っていると思える本の書名を書き足し、「今日の詩」にコメントをする時に新しく学んだ用語を使うように励ましました。また、エイヴリーはブックトークで紹介された書名はすべてメモしていて、これでは読書計画を立てる参考にならないので、読みたい本リストにはしっかり選んで書名を書くよう助言をしました。

　保護者、生徒、教師の三者カンファランスは、夕方および4日間の短縮授業日に実施されます。三者カンファランスの終了後、生徒全員に1学期の成長記録のコピーと「2学期の書くことの目標」「2学期の読むことの目標」と書かれた鮮やかな色のカードを2枚渡します。生徒は、自分の成長記録を見て目標をそのカードに写し、執筆中ファイルと読書ファイルの内側にホッチキスでとめます。それから私は、目標に向かってどの程度進んだのかが、来学期の自己評価および私の評価の主要な部分となることを伝えます。生徒が次の学期の期間、集中すべきことを毎日意識できるように、カードの色は鮮やかな目立つ色にしています。

[図版8-3] 1学期の成長記録（エイヴリー）

1学期の成長記録

氏名　　エイヴリー　　　学年　　7　　　教師　　ナンシー・アトウェル

書くことと綴り　今学期の授業の要点：題材リスト、自由詩の技巧、「それで?の法則」（テーマ）、2日間あけて新鮮な目で見る、どうやって、なぜ校正するのか、綴りの学習方法、「頭と心の法則」、メモ書き、毎月の書き取学習確認、「一粒の小石の法則」、日々の生活の中で詩の題材を見つける、パロディ、良く伝わる回想録の書き方

達成したこと、強み、課題	目標
・成長という観点からも、執筆量という点からも、実り多い1学期だった。自分ひとりで詩を6篇、グループでの共同制作で、パロディの詩を1篇書きあげ、回想録ではかなりの進展を見た。 ・書くとは、成績のためにすることではなく、自己表現の手段だととらえ、そのように使い始めた。例えば、自分の人生や経験に焦点をあて、それらをどのように伝えるか工夫し、テーマも育てた。とてもいい。 ・メモ書きを使って十分な実験をし、しっかりとした書くサイクルをつくりつつある。 ・ミニ・レッスンとカンファランスでは、毎回しっかり集中し、そこで学んだことを取り入れ、かつ読んでいる文学作品から多くを得ている。高い目標を設定し、その目標を達成できるように、書き手の技のレパートリーを増やしている。特に詩においては、リズム、五感に訴える動詞と形容詞、行と連、具体的な描写、テーマができるようになっている。 ・綴りを学ぶ書き取り学習は順調である。下書きでもほとんど98％が正しく書けているし、他の書き言葉の慣習も守れている。ただコンマの使い方は時々間違っている。 ・熱心な書き手で、いつもよく取り組み、知識においても経験においても自信がついてきている。	・週末にもっとたくさん下書きをする、少なくとも2ページ。 ・詩の行では不必要な句読点に注意する。 ・詩において、一人称の視点を忘れないように、また、五感に訴え、具体性が出てくることを目指して見直し、書き直す。 ・作品ができてきたら、題名をブレインストーミングして考える。 ・終わり方の選択肢を考えるためにメモ書きをする。 ・ありふれた表現や、無駄な繰り返しに注意する。 ・物語では、登場人物の会話、行動、<u>考えていること</u>、描写のバランスに注意する。

読むこと 今学期の授業の要点：自由詩が可能にする多くのことを学べる詩、これから読みたい本、ブックトーク、詩の用語、文学用語、かつて有害図書とされた本を考える「禁書週」、読んだ本のレター・エッセイを書く、成長がテーマの詩、過去の生徒の最初の詩を読む、本好き大人のヤングアダルト文学ファン、心理言語学理論、ウィリアム・カーロス・ウィリアムズの詩とその影響、回想録というジャンル、記憶に残る子ども向けの絵本

達成したこと、強み、課題

・5つのジャンルで13冊を読了という、素晴らしい成果のある1学期となった。お気に入りはホーマー・ヒッカム・ジュニアの回想録『ロケットボーイズ』[8]。他には、パトリック・ネス、スーザン・コリンズ、ネッド・ヴィジーニという優れた作家による、ヤングアダルト小説を楽しんだ。

・ディストピアSFという新しいジャンルに夢中になる。いい選択だ。スリラーからは離れ、ファンタジーもおおむね卒業しつつある。人気のある小説と、しっかり書かれた優れた作品との違いがわかるようになってきている。

・理解、語彙、読む量／ペースはすべてしっかりしたものである。

・批評家としての用語を学び、クラスでの話し合いに貢献している。「この詩は面白おかしいから好き」というようなレベルの反応から、言葉づかい、具体性、リズム、比喩、テーマ、形など、より分析的な視点で批評できるようになってきている。

・レター・エッセイでは、夢中になって、単に筋立てを書くようなレベルから、テーマや著者の文体といった点を考慮できるようになっている。とてもいい。

目標

・毎晩40ページ読む。

・フォアの『ものすごくうるさくて、ありえないほど近い』[9]、グリーンの『ペーパータウン』[10]、ベニオフの『卵をめぐる祖父の戦争』[11]、マッカーシーの『血と暴力の国』[12]を読む。

・M．T．アンダーソンとスティーヴン・キングの作品、およびマッカーシーの『ザ・ロード』[13]、ベアの『戦場から生きのびて』[14]、そして、ジャンルとしては冒険と心理ミステリーに挑戦してみる。

・詩の話し合いでは、毎日挙手し、日々学んでいる批評家としての語彙を使いながら、参加する。

・ブックトークを3回する。

・読みたい本リストに書く本は、自分が本当に魅力を感じる本だけに限定する。

次 の 目 標 を 定 め る

　生徒と私が設定する読み書きの目標は、書き言葉の慣習や学習習慣から、技巧、効果的な方法、手順、ジャンル、作家、形式、題材まで、全域にわたります。この目標から、私がどのような生徒を教えているのかがわかります。エイヴリーのような、ワークショップ初心者とはいえどんどん学べる生徒もいれば、学習障害の生徒、能力あるいは動機が低い生徒、注意力欠如障害の生徒もいます。どのような目標があるのかについては、過去数年の成長記録から、私が書いた他の目標の例を記しますので、参考にしてください。

書 き 手 の 目 標 の 例

- すべての作品において、「それで?の法則」(テーマ)を追求する。
- 題名を最後にブレインストーミングして考える。
- リズムよく書くことを試す。
- 不必要な重なりを減らすために音読をする。
- 「それで?の法則」(テーマ)を発展させるために、メモ書きを使う。
- 読むのがたいへんな散文の合間に、詩を入れることで一息入れる。
- 「骨まで削ぎ落とせの法則」にのっとって書く。
- 詩と回想録で、自分自身の思いと感情を書き加え、テーマを生み出す土台とする。
- 「一粒の小石の法則」を意識して、具体的なもの一つに焦点を合わせる。
- 書き直しをするときは、2日間寝かせておいて、新しい目で取り組む。
- 行き詰まったときやこれでいいのかと迷うときは、まずはメモ書きをする。
- ピア・カンファランス・コーナーに自分ひとりで行って、小さな声を出して自分の下書きを読み、うまくつながらないところや抜けている単語を見つける。
- 題材リストを見て、自分が書くことについて、自ら計画的に取り組む。
- 書くことは、その作業を人に見せるためのものでもドリルでもなく、より深く考え、自分の思考、感情、経験をしっかりと言葉で捉え、自分にとって大切なものを見つける機会だと考える。
- 読者が見たり聞いたり感じたりできるように、五感に訴える動詞、

名詞、形容詞を使う。

- メモ書きをして、書き出しの選択肢を検討し、最も有望なものを選ぶ。それは、書き手としての自分にエネルギーを与えてくれるものである。
- メモ書きをして、終わり方の選択肢を検討し、最も見込みがありそうなものを選ぶ。それは読者に、自分が意図している思考や感情を残して終わるものである。
- 説明文では一貫性があるようにする。メモ書きをして、情報を提示する順番を計画する。
- 説明文では読者からの質問や読者が必要としている情報を予測する。
- ＿＿＿＿＿＿＿についての人物プロフィールを仕上げ、出版する。
- パロディに挑戦する。
- 物語では、会話、登場人物の思考、描写、行動のバランスをとることを忘れない。
- 散文では、自分の思考、つまり、なぜその出来事や考えが重要かということについて、自分の思いや感情をもっと含めるようにする。
- はっきりわかるように書かれているかに注意する。口頭で説明しなくても、あなたの伝えたいことを読者が理解できるか。
- 見直すときは、効果の薄い動詞を見つけて、より適したものに変更する。
- 見直して磨きをかけるときは、落ち着いて行う。単語、フレーズ、文を一つひとつ徹底的に確認する。
- 見直しをするときには、削除することも検討する。必要でない情報は？　すでに伝えたことは？　テーマや主張を伝えるのに貢献していないことは？
- つまらない決まり文句を見つけ、違う言い方に変える。
- ピア・カンファランスの時間を減らし、困難に自力で立ち向かう。ピア・カンファランスは１週間で１回だけに。
- 来学期は２作品多く書きあげる。困難に立ち向かい、書いている途中でやめたり、すぐにあきらめたりする回数を減らす。
- 少なくとも、３〜５ページの下書きを毎週必ず書く。
- どんどん書けるようにしたいので、４〜６ページの下書きを毎週書く。
- もう少し念入りに整理して記録をとる。完成作品の題名を記録し、完成順に、それぞれの下書きやメモを、完成作品ファイルに入れていく。

- 毎回のワークショップの最後に、執筆中ファイルを整理し、下書きとメモを入れておく。自分のロッカーの中に、ファイルを置く特別の場所を決めておく。
- ライティング／リーディング・ワークショップに毎回忘れ物をしないように、ロッカーの内側に、必要なもののリストを貼る。
- 私との校正カンファランスが終わったら、すぐに自分の校正項目リストに、新しく学んだ書き言葉の慣習を記入する。
- 手書きをするときは急ぎすぎない。
- 手書きをするときは大き目の字で。
- 手書きをするときは読みやすい字で。
- 最終版はペンを片手に時間をかけて校正する。
- 下書きはいつも行間を広くとって書く。
- 詩人としての目や耳を、散文を書くときにも活かし、リズムよく伝わるように言葉を選ぶ。
- 詩で、一人称の立ち位置をはっきりさせ、自分自身の考え、感情、知覚したことを伝える。
- E. E. カミングズの書き方を参考にした詩を試してみる。
- 特定の詩の形式を選び挑戦する。
- 詩の下書きは行と連ごとに書く。
- 散文の下書きは段落ごとに書く。
- 段落が増えすぎないように注意。読者は短い段落ばかりだと、「しゃっくり」をしている気分になるので、まとまりが必要。
- 段落が少なすぎないように注意。読者には一息つく場が必要。
- 綴りミスの単語、自信のない単語は丸で囲み確認する。時間をかけてしっかり確認する。
- 綴りを間違えた単語は、それぞれ自分の書き取り練習用紙に記録する。
- 句点の位置について、音読して文の響きから確認する。
- 読点の位置について、音読して文の響きから確認する。
- 語り手の時制は過去形にしろ、現在形にしろ、一貫させる。
- 要約するよりは、話し手の言葉に命を吹き込むため、そのまま引用することを考える。
- 書名だということがわかるように書名を書く。

- 段落の初めは字下げをする。
- どうしたらよいのかわからないときや行き詰まったときは、ワークショップ・ノートを見て、解決法をさがす。
- ライティング・ワークショップ中はおしゃべりをしない。

読 み 手 の 目 標 の 例

- 唇を動かして読むのをやめるために、口に指をあてる。そうしないと、読むスピードも上がらないし、文をまとまりで読むこともできない。
- 一語一語、喉の奥で声を出して読まないために、喉に指をあてる。そうしないと、読むスピードも上がらないし、文をまとまりで読むこともできない。
- 一度に一語ではなく、まとまりで見る。一語一語、口に出すのでなくて、意味を求めて読む。
- しおりを本において1行ずつ目で追う癖をやめる。周辺の視野を限定してしまうので、読むのが遅くなる。
- 飛ばし読み、拾い読み、パラパラ読みを使って、読むスピードをあげてみる。
- 小説でつまらない箇所に行き当たってしまったら、飛ばしたり、ざっと読んだりしてみると、どうなるか?
- 時間を測って読む。30分で読めるページ数は? 時間の経過とともに、平均のページ数を増やすことができるか?
- 少なくとも毎晩30分、週に7日読む。
- ベッドの横にライトスタンドを買ってもらう。
- 自宅で本に夢中になれる時間と場所を決め、習慣的に読む。
- 少なくとも毎晩20ページ、確実に読む。
- 一晩で40ページ読むことを目指してみる。
- 一度に2冊読まない。1冊の文学的要素を一貫して経験することで、批評も文学的で一貫したものになる。
- 楽しめない本を読み続けない。その本をやめるかどうか決めるための自分の基準ページ数まで読んで、満足できなければ、読むのをやめる。
- 前の学期より3冊多く読み終える。

第8章 価値を認める・評価する

- 好きな作家を見つけ、その作家の本をもっと読んでみる。
- 注意を払ってブックトークを聴き、自分の「読みたい本」リストを更新し、活用する。
- 読みたいと思えない本は、がまんしないで、読むのをやめる。
- ＿＿＿＿＿＿＿＿＿＿ が書いた本をもっと読む。
- ＿＿＿＿＿＿＿＿＿＿ というジャンルを読み、そのジャンルについて考える。
- ＿＿＿＿＿＿＿＿＿＿ という作家を読み、その作家について考える。
- ＿＿＿＿＿＿＿＿＿＿ が書いた『＿＿＿＿＿＿＿＿＿＿』を読む。
- 本棚に行くときは「読みたい本リスト」を持っていき、それを活用して本をさがす。
- クラスメイトはそれぞれに本のエキスパートなので、ブックトークに集中して、耳を傾ける。
- ブックトークのときにメモをする「読みたい本」をもっと選別して、本当に読んでみたいものだけを書く。
- 漫画小説の一歩先にある読む楽しみを見つける。そういう時期に来ているよ！
- 読書記録に確実に記入する。10段階評価で10をつけた本の著者を覚えておこう。
- 読み終わった本のジャンルを記入するときには私に尋ね、正確なジャンル名を書くようにする。
- 詩を自力で読んでみる。付箋をつけ、コピーをし、お気に入りの新しい詩を集める。
- シェイクスピアの戯曲を自力で読んでみる。
- 古典的名作を読む。『ジェイン・エア』[15]『高慢と偏見』[16]『緋文字』[17]『蠅の王』[18]『西部戦線異状なし』[19]『すばらしい新世界』[20]など。
- 「今日の詩」の時間に、毎回挙手をし、批評家としての用語を使って話し合いに参加する。
- 「今日の詩」の時間に、詩の形式よりも言葉づかい、つくり出すイメージ、比喩表現に注目する。
- 満足のいく読書経験ができるようなヤングアダルト小説作家を探し始める。
- ベストセラーと文学的名作の両方を楽しんで読み続けながら、その

差を見つける。

- 私がブックトークしてきた大人向けの本や、橋渡し的な本に挑戦してみる。きっと十分読めるよ！
- ＿＿＿＿＿＿＿＿＿について、いいブックトークをする。
- レター・エッセイで、話の要約部分を減らし、分析の部分を増やす。著者がどのようにその本を書いているか、自分が考えたことを書く。
- レター・エッセイでは、必ずテーマについて言及する。
- レター・エッセイで本の抜粋を紹介するときは、必ずその抜粋からわかることを1、2文書き添える。
- レター・エッセイは、著者名と少なくとも三つの文を書くことで始め、著者の選択に集中できるようにする。
- すべてのレター・エッセイが✓＋の評価になるようにする。
- 気に入った本や強い印象を受けた本があれば、著者がどのように書くことで、そのような感情をもたせたのかを考える。
- 小説の終わり方に納得できない場合（曖昧あるいはハッピーエンドでない場合）は、どうして著者がそういう終わり方をしたのかを考える。その終わり方から著者が伝えたいテーマが見えてこないか？
- レター・エッセイは、少なくとも3ページ書く。
- レター・エッセイが脇道に逸れないようにし、友達同士のふざけた文は最小限に。
- 毎日学校に本を持ってくるのを忘れないようにする。自宅のドアに付箋を貼って覚えておく。
- 読み終わった本はすぐに返却する。
- 本を借りるときは必ず貸出カードに記入する。
- 返すときは必ず私を通す。

　生徒の自己評価や目標設定を、教師の分析や目標設定と併せるという評価方法は、本校の教育理念と指導法に適しています。私たちは、数字や段階で成績をつけることはしません。生徒の動機付けになっているのは、学びそのものです。夢中になり、目標に向かって頑張り、読み手、書き手、批評家、算数・数学者、歴史家、科学者として力と喜びが増しているのを経験しています。これは贅沢なことですし、数字や段階で成績をつけなくてよい環境にいることを、私は恵まれたことだと認識しています。しかし、同時に、数字

第8章　価値を認める・評価する　339

や段階でつける成績で動機づけることができないのですから、私のやり方そのものが、生徒を学びに駆り立てるものでなければいけないこともわかっています。私が生徒に求めていることには価値と意味があるのだと、生徒が納得しなくてはいけません。成績というアメとムチがなくても、本校の生徒は真剣に学び、達成し、多くの場合、大きく成長していきます。

段 階 別 の 成 績 を 出 す 場 合

　私がブースベイ学校で教えていたときは、ライティング／リーディング・ワークショップで学ぶ生徒に、年に4回、不合格も含めた5段階で成績を出す必要がありました。このとき大変だったのは、その成績に私が生徒にするように言ったことを反映させることです。生徒が読み手、書き手として自分で設定した目標の進捗状況を土台にすることで、この問題を解決しました。一人ひとりが達成したことについての詳細な成長記録を書くには生徒の数が多すぎましたが、それでも、一人ひとりの目標に焦点をあてるのは可能でしたし、実際、そのようにしました。生徒がライティング／リーディング・ワークショップで期待することに応え、各自で立てた目標を達成していれば、Aの成績。着実に学び、一定のレベルを超えていたらB。水準レベルで、可もなく不可もなければC。目標に遠く及ばず、取り組み不足の生徒はDとなりました。不合格の成績をつけた生徒は1名だけでしたが、その生徒は、学期末に、意図的に「すべてを紛失し」、評価する根拠となるものがありませんでした。
　エイヴリーが7年生の2学期を終了するときに作った自己評価には、「2学期の書くことにおける目標として設定したことに照らして、進捗状況を説明しなさい」という項目がありました。エイヴリーの答えは次のようなものです。

・物語を書くときは、会話、描写、行動、登場人物が考えていることのバランスをとることの大切さを意識していた。
・一人称で自分らしさが伝わるようにし、五感に訴える情景を描くことや具体的に事物が描けるように書き直した。
・ありふれた表現を使うことと不必要な繰り返しのマイナス面を意識できた。
・詩の行の最後の句読点に注意を払った。
・終わり方をメモ書きで試してみた。
・題名については、書き終わってからブレインストーミングで考え直すこ

とはしなかった。

・週末に下書きを2枚書けない週もあった。

　エイヴリーの分析は的確だと思いましたし、完成作品ファイルを見てもそれが裏付けられていました。もしブースベイ学校で教えていたときであれば、不合格も含む5段階評価で上から2番目の評価より少し上のB＋という成績に相当します。

　ブースベイ学校でこのやり方を使っていたときは、普通クラスに組み入れられた特別支援教育の生徒たちも、努力し、自分の目標を達成すればAを取ることができました。また、いわゆる英才教育クラスの書き手や読み手が、成績に見合うだけの根拠が示せないときには、Aを取れないこともありました。

　本校の1年生から8年生の生徒について言うと、新年度の書くこと、読むこと、算数・数学の目標は、前年度に教えた教師がすでに設定しています。エイヴリーが本校に7年生で入ってきたときには、前の学校から成績が届きましたが、書き手、読み手としての目標は記されていませんでした。目標を立てない学校で、私がもし教えるとすると、すべての書き手に共通する、次のような目標で開始するだろうと思います。

- 詩と回想録のための意味ある題材を見つける。
- 毎週3〜5ページの下書きを書く。
- 3〜5篇の詩を完成させる。
- ミニ・レッスンで学んだ技巧を試してみる。
- 「それで？の法則」(テーマ) を追求する。
- ライティング・ワークショップのルールを守り、ワークショップで期待されることに応える。

　ブースベイ学校でのリーディング・ワークショップの最初の学期は、生徒がワークショップのルールと期待にどこまで沿えたかということをもとに成績をつけました。また、毎日、本を持ってきて、授業中に読み、宿題として20ページ読むということも点数化しました。レター・エッセイについては、✔＋、✔、✔−を、AからDの4段階になるように換算しました。最初の学期以降は、その前の学期の最後にそれぞれが設定した個人目標の達成度も加えて、成績を出しました。

第8章　価値を認める・評価する　341

［図版8-4］教師からの年度末評価（エイヴリー）

読むことの強み	書くことの強み
・エイヴリーは、文章も文学的要素もしっかり理解して読む、熱心な読み手である。語彙、読む量、ペースのいずれにおいても、十分に成長した。 ・慎重に本を選べるようになった。文学作品を見つけ、自分の好みに基づいて選んでいる。型通りの、つまらない筋立てや登場人物であれば、そのこともわかるようになった。 ・3学期の詩の話し合いでの貢献度は目をみはるものだ。時折テーマをうまくつかめない時があったが、分析することに慣れ、文章の重要な特徴を見つけられるようになった。 ・レター・エッセイでは、作家が行う選択、文体、技巧に注意を払って、論じられるようになり、成長がうかがえる。 ・友達と、自然に、気楽に本についての会話を楽しんでいる。 ・歴史や理科を学ぶプロセスを活用し、そこから得られる情報や意味を理解し、記憶に残し、つながりを見出している。	・エイヴリーは学習意欲が高い書き手であり、深い内容の、素晴らしい文を書きたいと思っている。目的意識と意気込みをもって、書くときに使える方法や技巧を真剣に学び、自分の書く文章に、学んだことを、うまく適切に使った。形、文体、ジャンルについて試してみて、そこでうまくいったこといかなかったことの両方から学習した。 ・詩が得意分野になった。一字一句、丁寧に言葉を選べるようになり、リズム、比喩、イメージ、形を、試してみた。 ・論説文と書評は最近、強みになってきた。どうやって情報を集め、それを順序立て、主張を盛り込むかをわかっている。 ・しっかりと書くためのプロセスを身につけた。書き直したり、磨きをかけたりする部分に力をいれた。書き始める前も、書いている間もメモ書きを使って考えを生み出し、それがとてもうまくいっていた。 ・書き言葉の慣習については、綴り、コンマ、大文字、段落は、たまにミスがあるとはいえ、ほぼできている。
これから期待すること	**これから期待すること**
・来年度、新しく加わる生徒たちに、批評家の語彙を使いながら、どうやって詩を読んで話し合うのかを示し、詩についての話し合いをリードする。 ・本の選択では新しい作家やジャンルに挑戦する。ヤングアダルト小説から一歩大人向きの本、また、古典も厳選して読む。 ・ブックトークはこれまでのペースで、これまで通りの情熱をもって行う。	・メモ書きを引き続き活用する。メモ書きを使うことで、格段によい作品になる。 ・副詞の使い過ぎと冗長な表現に注意し、削除することも、有益な書き直し方であることを心に留める。 ・書き取り用紙に、綴りを間違った単語を書くのを忘れないようにする。 ・本来、コンマでつながない文を、コンマでつないでいないかを確認する。 ・物語では、登場人物の行動、会話、描写、思考のバランスに注意する。

書くことの教え方についての著書も多いトム・ロマノは「教師のフィードバックや成績評価は、生徒を育むものであるべきだ[*5]」と述べています。ワークショップでの評価は、読み手と書き手に焦点をあてます。そして教師がどうやって彼らを励まして成長を促し、次によりよく取り組む方法を伝えるのかを、評価の中心に据えるのです。

　国語の授業をワークショップ形式に変えるとは、授業計画を、書き手、読み手、批評家が実際にやっていることや必要としていることを土台にする、ということです。そこでは教師は、自ら取り組むこと、集中すること、振り返ることの大切さを、確実に生徒に伝えます。評価も、生徒が自分の学びを分析し、進歩を描写し、次の目標を設定する機会になります。生徒はそれによって、書き手、読み手として広く豊かに成長できますし、教師も、生徒の学びについて、欠くことのできない視点を得ることができます。そして、その評価は、年間を通して毎日、毎週行われるワークショップでの学びを、一層確かなものにしてくれるのです。

　私の自宅の机には、大好きな小説 *Alone in the Classroom*（教室のなかで、一人で）[21]の1節の引用が、すぐ見えるところに貼ってあります。「子どもは、浜辺に転がっている灰色の小石のようなものだ。一人の教師がその小石を手にとって海水にひたす。すると、くすんだ色の小石に、鮮やかな色と模様が浮かび上がる。それは奇跡のようなことなのだ。その小石にとっても、その教師にとっても」。

　ライティング／リーディング・ワークショップは、この海の水のような環境です。私たち教師はこの環境を生徒のために整えます。生徒たちを、多様な物語や自己表現のあり方の中にひたすと、一人ひとりから鮮やかな色と模様が現れます。すべての子どもたちを一律に灰色の石として教えるやり方やプログラムとは正反対です。ワークショップでは、すべての生徒を本物の中にひたすことで、書くこと、読むこと、教師、そして子どもたちの今の時間を、限りなく大切にしているのです。

*1——成績、評価(診断的評価、形成的評価、総括的評価、自己評価、他者評価など)、振り返りの関係について
さらに知りたい方は、ジェニー・ウイルソン、レスリー・ウイング・ジャン著の『増補版「考える力」はこうし
てつける』(吉田新一郎訳、新評論、2018年)、吉田新一郎著の『テストだけでは測れない!〜人を伸
ばす「評価」とは?』(日本放送出版協会、2006年)、スター・サックシュタイン著の『成績をハックする
〜評価を学びにいかす10の方法』(高瀬裕人、吉田新一郎訳、新評論、2018年)、キャロル・トムリンソ
ン、トンヤ・ムーン著の『一人ひとりをいかす評価』(山元隆春、山崎敬人、吉田新一郎訳、北大路書房、
2018年)を参照してください。

*2——ジェニー・ウイルソン、レスリー・ウイング・ジャン著『「考える力」はこうしてつける』(吉田新一郎訳、新評
論、2004年)168ページおよび吉田新一郎、岩瀬直樹著の『効果10倍の学びの技法』(PHP研究
所、2007年)の162ページに書かれている「生徒が主役の三者面談」も参照してください。また、アト
ウェルの*Systems to Transform Your Classroom and School*(教室と学校を変えるシステム)(358
ページの文献1章11)のDVDには、評価の三者カンファランスの実例二つ、および幼稚園から8年生
までの自己評価用紙と成長記録の例が含まれています。

*3——エイヴリーは、ここで「リストポエム」も挙げています。リストポエムはカタログポエムと呼ばれることもあ
り、昔からある詩の形式のひとつです(Ron Padgett編、*The Teachers & Writers Handbook of Poetic
Forms*, T&W Books, 2000, p.100)。様々な事物、人物、事象などを詩の中で並べます。

*4——エイヴリーが選んだ「ごめんなさい」という詩は『ウイリアムズ詩集』(原成吉訳編、思潮社、2005年)
の39ページに載っています。トニー・ホグラントの「アメリカ」は英語ですが、インターネットの詩の
サイトPoemHunter.comで読むことができます。https://www.poemhunter.com/poem/
america-82/

*5——Tom Romano著の*Clearing the Way: Working with Teenage Writers*(道をあける〜ティーンエ
イジの書き手と協働する)(Heinemann, 1987)の中で述べられています。

巻末資料

巻末資料 1　アトウェルが示す多くの出版方法

　書き手が教師以外の読者も自分の作品を読むと意識していることが、ライティング・ワークショップの成功には欠かせません。実際にいる読者に読んでもらう「出版」の形は多岐にわたり、書き手の作品が読者に届くあらゆる形式を含みます。作品を書き上げたあとに、生徒や私が出版の可能性を見出すこともあります。例えば、すでに書き上げファイルに綴じた作品が、新しいコンテストのテーマやジャンルと一致しているとわかった時です。また、最初から出版するつもりで書くときもあります。新しい出版の方法を知って、それに向かって書くのです。いずれにせよ、書き手の作品が読者の目や耳に触れる機会をさがし、つくりだし、はっきりと伝えることは、ワークショップで教える教師の仕事の一部です。

　ワークショップでの出版の機会は全員に与えられるべきであり、「優秀な」書き手へのご褒美ではありません。クラスや学校の雑誌への掲載が「審査次第」になると、「優秀な」書き手は何度も出版ができる反面、審査に落ちるのは、往々にして、認めてもらうことを最も必要としている生徒です。

　以下、出版の方法をいくつかお示しします。

1. 生徒の作品を印刷したりコピーしたりして、友人や家族と共有します。これは、すぐにできる出版形態です。
2. 詩、物語、回想録、手紙などの作品を書いてプレゼントにします。手書きで書いたカード、ポスター、しおり、他の用紙で縁取りしてのデコレーション、挿絵付き、特別な用紙に美しいフォントでの印刷、カリグラフィー・ペンで書くなど、贈り物仕様にするいろいろな方法があります。
3. あるテーマやあるジャンルについて、クラス文集を出版します。私のワークショップでは、文集にある作品を、チャイ、カフェイン抜きのコーヒー、ココアと共にクラスで一緒に読んで楽しんでいます。
4. 学校の文芸誌に掲載する形で出版をします。
5. 本校での最終学年である8年生の卒業アルバムとして出版をします。思い出、詩、重要な統計、そしてクラスとしての意志や未来への予想など。
6. 新聞への投稿。投書欄、意見欄、特集記事、人物プロフィール、詩などを含みます。
7. 紙ベースあるいはオンラインで、生徒の作品を出版してくれる雑誌への応募。

8. 地区、州、全国の生徒の作品コンテストへの応募。

9. 集会や朝の集まりで暗唱したり歌ったりするために、詩や歌詞を厚紙に書き写します。

10. 校長が出すニュースレターへの投稿。お知らせ、詩、ゲスト論説などがあります。

11. ポスターによる出版。教室の掲示板や学校の廊下に、詩、連絡、ちらし、ジョーク、なぞなぞ、広告などを掲示します。

12. 紙を掲示できるプラスチック製のケースを使い、作品を教室の外側の壁に貼ります。これを使うと、生徒たちは30秒もあれば、古い中身を新しいものに変えられます。見た目もプロフェッショナルですし、州の消防保安官も安心できるものです。

13. イベントで展示します。例えば地元で定期的に開かれる市やお祭り、保護者のための学校一般公開日です。

14. 台本やスピーチの上演や暗唱。寸劇、劇、朗読劇、集会でのプレゼンテーション、卒業式のスピーチなどがあります。

15. 校長、学校の理事会、町議会、YMCA、州知事などへの請願書を書きます。[*1]

16. 手紙関連の出版としては、照会状、お礼状、苦情申し立て状、葉書、ファン・レター、お悔やみ状、添え状、テッド・L.ナンシーのパロディ・レター[*2]、瓶にいれて流す手紙やタイム・カプセルに入れるリストなど。

17. ブログ（本校の書評ブログ「この本は絶対に読まなくちゃ！」109ページの注10参照）での出版。

訳者より　日本でも、様々な出版の可能性が考えられます。例えば、新聞投稿は、字数も300字〜500字と短く、若い投稿者専用の特集コーナーを組む新聞もあるので、比較的手軽にできる出版の方法です。様々なコンクールもあります。参考までに、2018年時点の情報として、小・中・高校生が応募できるコンクールの例をいくつかご紹介します（網羅的なリストではありません）。学校宛てに案内が届くコンクールも多いので、確認してください。なお、対象を限定していないコンクールも考えると、間口はさらに広がるので、挑戦してもいいかもしれません。

・カクヨム甲子園：高校生。現代ドラマ、エッセイ・ノンフィクション、恋愛、

ラブコメ、ミステリー、ホラー、SF、異世界ファンタジー、現代ファンタジー。

・鎌倉文学館こども文学賞：小・中学生。詩。

・北九州市子どもノンフィクション文学賞：小・中学生。ノンフィクション。

・現代学生百人一首：中・高校生（別枠で小学生も）。短歌。

・言の葉大賞：小・中・高校生。800字以内の手紙か作文。

・小諸・藤村文学賞：中・高校生。エッセイ。

・斎藤茂吉ジュニア短歌コンクール：小・中・高校生。短歌。

・龍谷大学青春俳句大賞：中・高校生。俳句。

・全国高等学校文芸コンクール：高校生。小説、文芸評論、エッセイ、詩、短歌、俳句、文芸部誌。

・全国小・中学生作文コンクール：小・中学生。大規模な作文コンクール。

・田辺聖子文学館ジュニア文学賞：中・高校生。小説、エッセイ、読書体験記。

・読書探偵作文コンクール：中・高校生（別枠で小学生も）。翻訳書を読んで書いた作文。

・新美南吉童話賞：小・中・高校生。童話。

・三浦綾子作文賞：小・中・高校生。創作、感想文、評論、童話。

・若山牧水青春短歌大賞：小・中・高校生。短歌。

・・

*1——訳者がアトウェルの学校を訪れた時には、オバマ大統領や議員のメールアドレスが壁に貼られて掲示されていました。

*2——原文ではTed L.Nancy著の*More Letters from a Nut*（ヘンな人からの手紙をもっと）（Ebury Press, 2004）が紹介されています。この本の邦訳は出ていませんが、英語の原題の題名からMoreを取ったものは邦訳が出ています。テッド・L・ナンシー著の『世界最強の手紙の書き方〜こうすれば必ず断れる』（ケリー伊藤訳、講談社、2003年）です。

巻末資料2　アトウェルのカリキュラムのサイクル

訳者より　アトウェルのクラスは、7・8年生の合同クラスのため、同じ生徒を2年間教えます。毎年、書き手の技から不可欠なものを教え、主だったジャンルを選んでジャンルの特徴も押さえます。教えるポイントは同じですが、2年目の生徒たちが新鮮な視点で取り組めるように、提示する例や紹介する詩人などを変えています。同じポイントを2回学ぶことで、1年目に学んだことに基づき、新たな経験を積み重ねられるので、この重複はプラスだとアトウェルは記しています。

　原書には2年間の各学期に教える主な項目が、書くこと、読むことに分けて記されており、その中には、紹介する詩人の名前や詩の形、扱う詩のテーマ、また書き言葉の慣習として強調する点も具体的に記されています。残念ながら、詩人に関してはその詩集の邦訳が出ていないものもあり、また、英詩の形や英語の書き言葉の慣習についても、日本の国語の教室には関連が薄いものも多く含まれています。

　原書でのアトウェルの2年間のカリキュラムより、「1年目、2年目、どちらにも共通に、1学期に教えるもの」「1年目、2年目のどちらか一方の1学期に強調して教えるもの」を、次の表にまとめました。詩人の名前、詩の形、および書き言葉の慣習の具体的な項目は省略しています。

1学期

	1年目、2年目、 どちらも共通に扱う項目	1年目、2年目の どちらかで扱う項目
書くこと	・ワークショップで期待すること。 ・ワークショップのルール。 ・ワークショップの毎回の流れ。 ・ワークショップ・ノートの使い方。 ・それで?の法則」もしくはテーマ。 ・「頭と心の法則」。 ・どうやって校正するのか。 ・メモ書き。 ・「一粒の小石の法則」。 ・書き取り学習の方法。 ・「言葉の川」*1詩のコンテスト。 ・書き手として自己評価する。 ・自由詩。	・書き手が行うこと。 ・英語という言語の短い歴史。 ・ピア・カンファランス。 ・類語辞典の使い方。 ・詩の題材さがし。 ・詩で「事物に観念を語らせる」。 ・回想録。 ・オマージュとパロディ。
読むこと	・ワークショップで期待すること。 ・ワークショップのルール。 ・ワークショップの毎回の流れ。 ・ブックトーク。 ・これから読みたい本。 ・批評家としての詩のひもとき方。 ・詩の用語。 ・文学用語。 ・レター・エッセイ。 ・クラスでの詩集を読む。 ・読み手、批評家として自己評価する。	・リーディング・ワークショップで学ぶ理由。 ・心理言語学の読むことについての理論。 ・有害図書として禁書になった本を考える「禁書週」。

....

*1 ——5〜19歳を対象とし、環境についての観察を詩や絵で表現するコンテストです。

巻末資料　349

巻末資料3　ライティング／リーディング・ワークショップ資料（日本語）

訳者より　ここでは、訳者が実際に読んだ本から、ミニ・レッスンやカンファランスの参考になる日本語の資料を紹介します。

1. ライティング／リーディング・ワークショップについての本

・ラルフ・フレッチャー、ジョアン・ポータルピ、（訳）小坂敦子、吉田新一郎
『ライティング・ワークショップ～「書く」ことが好きになる教え方・学び方』（新評論）
・ルーシー・カルキンズ、（訳）吉田新一郎、小坂敦子
『リーディング・ワークショップ～「読む」ことが好きになる教え方・学び方』（新評論）
・プロジェクト・ワークショップ（編）
『増補版　作家の時間～「書く」ことが好きになる教え方・学び方【実践編】』（新評論）
・プロジェクト・ワークショップ（編）
『読書家の時間～自立した読み手を育てる教え方・学び方【実践編】』（新評論）
　ライティング／リーディング・ワークショップの基本的なやり方については、本書の訳者（小坂、吉田）が関わっている英語の本の翻訳『ライティング・ワークショップ』『リーディング・ワークショップ』や、日本の小学校を中心とした実践版である『増補版　作家の時間』『読書家の時間』を参考にしてください。アトウェルとやり方が異なる部分もありますが、大きな方向性は同じです。

・エリン・オリヴァー・キーン、（訳）山元隆春、吉田新一郎
『理解するってどういうこと?～「わかる」ための方法と「わかる」ことで得られる宝物』（新曜社）
　ある小学2年生の「わかるってどういうこと?」という問いに、著者が4年の歳月と家族を総動員して応えた本です。理解する方法を身につけることによって、世界の見方と行動が変わることがわかり、ライティング／リーディング・ワークショップの教師のあり方を学ぶ本としても読めます。

　また、書籍ではありませんが、本書の訳者が関わっている次のブログでも、ライティング／リーディング・ワークショップについて知ることができます。

WW / RW便り　http://wwletter.blogspot.jp

訳者の吉田、小坂と、広島大学の山元隆春で運営しています。ライティング・

ワークショップ、リーディング・ワークショップの洋書の紹介を中心に、関連する様々な情報を載せています。日本の教室で実際にライティング・ワークショップ、リーディング・ワークショップを実践している先生にお願いして、教室の様子やお薦め本などを掲載することもあります。

あすこまっ！　http://askoma.info

訳者の澤田が「あすこま」という名前で運営しています。個人の日記ブログですが、ライティング／リーディング・ワークショップの実践記録や、*In the Middle* の読書日記、アトウェルの学校を見学した際の日記などがあります。「ライティング・ワークショップにとりくむためのブックリスト」「リーディング・ワークショップにとりくむためのブックリスト」というエントリでは、それぞれの関連図書を紹介していますので、そちらも参考にしてください。

2. 書くことについての本

2-1. 書く技術や書くこと全般についての本

・石黒圭『よくわかる文章表現の技術1〜5』（明治書院）

様々なジャンルの文章で用いられる技術について、「どうあるべきか」というよりも「実際にどう使われているか／どう読まれているか」という観点から説明した本です。ミニ・レッスンづくりの参考になります。

・山田ズーニー『伝わる・揺さぶる！文章を書く』（PHP新書）

お願い、お詫び、志望動機書など、人に何かを伝えるための様々なジャンルの文章を書く際に参考になる、コミュニケーションの原則を示している本です。

2-2. 基本的な書き言葉の慣習についての本

・阿部紘久『文章力の基本』（日本実業出版社）

ジャンルを問わず必要な、読みやすい文章を書くための基本的な書き方についての本です。同じシリーズとして、『文章力の基本の基本』『文章力の基本100題』などもあります。基本的な書き言葉の慣習を学ぶのに有益です。

・本多勝一『日本語の作文技術』（朝日文庫）

古い本ですが、係り受けの順序や読点の打ち方のルールなど、今でも通用

する内容です。これも、大切な書き言葉の慣習と言えるでしょう。

・石黒圭『文章は接続詞で決まる』（光文社新書）
　説明的文章を書く（読む）時に、接続詞の働きを意識することは重要です。様々な接続詞の働きを分類し、解説している本です。

2-3.表現を豊かにするための本
・中村明『センスをみがく文章上達事典　新装版』（東京堂出版）
　中村明には言語表現を豊かにするための本・事典の著作が数多くありますが、この本は、文学的文章を中心に、様々な文章表現の技術をコンパクトにまとめた事典です。同じ著者の『感覚表現事典』『感情表現事典』（東京堂出版）も、やや古めとはいえ、文学作品における様々な感覚や感情表現の例が多数あり、読んで面白い事典です。

・瀬戸賢一『日本語のレトリック〜文章表現の技法』（岩波ジュニア新書）
　読者に効果的に働きかける日本語のレトリック（表現技法）について、例文とともに解説しています。文章のジャンルを問いません。

日本語表現インフォ　http://hyogen.info／
　感情・感覚・人物・風景などの表現を検索できるウェブサイトです。「小説・コラム・ブログなど物書きの参考書」を標榜するだけあり、とても充実しています。

2-4.ジャンルごとの文章の特徴を学ぶ際に有益な本
・倉島保美『論理的な文章が自動的に書ける！』（日本実業出版社）
　説明的文章を書く時に参考になる、パラグラフ・ライティングの入門書です。他にも、戸田山和久『新版 論文の教室〜レポートから卒論まで』（NHK出版）など、パラグラフ・ライティングについて言及している本は多数あります。

・高橋源一郎『一億三千万人のための小説教室』（岩波新書）
　「小説の書き方」についての本は多数あり、紹介しきれません。この本は「小説を書くとはどういうことか」についての本です。自分で小説の書き方を見つけるための本で、あなたも小説が書きたくなります。

・川崎昌平『はじめての批評〜勇気を出して主張するための文章術』（フィルムアート社）

筆者は「批評」を「価値を伝える文章」ととらえ、好きなものの価値をどう人に伝えるか、書き手としての姿勢から具体的な日本語の技術まで伝えて、書き手を励ましてくれます。

3. 読むことについての本

・吉田新一郎『増補版「読む力」はこうしてつける』（新評論）

本書の訳者である吉田が、英語圏の読むことの実践や研究の成果をもとに書いた本です。ミニ・レッスンの材料探しに使えます。

・石黒圭『「読む」技術 速読・精読・味読の力をつける』（光文社新書）
・石黒圭『「予測」で読解に強くなる！』（ちくまプリマー新書）

石黒圭の著作は、書く技術だけでなく、読む技術についても学ぶことが多くあります。こちらの2冊は、リーディング・ワークショップのミニ・レッスンの準備にも適しています。

・西林克彦『わかったつもり〜読解力がつかない本当の原因』（光文社新書）

読むことの仕組みを踏まえた上で、読んで「わかったつもり」になる現象が起きる理由とその対処法を示している本です。

・M.J.アドラー、C.V.ドーレン、（訳）外山滋比古、槇未知子
『本を読む本』（講談社学術文庫）

読書の技術について、初級読書や点検読書から、比較して読むシントピカル読書まで、順を追って説明した古典的ベストセラーです。

・土方洋一『物語のレッスン』（青簡舎）

ストーリー、語り手、語りの場、視点など、小説を読み解く時の様々な方法を紹介しています。小説を読むだけでなく、書く時のミニ・レッスンでも参考になります。なお、文学作品を読み解く理論についての本格的な本としては、『最新 文学批評用語辞典』（研究社）、大橋洋一編『現代批評理論のすべて』（新書館）などもあります。これまでのところ、訳者はライティング・ワークショップやリー

ディング・ワークショップでこれらの本を直接は使っていませんが、興味のある方は手にとってみてください。

4. 読み書き両方に関わる本

・秋田喜代美『**読む心・書く心〜文章の心理学入門**』（北大路書房）
読むことや書くことの仕組みを踏まえて、読み書きをどのように学べばいいか示している本です。

・大内善一『**修辞的思考を陶冶する教材開発**』（渓水社）
小・中学校の国語教科書を題材に、様々な修辞技法について解説している本です。ライティング／リーディング・ワークショップのミニ・レッスンの素材を教科書から探したい小・中学校の先生に最適と言えます。

5. 詩についての本

詩には文章を書く技術が凝縮されており、また比較的短時間で読んだり書いたりできるという観点から、アトウェルは詩を非常に重視しています。毎日詩を「ひらいて」（67、112ページ参照）全員で読み、書くときに学ぶ最初のジャンルも詩です。ここでは、日本の国語教師が詩に親しみ、学べる本を紹介します。

5-1. 名詩のアンソロジー

詩に親しむには、多くの優れた作品を集めたアンソロジーをたくさん読むのが近道だと思います。下記のシリーズなどで好きな詩人を見つけたら、思潮社「現代詩文庫」などで個々の詩人の作品を読むのがよいのではないでしょうか。

・田中和雄編『**ポケット詩集**』全3巻（童話屋）
どの巻にも親しみやすい名詩が多数収められています。童話屋からは、他にも「たのしい詩文庫」「おとなの詩文庫」「詩文庫クラシック」というシリーズ別に、北原白秋や茨木のり子などの近現代の詩人たちの詩集、くどうなおこや阪田寛夫などによる児童向けの詩集など、詩のアンソロジーが数多く出版されています。

・川口晴美編『名詩の絵本I・II』（ナツメ社）

　詩人の川口晴美編のアンソロジーです。古典的名作から現代の詩人の作品まで、名作がカラフルな絵とともに収められています。

・「大人になるまでに読みたい 15歳の詩」シリーズ（ゆまに書房）

　詩人の青木健、和合亮一、蜂飼耳が編者となっている中高生向けのシリーズです。古典的な名詩から現在活躍中の詩人まで、幅広い作風の詩が収められています。

5-2. 紹介文（エッセイ）つきの詩の本

　詩人は、詩を紹介する達人でもあります。ここでは、詩人たちが自分の選んだ詩の魅力を解き明かしてくれる本を紹介します。

・茨木のり子『詩のこころを読む』（岩波ジュニア新書）

　戦後を代表する詩人の一人、茨城のり子による詩の紹介です。ジュニア向けということもあり、比較的短めの素晴らしい詩が多く収められています。

・渡邊十絲子『今を生きるための現代詩』（講談社現代新書）

　「難解」と敬遠されがちな現代詩の魅力を、詩人の渡邊十絲子が「難しいからこそ面白い」と解き明かしています。「今を生きるための」という表現に込められた意味が、読み終えた後に感じられる1冊です。

・井坂洋子『詩はあなたの隣にいる』（筑摩書房）

　金子みすゞ、石原吉郎など著名な詩人たちの作品を中心に、それぞれの詩の魅力について、また、詩を書くことや読むことについて導いてくれる1冊です。著者の詩人・井坂洋子は、かつて高校の国語教師でもありました。

・小池昌代『通勤電車でよむ詩集』（NHK生活人新書）

　詩人・小説家・エッセイストとして活躍する小池昌代が、ディキンソン、中原中也など様々な詩人の作品を選び、その詩に魅力的な短文を寄せています。

5-3. 詩を書く技術について学べる本
　・吉野弘『詩の楽しみ〜作詩教室』（岩波ジュニア新書）

戦後を代表する詩人の一人、吉野弘による詩の入門書です。彼にとっての詩の定義、詩で使われている技法の解説や、彼自身が詩を書く方法についても述べており、参考になります。

・西郷竹彦「名詩の世界 西郷文芸学入門講座」シリーズ（光村図書）
　文芸学者の西郷竹彦による、全7巻の名詩の解説シリーズです。彼独自の言葉の定義もありますが、詩の構造やそこでの言葉の働きについて丁寧に分析されており、詩の技術について勉強になります。類書として『増補 名詩の美学』（黎明書房）もあり、まずは1冊だけという方は、こちらでもよいかもしれません。

・安藤元雄、大岡信、中村稔（監修）『現代詩大事典』（三省堂）
　詩人、詩誌の説明を中心とした事典です。「比喩と象徴」「メタファー」「アイロニー」「詩の構造と展開」などの項目に、詩で用いられる技法についての説明もあります。

文 献 一 覧

訳 者 前 書 き

1. Atwell, Nancie. 1998. *In the Middle: New Understanding About Writing, Reading, and Learning*, second edition. Portsmouth, NH: Heinemann.
2. Atwell, Nancie. 1987. *In the Middle: Writing, Reading, and Learning with Adolescents*, first edition. Portsmouth, NH: Heinemann.
3. Atwell, Nancie. 2015. *In the Middle: A Lifetime of Learning About Writing, Reading, and Adolescents*, third edition. Portsmouth, NH: Heinemann.

第 1 章

1. *In the Middle* 初版　訳者前書き2番、*In the Middle* 第2版　訳者前書き1番
2. Bissex, Glenda.1980. *GNYS AT WRK: A Child Learns to Write and Read*. Cambridge, MA: Harvard University Press.
3. ロビン・リー・グレアム／田中融二訳　『ダブ号の冒険』　小学館　1995年
4. ヘイエルダール／水口志計夫訳　『コン・ティキ号探検記』　河出書房新社　2013年
5. ドゥガル・ロバートソン／河合伸訳　『荒海からの生還』　朝日新聞社　1973年
6. カルロス・カスタネダ／真崎義博訳　『ドン・ファンの教え』　太田出版　2012年
7. Moffett, James, and Betty Jane Wagner. 1976. *Student-Centered Language Arts and Reading, K-13*, second edition. Boston, MA: Houghton Mifflin.
8. Graves, Donald. 1975. "The Child, the Writing Process, and the Role of the Professional." In *The Writing Processes of Students*, edited by Walter Petty. Buffalo, NY: State University of New York.
9. 上掲書
10. *In the Middle* 初版　訳者前書き2番
11. Atwell, Nancie. 2014. *Systems to Transform Your Classroom and School*. Portsmouth, NH: Heinemann.
12. フランシス・ホジソン・バーネット／畔柳和代訳　『秘密の花園』　新潮社　2016年
13. E.B. ホワイト、ガース・ウイリアムズ（絵）／さくまゆみこ訳　『シャーロットのおくりもの』　あすなろ書房　2001年
14. Woolf, Virginia. 1947. *The Moment and Other Essays*. New York: Harcourt Brace.
15. ステファニー・メイヤー／小原亜美訳　『愛した人はヴァンパイア』　ソニー・マガジンズ　2005年
16. バーバラ・キングソルヴァー／永井喜久子訳　『ポイズンウッド・バイブル』　DHC　2001年
17. ベティ・スミス／飯島淳秀訳　『ブルックリン横町』　秋元書房　1957年
18. マルコム・グラッドウェル／勝間和代訳　『天才! 成功する人々の法則』　講談社　2014年
19. ジェイン・オースティン／中野康司訳　『高慢と偏見(上・下)』　筑摩書房　2003年
20. アラヴィンド・アディガ／鈴木恵訳　『グローバリズム出づる処の殺人者より』　文藝春秋、2009年
21. ハーパー・リー／菊池重三郎訳　『アラバマ物語』　暮しの手帖社　1964年
22. 『ポイズンウッド・バイブル』　1章16番
23. ウィリアム・ゴールディング／黒原敏行訳　『蠅の王(新訳版)』　早川書房　2017年
24. オルダス・ハクスリー／大森望訳　『すばらしい新世界(新訳版)』　早川書房　2017年
25. レマルク／秦豊吉訳　『西部戦線異状なし』　新潮社　1955年

26. マーク・トウェイン／加島祥造訳　『完訳ハックルベリ・フィンの冒険』　筑摩書房　2001年
27. ホメロス／松平千秋訳　『イリアス(上・下)』　岩波書店　1992年
28. コーマック・マッカーシー／黒原敏行訳　『ザ・ロード』　早川書房　2008年
29. ナサニエル・ホーソーン／小川高義訳　『緋文字』　光文社　2013年
30. ジョーゼフ・ヘラー／飛田茂雄訳　『キャッチ＝22(新版)(上・下)』　早川書房　2016年
31. ヤン・マーテル／唐沢則幸訳　『パイの物語』　竹書房　2004年
32. *Systems to Transform Your Classroom and School*　1章11番

第 2 章

1. アーネスト・ヘミングウェイ／高見浩訳　『武器よさらば』　新潮社　2006年
2. Atwell, Nancie. 2006. *Naming the World: A Year of Poems and Lessons.* Portsmouth, NH: firsthand/Heinemann.
3. Graham, Steve, and Delores Perin. 2007. *Writing Next.* New York: Carnegie Corp.

【90ページ、チェック・イン表に掲載の書名】

1. ニール・ゲイマン／金原瑞人、野沢佳織訳　『アメリカン・ゴッズ(上・下)』　角川書店　2009年
2. ジョージ・R.R.マーティン／岡部宏之訳　『七王国の玉座(改訂新版)(上・下)』　早川書房　2012年
3. 『蠅の王』　1章23番
4. スティーヴン・キング／白石朗訳　『11/22/63(上・中・下)』　文藝春秋　2016年
5. Whaley, John Corey. 2012. *Where Things Come Back.* New York: Atheneum Books for Young Readers.
6. ベン・メズリック／真崎義博訳　『ラス・ヴェガスをぶっつぶせ！』　アスペクト　2003年
7. ジョージ・R.R.マーティン／岡部宏之訳　『王狼たちの戦旗(改訂新版)(上・下)』　早川書房　2012年
8. Bray, Libba. 2011. *Beauty Queens.* New York: Scholastic Press.
9. ダフネ・デュ・モーリア／茅野美と里訳　『レベッカ』　新潮社　2008年
10. Bell, Alden. 2010. *The Reapers Are the Angels.* New York: Henry Holt and Co.
11. Young, Rusty. 2004. *Marching Powder.* New York: St. Martin's.
12. ジョナサン・サフラン・フォア／近藤隆文訳　『ものすごくうるさくて、ありえないほど近い』　NHK出版　2011年
13. カズオ・イシグロ／土屋政雄訳　『わたしを離さないで』　早川書房　2008年
14. ティム・オブライエン／村上春樹訳　『本当の戦争の話をしよう』　文藝春秋　1998年
15. エリン・モーゲンスターン／宇佐川晶子訳　『夜のサーカス』　早川書房　2012年
16. マーガレット・アトウッド／斎藤英治訳　『侍女の物語』　早川書房　2001年
17. ジェス・アンドルーズ／金原瑞人訳　『ぼくとあいつと瀕死の彼女』　ポプラ社　2017年
18. 『完訳ハックルベリ・フィンの冒険』　1章26番
19. キャスリン・ストケット／栗原百代訳　『ヘルプ〜心がつなぐストーリー(上・下)』　集英社　2012年
20. ジョン・グリーン／金原瑞人訳　『アラスカを追いかけて』　岩波書店　2017年
21. Anderson, M. T. 2008. *The Astonishing Life of Octavian Nothing；Traitor to the Nation, Volume I, The Pox Party.* Somerville, MA: Candlewick.
22. Watts, Irene N. 2010. *No Moon.* Toronto: Tundra Books.
23. King, A. S. 2009. *The Dust of 100 Dogs.* Woodbury, MN: Flux.
24. カート・ヴォネガット／浅倉久志訳　『スラップスティック〜または、もう孤独じゃない！』　早川書房　1983年

25. King, A. S. 2012. *Please Ignore Vera Dietz*. New York: Ember.
26. 『七王国の玉座(改訂新版)(上・下)』 2章チェック・イン表2番
27. 『王狼たちの戦旗(改訂新版)(上・下)』 2章チェック・イン表7番
28. ジョージ・R.R.マーティン／岡部宏之訳 『剣嵐の大地(上・中・下)』 早川書房 2012年
29. ジョージ・R.R.マーティン／酒井昭伸訳 『乱鴉の饗宴(上・下)』 早川書房 2013年
30. 『11/22/63(上・下)』 2章チェック・イン表4番
31. Warman, Jessica. 2011. *Between*. New York: Walker.
32. ゴードン・コーマン／杉田七重訳 『恋人はマフィア』 集英社 2004年
33. ブレント・ラニアン／小川美紀訳 『14歳。焼身自殺日記』 小学館 2007年
34. 『パイの物語』 1章31番
35. Moriarty, Jaclyn. 2005. *The Year of Secret Assignments*. New York: Scholastic.
36. 『ものすごくうるさくて、ありえないほど近い』 2章チェック・イン表12番
37. Wolf, Allan. 2011. *The Watch That Ends the Night: Voices from the Titanic*. Somerville, MA: Candlewick Press.
38. メアリ・E.ピアソン／三辺律子訳 『ジェンナ〜奇跡を生きる少女』 小学館 2012年
39. Hautman, Pete. 2004. *Godless*. New York: Simon & Schuster Books for Young Readers.

【92ページ、ガブリエルの読書記録に掲載の書名】
1. Les Becquets, Diane. 2008. *Season of Ice*. New York: Bloomsbury U.S.A. Children's Books.
2. Herlong, M. H. 2008. *The Great Wide Sea*. New York: Viking.
3. Han, Jenny. 2009. *The Summer I Turned Pretty*. New York: Simon & Schuster Books for Young Readers.
4. 『わたしを離さないで』 2章チェック・イン表13番
5. リズ・マレー／大城光子訳 『ブレイキング・ナイト〜ホームレスだった私がハーバードに入るまで』 阪急コミュニケーションズ 2012年
6. Jones, Carrie. 2007. *Tips on Having a Gay (Ex) Boyfriend*. Woodbury, MN: Flux.
7. ジャネット・ウォールズ／古草秀子訳 『ガラスの城の子どもたち』 河出書房新社 2007年
8. Myracle, Lauren. 2004. *ttyl*. New York: Amulet Books.
9. Buckhanon, Kalisha. 2005. *Upstate*. New York: St. Martin's Press.

第 3 章

1. ニール・ゲイマン／柳下毅一郎訳 『ネバーウェア』 インターブックス 2001年
2. ニール・ゲイマン／金原瑞人訳 『墓場の少年〜ノーボディ・オーエンズの奇妙な生活』 角川書店 2010年
3. ルイス・キャロル／河合祥一郎訳 『不思議の国のアリス』 角川書店 2013年

【147ページ、ヘレナの読みたい本リストに掲載の書名】
1. ケン・キージー／岩元巌訳 『カッコーの巣の上で』 白水社 2014年
2. ゲイル・フォアマン／三辺律子訳 『ミアの選択』 小学館 2009年
3. ロバート・マキャモン／二宮磬訳 『少年時代(上・下)』 ソニー・マガジンズ 2005年
4. トバイアス・ウルフ／飛田茂雄訳 『ボーイズ・ライフ』 中央公論社 1992年
5. コーマック・マッカーシー／黒原敏行訳 『血と暴力の国』 扶桑社、2007年

6. デイヴ・エガーズ／中野恵津子訳 『驚くべき天才の胸もはりさけんばかりの奮闘記』 文藝春秋 2001年

7. クリスティ・ブラウン／長尾喜又訳 『私のひだり足～ある脳性マヒ患者の手記』 中央出版社 1961年

8. ホーマー・ヒッカム・ジュニア 『ロケットボーイズ(上・下)』 武者圭子 草思社、2016年

9. ビリー・レッツ／松本剛史訳 『ビート・オブ・ハート』 文藝春秋 1997年

10. ピーター・ヘラー／堀川志野舞訳 『いつかぼくが帰る場所』 早川書房 2015年

11. ドディー・スミス／石田英子訳 『カサンドラの城』 朔北社 2002年

12. バリー・ライガ／満園真木訳 『さよなら、シリアルキラー』 東京創元社 2015年

13. チャド・ハーバック／土屋政雄訳 『守備の極意(上・下)』 早川書房 2013年

14. ジョアン・ハリス／那波かおり訳 『ショコラ』 角川書店 2002年

15. 『わたしを離さないで』 2章チェック・イン表13番

16. ジョン・クラカワー／佐宗鈴夫訳 『荒野へ』 集英社 2007年

17. スティーヴ・ハミルトン／越前敏弥訳 『解錠師』 早川書房 2012年

18. アーネスト・ヘミングウェイ／高見浩訳 『日はまた昇る』 新潮社 2003年

19. ベン・メズリック／高山祥子訳 『月を盗んだ男～NASA史上最大の盗難事件』 東京創元社 2014年

20. ジュノ・ディアス／都甲幸治、久保尚美訳 『オスカー・ワオの短く凄まじい人生』 新潮社 2011年

21. デイヴィッド・ベニオフ／田口俊樹訳 『卵をめぐる祖父の戦争』 早川書房 2011年

22. マイクル・コナリー／古沢嘉通訳 『ブラック・アイス』 扶桑社 1994年

23. バリー・ライガ／満園真木訳 『殺人者たちの王』 東京創元社 2015年

24. アンネ・フランク／深町眞理子訳 『アンネの日記(増補新訂版)』 文藝春秋 2003年

25. 『ラス・ヴェガスをブッつぶせ!』 2章チェック・イン表6番

第 4 章

1. ラルフ・フレッチャー、ジョアン・ポータルピ／小坂敦子、吉田新一郎訳 『ライティング・ワークショップ～「書く」ことが好きになる教え方・学び方』 新評論 2007年

2. ウィリアム・ストランクJr. 原著、E.B.ホワイト改訂増補・解説／松本安弘、松本アイリン訳・ノート 『英語文章読本』 荒竹出版 1979年

3. ウィリアム・カーロス・ウィリアムズ／原成吉訳編 『ウィリアムズ詩集』 思潮社 2005年

4. Stewart, Martha. 1983. *Martha Stewart's Quick Cook*. New York: Clarkson Potter.

5. マークース・ズーサック／立石光子訳 『メッセージ～the first card』『メッセージ～the last card』 ランダムハウス講談社 2005年

第 5 章

1. ダニエル・ハナック／浜名優夫，木村宣子，浜名エレーヌ訳 『ペナック先生の愉快な読書法～読者の権利10カ条』 藤原書店 2006年

2. ヴァージニア・ウルフ／御輿哲也訳 『灯台へ』 岩波書店 2004年

3. ジョン・ファウルズ／沢村灌訳 『フランス軍中尉の女』 サンリオ 1982年

4. E.M.フォースター／吉田健一訳 『ハワーズ・エンド』 集英社 1992年

5. イーディス・ウォートン／佐藤宏子訳 『無垢の時代』 荒地出版社 1995年

6. キングズレー・エイミス／福田陸太郎訳 『ラッキー・ジム』 三笠書房 1958年

7. 『高慢と偏見（上・下）』　1章19番
8. イアン・マキューアン／小山太一訳　『贖罪（上・下）』　新潮社　2008年
9. スコット・フィッツジェラルド／村上春樹訳　『グレート・ギャツビー』　中央公論新社　2006年
10. ケイト・アトキンソン／小野寺健訳　『博物館の裏庭で』　新潮社　2008年
11. ウィリアム・シェイクスピア／福田恒存訳　『ハムレット』　新潮社　1967年
12. 『ポイズンウッド・バイブル』　1章16番
13. ジョージ・エリオット／工藤好美, 淀川郁子訳　『ミドルマーチ(1〜4)』　講談社　1998年
14. 『侍女の物語』　2章チェック・イン表16番
15. マイケル・カニンガム／高橋和久訳　『めぐりあう時間たち〜三人のダロウェイ夫人』　集英社　2003年
16. Smith, Frank. 2004. *Understanding Reading*, sixth edition. London, UK: Routledge.
17. Rosenblatt, Louise. [1938] 1983. *Literature as Exploration*. New York: Noble and Noble.
18. Rosenblatt, Louise. 1980. "What Facts Does This Poem Teach You?" *Language Arts* 57: 386-94.
19. Abbott, John. [1875] 2012. *The History of Maine*. London, UK: Forgotten Books.

第 6 章

1. レイ・ブラッドベリ／伊藤典夫訳　『華氏451度（新訳版）』　早川書房　2014年

第 7 章

1. Atwell, Nancie, and Ann Atwell Merkel. 2016. *The Reading Zone: How to Help Kids Become Passionate, Skilled, Habitual, Critical Readers*, second edition. New York: Scholastic.
2. 『ものすごくうるさくて、ありえないほど近い』　2章チェック・イン表12番
3. 『11/22/63（上・中・下）』　2章チェック・イン表4番
4. スティーヴン・キング／深町真理子訳　『クリスティーン』　新潮社　1987年
5. Flack, Sophie. 2011. *Bunheads*. New York: Poppy/Little, Brown.
6. ベロニカ・ロス／河井直子訳　『ダイバージェント〜異端者』　角川書店　2013年
7. 『七王国の玉座（改訂新版）（上・下）』　2章チェック・イン表2番
8. 『乱鴉の饗宴（上・下）』　2章チェック・イン表29番
9. ミハイル・ブルガーコフ／水野忠夫訳　『巨匠とマルガリータ』　岩波書店　2015年
10. ニッコロ・マキアヴェッリ／河島英昭訳　『君主論』　岩波書店　1998年
11. 『パイの物語』　1章31番
12. *The Year of Secret Assignments*　2章チェック・イン表 35番
13. Dessen, Sarah. 2004. *Dreamland*. New York: Speak/Penguin Books.
14. 『血と暴力の国』　3章ヘレナの読みたい本リスト5番
15. Coy, John. 2007. *Crackback*. New York: Scholastic.
16. *Marching Powder*　2章チェック・イン表11番
17. 『ガラスの城の子どもたち』　2章ガブリエルの読書記録7番
18. マルジャン・サトラピ／園田恵子訳　『イランの少女マルジ』　バジリコ　2005年
19. Handler, Daniel. 2011. *Why We Broke Up*. New York: Little, Brown.

20. Vizzini, Ned. 2006. *It's Kind of a Funny Story*. New York: Hyperion.
21. Vizzini, Ned. 2005. *Be More Chill*. New York: Disney–Hyperion.
22. ジョン・グリーン／金原瑞人、竹内茜訳　『さよならを待つふたりのために』　岩波書店　2013年
23. *The Astonishing Life of Octavian Nothing: Traitor to the Nation*　2章チェック・イン表21番
24. Harrington, Laura. 2012. *Alice Bliss*. New York: Penguin Books.
25. ドルトン・トランボ／信太英男訳　『ジョニーは戦争へ行った』　角川書店　1971年
26. 『ぼくとあいつと瀕死の彼女』　2章チェック・イン表17番
27. 『キャッチ＝22(新版)(上・下)』　1章30番
28. Herbach, Geoff. 2011. *Stupid Fast*. Naperville, IL: Sourcebooks Fire.
29. スーザン・コリンズ／河井直子訳　『ハンガー・ゲーム3〜マネシカケスの少女(上・下)』　メディアファクトリー　2012年
30. *Where Things Come Back*　2章チェック・イン表5番
31. エリ・ヴィーゼル／村上光彦訳　『夜(新版)』　みすず書房　2010年
32. 『アンネの日記(増補新訂版)』　3章ヘレナの読みたい本リスト24番
33. Donnelly, Jennifer. 2011. *Revolution*. New York: Ember/Random House Children's Books.
34. Oliver, Lauren. 2010. *Before I Fall*. New York: HarperCollins.
35. マークース・ズーサック／入江真佐子訳　『本泥棒』　早川書房　2007年

第 8 章

1. 『ロケットボーイズ(上・下)』　3章ヘレナの読みたい本リスト8番
2. 上掲書
3. 『ものすごくうるさくて、ありえないほど近い』　2章チェック・イン表12番
4. ジョン・グリーン／金原瑞人訳　『ペーパータウン』　岩波書店　2013年
5. 『血と暴力の国』　3章ヘレナの読みたい本リスト5番
6. 『卵をめぐる祖父の戦争』　3章ヘレナの読みたい本リスト21番
7. ナンシー・ファーマー／小竹由加里訳　『沙漠の王国とクローンの少年』　DHC　2005年
8. 『ロケットボーイズ(上・下)』　3章ヘレナの読みたい本リスト8番
9. 『ものすごくうるさくて、ありえないほど近い』　2章チェック・イン表12番
10. 『ペーパータウン』　8章4番
11. 『卵をめぐる祖父の戦争』　3章ヘレナの読みたい本リスト21番
12. 『血と暴力の国』　3章ヘレナの読みたい本リスト5番
13. 『ザ・ロード』　1章28番
14. イシメール・ベア／忠平美幸訳　『戦場から生きのびて〜ぼくは少年兵士だった』　河出書房新社　2008年
15. C.ブロンテ／小尾芙佐訳　『ジェイン・エア(上・下)』　光文社　2006年
16. 『高慢と偏見(上・下)』　1章19番
17. 『緋文字』　1章29番
18. 『蝿の王』　1章20番
19. 『西部戦線異状なし』　1章25番
20. 『すばらしい新世界(新訳版)』　1章24番
21. Hay, Elizabeth. 2011. *Alone in the Classroom*. Toronto, Canada: McClelland & Stewart.

図版一覧

第2章

[図版2-1] 教室の文具コーナー ································ 73
[図版2-2] 壁に掲示されている引用句 ····················· 74
[図版2-3] 左からイーゼル、ロッキング・チェア、OHP ············· 75
[図版2-4] 図書コーナー、コンピュータ、小テーブル ·········· 77
[図版2-5] 教室概観図 ···································· 78
[図版2-6] ピア・カンファランスの場所として使われるクローゼット ·········· 80
[図版2-7] 教室の図書コーナー ···························· 80
[図版2-8] ワークショップの開始までに準備するものリスト ·········· 84
[図版2-9] 今日の予定表 ·································· 87
[図版2-10] チェック・イン表 ····························· 90
[図版2-11] 執筆記録用紙 ································· 91
[図版2-12] 読書記録の例 ································· 92
[図版2-13] ライティング・ワークショップで期待すること ········ 93
[図版2-14] ライティング・ワークショップのルール ·············· 96
[図版2-15] ピア・カンファランス用紙記入例 ················· 100
[図版2-16] リーディング・ワークショップで期待すること ········ 103
[図版2-17] リーディング・ワークショップのルール ·············· 104
[図版2-18] 生徒たちが考えたジャンル一覧リスト ·············· 105
[図版2-19] その他の四つのファイルの使い方 ················ 107

第3章

[図版3-1] 教室探検ゲームで探すもの（場所） ··············· 119
[図版3-2] ビーチボール・クエスチョン　質問例 ·············· 120
[図版3-3] 書くことアンケート ···························· 122
[図版3-4] 読むことアンケート ···························· 123
[図版3-5] 自分の題材リストを広げるために ················· 130

[図版3-6] トリスタンの題材リスト ………………………………………… 130

[図版3-7] ソフィアの題材リスト ………………………………………… 131

[図版3-8] ヘレナの読みたい本リスト[2ページ目] ………………………… 147

第 4 章

[図版4-1]「書き手は何をしているのか」の実例 …………………………… 162

[図版4-2] メモ書き ……………………………………………………… 170

[図版4-3] ネイトのレター・エッセイのメモ書き ………………………… 188

[図版4-4] ハイディのメモ書きと出来上がった礼状 ……………………… 189

[図版4-5] アレックスの題名候補 ………………………………………… 193

第 5 章

[図版5-1] 短期記憶と長期記憶 …………………………………………… 214

第 6 章

[図版6-1] ブライアンのメモ書き ………………………………………… 269

第 7 章

[図版7-1] 優れたレター・エッセイで批評家がいつも行うことは何か ……… 308

[図版7-2] 批評家が他にもコメントできることは何か …………………… 309

第 8 章

[図版8-1] エイヴリーの自己評価用紙(書くこと) ………………………… 320

[図版8-2] エイヴリーの自己評価用紙(読むこと) ………………………… 322

[図版8-3] 1学期の成長記録(エイヴリー) ……………………………… 332

[図版8-4] 教師からの年度末評価(エイヴリー) ………………………… 342

訳者紹介

小坂敦子 (こさか・あつこ)

公立高校英語科教諭を経て、1980年代後半、ヴァーモント州にあるスクール・フォー・インターナショナル・トレーニングで学ぶ。1990年代は、ハワイ州イースト・ウエストセンターの奨学生として同センターの教員研修プロジェクトの助手をしながら、ハワイ大学大学院教育学研究科で学ぶ（博士修了）。現在、愛知大学法学部・同大学国際コミュニケーション研究科准教授。本書と関連する翻訳として、『ライティング・ワークショップ』、『リーディング・ワークショップ』(いずれも吉田新一郎との共訳、新評論)がある。

澤田英輔 (さわだ・えいすけ)

国語科教員となってから書くことの教育に関心をもっていたが、2008年にライティング・ワークショップに出合い、実践を開始。2015-16年にはエクセター大学大学院教育学研究科で書くことの教育と教育研究法について学び（修士修了）、同年にはナンシー・アトウェルの学校のインターン生になる。現在、筑波大学附属駒場中・高等学校国語科教諭として、ライティング・ワークショップとリーディング・ワークショップを模索しつつ実践中。授業に関連した内容のブログ「あすこまっ！」http://askoma.info も書いている。

吉田新一郎 (よしだ・しんいちろう)

10年間の準備期間を経て、1989年、国際理解教育センターを設立し教育に関わりはじめる。2005年以降は、ライティング・ワークショップ（WW）とリーディング・ワークショップ（RW）を普及している。2014年以降は、それらの算数・数学、社会科、理科への応用プロジェクトをスタート。本書と関連のある著書・訳書は、「作家の時間、オススメ図書紹介」で検索すると見られます。「WW&RW便り」「PLC便り」「ギヴァーの会」の3つのブログを書くのが趣味！

装幀／小口翔平＋三森健太(tobufune)
本文イラスト(78ページ)／司馬舞

イン・ザ・ミドル
ナンシー・アトウェルの教室

2018年8月10日　第1刷発行
2021年11月30日　第3刷発行

著　者　ナンシー・アトウェル
編訳者　小坂敦子・澤田英輔・吉田新一郎
発行者　株式会社三省堂
　　　　代表者　瀧本多加志
印刷者　三省堂印刷株式会社
発行所　株式会社三省堂
　　　　〒101-8371 東京都千代田区神田三崎町二丁目22番14号
　　　　電話　編集(03)3230-9411　営業(03)3230-9412
　　　　https://www.sanseido.co.jp/
DTP　　株式会社エディット

落丁本・乱丁本はお取り替えいたします。
©Atsuko Kosaka, Eisuke Sawada, Shinichiro Yoshida 2018
Printed in Japan
ISBN978-4-385-36063-8
〈アトウェルの教室・368pp.〉

本書を無断で複写複製することは、著作権法上の例外を除き、禁じられています。また、本書を請負業者等の第三者に依頼してスキャン等によってデジタル化することは、たとえ個人や家庭内での利用であっても一切認められておりません。